KB145078

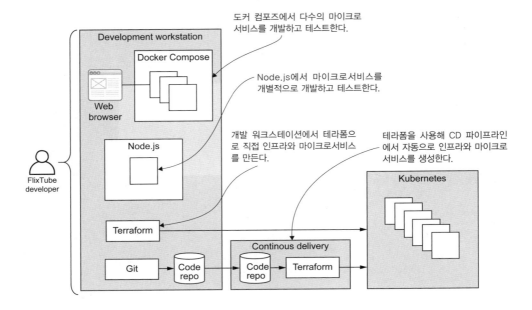

필수적인 마이크로서비스 기술

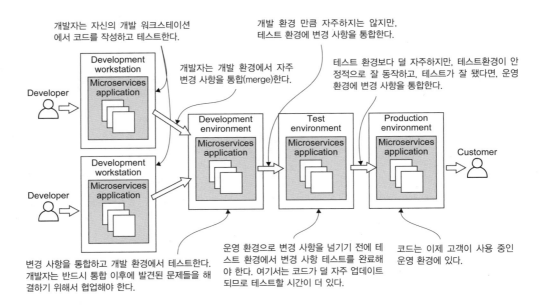

일반적인 워크플로우 진행

도커, 쿠버네티스, 테라폼으로
구현하는 마이크로서비스

도커, 쿠버네티스, 테라폼으로 구현하는 마이크로서비스

최준 옮김   애슐리 데이비스 지음

i!i
에이콘

에이콘출판의 기틀을 마련하신 故 정완재 선생님 (1935-2004)

| 옮긴이 소개 |

최준(fullsocrates@hotmail.com)

기계공학을 전공했던 학창 시절에 누구에게나 매력 덩어리였던 컴퓨터로 기계의 데이터를 처리하고 동작을 제어하는 과정에서 흥미를 갖게 돼 정보기술 분야에 뛰어들었다. 2001년부터 마이크로소프트 한국, 싱가폴 지사에서 근무하고 아시아 지역 200여 개의 글로벌 기업 현장에서 기술 지원을 했다. 그 과정에서 다양한 기업용 IT 솔루션의 문제를 이해하고, 해결 방안을 찾는 소중한 경험을 갖게 됐다. 이후 여러 프로젝트에서 .NET 기반의 C# 개발자로서 상용 프로그램을 공급하는 즐거움도 누릴 수 있었다. 현재 캐나다에 IT 컨설팅 회사를 설립하고, 기업 고객에게 필요한 소프트웨어 개발과 컨설팅 서비스를 제공하고 있다.

정보기술도 기존의 농업, 제조업 분야와 마찬가지로 오랜 세월의 기술이 축적된 필수적인 산업이다. 정보기술이 모든 산업에 영향을 주고 있지만, 다른 분야에서 혁명을 가져온 방법들을 정보기술에 적용하기도 한다. 그중 하나인 마이크로서비스는 특히 생산성에 관한 혁명이다. 이 책에서는 하나의 거대하고 복잡한 시스템이 정말 더 효율적인지 시스템을 설계, 개발, 테스트, 배포, 운영하는 모든 과정에서 독자에게 질문을 던지고 있다.

지금은 정보기술과 무관한 기업을 찾기는 어렵고, 30년 전에 개발한 프로그램과 설계기술을 사용하고 있는 기업을 찾기는 쉽다. 큰 기업일수록 정보 인프라 안에 다양한 시대가 공존한다. 지난 세기를 대표하는 IBM 메인프레임 앱과 1990년대 후반부터 흔했던 클라이언트 서버 기반 앱, 최근의 클라우드 기반의 앱까지 다양한 유행에 따른 시간이 공존한다. 한 가지 흥미로운 것은 과거 메인프레임 개발자라면 오히려 마이크로서비스의 설계, 개발, 배포의 과정과 개념이 전혀 낯설지 않다는 점이다. 긴 세월을 지나 유행이 다시 돌아온 것이 신기하면서도 반갑다. 하지만 이 느낌을 몰라도 상관없다. 여기서 마이크로서비스 때문에 등장하는 용어와 개념에 클라우드의 뛰어난 유연성과 확장성을 더해서 새롭게 배워 나가면 된다.

기존의 정보 시스템에 익숙한 전문가도 새로운 변화를 이해하고 도전하려면 많은 노력이 필요하다. 예를 들어 실제 윈도우 서버를 사용하는 경우에 HTTP 요청이 들어오면, 서버 운영체제의 커널 드라이버가 바로 처리해 응답을 반환하고 끝낼 수도 있다. 반면에 이 책 예제에서 HTTP 요청은 운영체제를 거쳐 가상 컴퓨터 관리자에 전달되고, 다시 가상 운영체제가 받아 Node.js에게 전달하면, HTTP 처리기가 결국 HTTP 응답을 반환한다. 그것도 모자라 다른 마이크로서비스와 통신을 위해 위 과정을 DNS부터 다시 밟아 나가기도 한다. 심지어 이미 읽은 파일의 메모리 캐시나, 프로세서가 실행할 수 있도록 컴파일해둔 스크립트 템플릿의 재사용에 대한 고민도 없이 가용성을 위해 재시작하기도 한다.

이해하기 힘든 것보다는 용서하기 힘든 구조를 받아들이는 노력이 필요해 보인다.

하지만 이런 불편함이나 오해는 공부할 대상의 정체가 무엇인지 끝까지 살펴보게 만드는 추진력이 될 수 있어 오히려 좋은 출발점이다. 새로운 개념이나 기술의 도입도 결국은 기존의 시스템을 잘 이해하는 사람들이 주도할 수 있다. 이상은 마이크로서비스 빼고는 이미 알 만큼 아는 독자를 향한 응원이다.

"항만 노동자, 조타수, 사람이 살 수 있는 행성을 만드는 방법으로 미세한 기능 지원 사업 시작하기" – 이 책의 영문 제목(Bootstrapping Microservices with Docker, Kubernetes, and Terraform)을 각 단어 본래의 일반적인 의미로 번역해봤다. 실제 의미를 전달하지 못하니 무의미하지만, 한편으로는 일상에서 사용하는 단어에 의미를 부여해서 사용하는 언어권에서는 조금 더 기술적인 이해가 쉽겠다는 생각이 든다. 번역은 다른 언어권에서 사용하는 의미를 최대한 잘 옮기려는 노력이다. 번역하면서 적당한 우리말 단어의 선택에 많은 고민이 있었고, 의미를 정확하게 전달할 수 있거나 실제로 이 분야에서 사용하는 단어를 우선적으로 선택하려고 노력했다. 결과적으로 최선의 선택이 아닌 표현이 있더라도 독자의 양해를 구하고 싶다.

마지막으로 방역 때문에 집에 갇혀 지낸 어두운 시기에 이 책을 번역하면서 투덜대던 나의 불평을 옆에서 받아준 아내 은정에게 감사한다. 그리고 나에게 생소한 내용이 많았던 이 책을 함께 공부했던 캐나다 한인 IT 종사자 모임 COSKA의 마동석, 양경석, 양아름, 이태경, 황호준 님에게도 지식의 나눔에 고마움을 전하고 싶다. 또한 번역 과정의 처음부터 끝까지 함께한 에이콘출판사 편집 팀의 한결같은 도움과 인내에 감사한다.

| 지은이 소개 |

애슐리 데이비스[Ashley Davis]

코딩에서 팀 관리와 회사 설립까지 20년의 경험을 가진 소프트웨어 제작자이자 기업가 그리고 저자다. 아주 작은 스타트업부터 거대한 글로벌 기업까지 다양한 회사에서 근무했다. 이러한 과정에서 글과 오픈 소스 코딩을 통해 커뮤니티에 기여해왔다.

머신러닝의 마법으로 디지털 자산을 자동 분류하는 제품인 Sortal의 CTO이다. 자바스크립트와 타입스크립트[TypeScript]를 사용한 탐험적 코딩과 데이터 시각화를 위한 노트북 스타일의 데스크톱 앱인 Data-Forge 노트북을 만들었다. 또한 알고리듬 기반의 거래를 좋아하는데, 정량적 트레이딩 소프트웨어를 적극적으로 개발하고 거래한다.

이 책에 대한 업데이트와 저자의 오픈 소스 코딩에 관한 정보는 트위터 @ashleydavis75를 팔로우하거나 페이스북[The Data Wrangler]을 보면 된다. 블로그 주소는 다음과 같다. http://www.the-data-wrangler.com

| 감사의 말 |

이 책을 통해 몇 년 동안 어렵게 얻은 나의 경험을 공유한다. 이런 경험은 나를 응원하고 격려해준 사람들이 없었다면 불가능했다.

오늘이 있기까지 많은 분들의 도움을 받았다. 처음으로 컴퓨터를 사주신 나의 부모님 게리Garry와 얀Jan 덕분에 개발자가 될 수 있었다. 내 인생의 동반자 안토넬라Antonella가 지치지 않고 응원해준 덕분에 책 두 권을 마칠 수 있었다. 사업의 동반자인 마젤라Majella 는 나의 기술적인 불만을 항상 귀담아 들어줬고 지금도 내가 앞으로 나아가도록 떠밀어 주고 있다. 모두에게 고맙게 생각한다.

물론 이 책을 써 볼 기회를 준 매닝출판사에게 고맙고, 이 책을 다시 편집해준 헬렌 스터 지우스Helen Stergius에게 특별히 고마움을 전하고 싶다. 지금은 조금 더 경험 있는 저자로 서 헬렌의 작업을 쉽게 만들어줬기를 바란다. 매닝출판사 팀 모두의 노력에 다시금 감사드 린다.

마지막으로 개발 커뮤니티에 고마운 마음을 전하고 싶다. 커뮤니티 여러분의 피드백과 격려로 인해 이 책을 쓰는 것이 즐거울 수 있었다. 이 책은 여러분을 위한 것이다.

| 차례 |

마이크로서비스^{Microservice}로 애플리케이션을 처음 만들어본 건 2013년쯤이다. 바로 그해에 도커^{Docker}가 처음 출시됐지만 한동안 접하지 못했다. 그 시절에는 별도의 가상머신에서 개별적으로 동작하는 마이크로서비스를 만들었고, 결과적으로 정말 비싸게 마이크로서비스를 운영했다.

바로 그 비싼 운영 비용 때문에 새로 마이크로서비스를 생성하는 것보다는 마이크로서비스라고 부르기 민망할 정도로 점점 더 많은 기능들을 기존의 마이크로서비스에 추가했다. 비록 설계는 분산 애플리케이션이지만 크기 면에서는 '마이크로'하지 않았다.

당시에도 마이크로서비스는 좋은 접근 방법이라는 점은 알고 있었지만 가격이 문제였다. 그래서 마이크로서비스를 모아 보관해두면서 언젠가 다시 꺼내 볼 수 있도록 메모해뒀다.

몇 년이 흘렀고, 오픈 소스 코딩의 성장에 힘입어 마이크로서비스에 관련된 도구와 기술이 성장하는 과정을 가까이서 지켜봤다. 또한 여러 공급자들 간의 경쟁으로 클라우드 컴퓨팅 비용이 저렴해졌다. 이제서야 '마이크로'한 설계를 바탕으로 분산 시스템을 만들고 운영하는 것이 비용 측면에서도 유리함이 분명해졌다.

운명이랄까. 2018년 초에 공식적으로 마이크로서비스 세계로 돌아왔다. 마이크로서비스가 적합한 두 개의 일자리가 있었는데, 두 회사 모두 스타트업이다. 하나는 유망한 회사에서 새로운 마이크로서비스를 구축하는 계약직이었고, 다른 하나는 나 자신의 스타트업을 위해 마이크로서비스 앱을 제작하는 것이었다.

이 계획이 성공하려면 새로운 도구가 필요하다고 생각했다. 마이크로서비스 패키지를 만드는 효과적인 방법과 배포하기 위한 컴퓨팅 플랫폼이 필요했다. 무엇보다도 배포를 자동화할 수 있어야 한다.

그때도 도커는 이미 업계에서 잘 자리 잡고 있었기에 마이크로서비스로 구성하는 것은 안전한 방법이라고 생각했다. 또한 마이크로서비스를 위한 컴퓨팅 플랫폼으로서 쿠버네티스^{Kubernetes}를 선호했지만 처음에는 확신이 없었다. 하지만 클라우드 업체에서 오는 제약으로부터 벗어날 수 있다는 점에서 매력을 느꼈다.

바로 그 시점에 마이크로서비스에 관한 책 몇 권을 읽었다. 흥미로운 내용이었고 이론적인 면에서는 괜찮았다. 나 역시 이론을 즐기지만 뭔가 파격적으로 이해를 높일 수 있는 실용적인 사례가 부족했다. 심지어 개발자인 나도 어디서부터 시작해야 할지 알 수 없었다. 기억해보면 기술적으로 잘못된 선택을 하는 바람에 프로젝트 시작부터 끝까지 넋이 나간 경험도 있었다.

특히 쿠버네티스가 배우기 어려웠다. 처음 접해보면 잘 쓴다는 것이 너무나도 어렵게 보였다. 하지만 끝내야 할 일과 만들어줘야 할 소프트웨어가 있었기에 계속 밀어붙였다. 물론 힘든 과정이었고 몇 번은 거의 포기할 뻔했다.

이러한 상황은 테라폼^{Terraform}을 만나면서 달라졌다. 마치 잃어버린 퍼즐 조각을 찾은 것 같았다. 내가 쿠버네티스를 쓰는 것 말고 다른 방법이 있을까 싶을 정도로 이해하기 쉽게 만들어줬다.

테라폼은 앱의 구조를 기술하는 도구다. 테라폼은 지속적 전달^{Continuous Delivery}(이하 CD) 파이프라인^{pipeline}에 위치하며, 자동으로 앱의 최신 상태를 유지해준다. 코드형 인프라스트럭처^{infrastructure as code}를 써 보면서, 좀 더 큰 세상을 만난 느낌을 받았다.

오랜 시간 기술에 대한 검증 경험을 통해서 배움을 늘려왔고, 하는 일을 통해 시행착오를 겪으면서 더 빨리 배웠다. 이런 나의 노력을 부어서 만든 소프트웨어는 성능 기준에 맞고 유연성, 신뢰성, 확장성을 갖고 있으며, 지금까지도 여전히 잘 동작하고 있다. 이러한 시간을 겪으면서 이 책을 쓰고자 하는 바람이 생겼고, 결국 행동으로 옮기게 됐다.

나의 새로운 목표는 독자들이 마이크로서비스에 쉽게 접근할 수 있도록 돕는 것이다. 내가 원했지만 갖지 못했던 책을 써 보고자 이 책을 쓰기 시작했다. 실용서로 만들 이 책이 내가 도울 수 있는 최선의 방법이다. 마이크로서비스가 반드시 어렵거나 복잡할 필요가 없다는 것을 이 책으로 조금씩 보여줄 것이다. 이는 물론 독자가 접근하는 방법과 관점에 따라 다르겠지만, 지금 독자는 위와 같은 노력의 열매를 갖는 것이다. 내가 힘들게 배워서 이해했으니 독자까지 그럴 필요는 없다.

정오표

한국어판의 정오표는 에이콘출판사의 도서정보 페이지 http://www.acornpub.co.kr/book/bootstrapping-ms에서 볼 수 있다.

문의사항

한국어판에 관한 질문은 에이콘출판사 편집 팀(editor@acornpub.co.kr)이나 옮긴이의 이메일로 문의하길 바란다.

| 이 책에서 다루는 내용 |

마이크로서비스로 앱을 개발하는, 즉 분산 애플리케이션을 만드는 것은 복잡한 프로세스이자 배우기 어려운 주제일 수 있다. 최신 기술을 사용하는 복잡한 앱에 너무 빠져들면 마치 숲에 있는 나무들을 보기 어려운 것과 같다. 단순히 코딩 그 이상으로 고민할 것은 별로 없다. 그리고 이를 자신의 것으로 만드는 과정은 결코 쉽지 않다.

마이크로서비스를 쓰려면 분산 앱을 어떻게 만드는지 이해해야 하지만 이것만으론 부족하다. 앱을 개발, 테스트, 배포하기 위한 복잡한 도구들을 깊이 있게 알아야 한다. 그럼 어떻게 강력한 개발 도구들을 연계할까. 그리고 어디서부터 시작해야 할까.

이러한 과정에서 더 많은 질문들이 등장할 것이다. 마이크로서비스 패키지는 어떻게 만들고 배포할 것인가. 로컬 테스트를 위한 개발 환경은 어떻게 설정할까. 여러 마이크로서비스들이 어떻게 서로 통신하며 그 데이터는 어떻게 관리할 수 있을까. 무엇보다도 운영 환경으로 넘어가면, 수백 개에 이를 수 있는 마이크로서비스를 어떻게 배포, 관리하고 모니터하고 문제가 생기면 해결할 것인가.

이 책은 위의 질문들에 대한 답과 그 이상을 준다. 최신 도구를 사용해 마이크로서비스 앱을 제작하는 가이드 역할을 한다. 아무것도 없는 상태에서 출발해 운영 환경의 마이크로서비스 앱을 동작시키는 과정으로 진행할 것이다.

이 책은 이론을 많이 다루지 않는다. 프로젝트에 기반한 실용서다. 수많은 마이크로서비스 예제가 등장할 것이고, 결과적으로 운영 부분에 이르러서는 마이크로서비스 개발자로서 자신감을 갖는 데 필요한 모든 것들을 다룬다.

이 책의 예제는 깃허브^{GitHub}에서 받을 수 있는 동작 가능한 코드를 함께 제공한다. 직접 예제를 실행해보거나 자신만의 실험을 해볼 수 있다.

이 책의 대상 독자

이 책은 마이크로서비스를 다루는 데 필요한 실용적인 내용을 배우고 싶은 독자를 대상으로 한다. 실제로 앱을 운영해보기까지 필요한 도구를 어떻게 연계하는지 분명한 가이드가 필요한 독자가 바로 그 대상이다. 이 책은 코딩 기술을 설명하지는 않으므로 기본적인 코딩 기술을 알고 있어야 한다.

> |**노트**| C#, 자바, 파이썬(Python), 자바스크립트와 같은 프로그램 언어에 대한 기초가 있다면 이 책의 예제를 따라 할 수 있다.

예제 코드는 최대한 간단하게 준비돼 있으며 이 책은 코드를 다루는 책이 아니다. 마이크로서비스를 제작하는 데 필요한 도구들을 사용하는 방법을 주로 다룬다.

만약 코드를 작성한 경험이 없지만 빨리 학습하는 독자라면 이 책을 읽는 동안 기본적인 자바스크립트를 다른 책이나 영상 등을 통해서 배우면 좋다. 이미 언급했듯이 코드 예제는 매우 간단해서 코딩 경험이 적더라도 코드를 읽는 능력 갖추고 코드의 핵심을 찾아보는 기회를 가질 수 있다. 실제로 코딩을 해보는 것은 2장에서 자바스크립트와 Node.js를 가지고 마이크로서비스를 만들어보는 것으로 시작한다.

이 책의 구성

이 책은 11장에 걸쳐서 하나의 마이크로서비스를 만들어보는 것부터 시작해 운영 환경의 쿠버네티스 클러스터에서 마이크로서비스를 동작시키는 것까지 다룰 것이다.

1장, '마이크로서비스를 왜 쓰는가' 마이크로서비스의 소개와 마이크로서비스를 왜 사용해야 하는지 설명한다.

2장, '첫 마이크로서비스 만들기' Node.js와 자바스크립트를 써서 간단한 마이크로서비스를 제작해본다. 더욱 효율적인 개발 프로세스를 위한 라이브 리로드^{live reload}를 사용해볼 것이다.

3장, '첫 마이크로서비스 게시' 배포를 준비하기 위한 마이크로서비스의 패키징과 게시 publishing에 사용하는 도커를 소개한다.

4장, '마이크로서비스 데이터 관리' 다중 마이크로서비스의 스케일 업scale up과 함께 개발 환경에서 앱을 시뮬레이션하기 위한 도커 컴포즈Docker Compose를 소개한다. 그리고 데이터베이스와 외부 파일 저장소를 포함한 마이크로서비스의 데이터 관리를 다룬다.

5장, '마이크로서비스 간의 통신' 전체 앱의 라이브 리로드를 위한 개발 환경을 업그레이드한다. 그리고 직접 메시지를 전달하는 HTTP와 간접적으로 전달하는 RabbitMQ를 포함한 마이크로서비스 간의 통신을 다룬다.

6장, '운영 환경 구축' 테라폼과 쿠버네티스를 소개한다. 프라이빗 컨테이너 레지스터private container register와 마이크로소프트 애저Azure에서 쿠버네티스 클러스터를 생성하기 위해 테라폼을 사용한다.

7장, 'CD 파이프라인' 쿠버네티스 클러스터에 마이크로서비스를 배포하기 위해 테라폼을 사용한다. 데이터베이스와 RabbitMQ 서버를 설치하고 마지막으로 마이크로서비스를 올릴 것이다. 앱의 운영 시스템 자동 배포를 위한 CD 파이프라인을 생성하는 방법도 살펴본다.

8장, '마이크로서비스의 자동 테스트' 여러 레벨에 걸쳐 마이크로서비스를 자동으로 테스트하는 방법을 살펴본다.

9장, '플릭스튜브 탐색' 예제 앱을 간단하게 다루고 지금까지 배운 예제 앱을 배포하는 기술을 다시 살펴본다.

10장, '튼튼한 마이크로서비스' 신뢰할 수 있고 내결함성fault tolerant을 갖춘 마이크로서비스를 만드는 방법들을 알아보고, 앱이 잘 동작하도록 모니터하는 방법을 다룬다.

11장, '확장성으로 가는 길' 자신의 마이크로서비스 앱을 사업이나 개발 팀의 규모가 커짐에 따라서 실제로 스케일을 조정하는 방법을 가지고 이 책에서 다룬 내용들을 정리한다. 또한 보안, 리팩토링refactoring, 모놀리스monolith[1] 그리고 예산에 맞는 마이크로서비스 제

---

1   마이크로서비스의 상대적 개념 – 옮긴이

작과 같은 주제를 간단하게 다룬다.

코드 설명

이 책에서는 숫자로 된 리스트와 일반적인 행 단위 텍스트 형태의 많은 예제 코드를 언급한다. 어떤 형태이든 고정된 폭을 사용한 폰트로 본문과 코드를 구별하기 쉽게 포맷을 설정했다.

대부분 원래 소스 코드에서 포맷을 변경했다. 코드 내의 줄바꿈과 한정된 페이지 공간에서 코드가 표현 가능하도록 다시 작업했다. 따라서 아주 드물지만 줄넘김 기호(➡)를 포함하거나 코드를 부연 설명하기 위한 주석이 없어진 경우가 생길 수 있다. 코드의 주석은 중요한 개념을 목록이나 강조하기 위한 형식을 포함한 경우가 많다.

이 책의 예제 코드는 매닝출판사의 웹사이트(https://www.manning.com/books/bootstrapping-microservices-withdocker-kubernetes-and-terraform)와 깃허브(https://github.com/bootstrapping-microservices)에서 다운로드할 수 있다. 또한 에이콘출판사의 깃허브 저장소 https://github.com/AcornPublishing/bootstrapping-ms에서도 동일한 파일을 다운로드할 수 있다.

예제는 2장부터 9장까지 각 장마다 압축파일을 다운로드할 수 있고, 깃을 사용해 각 장별로 있는 리포지터리^{Repository}를 복제할 수 있다. 각각의 예제는 최대한 단순하고 독립적이며 실행하기 쉽도록 준비했다. 이 책을 진행함에 따라 코드를 다른 방법으로 실행해볼 것이다.

처음에는 Node.js를 사용해 단일 마이크로서비스를 실행해보고 나서 도커로 넘어간다. 다음으로 도커 컴포즈를 3, 4장에서 다룬다.

다음 단계로 6장에서 테라폼으로 로컬에서 먼저 코드를 실행해보고, 7장에서 CD 파이프라인을 통해 실행한다. 또한 6장과 7장에서는 클라우드의 쿠버네티스 클러스터상에서 마이크로서비스를 실행해본다. 8장으로 가면 다시 Node.js로 돌아와 제스트^{Jest}와 사이프러스^{Cypress}를 가지고 자동화된 테스트를 수행한다. 마지막으로 9장에서는 2장부터 8장까지 배운 내용을 점검한다. 9장의 예제 코드는 간단하지만 완성된 코드이며 직접 개발이나 운영 환경에서 실행해볼 수 있는 마이크로서비스 앱이다.

코드 예제들은 이름에 대한 표준과 모범적인 사례를 따르도록 했다. 또한 독자에게 피드백이나 깃허브에 문제가 있다면 알려줄 것을 부탁하고 싶다.

liveBook 토론 포럼

영문명이 『Bootstrapping Microservices with Docker, Kubernetes, and Terraform』인 이 책을 구매함으로 매닝출판사가 운영하는 사설 웹 포럼에 무료로 들어올 수 있다. 사설 웹 포럼은 책에 대해서 의견을 쓰고, 기술적인 질문을 나누고, 작가나 다른 독자들에게 도움을 받을 수 있는 공간이다. 포럼 주소는 다음과 같다. https://livebook. manning.com/#!/book/bootstrapping-microservices-with-docker-kubernetes-and-terraform/discussion. 또한 포럼에 관한 더 많은 정보와 운영 규칙은 https://livebook.manning.com/discussion에서 참고할 수 있다.

매닝출판사의 목표는 독자와 저자 사이에 의미 있는 소통을 할 수 있는 공간을 제공하는 것이다. 참여하는 정도는 저자에게 의무적인 것은 아니며 포럼에 대한 자발적인 기여다. 저자의 관심사가 옆으로 새지 않을 정도의 어려운 질문을 해볼 것을 권한다. 이 책을 출판하는 동안 만큼은 출판사 웹사이트에서 포럼과 기존에 논의된 내용들을 접근할 수 있을 것이다.

표지 그림 소개

표지에 있는 그림은 스페인 북동부의 카탈로니아 사람이다. 이 그림은 자크 그라세 생 소베르 Grasset de Saint-Sauveur(1757~1810)가 제작한 여러 나라 전통 의상 컬렉션에서 사용한 것이고, 컬렉션 이름은 'Costumes civils actuels de tous les peoples connus'이며 1788년 프랑스에서 출판했다. 각각의 그림은 손으로 정교하게 그리고 색칠한 것이다. 풍부한 다양성을 가진 그의 컬렉션은 200년 전 세상의 마을 사람들 모습을 생생하게 보여준다. 당시에 서로 떨어진 사람들은 다양한 사투리를 썼다. 도시나 시골에서 사람들이 어디에 살며 무엇을 거래하는 사람이고 어떤 부류인지 옷만으로 쉽게 알 수 있었다.

지역마다 의상과 입는 방법이 충분히 다양하게 변화했지만 지금은 사라졌다. 이제는 마을이나 지역 국가는 물론 대륙에 따라서도 사람들을 구별하기 힘들다. 사람들은 아마 문화적 다양성을 개인의 삶에 다양성으로 바꿨고, 다양하고 급변하는 기술 속에서 살고 있다.

컴퓨터 책조차 다른 책과 구별하기 힘든 시기에, 매닝출판사는 200년 전의 삶의 풍부한 다양성을 표현한 그의 작품인 책 표지로 우리의 창의성과 컴퓨터 서적의 자부심을 기념하고자 한다.

1

마이크로서비스를 왜 쓰는가

소프트웨어가 점차 커지고 복잡해지면 더 나은 관리 방법과 시스템의 복잡성을 줄일 방법이 필요하다. 또한 사업 규모가 커지면서 여러 팀의 협업이 가능하도록 세분화할 수 있는 좋은 방법도 필요하다.

고객의 요구가 증가하면 소프트웨어 기능도 마찬가지로 커지면서 동시에 내결함성fault-tolerance과 최대 사용량을 감당할 수 있는 확장성도 가져야 한다. 지속적으로 우리가 앱을 개발하고 향상시키면서도 어떻게 오늘날의 업무 요구 수준을 맞출 수 있을까?

마이크로서비스는 오늘날의 소프트웨어 개발 과정에서 중요한 역할을 담당하고 있는 설계 유형이다. 마이크로서비스로 구성된 분산 애플리케이션distributed application으로 위와 같은 문제들을 해결할 수 있지만, 기존의 모놀리스 앱보다 어렵고 복잡하며 시간이 많이 소요되는 설계 방식이다. 마이크로서비스, 분산 애플리케이션, 모놀리스 앱 등의 새로운 개념이 생소할 수 있지만 곧 이어 설명할 것이다.

마이크로서비스에 대한 일반적인 평가는 매우 어렵다는 것이다. 모놀리스 형태로 먼저 시작하고, 나중에 확장성이 필요할 때 마이크로서비스로 재구성하자는 의견도 있다. 하지만 이러한 접근 방식이 앱을 만드는 과정을 결코 쉽게 만드는 것이 아니라고 반박할 수 있다. 앱은 항상 복잡해지는 방향으로 흐르고 결국 확장해야 하는 상황을 만난다. 이미 고객이나 담당자가 이미 모놀리스 앱에 의지하는 상황에 도달해 마이크로서비스로 변환해야 한다는 결정을 내린다면 업무적으로 너무나도 힘든 상황에 처할 것이다.

바로 지금이 마이크로서비스를 제작하기에 완벽한 시점이다. 접근성 좋고 저렴한 클라우드 인프라 비용과 예전보다 더욱 향상된 도구들과 자동화에 대한 수요 증가 등의 다양한 여건이 맞아떨어지는 현재의 상황은 산업 전반적으로 더욱 작은 서비스, 즉 마이크로서비스를 향하고 있다. 앱은 복잡해지지만 마이크로서비스는 그러한 복잡성을 더 잘 관리할 방법을 준다. 지금이 마이크로서비스를 선택하기에 가장 좋은 시점이다.

이 책으로 독자는 더 이상 예전처럼 마이크로서비스 방식에 주눅들지 않을 것이다. 지금은 확실히 마이크로서비스가 대세로 자리 잡고 있다고 생각한다. 이제 남은 문제는 마이크로서비스가 배우기 어렵다는 것이다. 마이크로서비스는 급격하게 치솟는 학습 곡선을 가지며, 많은 개발자들이 마이크로서비스를 개발하는 일에 진전을 보이지 못하고 있다. 이제 모놀리스에 작별을 고하고 간단한 기초부터, 하지만 완성도 높은 비디오 스트리밍 앱을 마이크로서비스로 제작할 것이다.

1.1 이 책은 실용서다

이 책을 왜 읽어야 할까? 독자는 마이크로서비스 앱을 개발할 필요가 있고, 배우기는 어렵지만 요즘 개발자에게 중요한 기술인 마이크로서비스에 대한 안내가 필요하기 때문이다. 마이크로서비스에 관한 다른 책들을 이미 읽어봤지만 여전히 어디서부터 시작해야 할지 의문을 갖고 있을 것 같다. 난 이러한 고민을 이해한다.

마이크로서비스는 배우기 어렵다. 복잡한 도구들을 깊이 있게 이해해야 할 뿐만 아니라 설계 패턴, 프로토콜, 통신 방법 등을 요구하는 분산 애플리케이션을 만드는 방법도 배워야 한다. 이는 어느 책이라도 모두 다루기에는 너무 많다.

이 책을 통해 마이크로서비스 앱을 만들기 위한 학습 곡선의 높은 한계를 극복하고자 한다. 혼자 힘으로 극복하기는 어렵게 느껴질 이 개발 과정을 함께 풀어 나갈 것이다. 최대한 간단하고 작게 하나씩 시작해보면서 운영 환경에 배포할 수 있는 앱을 만들어낼 것이다.

이 책은 힘든 학습 과정을 따르는 방식을 거부하고, 지속적으로 변하는 고객 또는 사용자의 요구를 만족시키기 위해 지속적으로 업데이트해야 하는 앱의 개발을 바로 시작해보기 위한 책이다.

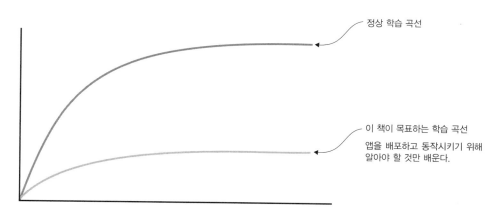

▲ **그림 1.1** 기존 학습 곡선의 파괴. 이 책을 통해 거의 최소한이지만 앱을 다루기에는 충분한 지식을 배운다.

그림 1.1은 학습 곡선을 어떻게 낮추는지 보여준다. 작고 간단한 예제를 다루는 것을 시작으로 대용량 분산 애플리케이션으로 확장이 가능한 방향으로 다듬어 간다.

마이크로서비스에 대한 다른 책들과는 무엇이 다를까? 다른 책들은 이론적인 내용을 눈에 띄게 다룬다. 이는 경험이 많은 개발자나 자신의 지식을 넓히고자 하는 설계자에게 좋은 접근 방법이지만, 실무적인 기술을 얻고자 하는 사람에겐 어려울 뿐이고, 새로운 앱을 시작하는 과정에 깔려 있는 지뢰밭을 무사히 통과하는 데 도움이 안 된다. 프로젝트를 시작하면서 만날 기술적인 선택 때문에 기나긴 고민에 빠질 수 있다.

이 책은 이론서가 아니다. 실용적인 접근 방법을 통해 익힐 것이다. 전반적으로 이론적인 내용은 조금만 언급하고 실제로는 견고한 마이크로서비스 앱을 제작한다. 아무것도 없는 상태에서 시작해서 앱을 제작하고 운영 시스템에 올릴 것이다. 또한 개발 환경이나 자신의 컴퓨터에서 앱을 만들어 테스트하고, 마지막으로 클라우드에 배포할 것이다.

독자와 함께 도구나 기술에 대한 세부 사항이나 깊은 지식 없이 마이크로서비스 앱을 다뤄볼 것이다. 그림 1.2는 이 책의 학습 모델을 나타낸다.

이 책은 아무것도 없는 상태부터 시작해 마이크로서비스를 개발하는 방법에 관한 책이다. 어떤 사람은 모놀리스를 마이크로서비스로 변환하는 방법과 같이 많은 독자들이 배우길 원하는 주제를 왜 다루지 않는지 물어보기도 한다.

위 질문에 대한 나의 답은, 기존의 앱을 재설계하는 방법을 배우는 것보다 그냥 앱을 처음부터 만드는 방법을 배우는 것이 훨씬 쉽다는 것이다. 또한 앞으로는 점점 더 많은 앱들이 마이크로서비스를 우선 고려해서 개발되기 때문에, 앱을 처음부터 만들어보는 것이 더 유용할 것이라고 생각한다.

어떠한 경우라도 기존의 앱을 리팩토링refactoring하는 것은 새로운 앱을 만드는 것보다 복잡하다. 리팩토링은 기존 코드베이스의 특성에 매우 의존적이고 복잡한 변수가 많은 과정이다.

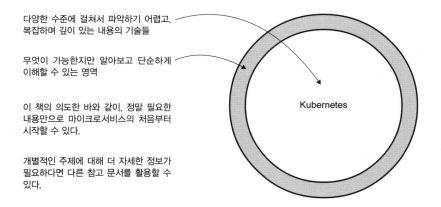

▲ **그림 1.2** 이 책의 학습 모델. 어렵고 복잡한 기술에 대해서 간략하게만 훑어보고 앱을 만들기에 꼭 필요한 부분만 다룬다.

독자가 정말 시작부터 마이크로서비스 앱을 만드는 경험을 일단 해본다면, 갖고 있는 모놀리스 앱을 어떻게 변환해볼 것인지 계획을 세우는 것이 더 쉬워질 것이라고 생각한다.

마이크로서비스를 먼저 고려해서 앱을 만든다면 기존의 모놀리스로부터 마이크로서비스를 향해 나아갈 길이 선명하게 보이도록 더 잘 준비할 수 있다. 이러한 과정에서 다양한 요구 사항에 직면할 수밖에 없으므로 끝까지 이 책을 살펴보길 바란다. 이 주제에 관해서는 11장에서 더 자세히 다룰 것이다.

이 책을 통해서 마이크로서비스를 만드는 확실하고 실용적인 기술을 처음부터 배울 수 있다. 물론 같은 주제에 대해서도 사용 가능한 다양한 방법과 도구가 존재한다. 나는 단일 레시피recipe와 도구 모음을 설명할 것이다. 물론 독자는 이 레시피보다 더 나은 방법들을 찾을 수 있고, 자신의 상황에 맞게 더 개선할 수 있다. 경험이 많은 다른 개발자 또한 그들만의 레시피를 이미 갖고 있다. 여기서 제시된 방법은 가능한 여러 방법 중 하나일 뿐이라는 점을 말하고 싶다. 하지만 이 책에서 사용한 모든 기술은 운영 환경에서 테스트해볼 수 있으며 실제로 잘 동작하는 것을 확인했다. 그러므로 더 이상 고생하지 말고, 배움과 발견의 여정을 시작해보자.

1.2 무엇을 배울까?

쉬운 것부터 시작해 조금씩 어려운 내용으로 진행한다. 하나의 마이크로서비스를 만드는 단순한 작업부터 출발한다. 11장부터는 더 복잡한 앱과 인프라를 다루지만 독자가 방향을 잃지 않도록 단계적으로 진행할 것이다. 이 책을 읽고 책에서 설명한 기술을 연습한다면 다음과 같은 작업을 해낼 수 있을 것이다.

- 개별적으로 동작하는 마이크로서비스를 만든다.
- 도커docker를 사용해 마이크로서비스 패키지를 만들고 게시publish한다.
- 도커 컴포즈Docker Compose를 사용해 개발 환경에서 마이크로서비스를 개발한다.
- 코드와 마이크로서비스 앱을 제스트Jest와 사이프러스Cypress로 테스트한다.
- 몽고DBMongoDB, 래빗MQRabbitMQ와 같은 서드파티 서버를 자신의 앱과 통합한다.
- HTTP와 래빗MQ 메시지를 사용해 마이크로서비스끼리 통신한다.

- 마이크로서비스 동작에 필요한 데이터와 파일을 저장한다.
- 테라폼^{Terraform}을 사용해 쿠버네티스^{Kubernetes} 운영 인프라를 생성한다.
- 테라폼으로 마이크로서비스를 운영 시스템에 배포한다.
- 코드를 업데이트하면 자동으로 앱을 배포하도록 지속적 전달^{CD, Continuous Delivery} 파이프라인을 생성한다.

1.3 미리 알아야 할 지식

아마 이 책을 이해하기 위해 필요한 사전 지식이 궁금할 것이다. 이 책을 쓰면서 독자가 무언가를 이미 알고 있을 것이라는 가정을 최소화해서 쓰려고 노력했다. 다소 복잡한 개념보다는 정말 기초적인 것부터 다루는 여정을 함께할 것이다. 개발자로서 어떤 경험을 얼마나 했는지와 상관없이 모두에게 의미 있는 과정이라고 생각한다.

컴퓨터 프로그래밍에 대한 기초적 수준의 이해를 갖고 있다면 이 책이 딱 맞다. 코드를 읽고 어떤 동작을 구현한 것인지 핵심만 볼 수 있다면 충분하다. 어쨌든 코드의 동작에 중요한 내용은 최대한 많이 설명할 것이므로 걱정할 필요 없다.

프로그래밍에 대한 배경 지식을 갖고 있다면 이 책의 예제를 따라가는 데 어려움이 없다. 이 책을 읽는 동안 프로그래밍을 함께 공부한다면 다소 힘들고 부담되겠지만 가능하다고 생각한다.

여기서는 마이크로서비스 예제로 Node.js를 사용한다. 하지만 자바스크립트나 Node.js를 알아야 시작할 수 있는 것은 아니다. 이 책을 따라가면서 충분히 익힐 수 있다. 또한 이 책에서는 마이크로소프트 애저^{Microsoft Azure}를 운영 시스템에 예제를 배포할 때 사용한다. 마찬가지로 애저를 알아야 시작할 수 있는 것은 아니다.

다음으로 언급할 것은 이 책이 Node.js나 애저를 다루는 책이 아니라는 것이다. 마이크로서비스의 제작에 필요한 오늘날의 도구, 즉 도커, 쿠버네티스, 테라폼 등을 다룬다. 이 책을 통해 익힐 수 있는 기술은 여러 언어와 클라우드 서비스 제공자에게 적용 가능하다. 단지 프로그램 언어와 클라우드 서비스를 하나는 선택해야 했기에 Node.js와 애저를 사용했다. 이러한 구성은 요즘 운영 시스템으로 널리 사용되고 있다.

약간의 노력이 필요하지만 그래도 Node.js와 애저가 적합하지 않다면 자신이 좋아하는 프로그래밍 언어와 클라우드 서비스로 대체하는 방법을 알 수 있을 것이다. 사실 도커, 쿠버네티스, 테라폼을 사용하는 중요한 이유는 특정 프로그래밍 언어와 클라우드 서비스에 종속될 필요가 없는 자유로움 때문이다.

1.4 복잡성 관리

일반적으로 마이크로서비스 앱은 시간이 흐르면서 복잡해지겠지만 처음부터 그럴 필요는 없다. 이 책은 간단한 시작점에서 출발해 개발하는 과정 또한 간단하게 유지할 수 있도록 접근할 것이다. 이 책을 읽어 가면서 마이크로서비스로 앱을 만드는 것이 생각만큼 어렵지 않다는 것을 알게 될 것이다.

마이크로서비스는 작은 단위의 수준별로 복잡성을 관리할 방법을 제시한다. 여기에서 언급한 수준은 우리가 작업하면서 대부분 접하는 정도, 즉 단일 마이크로서비스를 말한다. 이 정도 수준에서는 마이크로서비스가 복잡하지 않다. 실은 마이크로서비스란 이름에 걸맞게 작고 단순해야 한다. 단일 마이크로서비스는 개발자나 작은 팀에서도 관리가 가능해야 한다.

물론 위와 같은 사실에도 불구하고, 개발 과정이 진행되고 진화하면서 복잡한 시스템이 생기는 것은 사실이다. 마이크로서비스 앱이 언젠가는 복잡해질 것이라는 것은 부정할 수 없다. 하지만 처음부터 복잡해지는 것이 아니라 시간이 걸린다. 이러한 과정에서 너무 부담스럽지 않도록 앱의 증가하는 복잡성을 관리할 수 있는 마이크로서비스를 사용할 것이다.

마이크로서비스 앱은 그 구성 요소의 상호작용을 통해 자연스럽게 복잡성이 증가하는 일종의 복잡 적응 시스템complex adaptive system이다. 전체적인 시스템은 비록 우리가 이해하기에 너무 복잡하더라도, 각각의 구성 요소는 작고, 관리 가능하며, 이해하기 쉬워야 한다. 물론 이 책의 예제는 복잡하지 않으니 걱정할 필요 없다.

자동화 도구를 포함한 여러 도구의 도움으로 위와 같은 마이크로서비스의 개발 원칙은 복잡성에 의해 압도당하지 않고도 더 크게 확장 가능한 앱을 만들 수 있다. 그리고 이 책을 읽고 나면, 매우 복잡한 마이크로서비스 앱이라도 일부만 확대해서 살펴볼 수 있고, 단위 구성 요소에 대해 직관적으로 이해하기 쉬워질 것이다.

1.5 마이크로서비스란 무엇인가

마이크로서비스 앱을 다루기 전에 우선 마이크로서비스의 정의부터 이해할 필요가 있다.

> |**정의**| 마이크로서비스는 개별적으로 배포 일정을 갖고 업데이트 운영이 가능한 작고 독립적인 소프트웨어 프로세스다.

이 정의를 하나씩 살펴보자. 마이크로서비스는 구분된 배포 주기를 갖는 작고 독립적인 소프트웨어 프로세스다. 이는 반드시 다른 마이크로서비스와 별개로 업데이트가 가능해야 한다는 말이다.

마이크로서비스는 어떤 개발자나 개발 팀이 소유하고 관리할 수 있다. 또한 개발자 또는 개발 팀은 다른 여러 마이크로서비스를 관리하기도 한다. 각 개발자 또는 팀은 소유한 마이크로서비스에 책임이 있으며, 오늘날 프로그래밍 현실에서는 개발, 테스트, 배포와 운영을 모두 포함한다. 작은 회사나 내가 속한 경우인 스타트업에서는 여러 개의 마이크로서비스(이 책에서 다룰 내용이다) 또는 정말로 회사 전체의 마이크로서비스를 관리하는 것도 볼 수 있다.

각각의 마이크로서비스는 고객과의 상호작용을 위해 외부에서 접근 가능하도록 노출할 수 있고, 순수하게 내부적으로만 사용하는 서비스로 외부 접근을 허용하지 않을 수도 있다. 특히 접근을 막는 경우는 데이터베이스, 파일 저장소, 상태 저장^{state persistence} 메소드 등이다. 그림 1.3은 이와 같은 내부 외부 접근 관계를 나타낸다.

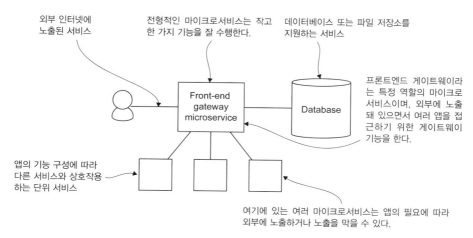

외부 인터넷에
노출된 서비스

전형적인 마이크로서비스는 작고
한 가지 기능을 잘 수행한다.

데이터베이스 또는 파일 저장소를
지원하는 서비스

프론트엔드 게이트웨이라
는 특정 역할의 마이크로
서비스이며, 외부에 노출
돼 있으면서 여러 앱을 접
근하기 위한 게이트웨이
기능을 한다.

앱의 기능 구성에 따라
다른 서비스와 상호작용
하는 단위 서비스

여기에 있는 여러 마이크로서비스는 앱의 필요에 따라
외부에 노출하거나 노출을 막을 수 있다.

▲ **그림 1.3** 하나의 마이크로서비스는 외부 인터넷이나 다른 서비스를 연결할 수 있고, 데이터베이스 또는 파일 저장소를 포함할 수 있다.

마이크로서비스 하나는 많은 기능을 갖지 않는다. 잘 설계된 시스템이라면 단순한 서비스들로 구분이 가능하다. 또한 이 서비스들끼리 서로 협업해서 커다란 앱과 같은 기능을 제공한다. 이 지점에서 마이크로서비스 응용프로그램(Application, 이하 앱)이라는 주제로 넘어가보자.

1.6 마이크로서비스 앱이란 무엇인가

마이크로서비스 앱은 기존에 알고 있던 분산 애플리케이션^{distributed application}이며, 격리된 프로세스와 네트워크 통신을 하는 작은 구성 요소^{component}로 이루어진 시스템을 말한다. 각각의 서비스나 구성 요소는 논리적 또는 가상으로 구분된 컴퓨터에 위치하지만 가끔은 물리적인 컴퓨터로 구분돼 있는 경우도 있다.

> |**정의**| 마이크로서비스 앱은 프로젝트의 주요 기능들을 수행하기 위해 서로 협업하는 작은 서비스들로 구성된 분산 프로그램이다.

전형적인 마이크로서비스 앱은 사용자가 시스템과 상호작용이 가능하도록 외부에서 접근을 허용하는 하나 이상의 서비스를 갖고 있다. 그림 1.4는 웹과 휴대폰 사용자를 위한 게이트웨이 역할을 하는 두 개의 서비스를 보여준다. 또한 클러스터^{cluster} 내부에서 함께 동작하는 여러 서비스도 나타낸다. 클러스터라고 부르는 이유는 개발자 입장인 우리가 원하는 컴퓨팅 능력을 가진 하나의 연결된 집합체와 같이 볼 수 있는 컴퓨터의 그룹이기 때문이다. 또한 가까이에 데이터베이스 서버도 존재한다. 그림 1.4에서는 클러스터 외부에 위치하지만 클러스터 내부로도 쉽게 포함할 수 있다. 이 부분에 관해서는 4장에서 더 자세히 다룬다.

클러스터는 클러스터 오케스트레이션^{orchestration} 플랫폼 위에 존재하며, 이를 위해 쿠버네티스를 사용한다. 오케스트레이션은 서비스들에 대한 자동화된 관리를 말한다. 이는 쿠버네티스가 제공하는 기능으로 서비스를 배포하고 관리하는 역할을 지원한다.

클러스터 자신과 데이터베이스, 가상 인프라 모두 우리가 선택한 클라우드 서비스상에 존재한다. 여기서는 위와 같은 인프라를 마이크로소프트 애저에 배포하는 방법을 다루지만, 독자가 조금만 더 알아본다면 아마존 웹 서비스^{AWS, Amazon Web Services}나 구글 클라우드 플랫폼^{GCP, Google Cloud Platform}으로 변경할 수 있다.

마이크로서비스 앱은 여러 가지 형태를 가질 수 있고 매우 유연하며 다양한 환경에 적합하도록 구성할 수 있다. 어떤 특정 앱은 전반적으로 익숙한 구조를 갖기도 하지만, 서비스들은 고객이나 업무 영역의 요구에 따라 다양한 역할을 갖고 있다.

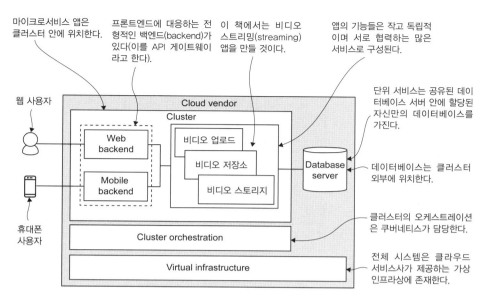

▲ **그림 1.4** 마이크로서비스 앱은 클러스터 안에서 동작하는 여러 개의 작고 독립적인 서비스로 구성된다.

1.7 모놀리스의 문제점

모놀리스란 무엇이며 어떤 문제가 있기에 마이크로서비스를 더 선호할까? 분산 컴퓨팅이 지난 수십 년 동안 존재했음에도 모놀리스 형태를 기반으로 앱이 제작되는 경우가 자주 있었다. 이는 클라우드 혁명과 마이크로서비스 이전에 주로 소프트웨어를 제작하는 방법이었다. 그림 1.5는 간단한 비디오 스트리밍 앱을 통해서 모놀리스 버전의 앱과 마이크로서비스 버전의 차이를 비교하는 그림이다.

| **정의**| 모놀리스는 전체적인 앱이 단일 프로세스로 동작하는 경우를 말한다.

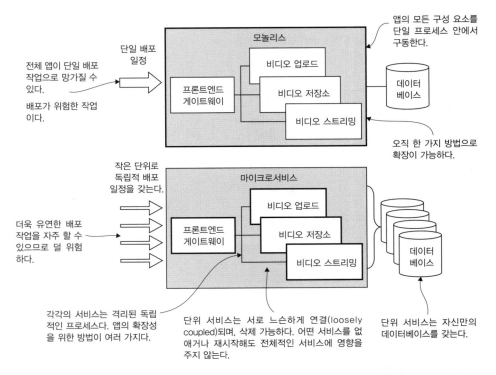

전체 앱이 단일 배포 작업으로 망가질 수 있다.

배포가 위험한 작업이다.

단일 배포 일정

앱의 모든 구성 요소를 단일 프로세스 안에서 구동한다.

모놀리스

비디오 업로드

프론트엔드 게이트웨이

비디오 저장소

비디오 스트리밍

데이터베이스

오직 한 가지 방법으로 확장이 가능하다.

작은 단위로 독립적 배포 일정을 갖는다.

더욱 유연한 배포 작업을 자주 할 수 있으므로 덜 위험하다.

마이크로서비스

비디오 업로드

프론트엔드 게이트웨이

비디오 저장소

비디오 스트리밍

데이터베이스

각각의 서비스는 격리된 독립적인 프로세스다. 앱의 확장성을 위한 방법이 여러 가지다.

단위 서비스는 서로 느슨하게 연결(loosely coupled)되며, 삭제 가능하다. 어떤 서비스를 없애거나 재시작해도 전체적인 서비스에 영향을 주지 않는다.

단위 서비스는 자신만의 데이터베이스를 갖는다.

▲ **그림 1.5** 모놀리스와 마이크로서비스 비교. 기존의 모놀리스 형태의 앱보다 마이크로서비스가 가진 장점이 더 많은 것을 볼 수 있다.

마이크로서비스보다 모놀리스 앱을 만드는 것이 훨씬 쉽다. 아무래도 더 적은 기술과 설계 방법이 필요하기 때문이다. 새로운 앱을 만들 때 좋은 시작점이기도 해서, 마이크로서비스 앱이 요구하는 많은 기술적 투자를 시행하기 이전의 초기 단계라고 가정한다면, 비즈니스 모델의 유효성을 테스트하기 적합하다.

모놀리스는 나중에 버릴 수 있는 실험적 모델을 만들어보기에 적합하다. 작은 범위에서 또는 나중에 추가적인 기능 확장이 필요 없이 빠르게 잘 동작하게 만들려는 앱들이 그 예가 될 수 있다. 앱이 항상 작은 규모일 수 있다면, 이 역시 모놀리스가 적합하다.

모놀리스와 마이크로서비스 중 무엇을 우선할 것인지 결정하는 것은 기존의 모놀리스를 통해 얻어왔던 성과와 균형을 맞추는 것이다. 하지만 이 책에서는 오늘날의 향상된 도구와 더욱 값싸고 편리해진 클라우드 인프라를 고려해서, 마이크로서비스를 우선적으로 고려하는 것을 중요하게 다룬다.

대부분의 제품은 성장하고 개선되며, 모놀리스 앱도 마찬가지로 더 많은 유용한 기능을 갖추면서 커지고, 새로운 실험적 기능을 추가하고 없애기가 더욱 어려워진다. 이제 모놀리스에 의해 꼼짝 못하는 자신을 발견하고, 거기서 벗어나서 살펴보면 결국 정말 필요한 것은 마이크로서비스의 유연함, 보안과 확장성이다.

모놀리스는 잠재적 문제들을 동반한다. 처음에는 작게 시작하면서 코드를 깔끔하고 잘 정리해서 운영할 것이라는 목표에 항상 최선을 다하게 된다. 좋은 개발 팀이라면 이 모놀리스를 잘 정리된 상태로 몇 년 동안 유지할 수도 있다. 하지만 시간이 흐르면서 목표는 희미해지고, 가끔은 처음의 의도를 찾아볼 수 없을 정도로 사라지기도 한다. 모든 코드가 같은 프로세스에서 동작하므로 방대한 스파게티 코드가 되는 것을 막을 도리가 없고, 일부만 따로 떼어놓고 작업하는 것도 불가능하다.

담당자의 변경도 큰 영향이 있다. 개발자가 떠나면서 중요한 지식도 함께 사라지고, 새로운 개발자들로 대체된다. 새로운 개발자는 자신의 생각에 맞게 앱의 모델을 개발하고 초기의 목표는 유별나다고 여기기 쉽다. 시간이 더 흐르면 여러 손을 거치며 코드가 변경되고, 위의 나쁜 영향이 확산돼 코드베이스는 깊은 수렁에 빠진다. 이는 도저히 앱의 설계 구조를 알아볼 수 없을 정도로 망가진 상황을 말한다.

모놀리스 앱의 코드를 변경하는 것은 위험한 작업이다. 모 아니면 도가 될 수 있다. 모놀리스 앱의 동작을 손상시킬 코드를 푸시^{push}하고 나면 앱의 전체 동작을 멈추게 만들고, 고객은 속절없이 떠나며, 회사는 금전적 손실을 입는다. 코드 한 줄만 바꾸고 싶을 수 있지만 여전히 전체 모놀리스 앱을 배포해야 하고, 장애 발생 위험을 감수해야 한다. 이 위험은 두려움을 갖게 만들고, 두려움은 전체 개발 속도를 느리게 만든다.

또한 모놀리스 앱의 구조가 악화되면서 예상하기 힘든 장애가 발생할 수 있는 가능성이 증가한다. 테스트는 점점 어려워지고, 배포에 대한 두려움은 커진다. 이로써 독자가 마이크로서비스를 시도해보기 충분하도록 설득했을까? 아직은 아니다. 더 있다.

완성된 모놀리스 앱에 적합한 시스템 용량 때문에 테스트에 어려움이 따르고, 매우 낮은 수준의 독립적 구성 요소를 갖기 때문에 확장성이 떨어진다. 결과적으로 모놀리스 앱을 실행하는 물리적 컴퓨터 자원의 제약에 의해 확장성이 정해진다. 시작한지 오래된 모놀리스 앱이 점점 더 많은 물리적 자원을 소비한다면 더 많은 운영 비용이 발생한다. 나 자신이 증인이다. 시간의 차이는 있겠지만 본인이 원하지 않더라도 결국 모놀리스 앱이 향하는 종착점이다.

모놀리스 구조가 결국 위와 같은 어려움에 처하게 되지만, 여전히 새로운 앱을 시작하기에는 가장 간단하다. 그렇다면 모놀리스로 시작해서 나중에 확장이 필요한 시점에 재개발하는 것이 맞을까? 내 생각에는 경우에 따라 다르다.

많은 앱이 실제로 작다. 지금도 세상에는 자신의 역할을 잘 해내는 수많은 모놀리스 앱이 있으며, 확장이나 개선이 필요 없기도 하다. 추가할 것들이 없어서 성장에 따른 문제도 만나지 않는다. 자신의 앱이 작고 간단하게 남을 수 있고, 특별한 기능 향상도 필요 없다면 모놀리스로 제작하는 것이 답이다.

하지만 마이크로서비스로부터 얻을 수 있는 장점이 쉽게 예상되는 많은 앱이 있다. 여러 해에 걸쳐서 지속적으로 개선해 나갈 앱을 말한다. 또한 유연성과 확장성, 보안을 위해 준수할 정책이 처음부터 필요한 앱들도 마찬가지다. 모놀리스 구조를 전환하는 것은 어렵고 위험한 작업이기 때문에 위와 같은 앱을 제작할 때에는 시작부터 마이크로서비스로 하는 것이 더 쉽다.

사업적 아이디어를 일단 검증해보고 싶다면, 처음에는 모놀리스로 만들어보자. 하지만 이 경우에도 올바른 도구 선정과 마이크로서비스로 프로토타입prototype을 만들어보는 것이 모놀리스의 경우보다 더 어렵다는데 동의하는 것은 아니다. 결국은 모놀리스가 커다란 단일 서비스가 아니라면 무엇일까?

또한 이 책에서 다루는 쿠버네티스 클러스터 안에서 모놀리스 앱을 다루는 기술을 고려해야 할 수 있다. 이제 두 진영의 장점을 모두 알고 있지 않은가. 언젠가 마이크로서비스로 전환할 기회가 온다면 여유 있게 모놀리스에서 조금씩 떼어내서 마이크로서비스로 만들 수 있는 가장 좋은 위치에 이미 있는 것이다. 요즘 도구들이 제공하는 자동 배포 기능의 편리함으로 조금씩 앱을 재개발하거나 개발 및 테스트 환경을 복제할 수 있다. 모놀리스로 먼저 만들어보고 싶더라도, 여전히 이 책에서 설명하는 도구와 기술의 장점을 누릴 수 있다.

정말 모놀리스로 무언가 최대한 빨리 시작해야 한다면, 그냥 버리고 대체하거나 단계적으로 마이크로서비스로 재개발하는 방법도 있다. 기존의 모놀리스를 해체해버리는 방법에 관해서는 11장에서 더 자세히 다룬다.

1.8 왜 마이크로서비스를 많이 사용할까?

지금 마이크로서비스의 인기가 폭발한 이유가 무엇일까? 단지 일시적인 유행일까?

그렇지 않다. 분산 컴퓨팅은 오랜 기간 사용돼왔고, 모놀리스 앱을 아우르며 여러 장점을 갖고 있다. 기존의 방법으로는 위와 같은 형태로 앱을 개발하는 것이 복잡하고 비용이 많이 발생한다. 개발자들은 구현에 지나친 비용이 발생하는 문제의 해결 방안으로 더욱 강력한 애플리케이션 아키텍처에 도달한 것일 뿐이다.

하지만 요즘에는 클라우드와 가상화, 가상 인프라 관리 자동화 도구의 힘을 얻어 위와 같은 분산 시스템의 구축 비용이 훨씬 줄었다. 분산 애플리케이션 기반의 모놀리스 앱을 대체하기 위한 비용이 줄어들면서, 앱의 구조를 향상하기 위한 방법을 당연히 고민하게 됐다. 따라서 분산 시스템의 구성 요소들을 가능한 한 작게 만들었고, 이를 우리는 마이크로서비스라 부르고 있다.

위와 같은 점이 마이크로서비스가 인기 있는 이유다. 오늘날의 복잡한 앱을 제작하기 위한 일반적인 장점뿐만 아니라, 비용을 줄이는 효과도 있기 때문이다. 분산 컴퓨팅의 접근성은 어느 때보다 더 좋아졌고, 결과적으로 더 많은 개발자들이 사용하고 있다. 지금은 마이크로서비스가 큰 비중을 차지하며 주류가 돼 가고 있다.

하지만 마이크로서비스가 정말 그 정도로 좋은 것일까? 앱의 구조를 어떻게 개선하는가? 이 질문을 위해 마이크로서비스의 장점을 알아보자.

1.9 마이크로서비스의 장점

분산 애플리케이션은 여러 장점을 가진다. 단위 서비스는 잠재적으로 자신만의 프로세서, 메모리와 같은 자원을 가질 수 있다. 전형적인 예로 많은 서비스들이 물리적인 인프라를 공유해 마이크로서비스의 가성비를 좋게 만든다. 반대로 필요한 서비스를 격리해 무거운 서비스를 위한 자원을 따로 확보해 사용하도록 구성할 수도 있다. 각각의 작은 서비스는 독립적으로 확장 가능하며, 이러한 확장성이 앱의 성능을 최적화하기 위한 세밀한 조정을 가능하게 한다. 이번 절에서 다룰 내용은 다음과 같다.

- **세밀한 제어가 가능함** 마이크로서비스는 확장성을 바탕으로 섬세하게 조정할 수 있는 앱을 만들 수 있다.
- **배포 위험의 최소화** 마이크로서비스는 일련의 개발 과정 속도가 빠르므로 배포 위험을 줄이는 데 도움이 된다.
- **자신이 이미 보유한 기술 선택** 마이크로서비스는 수행할 작업을 위한 올바른 개발 도구를 선택할 수 있게 만드므로, 특정 기술이나 도구에 의해 생기는 제약이 없다.

분산 애플리케이션을 운영하고 있다는 것은 잠재적으로 더 나은 신뢰성과 줄어든 배포 위험의 혜택을 받는 것이다. 특정 서비스를 업데이트할 때 전체 앱이 제공하는 서비스 중단 없이 수행할 수 있다. 물론 앱의 일부가 영향을 받을 수 있지만 전체 앱의 기능이 마비되는 것보다는 더 낫고 더 복구하기 쉽다. 문제가 발생한다면 시스템 전체보다는 작은 일부만 복구하는 것이 쉽다. 이렇게 감소한 배포의 위험은 자주 배포하는 것도 가능하게 만드는 효과를 야기하고, 이는 민첩한 대처와 빠른 개발 과정을 유지하는 데 필수적이다.

위와 같은 장점은 그다지 새로울 것이 없다. 이미 오랜 시간에 걸쳐 분산 애플리케이션을 만들어왔고, 이를 위한 시스템은 점점 저렴해지고 도구들은 좋아졌다. 그 어느 때보다도 위와 같은 앱을 만들고 그 성과를 얻는 것이 쉬워졌다. 비용이 줄고 배포가 편리해짐에 따라 서비스의 방향이 마이크로 수준으로 변하게 됐고, 이러한 변화 자체가 주는 장점이 있다.

서비스가 작을수록 거대한 서비스보다 빠르게 시작할 수 있다. 무거워진 서비스를 빠르게 복제할 수 있기 때문에 시스템 확장성을 더 잘 지원한다. 또한 작은 서비스는 테스트와 문제 해결이 쉽다. 전반적인 시스템의 테스트는 여전히 어려울 수 있지만, 개별 기능들은 예상한 대로 동작하는지 쉽게 검증할 수 있다.

앱을 작고 독립적으로 업그레이드가 가능한 여러 부분으로 만든다는 것은 그것을 사용하는 동안에 확장하고, 개선하고, 재배치하기 쉽도록 만드는 것이다. 여러 구성 요소의 프로세스 경계에서 직면하고 있는 현실은 앞으로 스파게티 코드를 절대 작성하지 않는 것이다. 정말로 끔찍한 코드를 작성하게 된다면(항상 잘할 수는 없으니), 마이크로서비스가 며칠 아니면 몇 주 안에 제거되거나 재작성할 수 있을 정도로 충분히 작기 때문에 그 코드의 영향은 관리 가능하거나 제한될 것이다. 이런 점에서 볼 때 우린 버리기 쉬운 코드를 작성하는 것이다. 우리는 시간이 흐르면서 대체할 코드를 설계한다. 앱에 대한 지속적으로 반복되는 코드 대체는 가능한 정도만이 아니라 오히려 권하는 것이고, 오늘날의 업무들이 요구하는 지속적인 향상을 통해서 살아남기 위한 앱의 아키텍처다.

마이크로서비스를 사용하는 개발자에게 흥미로울 수 있는 또 다른 장점은 앱을 위해 특정 기술 스택technology stack만을 요구하지 않는 것이다. 단위 서비스는 어떠한 기술 스택도 가능할 수 있다. 경험이나 필요한 업무에 적합한 선택을 하면 된다. 다양한 기술 스택이 클러스터 안에 존재할 수 있으며, 공유 프로토콜이나 통신 방식으로 협업할 수 있다.

기술 스택을 바꾸는 것은 앱의 장기적인 안정성을 위해 중요하다. 항상 그렇듯이 기술적인 향상은 오래된 기술 스택의 수요를 감소시키다가 결과적으로 새로운 것으로 대체된다. 마이크로서비스는 점진적으로 새로운 기술 스택으로 전환할 수 있는 구조로 만들어준다. 개발자로서 더 이상 시대에 뒤떨어진 상황 때문에 고생할 필요가 없다.

> **기술 스택(Technology stack)**
>
> 기술 스택은 각각의 마이크로서비스를 만들 때 사용하는 도구, 소프트웨어, 프레임워크의 조합이다. 앱이 필요로 하는 요소들을 아우르는 핵심 요소다.
>
> 어떤 스택은 이름을 갖고 있다. 예를 들어 MEAN(Mongo, Express, Angular, Node.js) 또는 LAMP(Linux, Apache, MySQL, PHP) 등이 있다. 하지만 단지 사용하는 도구의 조합이며 반드시 어떤 이름에 얽매일 필요는 없다.

모놀리스로 제작하는 동안에는 어떤 단일 기술 스택을 선택해야 하고, 모놀리스를 운영하는 동안에는 그 스택을 유지할 수 밖에 없다. 마이크로서비스 아키텍처는 하나의 앱에 대해서도 잠재적으로 여러 기술 스택을 사용할 수 있다는 점이 매력이다. 앱을 개선하면서 꾸준히 기술 스택을 바꾸는 데 도움이 된다.

1.10 마이크로서비스의 단점

마이크로서비스의 두 가지 주요 단점을 언급하지 않고서는 1장을 마무리할 수 없을 것 같다.

- 마이크로서비스는 더 어렵다.
- 사람들은 복잡한 것을 두려워한다.

첫 번째 문제는 가파른 학습 곡선을 말한다. 마이크로서비스를 만드는 방법을 배우는 과정은 여러 기술들을 복잡하게 구성해내는 방법은 물론이고, 분산 애플리케이션을 만드는 원칙과 기술들을 배워야 한다. 비록 어려운 과정이지만 이 책을 통해 급격한 학습 곡선에 지름길을 제공하고자 한다.

|**노트**| 지금 눈앞에 놓인 과정에 두려움을 느낄 수도 있다는 것을 이해한다. 하지만 최근에 분산 애플리케이션의 제작을 위한 개발 도구들이 아주 좋아졌다. 이 도구들은 이전보다 세련되고 사용하기 쉬우며, 무엇보다도 예전과 비교가 안될 정도로 자동화가 가능하다.

요즘은 단 한 번의 경험만 가진 개발자도 지금은 팀의 지원 없이 자신만의 마이크로서비스 앱을 능숙하게 만든다. 필자가 스타트업에서 여러 번 직접 경험해봤기 때문에 아는 사실이다. 지금도 여전히 한 사람의 노력으로 얼마나 많은 것들을 성취할 수 있는지 놀라고 있다. 나중에 11장에서 스타트업이나 작은 팀 또는 1인 개발자가 빠르고 효과적으로 마이크로서비스를 가지고 작업할 수 있는지 다룰 것이다.

엄밀하게 말하면 몇몇 도구들은 여전히 어렵다. 일반적으로 완벽하게 이해하기 위해 몇 달 또는 그 이상이 걸릴 수 있다. 하지만 이 책은 색다른 접근을 시도한다. 앱을 운영 시스템에서 구동하기 위해 알아야 할 거의 최소한의 내용을 함께 배울 것이다. 간단하지만 잘 동작하는 마이크로서비스 앱을 함께 만들 것이다. 이러한 과정에서 분산 애플리케이션 설계의 기본을 배울 것이다.

앞에서 언급했듯이 마이크로서비스 개발자가 실제로 만나게 되는 두 가지 문제가 있다. 그 두 번째는 우리가 만들 마이크로서비스 앱이 분산 애플리케이션이고, 따라서 동일한 기능을 수행하는 모놀리스보다는 더 어렵다는 점이다. 이러한 사실은 논쟁의 여지가 거의 없다. 우선 내가 동의하는 점은 처음에는 모놀리스가 간단하다는 것과 여러 상황에서 올바른 선택이 될 수 있다는 점이다. 하지만 자신의 앱이 나중에 마이크로서비스로 다시 설계돼야 하는 경우라면 복잡하게 엉켜 있는 구성 요소를 하나씩 풀어나가며 발생하는 최종적인 비용도 고려해야 한다.

복잡함에 당황하지 말자. 우리가 원하건 말건 생기는 일이다. 다행히도 마이크로서비스는 복잡성을 관리할 수 있는 실질적인 방법이 있다.

위와 같은 사실들로 볼 때 아마도 최소한 모놀리스보다는 마이크로서비스로 만드는 것이 쉬운 경우도 있겠다는 사실은 인정할 수 있을 것이다. 아직도 확신이 서지 않는다면, '중요한 앱일수록 복잡해질 것이다'라는 사실을 고려해보자. 처음부터 그렇진 않겠지만, 시간이 흐르면서 복잡해질 것이다. 오늘날의 소프트웨어 제작 과정은 복잡성에서 벗어날 수 없다. 언젠가는 결국 어렵고 복잡해진다. 대신 이러한 상황을 관리하고 복잡성에 정면으로 맞서 보자. 필요한 것은 복잡성을 관리할 수 있는 더 좋은 도구다. 마이크로서비스의 아키텍처가 이러한 도구 중 하나다.

마이크로서비스가 경제적 측면에서 우리의 앞길을 험난하게 만든다고 생각해보자. 그렇다면 이것에 대한 보상은 무엇일까? 마이크로서비스는 앱의 복잡성을 관리할 수 있는 실질적인 방법을 갖고 있다. 스파게티 코드를 만드는 것으로부터 우리를 지켜줄 방어막을 제공한다. 마이크로서비스는 또한 더 좋은 설계를 적용하라고 요구한다. 복잡해지는 것을 막을 수는 없지만 관리할 방법이 있고 이를 위한 분산 애플리케이션 도구는 이미 존재한다.

1.11 마이크로서비스 최신 도구 사용

이 책은 도구를 다루는 법에 관한 책이다. 여러 도구들에 대한 기초를 함께 배울 것이다. 시작은 마이크로서비스를 만들어보는 것이다. 이를 위해 자바스크립트와 Node.js를 사용하며, 2장에서 기초적인 내용을 다룬다.

Node.js는 단순히 내가 선택한 것이다. 하지만 마이크로서비스에 관해서라면, 기술 스택은 딱히 중요하지 않다. 마이크로서비스는 파이썬^{Python}, 루비^{Ruby}, 자바, 고^{Go}, 또는 여러 다른 언어로 쉽게 만들 수 있다. 여기서 많은 도구들을 다루게 되겠지만 가장 중요한 도구는 다음과 같다.

- **도커** 패키지를 만들거나 서비스를 배포한다.
- **도커 컴포즈** 개발 환경에서 마이크로서비스 앱을 테스트한다.
- **쿠버네티스** 클라우드에 앱을 호스트한다.
- **테라폼** 클라우드 인프라, 쿠버네티스 클러스터를 만들고 앱을 배포한다.

사용되는 기술은 항상 변화하고, 이는 도구도 마찬가지다. 그럼 왜 언제 사라지거나 대체될지 모르는 특정 도구들을 배워야 할까? 아마도 우리가 효과적으로 일하기 위한 좋은 도구들은 언제나 필요하기 때문일 것이다. 더군다나 더 좋은 도구라면 일을 더 잘 끝낼수 있고, 더 효과적으로 잘 해낼 수도 있다. 어느 경우라도 더 생산적으로 만드는 데 도움이 된다.

이 책에서 선택한 도구들은 마이크로서비스 앱을 만드는 과정을 상당히 쉽고 빠르게 만든다. 모든 기술은 변하지만 이 도구들이 곧 사라질 것이라고 생각하지 않는다. 이들은 널리 사용되고 있으며, 현재로서는 최선의 선택이고, 모두 유용한 도구 모음이다.

물론 언젠가는 대체될 도구이지만 당분간은 이 도구들을 충분히 값어치 있게 활용하고 좋은 앱들을 많이 만들기 바란다. 그리고 정말 도구들이 대체된다면, 그들은 우리의 일을 더 쉽고 간단하게 해줄 더 높은 수준의 도구들이 될 것이다.

도커는 다소 차이는 있겠지만 널리 사용되는 도구 중 하나다. 어디서 나타났는지는 모르겠지만 이 분야에서 중요한 역할을 하고 있다. 반면 쿠버네티스는 도커만큼 흔하게 사용하지는 않지만, 클라우드 서비스 제공사와 상관없이 사용할 수 있다는 점에서 많이 쓰일 전망이다. 이는 특정 클라우드 서비스 제공사에 제약받을 일이 없기 때문에 좋은 소식이다. 어느 클라우드 플랫폼이던 상관없이 쿠버네티스 기반의 앱을 실행할 수 있고, 필요하다면 이전이 가능하다.

테라폼은 상대적으로 새로운 도구지만 획기적이다. 클라우드 자원과 서비스 배포를 위한 스크립트를 생성하는 선언적 설정 언어다. 테라폼의 중요한 점은 잠재적으로 어떠한 클라우드 서비스 플랫폼에서도 동작이 가능하다는 것이다. 지금 또는 나중에 어떤 클라우드 플랫폼을 선택하더라도 테라폼이 지원할 가능성이 높고, 새로운 기술을 다시 배울 필요가 없다.

잠시 생각해보자. '테라폼은 클라우드 인프라를 쉽게 생성하는 코드다.' 대단한 것 아닐까. 예전에는 힘들게 인프라 관련 작업을 했지만, 지금은 코드로 가능하다는 것이다. 이 개념이 코드형 인프라^{IaC, Infrastructure as Code}이며, 지속적 전달^{CD, Continuous Delivery}을 가능하게 만드는 핵심이다. 오늘날 소프트웨어 개발 과정에 중요한 이 부분은 7장에서 다룬다.

1.12 마이크로서비스 앱의 설계

이 책은 이론서가 아니지만 실용적인 내용을 다루기 전에 소프트웨어 설계 관점에서 필요한 몇 가지 내용을 다룬다. 여기서는 분명 기본적인 원칙 정도만 약간 다루며, 설계에 대한 이론적인 개념은 기초부터 다루는 수많은 책들이 있다.

마이크로서비스는 다른 소프트웨어의 설계와 처음부터 특별히 다른 것은 아니다. 소프트웨어 설계에 대한 다른 좋은 책들을 읽고 그 개념을 마이크로서비스에 적용할 수도 있을 것이다. 내가 따르고 있는 규칙은 어렵거나 많지도 않지만, 매우 중요하게 여기고 있다.

- 미래에 필요한 검증을 위해 지나치게 미리 설계하지 말자. 자신의 앱을 위한 단순한 설계부터 시작하자.
- 최대한 단순하게 유지하기 위해서 개발 과정에 지속적인 리팩토링^{refactoring}을 적용하자.

- 좋은 설계가 자연스럽게 완성되도록 하자.

마지막 규칙이 특히 마이크로서비스를 쓰고 싶게 만든다. 마이크로서비스들로 구성된 커다란 앱을 미리 단정적으로 설계할 수 없다. 이러한 아키텍처는 앱을 개발하고 수명을 관리하는 과정에서 자연스럽게 드러나는 것이다.

물론 계획이 필요 없다는 뜻이 아니다. 모든 개발 단계에서의 계획은 반드시 필요하다. 위에서 말하고자 하는 의미는 변화하는 계획을 위한 계획을 세우는 것이다. 변화하는 환경에 빠르게 대응할 수 있어야 하고, 바로 이러한 현실을 마이크로서비스가 잘 지원한다. 위의 규칙과 별개로 간단하게 마이크로서비스와 관련된 원칙들을 살펴보자.

- 단일 책임 원칙
- 느슨한 연결
- 강한 응집력cohesion

우리는 일반적으로 개별 마이크로서비스가 작고 단순하길 원한다. 하나의 서비스는 개념적으로 하나의 업무를 책임져야 한다. 다시 말해 하나의 서비스는 하나의 잘 정의된 책임을 갖는다는 의미다. 이것이 단일 책임 원칙이다.

마이크로서비스는 느슨한 연결이 적합하며 강한 응집력을 가져야 한다. 느슨한 연결이란 서비스 간에 연결을 최소화하고, 반드시 필요한 정보가 아니면 공유하지 않는다는 것을 의미한다. 서비스들 간에 발생할 수 있는 연결과 종속성을 최소화한다면, 앱에서 어떤 문제가 확산되는 일 없이 개별 서비스들을 업그레이드하기 쉽다. 따라서 변화하는 업무 요구에 맞춰서 앱이 유연하게 대응할 수 있다.

마이크로서비스 안에 포함된 코드는 강한 응집력을 가져야 한다. 이는 하나의 마이크로서비스 안에서는 코드가 서로 기능적으로 연계돼 있고, 맡은 서비스 영역에 대한 문제를 풀 수 있도록 동작해야 한다는 것이다. 만약 하나의 마이크로서비스가 2개 이상의 문제를 해결하거나, 책임지는 범위가 위의 경우보다 더 크다면 강한 응집력을 갖지 못했다는 뜻이다.

잘 동작하는 마이크로서비스의 설계를 반영하는 전형적인 예로는 도메인 기반 설계DDD, Domain Driven Design가 있다. DDD의 활용은 비즈니스 영역Business Domain과 소프트웨어로서의 비즈니스^{Business as Software}를 이해하는 방법이다. DDD는 에릭 에반스(Eric Evans, 2003)가 지은 『Domain Driven Design』에서 소개됐다. 나 자신도 이를 직접 적용해봤고, 분산 애플리케이션을 설계하기에 적합하다는 것을 알게 됐다. 특히 의미적 구분^{Bounded Context}의 개념은 그림 1.6에서 알 수 있듯이 마이크로서비스의 경계를 정하는 데 적합하다.

다음의 그림은 마이크로서비스에 적합한 비디오 스트리밍 영역을 나누는 개념을 표현하고 있다. 마이크로서비스 내의 사용자, 좋아요 기능, 라이브 비디오 등과 같은 개념이 마이크로서비스 간의 관계를 생성한다. 그림 1.6과 같이 추천과 비디오 저장소의 마이크로서비스로부터 비디오에 대해 바라보는 관점은 차이가 다소 있을 수 있지만 거의 동일하다.

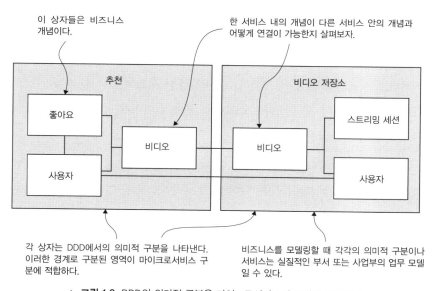

▲ **그림 1.6** DDD의 의미적 구분은 마이크로서비스의 구성에 적합하다.

마이크로서비스 때문에 코딩의 원칙이 공격받고 있는 것처럼 보일 수 있다. 많은 개발자들이 '같은 일을 반복하지 않는다^{DRY, Don't Repeat Yourself}'라는 원칙을 안고 산다. 하지만 마이크로서비스 분야에서는 반복되는 코드에 대한 예전에 허용했던 것보다 더 강한 인내심을 키우게 된다.

마이크로서비스에서 프로세스의 구분이 어려우면 코드의 공유는 더욱 어려워지고 DDD
의 실행은 코드 복제가 안 될 경우에는 마치 중복된 작업을 권장하는 것처럼 보인다. 또
한 마이크로서비스가 다른 팀에 속해 있는 경우, 이미 팀들마다 갖고 있는 코드를 공유하
고자 할 때 늘 따라다니는 장애물을 만나게 된다.

마이크로서비스들이 사용하는 코드를 공유할 수 있는 좋은 방법이 이미 있다는 것을 일
단 알아두자. DRY 원칙은 포기하지 않을 것이다. 여전히 마이크로서비스 간에 코드를
공유하는 것이 합리적이라면 그렇게 되도록 할 것이다.

1.13 예제 응용프로그램

이 책을 다 읽으면 간단하지만 온전한 마이크로서비스 앱을 만들어서 갖고 있을 것이다.
이번 절에서는 마지막으로 완성할 작품이 어떤 것인지 생각을 나누고자 한다.

예제는 비디오 스트리밍 앱이 될 것이다. 모든 훌륭한 제품이 그 이름을 갖듯이 여러 이
름을 고민하고 버린 끝에 결국 비디오 스트리밍 분야의 미래가 될 플릭스튜브^{FlixTube}라고
정했다. 좋은 출발이지 않을까?

예제로 비디오 스트리밍을 선택한 이유는 단순히 재미있고, (물론 단순한 형태일 때만) 놀라
울 정도로 만들기 쉽기 때문이다. 또한 마이크로서비스로서 잘 알려진 활용 사례이고, 넷
플릭스가 사용한 성공적인 접근 방법이기도 하다(여러 얘기가 있지만 수백 개에서 수천 개의
마이크로서비스를 구동하는 것으로 안다).

이 책에서는 플릭스튜브 예제를 사용해 마이크로서비스 앱을 구성하는 과정을 보여줄 것
이다. 몇 개 안되는 마이크로서비스만 써보겠지만, 이후 클러스터에 가상 머신을 추가하
는 용량의 확장성, 다중화(redundancy, 잉여 시스템 구성을 말한다)를 위한 서비스 복제, 코
드 리포지터리^{repository}를 분리하기 위한 서비스 추출 등을 가능하게 하는 방법을 동원해
서 독립적인 배포 일정과 담당 팀이 관리 가능하도록 만들 것이다.

이 앱은 브라우저를 사용해 프론트엔드에 접근해 사용자가 비디오 목록을 볼 수 있도록
할 것이다. 거기서 비디오를 선택하고 재생을 시작한다. 개발 과정에서는 4장과 5장에서

다룰 도커 컴포즈를 사용해 앱을 구동할 것이다. 3장에서는 도커 이미지를 만들고 배포한다. 6장과 7장에서는 운영 시스템에 앱을 배포해볼 것이다. 8장에서는 자동화된 테스트를 위해 개발 환경으로 다시 돌아간다.

우리가 만들 앱은 비디오 스트리밍, 저장소, 업로드와 프론트엔드의 사용자를 위한 게이트웨이 서비스 등을 포함한다. 9장에서는 그림 1.7과 같이 전체 앱을 배포해본다. 10장과 11장에서는 앱이 커져 가면서 이와 같은 아키텍처가 어떻게 확장성을 지원할 수 있는지 살펴본다. 이제 마이크로서비스를 만들어볼 준비가 끝난 것 아닐까.

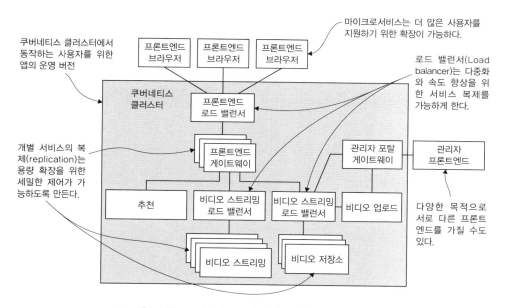

▲ **그림 1.7** 쿠버네티스 환경의 운영 시스템에서 동작하는 예제 앱

요약

- 마이크로서비스 앱을 개발하는 방법을 배우기 위해 이론보다는 실용적인 접근 방법을 쓴다.
- 마이크로서비스는 개별적으로 동작이 가능한 작고 독립적인 프로세스다.

- 마이크로서비스 앱은 협업을 통해 앱의 기능을 구성하는 수많은 작은 프로세스로 이루어져 있다.
- 모놀리스는 하나의 커다란 서비스를 가진 앱이다.
- 마이크로서비스 앱을 만드는 것이 모놀리스보다 더 복잡하지만 생각만큼 어렵진 않다.
- 마이크로서비스를 기반으로 제작한 앱은 모놀리스 앱보다 더 나은 유연성, 확장성, 안정성, 내결함성을 가진다.
- 도커, 쿠버네티스, 테라폼과 같은 최신 도구들은 마이크로서비스 제작을 이전보다 훨씬 쉽게 만든다.
- DDD는 마이크로서비스를 설계하는 효과적인 방법이다.
- DDD를 사용한 의미적 구분은 마이크로서비스의 경계를 구분하는 데 적합하다.
- 이 책에서 언급될 예제 앱이 어떤 것인지 살펴봤다.

2

첫 마이크로서비스 만들기

2장에서 다루는 주제

- 개발 원칙
- 단일 서비스 개발 환경 구성
- 비디오 스트리밍 마이크로서비스 제작
- 운영과 개발 환경 설정
- Node.js로 마이크로서비스 실행

이 책의 목표는 여러 개의 마이크로서비스로 구성된 앱을 제작하는 것이다. 하지만 여러 마이크로서비스를 만들어보기 전에 단일 마이크로서비스를 만드는 것부터 시작해야 한다.

2장에서는 하나의 마이크로서비스를 처음 만들어보는 것으로 시작하려고 한다. 간단하고 기능은 별로 없지만 개발 과정을 이해하면서 반복하는 작업을 살펴볼 것이다. 이는 또한 이 책에서 여러 마이크로서비스를 만들어나가는 과정과 다르지 않다.

첫 번째 마이크로서비스는 스트리밍 비디오를 사용자가 웹 브라우저를 통해 보는 간단한 HTTP 서버다. 플릭스튜브^{FlixTube}라는 이름을 가진 비디오 스트리밍 앱을 제작하는 과정의 첫 단계다. 비디오 스트리밍이 어려울 것 같지만, 이번 단계에서 제시된 간단한 코드를 다루는 데 별다른 어려움은 없을 것이다.

이 책에서 마이크로서비스는 자바스크립트로 만들고, Node.js상에서 동작한다. 마이크로서비스는 어떤 개발 기술이라도 사용할 수 있다는 점이 중요하다. 마이크로서비스 앱을 만들게 되면, 우리에게 폭넓은 기술 선택의 자유를 준다.

마이크로서비스 제작을 위해서 반드시 자바스크립트를 사용할 필요는 없다. 파이썬, C#, 자바, Go 등 이 책을 읽는 시점에 유행하는 언어 중 어느 것이라도 쉽게 활용이 가능하다. 하지만 이 책은 실용서이고, 실제 코드를 만드는 작업이 핵심이기 때문에 하나를 선택해야만 했다. 하지만 언제라도 자신이 좋아하는 프로그램 언어로 쉽게 자신만의 마이크로서비스를 제작할 수 있다는 사실을 기억해두자.

여정은 다소 험난할 수도 있는 Node.js 프로젝트부터 시작한다. 물론 이 책의 주제를 벗어나서 모든 세부 사항을 여기서 다룰 수 없겠지만, 무엇이 가능한지 대략적으로 알아본다. 2장의 마지막 부분에서 Node.js를 더 깊이 있게 이해할 수 있는 참고 자료를 소개할 것이다.

이미 Node.js를 알고 있다면, 2장은 이미 친숙한 내용을 포함하고 있어서 아마 건너뛰고 싶을 수도 있다. 하지만 개발 환경의 구성, 운영 시스템에 대한 배포 준비, 빠르고 반복적인 개발 준비 등에 대한 몇 가지 주의 사항이 있으므로 간략하게 훑어보길 권하고 싶다.

이제 빨리 달릴 준비를 하자. 이 책은 간단한 것부터 시작하지만 언제라도 거친 여정으로 변할 수 있다.

2.1 새로운 도구

도구에 관한 내용이 이 책의 전부이기 때문에, 대부분의 단원마다 예제를 따라가면서 필요한 도구를 설치하는 것으로 시작한다. 첫 마이크로서비스 제작을 위해 표 2.1에서 보여주는 필요한 도구들은 Git, Node.js, 비주얼 스튜디오 코드^{VS Code, Visual Studio Code}다. Node.js는 첫 마이크로서비스를 실행하기 위해 사용하고, VS Code는 코드를 편집하면서 Node.js 프로젝트에 필요한 작업을 위해 사용한다.

이 책의 전반에 걸쳐 예제를 개발할 때 사용한 도구의 버전을 알려줄 것이다. 예제를 다룰 때 직접 사용해볼 수 있는 버전이다.

훌륭한 도구들은 보통 하위 버전 호환성을 지원하기 때문에 도구들의 최신 버전은 잘 동작하겠지만, 가끔 주요 버전이 증가할 때 기존 예제가 문제가 발생하는 경우가 있다. 이런 문제를 발견하면 3장에서 알려줄 깃허브에 로그를 남겨 알려주길 바란다.

▼ **표 2.1** 2장에서 소개할 도구

도구	버전	사용 목적
깃(Git)	2.27.0	일상적인 개발 과정에서 버전의 관리가 필수적인데, 2장에서 2장 코드 사본을 받기 위해 깃(Git)을 사용한다.
Node.js	12.18.1	마이크로서비스를 실행하기 위해 Node.js를 사용한다.
비주얼 스튜디오 코드	1.46.1	코드를 편집하고 프로젝트 파일을 관리하기 위해 사용한다.

물론 다른 통합 개발 환경IDE, Integrated Development Environment이나 코드 편집기를 사용할 수 있다. 여기서는 예제를 아무 문제 없이 사용할 수 있도록 VS Code를 추천한다.

2.2 코드 가져오기

이 책은 실행해볼 수 있는 많은 예제 프로젝트들을 담고 있다. 프로젝트의 코드는 깃허브에 공유돼 있다. 각 장의 예제들은 코드 리포지터리에서 다운로드하거나 복사할 수 있다. 이 책을 따라가면서 위 예제들을 꼭 실행해보길 권한다. 실무적 경험과 배움을 얻는 최선의 길이다.

예제들은 표준 표기법을 따르고 있으며 실행하기 쉽고, 비슷한 구조로 구성돼 있다. 일단 우리가 살펴볼 기본적인 사항을 이해하면 예제를 간단하게 실행할 수 있다. 진도를 나가면서 조금 더 복잡해 보일 수 있지만 계속 예제를 보면서 어떻게 동작하는지 설명하고, 실행해볼 수 있도록 안내할 것이다.

깃허브에서 부트스트래핑 마이크로서비스를 찾아보려면, 웹 브라우저에서 https://github.com/bootstrapping-microservices에 가보자. 각 단원별로 정리된 코드를 볼 수 있다. 이를테면 2장, 리포지터리는 chapter-2로 시작한다.

리포지터리는 https://github.com/bootstrapping-microservices/chapter-2와 같이 각 장별로 구분한다. 리포지터리마다 해당하는 단원의 예제 프로젝트 코드를 찾을 수 있다. 코드에서 문제를 발견하거나 실행에 어려움이 있다면 깃허브의 해당 리포지터리에 문제를 기록해주면 좋겠다. 나도 문제 해결에 도움을 줄 수 있다.

2.3 Node.js를 사용하는 이유

마이크로서비스를 개발하기 위해서 이 책에서는 Node.js를 사용한다. 마이크로서비스로 개발하는 장점 중 하나는 원하는 기술 스택을 선택할 수 있다는 점이다. Node.js를 언젠가부터 좋아하게 된 이유도 있지만, Node.js를 선택하는 데는 여러 이유가 있다.

도커^{docker}로 마이크로서비스를 개발(3장에서 다룬다)한다는 것은 실제로 여러 기술 스택을 가지고 앱을 제작한다는 것을 의미한다. 약간 복잡해 보이거나, 실제로도 복잡할 수 있지만, 여러 기술들을 조합해서 사용할 수 있다. 상황에 따라서 가장 적합한 기술을 쓰는 것을 보장할 수 있다.

> |노트| Node.js는 마이크로서비스 개발에 적합하게 잘 구성돼 있다. 네트워크 기반으로 사용하기 좋은 성능을 갖고 있다. 많은 서비스들을 만들 예정이므로 이것저것 고민하지 말고 우리의 작업을 쉽게 만들 플랫폼을 선택하고자 한다.

Node.js는 잘 알려져 있고, 또 널리 쓰이고 있다. 이러한 사실이 그리 중요한 이유로 보이지 않을 수 있지만, Node.js와 관련된 사람들, 도구, 자료 등이 구성된 생태계를 갖고 있다는 점에서 중요한 의미가 있다. 도움이 필요할 때 의지할 수 있는 커다란 커뮤니티는 중요하다. 배우는 과정에서 도움이 되는 정보를 쉽게 찾을 수 있으며, 소프트웨어 개발에 대한 지원을 받을 수 있는 것 또한 장점이다.

Node.js는 마이크로서비스를 위해 만들어졌다. 이름에서 알 수 있듯이 노드^{node}는 네트워크 기반의 분산 애플리케이션에 속하는 접점의 구성을 암시하고 있다(자바스크립트는 11년 전에 브라우저에서 벗어나 직접적으로 서버 기반의 프로그램 언어로 경쟁력을 갖췄다).

Node.js는 또한 고성능의 작고 가벼운 서비스를 제작하기 좋게 만들어졌으며, 여러 다른 플랫폼으로부터 생길 수 있는 부담을 없앤다. Node.js로 HTTP서버를 만드는 것은 간편한 작업이다. 새로운 마이크로서비스를 쉽고 빠르게 시작한다. 즉 여러 작은 서비스로 만들도록 기획하는 것을 지원한다. Node.js는 또한 편리하기 때문에 기본적인 마이크로서비스를 만드는 방법을 배우는 데 많은 시간이 필요 없으며, 아주 적은 양의 코드로 마이크로서비스를 만드는 것을 곧 볼 수 있을 것이다.

자바스크립트를 사용하면 풀-스택^{full-stack} 개발자로 성장한다. 요즘에는 자바스크립트를 쓰지 않는 곳을 찾기 힘들다. 앱의 백엔드^{backend} 마이크로서비스를 개발에도 사용할 수 있다. 자바스크립트가 탄생한 배경과 같이 웹 기반의 프론트엔드에도 물론 사용할 수 있다. 또한 자바스크립트는 데스크톱 개발(Electron), 모바일 개발(Ionic), 임베디드 개발(사물인터넷), 데이터 랭글링(data wrangling, 원시 데이터의 가공 및 변환을 말하며, 나의 이전 책 『Data Wrangling with JavaScript』에 나와 있다)에도 활용이 가능하다. 파이썬이 주로 사용되는 데이터 처리 작업에도 자바스크립트를 쓸 수 있다. 자바스크립트를 가능한 많이 사용하면, 큰 변화에 대한 두려움 없이도 어디든 가서 일할 수 있다는 뜻이다.

Node.js를 쓰는 또 다른 중요한 이유는 npm이라는 노드 패키지 관리자 때문이다. Node.js 코드 라이브러리를 설치하는 명령줄 도구다. 마이크로서비스 개발에 직접적인 관련은 없지만, 훌륭한 패키지 관리자로 매우 유용하고, 손쉽게 광대한 양의 오픈 소스 패키지를 얻을 수 있다. 2017년 기준으로 350,000개의 쉽게 접근 가능한 코드 라이브러리는 전지전능한 개발자로 만들어준다. 내가 할 일은 단지 빠르게 npm 검색을 하는 것이다.

| **노트** | Node.js는 오픈 소스이며, 다음 깃허브에서 찾을 수 있다.

https://github.com/nodejs/node

2.4 개발 원칙

코드를 작성하기 전에 나의 개발 원칙을 간단하게 소개하고자 한다. 앞으로 반복적으로 접하겠지만, 먼저 설명해두는 것이 순서일 것 같다. 내 개발 원칙은 다음 세 가지로 요약된다.

- 단계적 반복^{iteration}
- 항상 동작하게 유지
- 단순함으로부터 출발

반복[1]은 핵심 요소다. 여기서의 반복은 개인이 수행하는 코딩의 반복이며, 애자일^{agile} 용어인 스프린트^{sprint}를 의미하는 큰 단위의 반복이 아니다. 우리는 연속적인 반복을 통해 코드를 만들어 나간다. 그림 2.1에서 알 수 있듯이 반복을 거듭해 코드를 더해간다. 각 반복 단위에서 피드백을 얻고, 피드백은 방향을 잃지 않고 올바른 방향을 찾게 해준다. 빠른 반복은 개선하려는 목표에 맞게 작업을 바로잡아준다.

> |**노트**| 조금씩 빠르게 코드를 더해가는 것은 생산적인 개발에 필수적이다.

매번 반복하는 과정에서 코드를 조금씩 만든다. 얼마나 작아야 할까? 이는 무엇을 만드는지, 얼마나 어려운지에 달려 있다. 아무튼 이해하기 쉽게 방금 작성한 코드를 테스트하

---

1   iteration. 반복되는 절차, 즉 주기적인 과정을 의미하고, 프로그램 안에서는 반복 연산을 의미한다. – 옮긴이

기에 충분하도록 작아야 한다는 점이 중요하다.

각각의 작업은 반드시 동작 가능하고 테스트된 코드를 생산해야 하는 것이 가장 중요하다. 예전에 페이지 가득한 코드를 작성하고 몇 시간 동안 고생해본 경험이 있는지 모르겠다. 작게 잘 테스트된 코드를 반복해서 작업한다면, 하루를 마칠 때쯤에는 잘 동작하는 긴 코드를 갖고 있을 것이다. 어떻게 이것이 가능한지는 그림 2.1을 살펴보자.

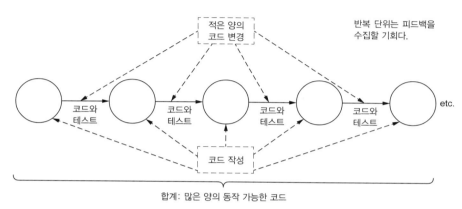

▲ **그림 2.1** 조금씩 완성해 나가는 과정은 결국 잘 동작하는 긴 코드를 만든다.

많은 양의 코드를 작업할 때 두 번째 핵심은 항상 동작하도록 유지하라는 것이다. 조금씩 쉽게 테스트할 수 있게 작업한다면, 거의 문제를 만나지 않고 완성해 나갈 것이다. 많은 양의 코드를 작성할 때면, 코드를 동작하게 만드는 과정에서 여러 어려움을 만날 수 있다. 가장 흔한 결과는 동작하지도 않는 거대한 망가진 코드다. 설령 동작하더라도 아직 발견하지 못한 많은 문제들의 은신처이기 쉽다.

> |**노트**| 각 반복 작업에서 생산된 코드는 잘 동작하는 테스트된 코드여야 한다. 이렇게 생산된 일련의 코드는 크고 견고하다.

어떤 문제를 만나게 되면, 코드를 잘 동작하던 이전 단계로 쉽게 복구할 수 있다. 각 단계의 코드는 많지 않기 때문에, 이전으로 돌아가고자 할 때 많은 성과들을 버릴 일이 없다. 문제를 만나는 것조차도 전혀 문제가 되지 않는다.

물론 이전 단계로 복구는 당연한 말이지만, 코드를 깃이나 다른 버전 관리 도구에 올리거나 커밋하고 있다는 것을 의미한다. 버전 관리 도구를 안 쓰고 있다면(쓰는 것이 좋지만), 단계별 결과를 보존할 방법을 직접 찾아야 한다.

마지막으로 개발 원칙의 세 번째 핵심은 간단하게 시작하라는 것이다. 가능한 한 간단한 지점에서 코딩을 시작하고, 더 크고 복잡한 구조를 향해 단계적으로 반복하는 것이 좋다. 모든 앱은 시간이 지나면서 복잡해진다. 이는 긴 여정에서 피할 수 없는 결과다. 하지만 복잡한 상태로 시작하면 안 된다. 일종의 '빅뱅'과 같은 형태로 복잡한 시스템을 한 방에 어떻게 해보려고 하진 말자. 아마도 일이 잘 풀리지 않을 것이다.

> |**노트**| 복잡성은 언젠가 앱이 결국 도달하게 되는 상태지만, 처음부터 그럴 필요는 없다. 코드 변경 단위는 간단하게 만들면서 하나의 반복 단계에서는 지나친 복잡함을 피하도록 하자.

최대한 간단하게 코딩을 시작하고 단계적으로 반복하면, 복잡하지만 동작하는 무언가를 만들어낼 것이다. 그림 2.2는 이러한 과정을 나타낸다. 복잡한 코드라도 열심히 어떻게 해보려 하지 말고, 최대한 간단하게 유지해보자. 앱이 점차 복잡해짐에 따라서 이와 같은 복잡성을 관리하기 위해 필요한 도구, 기술, 절차와 패턴이 있는 것이다.

마이크로서비스를 만드는 것은 위와 같은 복잡성을 관리하기 위한 하나의 도구다. 다시 말해 마이크로서비스는 간단해야 한다. 또한 작아야 한다. 약간의 업데이트를 하는 것이 쉬워야 한다. 현재의 앱에 새로운 마이크로서비스를 추가하는 것 또한 손쉽게 할 수 있어야 한다. 앱이 극단적으로 복잡해지더라도 이와 같은 사실들은 변하지 않는다.

앱이 복잡하더라도 단계적인 반복 과정은 여전히 유효하다. 모든 코드의 수정은 최대한 간단하게 유지하려고 노력해야 한다. 간단한 수정 사항은 이해하기 쉽고, 테스트는 더욱 간단하며, 앱과 통합하기도 쉽다. 이러한 과정을 통해서 시스템이 발전해 나가게 되고, 기대에 어긋나지 않는 동작을 한다.

> |**팁**| 복잡한 앱에서 생기는 문제를 해결하려면, 앱에서 문제점을 추출해내고 비교적 간단한 환경
> 에서 재현해보는 것을 두려워하지 말자. 다 작은 범위의 코드 안에서 문제를 격리할 수 있다면, 문
> 제가 숨을 수 있는 공간도 줄어드는 것이다.

만약 복잡한 앱에서 해결하지 못한 문제를 만난다면, 이제는 새로운 선택이 있다. 그림 2.2를 보면 화살표는 언제라도 처음으로 향할 수 있다. 복잡한 앱에서 문제가 있는 코드를 추출하고 간단한 환경에서 문제를 재현할 수 있다.

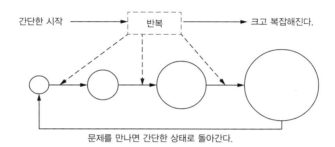

▲ **그림 2.2** 간단하게 출발하고, 일련의 작은 반복을 거치면서 복잡해진다.

고맙게도 자바스크립트로 코딩할 때는 위와 같은 일들이 확실히 쉽다. 문제 해결을 위한 코드를 반복적으로 실행해 해결할 수 있도록 단위 테스트를 가져올 수도 있다. 아니면 별도의 Node.js 프로젝트에 해당 코드를 추출해서, 문제를 격리한 후 해결하기 쉽게 만들 수도 있다. 나는 가끔 Data-Forge Notebook(내가 만들어서 공개한 앱)에서 격리된 코드를 실행하고, 문제 해결을 쉽게 만든다.

하지만 코드를 추출해내기 어렵다면 어떻게 할까? 이런 상황에서 나는 문제가 발생하는 코드 주변을 걷어내는 것을 즐겨 한다. 문제가 최대한 격리되도록 가능한 많은 코드를 걷어낸다.

이와 같이 해보는 이유는 문제가 격리되면 숨을 곳이 없기 때문이다. 문제를 찾는 것은 보통 이미 발견한 문제를 해결하는 것보다 시간이 더 많이 걸리는 작업이다. 문제의 위치를 더 빨리 코드에서 잡아내는 방법을 갖고 있다면 이는 생산성을 높일 수 있는 최선의

방법 중 하나다. 프로세스에 대한 디버깅과 문제의 격리에 대한 더 자세한 내용은 10장에서 다룰 것이다.

사실 위와 같은 이유로 마이크로서비스를 좋아한다. 우리가 다룰 앱은 이미 잘 구분돼 있어서, 꼭 필요한 마이크로서비스가 아니면 걷어 내기 쉽다. 다시 말해 앱에서 코드를 제거하는 것은 어려운 기술이고, 앱을 망가뜨리기 쉽다.

독자가 더 생산적으로 개발을 할 수 있기를 바라는 마음에서 개발 원칙을 언급했다. 여기서 중요한 목표는 잘 테스트한 작은 양의 코드를 추가하면서 소프트웨어를 성장시키는 것이다. 단계적 반복 작업마다 코드를 잘 동작하는 상태에서 잘 동작하는 다음 상태로 이끌어가자. 완전히 코드가 망가질 일은 없을 것이다.

2장에서 언급한 개발 원칙은 이 책 전체에서 실제로 볼 수 있다. 간단하게 그리고 작게 시작하면서 작은 변경을 반복한다. 그리고 여전히 동작한다. 이러한 이치를 깨닫기 전에는 커다랗고 복잡한 무언가를 만들어봤을 것이다. 하지만 처음부터 한 번에 그렇게 되지 않는다. 작은 변경 사항들을 더하고, 여럿이서 함께 작업하고, 거대한 무언가를 추가해 나가면서 생기는 것이다.

2.5 단일 서비스 개발 환경 구성

하나의 마이크로서비스를 생성해서 작업하려면, 먼저 적합한 개발 환경을 설정해야 한다. 개발 환경은 코드를 생성하고 편집하는 방법과 동작을 확인하기 위해 실행할 방법을 제공한다. 2장에서는 하나의 마이크로서비스를 만들고 Node.js를 사용해 어떤 개발 환경이나 개인 컴퓨터에서 실행할 것이다. 코드는 VS Code[Visual Studio Code]나 다른 IDE 또는 본인이 원하는 편집기를 쓴다. 개발 환경 설정부터 시작해보자.

Node.js는 주요 운영체제에서 설치와 실행이 쉽다. 리눅스, 윈도우, 맥OS 등을 개발 환경으로 선택할 수 있다(표 2.2에 요약했다).

다음 절에서 살펴볼 예정인 Node.js에서 단일 서비스를 구동하는 것은 매우 쉽다. 하지만 4장에서 다루는 여러 개의 마이크로서비스를 개발하고 테스트할 경우에는 조금 더 복잡해진다. 이런 경우에 3장과 이후에서 다루는 도커가 도움이 된다. 지금은 선택한 운영체제 위에서 Node.js로 마이크로서비스를 직접 구동해보자.

앱에서 필요한 하나의 마이크로서비스를 실행하기 위해서 개발, 테스트, 문제 해결을 해야만 하는 상황은 이미 여러 개의 마이크로서비스를 개발해서 테스트하는 중에도 발행하므로, 앱이나 부수적인 작업들은 걱정하지 말고, 여기서의 작업에 집중해보자. 단일 서비스 개발 환경은 단순한 초기 단계의 편리함만을 위한 설정이 아니다. 대기 중인 시스템이나 개발 중인 상태에서 또는 언제라도 사용 가능한 시스템을 갖고 있으면 매우 유용하다.

▼ 표 2.2 Node.js 실행 옵션

플랫폼	설명
Linux	Node.js는 리눅스를 위해 제작됐으므로, 매우 잘 동작한다. 이 책에서는 대부분 우분투(Ubuntu) 리눅스를 기준으로 명령어를 사용한다. 우분투 또는 다른 리눅스를 실행한다면, 이 책의 예제를 따라가기에 적합하다.
Windows	Node.js는 윈도우에서도 잘 동작한다. 나도 일상적인 개발과 테스트, 문제 해결 작업을 대부분 윈도우에서 하고 있다.
MacOS	Node.js는 맥OS에서도 잘 동작한다.

| **노트** | 단지 Node.js를 생각한다면 어느 플랫폼을 선택해도 상관없다. 특별히 어떤 플랫폼이 더 좋다고 생각하지 않는다.

그림 2.3은 단일 마이크로서비스 개발 환경이 어떻게 구성되는지 보여준다. 코드 편집기는 VS 코드를 사용하거나 다른 편집기를 써도 좋다. 마이크로서비스 프로젝트는 자바스크립트 코드를 사용하는 Node.js 프로젝트다(만드는 방법은 이후에 설명한다). Node.js에서 프로젝트를 실행하면 마이크로서비스를 실행하는 인스턴스를 생성한다. 또한 리눅스, 윈도우, 맥OS 중에 선택한 운영체제의 개발 환경에서 실행하고 있다.

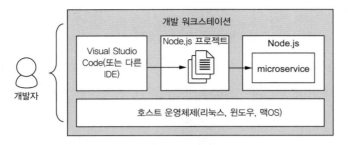

▲ **그림 2.3** 2장을 위한 단일 마이크로서비스 개발 환경

2.5.1 깃 설치

이 책의 예제 프로젝트와 코드는 'Bootstrapping Microservices'(2.2절의 링크 참조) 아래의 깃허브에 있다. 그림 2.4는 코드 리포지터리의 구조를 보여준다. example-1, example-2 등과 같은 하위 폴더는 이 책을 따라가면서 직접 실행해볼 수 있는 프로젝트를 포함한다(독자가 코딩을 직접 해보지 않을 수도 있다고 가정한다).

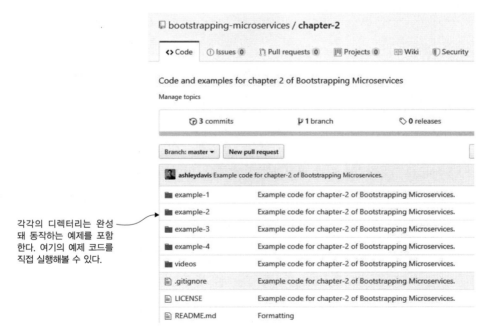

▲ **그림 2.4** 깃허브 리포지터리에 있는 예제 프로젝트는 직접 실행해볼 수 있으며, 잘 동작하는 완성된 코드다.

코드를 받는 가장 간단한 방법은 zip 파일로 깃허브에서 다운로드하는 것이다. 코드 리포지터리(예를 들어 2장은 chapter-2)로 가서 **Clone**이나 **Download** 버튼을 찾아보면 된다. 클릭하고 나서 'Download ZIP'을 선택한다.

코드를 받는 가장 좋은 방법은 물론 코드 리포지터리에서 깃을 사용해 복사하는 것이다. 이 방법은 먼저 깃을 설치해야 한다. 나처럼 일상적으로 깃을 사용한다면 아마 이미 설치돼 있을 것이다. 또는 리눅스의 경우 깃이 미리 설치돼 있는 경우도 있다. 맥OS에서는 Xcode를 설치했을 때 깃이 함께 설치된 경우도 있다.

그렇다면 깃이 설치됐는지 어떻게 확인할 수 있을까? 어떤 버전의 깃이 설치됐는지 확인할 수 있도록 명령창(윈도우 사용자의 경우 Microsoft Store에 'Windows Terminal'이란 더 좋은 도구가 있다)을 열고 다음의 명령어를 실행한다.

```
Git --version
```

깃이 이미 설치됐다면 버전을 의미하는 다음과 같은 결과를 표시할 것이다.

```
Git version 2.27.0
```

깃이 없더라도 어렵지 않게 설치할 수 있다. 깃 웹사이트(https://git-scm.com)에서 안내에 따라 다운로드하고 설치할 수 있다.

명령창의 사용에 익숙하지 않다면?

터미널 명령어의 사용은 소프트웨어 개발자로서 가장 생산적으로 일하는 방법의 하나다. 사용자 인터페이스나 편집기는 일상적인 업무에 쓰기 편하지만, 복잡하거나 맞춤형 작업에 사용하기 어려우므로 명령창의 사용에 익숙해지는 것이 좋다. 이를 처음 접한다면 자신의 운영체제에 맞는 명령창의 사용법을 먼저 익히는 것을 고려해보자.

2.5.2 코드 복제

깃을 설치했다면 이 책의 코드 리포지터리를 복제할 수 있다. 이를테면 다음과 같이 2장의 예제를 복제하고 2장의 내용을 따라갈 수 있다.

```
git clone https://github.com/bootstrapping-microservices/chapter-2.git
```

위 명령어는 깃허브에서 코드 리포지터리를 자신의 하드 디스크의 현재 위치에 chapter-2 디렉터리로 복사한다. 3장부터는 리포지터리를 복사하는 방법을 다시 설명하지 않을 것이다. 하지만 각 장을 시작하면서 자신만의 사본을 얻을 수 있도록 코드를 받을 경로를 보여준다. 언제라도 깃 사용법이 생각나지 않으면 이곳으로 돌아오면 된다.

2.5.3 비주얼 스튜디오 코드 받기

여기서는 비주얼 스튜디오 코드[VS Code]를 편집에 사용한다. 코드를 편집하기 좋은 환경을 갖추고 있기 때문에 추천하고 싶다. 다음의 링크에 윈도우, 리눅스, 맥OS에서 사용 가능한 다운로드와 설치 방법을 찾을 수 있다.

https://code.visualstudio.com

VS Code는 가볍고 성능이 좋으며 원하는 설정을 쉽게 할 수 있어서 좋아한다. 또한 Node.js와 자바스크립트 프로젝트에서 일반적으로 많이 사용된다. 이 책에서는 별도로 플러그인을 설치할 필요가 없지만 여러 프로그래밍 언어와 작업에 필요한 광범위한 플러그인을 설치해서 사용할 수 있다. 또한 자신의 개발 작업에 맞게 설정해서 사용하기 쉽다.

물론 자신이 선호하는 IDE나 편집기가 있다면 특별히 VS Code여야만 하는 이유가 없으므로, 편하게 사용하면 된다. 이 책에서 VS Code가 등장하면 그냥 자신이 선호하는 편집기를 대신 사용하면 그만이다.

2.5.4 Node.js 설치

마이크로서비스를 실행하기 위해서 Node.js가 필요하다. 이 책의 마이크로서비스 예제들이 Node.js 프로젝트이기 때문에 꼭 필요하다. 모든 예제는 자바스크립트로 작성했고 Node.js에서 동작한다. Node.js를 이미 설치했다면 터미널을 열고 다음과 같이 버전을 확인하는 명령어를 실행한다.

```
node --version
v12.18.1

npm --version
6.14.5
```

현재 사용하고 있는 node와 npm 버전을 표시한다. 독자는 이 버전이나 더 높은 버전을 사용하면 된다.

> |**노트**| 제3사 패키지를 설치하기 위해서 npm 명령어를 사용한다. Node.js를 설치할 때 npm도 함께 설치된다.

Node.js는 어느 플랫폼에도 직관적으로 설치할 수 있다. Node.js 웹사이트인 https://nodejs.org 사이트에서 다운로드하고 설치 방법을 찾을 수 있다. 정말 어렵지 않고 별 문제 없이 설치할 수 있다.

Node.js를 이미 설치했는데 새로운 버전을 받고 싶거나 여러 버전의 Node.js로 관리하고 싶다면 NVM에 대해 설명한 아래의 두 번째 노트를 참고한다.

Node.js를 설치한 다음 터미널을 열고 설치가 잘 됐는지 확인해보자. 다음과 같이 버전을 확인하는 명령을 실행한다.

```
node --version
npm --version
```

Node.js를 설치했으니 이제 첫 마이크로서비스를 만들어 실행해보자.

사용 중인 버전을 알고 있는 것이 중요하다

--version 인수를 사용해서 설치된 버전만 확인하는 것도 좋지만 설치된 버전을 잘 알고 있어야 한다. 실제 시스템에서 작업할 때에는 운영 환경에서의 버전과 동일하게 개발 환경을 사용하는 것이 반드시 필요한 경우가 있다. 이는 운영 환경에서도 동작할 수 있는지 알 수 있는 최선의 방법이다.

2.6 비디오 스트리밍용 HTTP 서버 만들기

이제 개발 환경이 준비됐으니 첫 마이크로서비스를 만들어보자. 그리 어렵지 않은 프로젝트로 단지 기본적인 마이크로서비스를 만드는 과정을 보여주기 위한 예제다. 이번 마이크로서비스 예제는 플릭스튜브^{FlixTube}를 만들기 위한 첫 단계다. 2장을 따라가면서 코드를 보고 직접 작성해보거나, 먼저 읽고 나서 깃허브 리포지터리의 2장 예제 프로젝트를 활용해볼 수도 있다.

우리가 만들어볼 마이크로서비스는 간단한 비디오 스트리밍 서비스다. 비디오를 스트리밍한다고 생각하면 조금 어렵게 보일 수 있고, 실제로 운영 중인 앱이라면 복잡해질 수 있다. 하지만 매우 간단하게 시작해본다. 실제로 만들어야 할 코드가 너무 적어서 놀랄지도 모르겠다.

그림 2.5는 2장의 프로젝트를 완료한 경우의 결과를 보여준다. 마이크로서비스는 3000번 포트 video라는 경로를 통해 웹 브라우저로 비디오를 스트리밍한다. 웹 브라우저로 http://localhost:3000/video 경로를 쓰면 영상을 직접 감상할 수 있다.

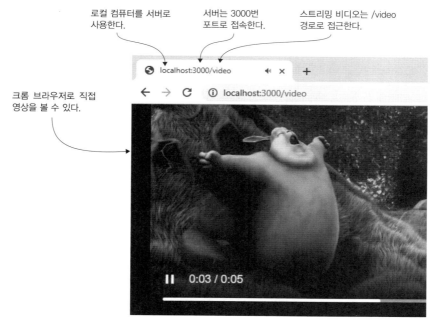

로컬 컴퓨터를 서버로
사용한다.

서버는 3000번
포트로 접속한다.

스트리밍 비디오는 /video
경로로 접근한다.

크롬 브라우저로 직접
영상을 볼 수 있다.

▲ **그림 2.5** 크롬 브라우저를 통해 마이크로서비스가 제공하는 스트리밍 비디오

그림 2.5와 같이 크롬을 사용해 영상을 볼 수 있다. 비디오 샘플은 https://sample-videos.com에서 다운로드한 것이다. 여기서는 가능한 짧은 영상을 사용하지만, 직접 테스트해보기 위해 더 긴 영상을 다운로드해볼 수 있다.

마이크로서비스를 생성하기 위해서는 다음과 같은 과정을 거쳐야 한다.

1. 마이크로서비스를 위한 Node.js 프로젝트를 만든다.
2. 익스프레스^{Express}를 설치하고 HTTP 서버를 생성한다.
3. 비디오 스트리밍을 받을 수 있는 HTTP GET 경로인 /video를 추가한다.

기본적인 마이크로서비스를 생성하고 나서 마이크로서비스를 어떻게 설정하는지 간단하게 설명할 것이다. 그리고 운영과 개발 환경 설정에 대한 약간의 기초적인 내용을 다뤄볼 것이다.

2.6.1 Node.js 프로젝트 만들기

코드를 작성하기 전에 코드를 실행할 수 있는 Node.js 프로젝트부터 만들어야 한다. 곧 만들어볼 프로젝트는 그림 2.6에서 보여주고 있다. 하나의 시작점$^{entry\ point}$인 index.js 파일이 있는 기본적인 Node.js 프로젝트다. 프로젝트의 종속성과 메타데이터를 갖고 있는 package.json, package-lock.json 파일을 살펴볼 수도 있다. 종속성은 node_modules 디렉터리에 설치돼 있다. 이제 프로젝트를 만들어보자.

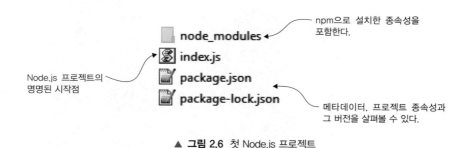

▲ **그림 2.6** 첫 Node.js 프로젝트

|**정의**| Node.js 프로젝트는 앱의 소스 코드와 설정을 포함한다. 마이크로서비스의 기능을 구현하는 코드와 같은 위치다.

지금 프로젝트를 깃허브에서 가져와 실행하는 것이 아니라 처음부터 만들어본다면, 먼저 프로젝트 디렉터리부터 생성해야 한다. 리눅스와 맥OS에서 터미널을 통해 다음과 같이 mkdir 명령을 사용할 수 있다.

```
mkdir my-new-project
```

윈도우에서 시작한다면 md 명령어를 쓴다.

```
md my-new-project
```

이제 cd 명령어를 실행해 새로 만든 디렉터리로 이동한다.

```
cd my-new-project
```

이제 Node.js 프로젝트의 기본 요소를 만들 준비가 됐다. 즉 package.json 파일을 생성한다는 의미다. npm init 명령을 실행하면 된다.

```
npm init -y
```

-y 인수는 프로젝트 초기화 과정에서 묻는 질문에 대해 대답하는 상호작용 없이 진행하겠다는 의미다. 단순하게 프로젝트를 조금 더 빨리 생성하는 것이다.

npm init 명령을 실행했으면 이제 package.json 파일의 모든 필드는 기본값을 갖고 있다.

예제 2.1 방금 생성된 Node.js 패키지 파일

```
{
    "name": "my-new-project"          ← 패키지 이름. 패키지를 포함한 디렉터리명을 쓴다. 이 경우 방금 만든
                                        my-new-project 디렉터리에서 초기화했기 때문이다.
    "version": "1.0.0",
    "description": "",                이 항목은 https://www.npmjs.com
                                      에 패키지를 게시할 경우 중요하다.
    "main": "index.js",
    "scripts": {
        "test": "..."                 npm 스크립트는 여기에 위치한다.
    },                                2장에서 나중에 설명한다.
    "keywords": [],
    "author": "",                     패키지를 https://www.npmjs.com에
    "license": "ISC"                  게시할 경우 중요한 항목이다.
}
```

Node.js 프로젝트를 만들고나서 VS Code로 폴더를 열고 package.json 파일에 어떤 항목이 있는지 검토해보는 것을 권하고 싶다. VS Code로 프로젝트를 열면 프로젝트에 코드를 추가할 준비가 끝난 것이다.

Package.json과 package-lock.json

비록 package.json 파일이 npm에 의해 자동으로 생성되고 업데이트되지만, 직접 편집도 가능하다. 이런 경우는 Node.js 프로젝트에 대한 메타데이터와 npm 모듈 종속성을 수동으로 편집하는 것이다.

보통 package.json에서는 정확한 종속성의 버전을 지정해두지 않는다(원하면 가능한 일이기는 하다). 대신 package.json에는 일반적으로 각각의 종속성에 대해 최소 버전을 설정하거나 버전의 범위를 설정할 수도 있다. 또한 package.json은 프로젝트의 최상위 레벨 종속성만 다룬다. 즉 종속성의 종속성을 지정할 필요가 없다. 이 부분은 자동으로 처리된다. 따라서 package.json 파일이 더 가벼워질 수 있고, 간결하며 이해하기 쉬워진다.

Package.json의 문제는 독자와 독자의 팀원이 서로 다른 버전의 종속성을 설정하는 경우다. 심지어 운영 시스템과도 다른 버전을 실행하게 될 수도 있다. 이는 보통 package.json 파일이 버전을 정확하게 지정하지 않기 때문이며, npm install을 실행하면 다른 사람과 다른 버전을 설치하게 된다. 이는 혼란을 부르기 딱 좋은 조건이다. 정확하게 운영 환경과 동일한 구성을 보장할 수 없기 때문에 운영 환경의 배포 문제는 정말 어려운 문제다.

Package-lock.json 파일은 npm 버전 5에서 앞서 언급한 문제를 풀기 위해 소개됐다. 파일이 생성되지만 수동으로는 편집할 수 없다. 이 파일의 목적은 전체 종속성 트리(종속성의 종속성을 포함해서)와 정확한 버전을 추적하는 것이다.

반드시 package-lock.json 파일도 코드 리포지터리에 커밋해야 한다. 팀원과 운영 시스템에서 이 파일을 공유하는 것은 모든 사람이 복제된 프로젝트에 대해 같은 설정을 갖도록 보장할 수 있는 최선의 방법이다.

2.6.2 익스프레스 설치

마이크로서비스로 비디오 스트리밍을 하려면 웹서버로 알려진 HTTP 서버를 만들어야 한다. 즉 브라우저에서 보낸 HTTP 요청에 대한 응답을 하고, 이 경우에는 비디오를 스트리밍하는 것이다. 여기서는 HTTP 서버를 구현하기 위해 익스프레스를 사용한다.

> |**노트**| 익스프레스는 Node.js를 기반으로 HTTP 서버를 구현하는 기본 프레임워크다. 익스프레스를 쓰는 것이 낮은 레벨의 Node.js API를 사용하는 것보다 쉽다.

익스프레스는 Node.js 기반의 HTTP 서버 중에서 가장 인기 있는 코드 라이브러리다. 관련 문서나 예제는 익스프레스 웹사이트인 http://expressjs.com/에서 찾을 수 있다. 익스프레스의 여러 다른 기능도 찾아보길 권한다. 물론 Node.js상에서 익스프레스를 사용하지 않고도 HTTP 서버를 구성할 수 있지만, 익스프레스는 적은 양의 코드로 더 높은 수준의 추상화를 지원하므로 로우-레벨 Node.js API를 사용할 필요가 없다.

익스프레스를 쓴다면 마이크로서비스를 사용하면서 npm 패키지 설치를 배워야 하는 이유가 하나 더 늘어난다. npm은 Node.js를 위한 패키지 관리자이고, 세상에 널려 있는 패키지들의 관리를 손쉽게 해준다. 익스프레스처럼 쉽고 빠르게 코딩하면서 쉽고 빠르게 설치해 사용할 수 있는 많은 라이브러리와 프레임워크가 있다. 이런 것들을 쓰지 않으면, 같은 기능을 구현하더라도 더 많은 코드가 필요하고, 아마도 개발 과정에서 많은 버그를 유발하기 쉽다. 익스프레스는 터미널에서 다음과 같이 `npm install` 명령을 실행해 설치한다.

```
npm install --save express
```

위 명령을 실행하면 익스프레스 패키지를 프로젝트에 설치한다. `--save` 인수는 종속성을 추가하고, package.json 파일로 관리한다. 실제로는 `--save` 인수가 반드시 필요하진 않다. 기존의 Node.js 버전에서는 필요했고, 지금은 기본으로 동작한다. 다만 `--save`를 명시적으로 사용해 강조하고 있을 뿐이고, 실제로는 사용할 필요 없다. 그림 2.7과 예제 2.2를 보면 패키지를 설치한 결과를 알 수 있다. 그림 2.7은 Node.js 프로젝트 내에서 익스프레스 디렉터리가 node_modules 안에 생성된 것을 볼 수 있다. 또한 다른 패키지들도 익스프레스와 함께 설치된 것을 알 수 있다. 다른 패키지들은 익스프레스의 종속성이며, npm이 자동으로 설치한다.

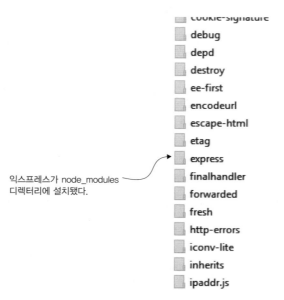

익스프레스가 node_modules
디렉터리에 설치됐다.

▲ **그림 2.7** 익스프레스 디렉터리가 설치된 위치는 node_modules 디렉터리 아래에 있다.

예제 2.2는 익스프레스를 설치해서 업데이트된 package.json 파일을 보여준다. 예제 2.1
과의 차이점은 익스프레스 버전(4.17.1)을 포함하는 dependencies 항목이 생긴 것이다. 이
항목으로 Node.js 프로젝트가 사용하는 익스프레스라는 종속성의 버전을 확인한다.

또한 예제 2.2의 제목에서 알 수 있듯이 2장의 깃허브 코드 리포지터리 경로에 파일이 위
치한다. 복사해서 작업할 파일을 찾을 수 있는 경로다. 즉 chapter-2/example-1/
package.json 경로를 사용한다. 2장 리포지터리에(https://github.com/bootstrapping-
microservices/chapter-2) 가 보면 하위 폴더에 example-1이 있고, package.json 파일을
찾을 수 있다. 다음의 예제와 동일한 파일이다. 웹 브라우저에서 다음에 있는 링크를 써
서 바로 접근할 수 있다.

https://github.com/bootstrapping-microservices/chapter-2/blob/master/example-1/
package.json

이 책의 대부분의 예제는 위와 같은 명명법을 가진다. 깃허브에 실행 가능한 프로젝트 파
일의 일부 또는 전부를 볼 수 있다. 파일 내용을 보려면 깃허브에서 열거나 코드 리포지

터리를 로컬에 복사한 것을 참조할 수 있다.

이제 프로젝트 내에 있는 파일을 살펴볼 수 있고, 이 책의 모든 예제를 실행할 수도 있다. 이는 이 책의 모든 예제들(example-1, example-2)에 쉽게 접근할 수 있고, 모두 동작 가능하도록 준비된 프로젝트이기 때문이다.

예제 2.2 익스프레스가 설치된 패키지 파일(chapter-2/example-1/package.json)

```json
{
  "name": "example-1",
  "version": "1.0.0",
  "description": "",
  "main": "index.js",
  "scripts": {
    "test": "echo \"Error: no test specified\" && exit 1"
  },
  "keywords": [],
  "author": "",
  "license": "ISC",
  "dependencies": {
    "express": "^4.17.1"
  }
}
```

이 책을 쓰는 시점에 설치된 익스프레스의 버전이 4.17.1이다.

package.json 파일로 종속성의 버전이 확인 가능하다면 다른 개발자 또는 팀원들이 코드와 파일을 쉽게 전달받아 작업할 수 있다는 의미다. 또한 내가 이 코드를 동작하게 만들었다면, 독자들도 잘 동작시킬 수 있다는 의미다.

예를 들어 example-1을 받아서 실행하고자 한다면, 우선 2.6.2절과 같이 chapter-2 코드 리포지터리를 복사하고, 터미널에서 현재 경로를 코드 리포지터리로 변경한다.

```
cd chapter-2
```

이제 실행하고 싶은 특정 예제 경로로 이동한다. 여기서는 example-1이다.

```
cd example-1
```

다음으로 npm을 사용해 모든 종속성을 설치한다.

```
npm install
```

`npm install` 명령어 자체는 특정 패키지를 지정하지 않고, package.json에 있는 모든 종속성을 설치한다. 여기서는 목록에 있는 익스프레스와 그 종속성만 설치한다. 이 책의 다른 예제는 다른 여러 종속성이 있지만, 프로젝트 예제마다 단지 `npm install`을 실행하는 것만으로 모든 종속성을 설치할 것이다.

2.6.3 익스프레스 설치

마이크로서비스로 비디오 스트리밍을 하기 전에 반드시 HTTP 서버로서 표준 익스프레스 기본 환경을 구성해야 한다. 예제 2.3은 자주 쓰는 'Hello World' 예제이며, https://expressjs.com/에서 볼 수 있는 공식 익스프레스 시작 가이드다.

단지 몇 줄 안되는 코드지만 이 프로젝트에 필요한 간단한 시작점이다. 이제 Node.js 프로젝트 안에서 index.js 파일을 만들고, 코드를 작성해야 한다. 이것도 번거롭다면 chapter-2 리포지터리에서 example-1을 열고 미리 만들어 둔 index.js 파일을 열어 볼 수 있다.

비록 최소한의 기능밖에 없지만, 예제 2.3의 코드는 웹서버를 시작한다. 익스프레스는 `get` 함수를 사용해 경로를 처리하고 'Hello World!' 문자열을 반환한다. 그리고 `listen` 함수가 HTTP 서버를 시작하기 위해 호출되며, 3000번 포트에서 HTTP 요청을 대기한다.

예제 2.3 최소 기능의 익스프레스 웹서버(chapter-2/example-1/index.js)

```
const express = require("express");   ◀──── 코드에서 사용할 익스프레스 라이브러리를 불러온다.

const app = express();   ◀──── 익스프레스 앱의 인스턴스를 생성한다.

const port = 3000   ◀──── HTTP 서버는 3000번 포트를 열고 대기한다.

app.get("/", (req, res) => {   ◀──── HTTP 경로 처리기를 생성한다.
    res.send("Hello World!");   ◀──┤ 웹 브라우저에서 'Hello World!'를
});                                │ 출력하게 한다.
```

```
app.listen(port, () => {      ◄──── HTTP 서버를 초기화한다.
console.log(`Example app listening
            ➥ on port ${port}!`);    ◄──┐ 서버가 시작되면 메시지를
});                                       출력하는 콜백함수다.
```

여기서 index.js 파일을 호출하는 이유는 무엇일까? Index.js는 Node.js 앱의 진입점을 가리키는 표준 파일명이다. 단순히 index.js라는 이름으로 정의한 것이다. 물론 main.js 나 server.js와 같이 다른 쉬운 이름으로 정할 수도 있다. 선택은 독자의 몫이다. Index. js를 사용해 다른 Node.js 개발자들도 바로 **기본** 파일이라는 것을 알 수 있을 것이다.

포트 번호는 하나의 컴퓨터에서 여러 HTTP 서버를 실행할 수 있게 해준다. 서버는 자신 만의 포트가 있어서 다른 앱과 충돌을 방지한다. 3000번 포트를 선택한 것은 또 다른 규칙이다. 3000번 포트로 대기하는 것은 Node.js 앱의 하나의 관습이다. 하지만 운영 시스템에서는 주로 표준 HTTP 포트인 80번 포트를 설정한다. 나중에 마이크로서비스를 시작할 때 사용하도록 설정을 구성하는 방법을 살펴볼 것이다.

다른 포트를 선택할 수도 있으므로 3000번 포트를 이미 사용하고 있다면 다른 포트를 지정해야 한다. 예를 들어 3000번 포트가 가용하지 않으면 4000번과 같이 다른 포트로 변경한다.

나중에 여러 마이크로서비스를 동시에 시작할 경우에는 포트 번호를 4000, 4001 등과 같이 연속되는 번호를 사용할 것이다. 이제 아주 간단한 웹서버를 시작할 준비가 끝났다.

> **Index.js란?**
>
> index.js는 Node.js 앱의 진입점을 나타내는 표기법에 의한 자바스크립트 파일을 말한다. 이미 존재 하는 Node.js 프로젝트를 파악하려면 index.js 파일부터 시작하는 것이 좋다.

2.6.4 간단한 웹서버 시작하기

기초적인 HTTP 서버를 테스트하기 위해 터미널에서 실행한다. 우선 예제 2.3과 같은 index.js 파일을 포함한 디렉터리인지 확인한다. 프로젝트를 직접 처음부터 구성한다면

디렉터리를 만든 경로로 다음과 같이 이동한다.

```
cd my-new-project
```

2장의 깃허브 리포지터리에서 코드를 받아 사용한다면, 다음과 같이 example-1 디렉터리로 이동한다.

```
cd chapter-2
cd example-1
```

이제 다음과 같이 자바스크립트 코드를 Node.js에서 실행하고 HTTP 서버를 시작할 수 있다.

```
node index.js
```

여기서 index.js를 인수로 주고 Node.js를 실행하고 있다. 즉 Node.js에서 스크립트 파일을 실행하도록 알려준 것이다. Node.js는 이 파일의 자바스크립트를 실행하고, 오류가 없다면 다음과 같이 터미널에서 출력을 보여준다.

```
Example app listening on port 3000!
```

이제 테스트가 잘 동작한다. 웹 브라우저를 열고 http://localhost:3000을 입력하자. 화면에 Hello World 메시지가 보일 것이다.

또한 HTTP 연결을 빠르게 테스트해보기 위해 리눅스나 맥OS(Git Bash를 사용한다면 윈도우에서도)에서 cURL을 사용할 수도 있다. 터미널에서 HTTP 서버가 이미 실행 중이라면, 새로운 터미널을 열고 cURL을 사용해 다음과 같이 진입점을 입력한다.

```
curl http://localhost:3000
```

출력은 다음과 같다.

```
Hello World!
```

지금 기본적인 HTTP 서버가 실행 중이므로, 스트리밍 비디오를 추가할 때가 됐다. HTTP 서버를 중지하고 싶다면 실행 중인 터미널로 돌아가 **Ctrl+C**를 눌러 Node.js 앱을 종료한다.

2.6.5 스트리밍 비디오 추가

예제 2.3에서 'Hello World'를 반환하는 단일 HTTP 경로 처리기를 추가했다. 지금부터는 이를 변경해서 스트리밍 비디오를 브라우저에 전송하기 위한 REST API를 만들어보자.

REST API(API로 줄여 쓰기도 한다)는 Representational state transfer (REST) application programming interface의 약자다. 용어가 다소 복잡해 보이지만 실제로는 그렇지 않다. REST API를 간단하게 정의해본다면, 백엔드의 시스템이나 프로그램과의 인터페이스를 위한 HTTP 경로 처리기route handler다.

REST API의 경로는 주로 데이터를 반환하지만 여기서는 스트리밍 비디오를 전달한다. 그림 2.8은 전체 구조를 나타낸다. 그림을 보면 어떻게 HTTP 서버가 비디오를 파일시스템에서 읽어서 3000번 포트와 비디오 경로를 통해 브라우저에 전달하는지 보여주고 있다.

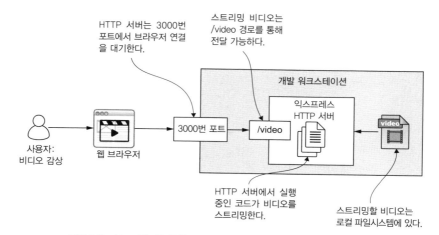

▲ **그림 2.8** video 경로를 통한 마이크로서비스와 웹 브라우저의 상호작용

예제 2.4에서는 새로운 비디오 경로를 정의한다. 예제 코드를 따라 해보고 있다면, 이전에 만들었던 익스프레스의 HTTP 서버 기본 코드를 수정해서 사용할 수 있다. 아니면 chapter-2 리포지터리의 example-2를 VS Code에서 열어서 index.js가 어떻게 달라졌는지 살펴볼 수 있다.

예제 2.4는 로컬 파일시스템에서 비디오를 읽어서 브라우저에 스트리밍한다. 비디오 스트리밍을 위해 딱 필요한 기능만 가진 간단한 시작점이고, 우리가 개발할 플릭스튜브 마이크로서비스 앱의 핵심 기능이다. 비디오 파일은 example-2 디렉터리 안에서 찾을 수 있다. 이 코드를 실행하기 전에 비디오만 확인해봐도 좋다. 이 책의 전 과정에서 이 예제 비디오를 테스트에 사용하므로 익숙해질 것이다.

예제 2.4 Node.js를 사용한 간단한 스트리밍 비디오 서버(chapter-2/example-2/index.js)

```
const express = require("express");          내장된 fs 라이브러리를 사용해 Node.js에서
const fs = require("fs");                     파일시스템 API를 쓸 수 있다.

const app = express();
const port = 3000;
                                              비디오 스트리밍을 위한 REST API인
app.get("/video", (req, res) => {             HTTP 경로를 정의한다.

    const path =
    "../videos/SampleVideo_1280x720_1mb.mp4";  브라우저에 전송할 스트리밍
    fs.stat(path, (err, stats) => {            비디오의 경로
        if (err) {                             비디오 파일 크기를 가져온다. 웹
            console.error("An error occurred ");  브라우저에 전송할 HTTP 헤더에
            res.sendStatus(500);               인코드(encode)한다.
            return;
        }

        res.writeHead(200, {
            "Content-Length": stats.size,      콘텐츠 길이와 마임 타입(mime
            "Content-Type": "video/mp4",       type)을 포함하는 응답 헤더를
        });                                    브라우저에 전송한다.
        fs.createReadStream(path).pipe(res);   브라우저에 비디오를 스트리밍한다.
    });                                        역시 간단하다.
});
```

오류가 발생할 경우 여기서 처리한다.

```
});

app.listen(port, () => {
    console.log('Example app listening on port ${port}!');
});
```

예제 2.4는 Node.js를 사용한 스트리밍 예제다. 자세한 내용은 조금 복잡할 수 있지만 여기서는 단지 비디오 파일로부터 읽어서 스트림을 열어 두고 HTTP 응답(pipe 함수 호출 부분 참고)을 지속적으로 전달하고 있는 것이다.

지금까지 바이트 단위로 브라우저에 스트리밍하는 전송하는 기능을 제작했다. 비디오 스트리밍을 위한 파이프라인을 구성했고, 나머지 기능은 Node.js와 익스프레스가 알아서 처리한다. 결과적으로 Node.js와 익스프레스가 알아서 쉽게 처리해준 것이다. 이 코드를 실행하려면 다음과 같이 먼저 example-2 디렉터리로 이동한다.

```
cd chapter-2/example-2
```

다음 명령은 모든 종속성을 설치한다.

```
npm install
```

다음과 같이 스트리밍 비디오 마이크로서비스를 처음 실행한다.

```
node index.js
```

이제 브라우저를 열고 http://localhost:3000/video 경로에서 비디오를 볼 수 있다. 앞에서 언급한 그림 2.5와 유사한 형태다.

> |**노트**| 여기서는 테스트를 위해 cURL을 사용하지 않는다. 스트리밍 비디오에 대해서는 잘 동작하지 않기 때문이다. 의미 없는 엄청난 길이의 스트림을 터미널 화면에 뿌릴 것이다. 하지만 JSON REST API의 출력은 cURL이 정말 유용하고 장점이 많은 도구다.

이 책의 코드를 테스트하면서 크롬 브라우저를 사용했다. 사파리 브라우저를 사용할 경우에 이렇게 간단한 비디오 스트리밍도 동작하지 않았다. 사파리에서 비디오 스트리밍을 동작하게 설정하려면 내 블로그 'The Data Wrangler(http://mng.bz/l1Xd)'를 참고할 수 있다. 마이크로서비스를 테스트하는 방법에 관해서는 8장에서 더 자세히 다룬다.

2.6.6 마이크로서비스 설정

이제 마이크로서비스를 설정하는 방법에 관해 더 생각해보기에 좋은 시점에 도달했다. 우리가 만들어볼 마이크로서비스를 더 잘 사용하기 위해 알아야 할 중요한 고민이다. 2장의 뒷부분에서는 설정을 통해 마이크로서비스를 연결하는 방법을 예제로 살펴볼 것이다. 지금은 하나의 마이크로서비스를 어떻게 설정할 수 있는지 간단한 예제로 알아보자.

마이크로서비스의 설정을 통해서 HTTP 서버를 시작할 때 어떤 포트를 사용하는지 알 수 있었다. 설정 파일이나 인수를 사용한 명령어로 마이크로서비스를 설정할 수 있는 방법이 여러 가지가 있다. 여러 방법 모두 잘 동작할 수 있지만, 마이크로서비스를 설정하는 방법은 표준화돼왔으며, 앞으로 사용할 도구들이 이를 잘 지원한다.

환경변수environment variables를 사용하는 마이크로서비스를 설정해볼 것이다. 특히 이번 경우에는 HTTP 서버의 포트 번호를 환경변수로 설정해야 한다. 그림 2.9는 PORT라는 환경변수와 마이크로서비스를 어떻게 연결하는지 보여준다.

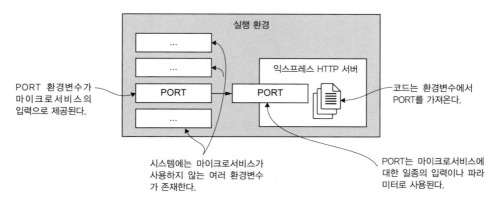

▲ **그림 2.9** 마이크로서비스 설정을 위한 PORT 환경변수

Node.js의 코드를 설정하는 환경변수는 매우 쉽게 사용할 수 있다. process.env 필드에

서 각각의 해당 항목 이름에 접근하면 된다. 이를 이해하기 위해 예제 2.5를 보면, 포트 번호를 얻기 위해서 process.env.PORT를 사용하는 것을 알 수 있다. PORT 환경변수가 없다면 코드는 에러를 발생시킨다. 이 오류 처리 기능을 추가해 마이크로서비스가 필요한 설정을 분명하게 기술하고자 한다. 이는 실수로 운영 환경에서 필요한 설정 없이 시작할 수도 있다는 의미다. 실제로 시도해보면 마이크로서비스는 시작이 거부되면서 이유를 출력해줄 것이다.

필요한 설정을 잊는 경우가 발생할 수 있기 때문에 잘못된 설정을 가지고 실행하도록 만드는 것보다는 마이크로서비스가 시작을 거부하도록 구성하는 것이 더 좋다고 생각한다. 즉 마이크로서비스가 문제를 해결할 방법을 보여주는 것이다. 문제 원인을 찾아내기 위해서 코드를 계속 파고들어야 하는 상황을 피할 수 있다.

예제 2.5 마이크로서비스 설정하기(chapter-2/example-3/index.js)

```
const express = require("express");
const fs = require("fs");

const app = express();

if (!process.env.PORT) {
    throw new Error("Please specify the port number
    ➥   for the HTTP server with the environment variable PORT.");
}

const PORT = process.env.PORT;

// … 간단한 설명을 위해 코드 일부 생략 …

app.listen(PORT, () => {
    console.log(`Service listening on port ${PORT}!`);
});
```

환경변수를 설정하지 않았다면 오류를 발생시킨다. 지정되지 않은 경우 기본값을 사용하도록 구성할 수도 있다.

환경변수를 글로벌 변수로 가져와서 쉽게 접근할 수 있다.

마이크로서비스의 입력으로 받은 포트 번호로 HTTP 서버를 시작

이제 다음과 같이 코드를 실행하자.

```
cd example-3
npm install
node index.js
```

환경변수를 미리 설정하는 것을 잊었으므로, 마이크로서비스는 오류를 표시한다. 어떻게 이토록 빠르게 환경변수를 설정해야만 한다는 것을 알 수 있을까? 그렇다. 오류 로그가 문제를 어떻게 해결해야 하는지 도움이 되는 메시지를 보여주고 있다.

```
chapter-2example-3\index.js:7
    throw new Error("Please specify the port number for the HTTP server
 ⇒   with the environment variable PORT.");
    ^

Error: Please specify the port number for the HTTP server
 ⇒  with the environment variable PORT.
    at Object. (chapter-2\example-3\index.js:7:11)
```

다음으로 코드를 다시 실행해보기 전에 PORT 환경변수를 반드시 설정해야 한다. 리눅스나 맥OS에서는 다음과 같이 실행한다.

```
export PORT=3000
```

윈도우에서는 다음과 같다.

```
set PORT=3000
```

이제 다시 실행해보자.

```
node index.js
```

이제 문제없이 동작할 것이다. 마이크로서비스가 HTTP 서버의 포트번호로 사용할 PORT 환경변수를 설정했다. 테스트해보기 위해 브라우저에서 http://localhost:3000/video 를 열어보자. 앞의 예제처럼 비디오가 재생될 것이다.

HTTP 서버에서 사용할 특정 포트를 설정할 수 있기 때문에 개발 워크스테이션에서 직접 실행할 여러 개의 마이크로서비스를 쉽게 시작할 수도 있다. 즉 포트 번호만 다르다면 해볼 수 있다. 포트 번호 지정이 가능하므로, 각각 다른 포트를 사용해 마이크로서비스를 시작하도록 구성할 수 있다.

환경변수를 사용한 마이크로서비스 설정은 이후 장에서도 다시 등장할 중요한 주제다. 예를 들어 4장에서는 앱에 데이터베이스를 추가할 경우에 필요하고, 5장에서는 메시지 큐^{queue} 서버에 연결할 때 사용한다.

환경변수는 또한 데이터베이스 암호와 같이 보안이 필요하고 민감한 데이터를 마이크로서비스에 전달할 때 사용할 수도 있다. 이러한 정보를 다룰 때는 주의가 필요하며 회사의 모든 사람이 볼 수 있는 코드에 저장해서는 안 된다. 11장에서 암호와 API 키와 같은 민감한 설정을 다루는 데 필요한 중요한 고려 사항을 다룰 것이다.

2.6.7 운영 환경 설치

지금까지는 개발 워크스테이션에서 마이크로서비스를 실행하기 위한 환경을 설정했다. 이것만으로도 충분히 유용한 지식이지만, 도커와 쿠버네티스^{Kubernetes}, 테라폼^{Terraform}과 같이 흥미로운 주제를 다루기 전에 마이크로서비스를 운영 환경에서 설정하는 방법도 알아야 한다.

운영 환경이라는 것이 무엇을 말하는 것일까. 단순하게 말해서 사용자와 마주하게 되는 환경이라는 의미다. 앱을 구동하면서 고객이 접근할 수 있는 시스템이다. 이 책에서의 운영 환경은 쿠버네티스이며, 일반 사용자가 접근이 가능하도록 쿠버네티스 클러스터에서 앱을 구동한다.

이미 언급했듯이 실행할 준비가 된 Node.js 프로젝트를 받아 다음과 같이 종속성을 설치해야 했다.

```
npm install
```

이제 마이크로서비스를 운영 환경에서 다음과 같이 실행할 준비를 한다. 약간 다른 명령을 실행하게 된다.

```
npm install --only=production
```

추가된 인수인 --only=production는 운영 환경에서만 필요한 종속성을 설치한다. 이는 특히 Node.js 프로젝트에서 중요한데, 보통 개발 환경에서만 필요한 종속성이 운영 환경에 설치되는 것을 원하지 않기 때문이다. 아직 개발 환경에서 필요한 종속성인 dev dependencies는 등장하지 않았지만, 다음 절에서 사용할 것이다. 현재까지는 다음과 같이 개발 워크스테이션에서 HTTP 서버를 실행했다.

```
node index.js
```

위의 명령도 좋지만, 다음과 같은 형태로 실행하려고 한다.

```
npm start
```

npm start는 Node.js 앱을 시작하기 위해 따르는 방법이다. 앱을 시작하기 위해 사용하는 특별한 경우의 npm 스크립트다. 예제 2.6에서 scripts 항목에 있는 시작 스크립트를 포함하는 수정된 package.json 파일을 볼 수 있다. 단순히 index.js를 인수로 사용해 Node.js를 실행한다.

특별한 내용은 없지만 대부분의 표기법을 준수하는 Node.js 프로젝트의 좋은 예로서 npm start를 실행하면 되고, index.js와 실제 기본 파일인지 아니면 다른 파일인지 알 필요도 없다. 또한 이미 잘 기록돼 있다면 앱이 어떤 특별한 명령어 인수가 필요한지 확인할 필요도 없다.

어떠한 Node.js 프로젝트나 아무리 특이한 앱이라도 상관없이 우리가 기억해서 사용할 수 있는 하나의 명령어가 될 수 있다. 다른 사람이 만든 Node.js 프로젝트라도 어떻게 시작할지 이해하기 쉽게 만들어준다.

예제 2.6 package.json에 시작 스크립트 추가(chapter-2/example-1/package.json)

```
{
  "name": "example-1",
```

```
  "version": "1.0.0",
  "description": "",
  "main": "index.js",
  "scripts": {
    "start": "node index.js"
  },
  "keywords": [],
  "author": "",
  "license": "ISC",
  "dependencies": {
    "express": "^4.17.1"
  }
}
```

'npm start'로 프로젝트를 실행하도록
package.json에 npm 시작 스크립트
를 추가한다.

위 예제를 직접 사용해보자. 예제 2.6은 npm start 스크립트를 포함하기 위해서 example-3
의 package.json을 수정한 것임을 알 수 있을 것이다. 직접 실행해보기 위해서는 먼저
example-3 디렉터리로 이동하고 npm start를 실행한다(종속성을 설치하기 위해 npm install
이나 운영 환경에서 실행한다면 npm install --only=production을 미리 실행했는지 확인한다).

앞으로는 운영 환경에서 각각의 마이크로서비스를 실행할 때 npm start를 사용할 것이다.
즉 운영 환경에서 마이크로서비스를 실행할 때 이후로 적용될 것이다. 이러한 표기법을
따르는 많은 Node.js 앱과 마주칠 수 있고, 다른 사람의 코드를 실행할 때 도움이 되므로
이러한 명령어를 기억해둘 필요가 있다.

들어 본 적이 있을 만한 다른 명령어로는 npm test가 있다. 이는 Node.js 프로젝트에서
자동화된 테스트를 시작할 때 표기법을 따르는 명령어다. 8장에서 다시 볼 수 있고 자세
한 내용을 다룰 것이다.

2.6.8 빠른 반복을 위한 라이브 리로딩

마이크로서비스를 운영 환경에 설치해 시작하기 위한 편리한 방법을 알았으니, 개발 환
경에서도 더 좋은 방법들을 찾아보자. 편집하고 있는 코드의 라이브 리로딩live reloading은
일련의 개발 과정에서 생산성을 높이는 데 도움이 된다. 코드를 변경하면 바로 코드를 실

행한 결과를 볼 수 있다. 오류가 발생하거나 성공한 출력이 반환되는 것과 같은 결과와는 무관하다. 반복 사이클마다 피드백을 얻는 시간을 줄이고 개발 진행 속도를 높일 수 있다는 점이 중요하다.

이번 섹션에서는 라이브 리로드를 설정해본다. 동작 원리는 그림 2.10이 보여주고 있으며, 마이크로서비스를 개발하는 과정에서 필요한 재시작을 자동화하기 때문에 중요하다. 주기적인 코딩과 즉각적으로 결과를 보는 과정을 빠르게 하므로 개발 생산성이 좋아진다. 반복과 빠른 피드백은 2.4절에서 이미 강조했듯이 내가 생각하는 개발 원칙의 핵심이다(라이브 리로드는 8장에서 다룰 테스트 주도 개발에도 크게 기여한다).

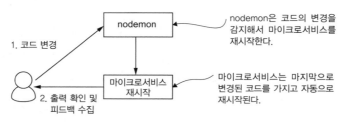

▲ **그림 2.10** 라이브 리로드를 구성하면 개발 생산성을 높이는 데 도움이 된다.

라이브 리로드 파이프라인을 구성하려면, nodemon 패키지를 설치해야 한다. 어떻게 동작하는지는 그림 2.10이 보여주고 있다. 마이크로서비스를 실행하고 자동으로 프로젝트의 코드 변경을 감시하기 위해 nodemon을 사용한다. 코드 변경이 감지되면 nodemon이 자동으로 마이크로서비스를 재시작하므로 수동으로 직접 작업하는 수고를 덜 수 있다.

그다지 대단하게 보이지 않을 수도 있지만 나는 빠르고 매끄러운 개발 과정을 만들 수 있다는 사실을 이미 확인했다. 일단 경험해본다면 예전에는 어떻게 이런 도구도 쓰지 않고 개발했는지 의문이 들 것이다. nodemon은 다음과 같은 방법으로 Node.js 프로젝트에 설치할 수 있다.

```
npm install --save-dev nodemon
```

여기서는 --save-dev 인수를 사용한 것을 주목한다. npm이 nodemon을 일반 종속성이 아닌 개발 종속성으로 설치하고 있다. 이전 절에서도 운영 환경에서는 오직 운영 환경에 필요한 것만 설치할 것을 언급했다. 앞에서 볼 수 있듯이 개발 환경에서 필요한 종속성을 설치할 수 있고, 운영 환경에는 설치하지 않도록 만드는 방법은 매우 유용하다.

개발하면서 nodemon을 사용하지만, 운영 환경에는 설치할 이유가 없다. 운영 환경에 설치하면 필요 없는 도구를 설치한 정도로 끝나면 다행이지만 최악의 경우 보안에 위협이 될 수도 있다. nodemon이 보안에 문제가 있다는 의미가 아니라 일반적으로 운영 환경에는 가능하다면 설치하지 않을수록 좋다는 의미다. 이는 11장에서 보안을 언급하면서 다시 다룰 것이다.

npm install --only=production을 실행한다는 것은 nodemon과 같이 설치할 패키지가 개발 작업을 돕기 위해 개발 환경에 설치되고, 운영 환경에 설치될 가능성은 배제시킨다. 일반적으로 Node.js 코드의 실행은 다음과 같다.

node index.js

지금은 nodemon을 사용하기 때문에 node를 nodemon으로 대체해 다음과 같이 실행한다.

npx nodemon index.js

갑자기 npx 명령어가 등장했다. npx는 Node.js와 함께 설치되며, 명령어를 통해 설치된 종속성을 실행하는 도구다. npx가 Node.js에 포함되기 전에는 nodemon과 같은 모듈을 전역적으로 쓸 수 있도록 설치했다. 지금은 프로젝트의 종속성으로 직접 실행할 수 있다. 또한 올바른 버전으로 모듈을 사용하도록 돕고, 시스템에 전역적으로 여기저기 도구를 설치해서 쓰는 상황을 막을 수 있다.

nodemon상에서 실행 중인 마이크로서비스를 중지하려면 Node.js의 경우와 마찬가지로 Ctrl+C를 실행 중인 터미널에서 누르면 된다.

나는 start:dev와 같이 npm 스크립트에 nodemon을 명시해두는 것을 선호한다. 개인적인 선택이지만, 이름이 다르더라도 다른 개발자들도 비슷한 방법으로 이런 식으로 사용하고 있다는 것을 알게 됐다. 예제 2.7을 보면 수정된 프로젝트 구성을 볼 수 있다. package.json의 맨 아래에 devDependency 항목을 추가했고, scripts 섹션에서는 start:dev

스크립트를 볼 수 있다.

예제 2.7 개발용 시작 스크립트 추가(chapter-2/example-3/package.json)

```
{
  "name": "example-3",
  "version": "1.0.0",
  "description": "",
  "main": "index.js",
  "scripts": {
    "start": "node index.js",         ◄── 운영 또는 개발 환경에서 정상적인
                                           시작 스크립트
    "start:dev": "nodemon index.js"   ◄── 개발 환경에서 서비스를 시작하는
                                           start:dev 스크립트
  },
  "keywords": [],
  "author": "",
  "license": "ISC",
  "dependencies": {
    "express": "^4.17.1"
  },
  "devDependencies": {               ◄── 개발 환경 종속성은 여기에
    "nodemon": "^2.0.4"                   위치한다. 운영 환경에 설치
  }                                  ◄── 되지 않는다.
}
방금 추가한 nodemon 종속성 패키지
```

이전 절에서는 npm start를 사용하는 표기법을 배웠다. 이미 프로젝트를 설정했으므로 운영 환경에서 다음과 같이 코드를 실행할 수 있었다.

```
npm start
```

지금은 start:dev 명령을 정의했으므로 개발 환경에서 마이크로서비스를 다음과 같이 실행할 수 있다.

```
npm run start:dev
```

새로운 스크립트인 npm run을 주목해보자. npm run은 package.json 파일에 추가한 어떠한 npm 스크립트라도 사용할 수 있다. npm은 특정 명령어를 지원하는 기능이 있기 때

문에 8장에서 배울 npm start와 npm test에 대해서 run은 생략할 수 있다.

위 명령어는 start:dev 스크립트가 start와 test 등과 같은 Node.js의 일반적인 표기법이 아니라는 것을 말해주고 있다. 그래서 특별하게 npm run 명령어를 사용해 호출했다. 개발 환경에서 start:dev를 사용하는 것은 나의 개인적인 방법이다. 이 책에서 계속 사용하겠지만 아마도 독자의 개발 과정에서도 유용할 수 있다고 생각한다.

필요한 명령어가 준비돼 있으니 이제 마이크로서비스를 개발과 운영 환경에서 실행할 수 있다. 이렇게 구분이 가능하도록 만들어두는 것은 각각의 환경에서 필요한 요구 조건을 충족시켜 줄 수 있기 때문에 중요하다.

개발 환경에서는 빠른 반복 과정과 생산성을 위해 최적화하는 것이 좋다. 이와는 달리 운영 환경에서는 성능과 보안을 최적화하는 것이 좋다. 이러한 요구 조건은 서로 충돌할 수 있으므로 구분해서 다룬다. 6장과 7장에서 운영 환경에 앱을 배포할 때 다시 중요한 주제가 될 것이다.

> |**노트**| 앞으로 등장할 이 책의 모든 마이크로서비스는 최근 두 절에서 언급한 표기법을 따른다.

2.6.9 2장의 완성된 코드 실행

핵심은 이해했지만 실제로 2장의 코드를 실행해보지 않았다면, 지금이 해보기 적당한 시점이다. 2장의 예제를 받아서 실행하는 것이 얼마나 쉬운지 간략하게 보여주고자 한다. chapter-2의 코드를 로컬에 복사하거나 깃허브의 리포지터리에서 다운로드하자.

- 스트리밍 비디오를 보려면 example-2를 사용한다.
- 환경변수를 사용해 마이크로서비스를 설정하는 예제는 example-3을 살펴보자.

예제를 이해하기 위해 example-3를 쓴다고 가정해본다. 터미널을 열고 다음과 같이 해당 디렉터리로 이동한다.

```
cd chapter-2/example-3
```

이제 종속성을 설치해보자.

```
npm install
```

운영 환경에 배포하는 것을 시험해보려면, 위 명령 대신 다음을 실행한다.

```
npm install --only=production
```

운영 환경에서 실행해보려면 다음 명령을 쓴다.

```
npm start
```

또는 빠른 개발을 위해 라이브 리로드를 실행하려면 다음과 같다.

```
npm run start:dev
```

이 명령어들은 Node.js 예제의 실행을 위해 기억해야 할 주요 명령어다. 이 페이지를 표시해두고 어떻게 실행하는지 기억이 나지 않을 때 이 페이지를 돌아볼 수 있다.

2.7 Node.js 검토

다음 내용을 더 살펴보기 전에, 2장에서 배운 모든 Node.js 명령어를 간단히 검토해보자. 표 2.3에 명령어들을 요약했다.

▼ **표 2.3** Node.js 명령어 요약

명령어	설명
node --version	Node.js의 설치 여부를 확인한다. 버전을 출력한다.
npm init -y	package.json 등을 포함한 기본 Node.js 프로젝트를 생성한다. package.json은 Node.js 프로젝트의 메타데이터와 종속성을 관리한다.
npm install –save \<package-name>	npm 패키지를 설치한다. npm으로 설치 가능한 패키지가 많고, 패키지 이름을 추가해 여러 패키지를 설치할 수 있다.
node \<script-file>	Node.js 스크립트 파일을 실행한다. node 명령어를 호출하고, 스크립트 파일명을 인수로 사용한다. 필요하다면 main.js나 server.js 파일을 호출할 수도 있지만, index.js를 호출하는 것이 일반적이면서도 가장 좋은 선택이다.

`npm start`	기본 스크립트 파일의 이름이나 명령 파라미터와 무관하게 일반적으로 사용하는 Node.js 앱을 실행하기 위한 npm 스크립트다. 특히 package.json 파일의 node index.js를 사용하는 것으로 이해하기 쉽지만, 프로젝트 개발자나 설정에 따라 다르다. 이 명령의 장점은 프로젝트의 구조에 상관없이 npm start만 기억하면 된다는 점이다.
`npm run start:dev`	내가 개인적으로 선호하는 개발 환경에서 Node.js 프로젝트를 시작하는 명령어다. package.json에 추가해서 사용한다. 특히 nodemon을 사용해 코드의 라이브 리로드를 지원할 수 있다.

2.8 배움을 이어 가기

2장에서 Node.js와 함께 기본 기능만 가진 HTTP 서버를 구성하는 방법을 소개했다. 하지만 겨우 필요한 부분만 다룬 것이며, 이 책은 Node.js를 설명하기 위한 책이 아니다. 단순히 마이크로서비스를 알아보는 여정에 필요한 차량과 같은 것이다. 하지만 Node.js와 깃에 대해 더 깊이 있는 지식과 경험이 필요하다면 다음과 같은 자료를 참고할 수 있다.

- *Getting MEAN with Mongo, Express, Angular, and Node*, 2nd ed. by Simon Holmes and Clive Harber(Manning, 2019)
- *Node.js in Practice* by Alex R. Young and Marc Harter(Manning, 2014)
- *Node.js in Action*, 2nd ed., by Alex R. Young, Bradley Meck, and Mike Cantelon (Manning, 2017)
- *Learn Git in a Month of Lunches* by Rick Umali(Manning, 2015)

또한 Node.js에 관한 풍부한 문서 자료는 다음의 링크에서 온라인으로 찾을 수 있다.

https://nodejs.org/en/docs/

3장에서는 마이크로서비스를 클라우드에 배포할 수 있도록 패키지를 만들고 게시하는 내용을 다룰 것이다. 이를 위해 도커와 같이 이 분야에서 널리 쓰이는 필수 도구를 사용한다. 도커는 마이크로서비스의 접근성을 높여주고 소프트웨어를 제작, 배포하는 데 필요한 혁신적인 방법을 제공한다.

요약

- 단계적 반복, 항상 동작하도록 유지, 단순한 출발과 같은 개발 원칙을 논의했다.
- 단일 마이크로서비스 작업을 위한 개발 환경을 구성했다.
- 새로운 Node.js 프로젝트를 어떻게 생성하는지 배웠다.
- 간단한 HTTP 서버를 만들었다.
- 서버에 비디오 스트리밍을 추가했다.
- 운영 환경에서 사용할 수 있게 프로젝트를 설정했다.
- 개발 환경에서 빠른 개발 주기를 위해 코드의 라이브 리로드 기능을 사용했다.

3

첫 마이크로서비스 게시

3장에서 다루는 주제

- 도커 이미지와 컨테이너의 차이점 이해
- 개발 환경에서 도커 사용하기
- 마이크로서비스를 도커 이미지로 패키징하기
- 프라이빗 도커 레지스트리 만들기
- 마이크로서비스를 도커 레지스트리에 게시하기
- 도커 컨테이너에서 마이크로서비스 인스턴스 생성하기

이 책의 마지막 부분에서는 여러 개의 마이크로서비스를 설치하고, 운영 환경인 쿠버네티스 클러스터^{Kubernetes cluster}에 게시^{publish}할 것이다. 하지만 여러 마이크로서비스로 구성된 전체 앱을 배포하기 전에 하나의 마이크로서비스부터 패키지를 만들어 게시할 수 있어야 한다. 3장에서는 2장에서 제작한 비디오 스트리밍 마이크로서비스를 게시하도록 클러스터에 배포할 준비를 한다.

마이크로서비스를 클라우드에서 실행 중인 클러스터에 배포하기 위해서는 반드시 접근 가능한 어딘가에 배포돼 있어야 한다. 이를 위해 코드, 관련 파일, 종속성을 하나의 번들로 통합해 패키지로 만들어야 한다. 그래서 컨테이너 레지스트리를 만드는데, 컨테이너에 관해 아직 들어본 적이 없더라도 곧 만나게 될 설명을 보면서 이해하면 된다.

이 책에서는 일반적인 회사에서 상업적으로 제작하는 앱을 따라가고자 한다. 보안과 저작권이 중요하므로, 퍼블릭 대신 프라이빗private 컨테이너 레지스트리를 생성할 것이다. 애저Azure에서 수동으로 컨테이너 레지스트리를 만들고, 나중에 6장에서 코드를 사용해 레지스트리를 만드는 방법을 배울 것이다.

3장의 끝부분에서는 게시된 마이크로서비스의 인스턴스를 원격 컨테이너 레지스트리로부터 직접 생성하는 것을 테스트해본다. 이를 통해 개인 컴퓨터나 개발 환경에 배포한 마이크로서비스를 테스트할 수 있다.

3.1 새로운 도구

3장에서는 새롭고 중요한 도구인 도커를 소개한다. 이와 관련해 몇 가지 기초를 닦는 작업들이 있다. 도커를 자주 사용하기 때문에 도커가 어떻게 동작하는지 이해하기 위한 기본 개념이 필요하다. 이러한 이해가 있어야 문제 해결이 필요할 때 도움이 된다.

▼ **표 3.1** 3장에서 소개할 도구

도구	버전	목적
도커	19.03.12	마이크로서비스를 패키징하고, 게시 및 테스트를 하기 위해 도커를 사용한다.

도커는 리눅스, 맥OS, 윈도우 10에서 동작한다. 윈도우 10 홈 에디션을 쓰고 있다면, 우선 WSL2(윈도우에 설치할 통합 리눅스 커널)을 설치해야 한다. 3.7.1절의 링크를 사용해 윈도우 10 홈 에디션용을 선택해 다운로드한다.

3.2 코드 받기

3장에서는 2장의 example-2를 기반으로 한 개의 예제만 있다. 2장에서 만든 비디오 스트리밍 마이크로서비스다. 3장을 따라가기 위해서 다음의 코드를 다운로드하거나 리포지터리를 복제한다.

- 다음 링크에서 코드의 zip 파일을 다운로드할 수 있다.
  https://github.com/bootstrapping-microservices/chapter-3

- 깃을 사용해 다음과 같이 코드를 복제할 수 있다.
  git clone https://github.com/bootstrapping-microservices/chapter-3.git

깃의 설치나 사용법에 대해서는 2장을 참고한다. 코드에 문제가 있다면, 깃허브의 리포지터리에 문제를 기록해주길 바란다.

3.3 컨테이너의 개념

이름이 의미하듯이 컨테이너는 무언가를 포함하고 있는 것이다. 그럼 포함하는 것이 무엇일까? 여기서는 마이크로서비스를 갖고 있거나 마이크로서비스의 호스트를 만들어 사용하는 것이다.

> **|정의|** 컨테이너는 일종의 서버 가상화 방법이다.

조금 더 기술적으로 설명하면 컨테이너는 운영체제와 하드웨어를 가상화할 방법을 제공하는 도구다. 즉 마이크로서비스가 필요로 하는 자원을 추상화한다. 컨테이너는 하나의 구분된 컴퓨터 자원을 할당하고, 여러 서비스가 그 자원을 공유할 수 있게 해준다. 컨테이너는 마이크로서비스를 비용 측면에서 효율적으로 실행하게 해주는 최신 기술 가운데 하나다.

컨테이너는 가상머신^{VMs, Virtual Machines}과 자주 비교된다. 가상머신과 컨테이너 모두 여러 마이크로서비스가 서로 충돌되지 않도록 격리할 수 있다. 컨테이너가 소개되지 전에는 가상머신에서 서비스를 실행했고, 지금도 가상머신이 적합한 경우에 여전히 사용하고 있다. 그림 3.1은 가상머신과 컨테이너의 차이점을 보여준다.

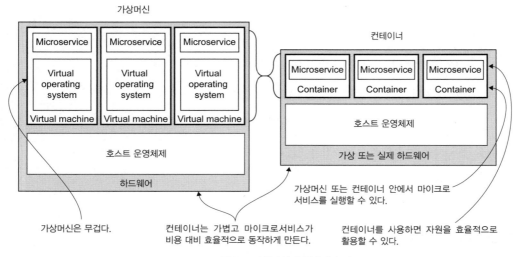

▲ **그림 3.1** 가상머신과 컨테이너 비교

그림 3.1에서 알 수 있듯이 가상머신은 컨테이너보다 무겁다. 가상머신은 가상화된 하드웨어 위에서 동작하는 운영체제 전부를 포함한다. 반면 컨테이너는 하드웨어는 물론이고 운영체제도 가상화한다. 그러므로 컨테이너는 더 작고, 컴퓨터 자원을 더 효율적으로 사용하도록 동작한다.

결국에는 쿠버네티스 클러스터 안에서 동작하는 여러 컨테이너를 가질 것이다. 하지만 지금은 2장에서 만든 비디오 스트리밍 마이크로서비스를 호스트하는 하나의 컨테이너를 만드는 것을 목표로 한다.

3.4 이미지의 개념

이미지는 일종의 스냅숏이다. 이미지란 단어 자체는 사진이나 가상머신의 하드 드라이브의 스냅숏과 같이 여러 의미로 사용되고 있다. 이 책에서는 도커 이미지를 말한다.

> |**정의**| 이미지는 부팅이 가능한 서버(여기서는 마이크로서비스)의 스냅숏이며, 모든 코드, 종속성 및 실행에 필요한 관련 파일들을 포함한다.

3장의 예제에서는 비디오 스트리밍 마이크로서비스의 스냅숏을 만들 것이다. 이미지는 일단 생성되고 나면 수정이 불가능하다는 점을 주의해야 한다. 이미지는 그대로 보존되기 때문에 테스트와 보안 점검이 완료돼 있어야 나중에 사용 가능하다.

이미지는 실제로 사용하기 전에 마이크로서비스를 저장해둔 보관용 버전으로 생각해도 좋다. 앱이 필요할 때 초기화할 수 있도록 컨테이너에서 부팅할 준비가 완료된 상태를 말한다.

그림 3.2는 이미지에서 컨테이너가 어떻게 시작되는지 보여준다. 이미지는 컨테이너를 초기화하기 위해 필요한 모든 것을 포함한다. 즉 마이크로서비스의 기능을 수행하는 데 필요한 코드와 종속성, 기타 필요한 자원을 포함한다.

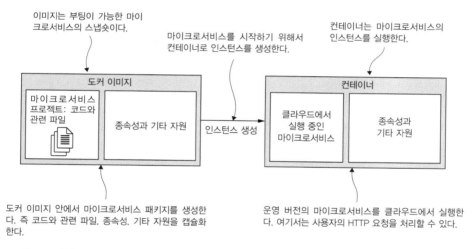

▲ **그림 3.2** 마이크로서비스를 클라우드에서 실행하려면 컨테이너 안에서 도커 이미지의 인스턴스를 생성한다.

잠시 후 마이크로서비스의 이미지를 만들고 컨테이너로 실행할 것이다. 그 전에 도커에 관해 조금 더 알아보자.

3.5 도커를 사용하는 이유

도커에 대해서는 이미 들어본 적이 있고, 아마도 이 책을 산 이유 중 하나일 것이다. 클라우드 기반의 앱을 개발하는 대부분의 사람들이 도커를 사용하거나 사용하길 원하고 있다. 이제 그 이유를 살펴보자.

도커는 소프트웨어 분야에서 보편적으로 사용하고 있다. 도커 이외의 대안도 있지만, 도커는 컨테이너를 패키징하고 배포하는 기술을 주도하고 있다. 더욱 많이 알려져 있고 지원받을 수 있는 기술이다.

도커는 심지어 다른 분야에도 영향을 주고 있다. 예를 들면 사물인터넷 장비에 앱을 배포하기 위해 도커를 사용하기도 한다. 필요한 도커의 역할이 있기 때문이지만, 그 역할이란 실제로 어떤 것일까?

도커는 마이크로서비스 패키지를 만들고 게시하는 도구다. 도커에 대해 알아야 할 내용은 많지만, 여기서 수행할 작업에 필요한 최소한의 지식을 배울 것이다. 3장의 마지막 부분에서는 도커를 독자가 더 폭넓게 이해할 수 있는 참고 자료를 제공한다.

나는 도커가 **유니버설 패키지 관리자**universal package manager라고 생각한다. 하나의 패키지 관리자로서 모두를 관리한다는 뜻이다. 보통 도커를 이렇게까지 여기지 않겠지만, 다시 한 번 깊이 생각해보면 일리가 있는 말이다. 패키지 관리자 역할은 매우 분명하다. 도커를 가지고 우리가 작업한 것들을 패키징하고 게시하는 데 사용한다. 하지만 유니버설이란 단어를 사용한 이유는 도커가 매우 다양한 기술들을 지원하기 때문이다. 도커는 오픈 소스이고, CLI 도구에 대한 코드는 다음에서 찾을 수 있다.

https://github.com/docker/cli

도커 제작자의 다른 오픈 소스 프로젝트는 다음 링크를 참조한다.

https://www.docker.com/community/open-source

3.6 도커로 수행할 작업

이제 다음 질문으로 넘어가보자. 도커를 사용하는 작업은 다음과 같다.

- 마이크로서비스를 도커 이미지로 패키징한다.
- 이미지를 프라이빗 컨테이너 레지스트리에 게시한다.
- 마이크로서비스를 컨테이너에서 실행한다.

목록의 마지막 항목이 가장 중요한 핵심이다. 마이크로서비스를 운영 환경에서 실행하려면 오직 패키지를 만들고 게시해야만 가능하다.

아직 마이크로서비스를 운영 환경에 배포할 준비가 안 됐으니 우선 이미지를 가지고 개발 환경에서 패키지를 만들고, 게시하고, 테스트하는 도커 명령어부터 알아보자.

그림 3.3은 여기서 수행할 작업들을 보여준다. 그림 3.3의 왼쪽에 있는 비디오 스트리밍 마이크로서비스를 위한 Node.js 프로젝트를 가지고 도커 이미지로 패키지를 만들 것이다. 다음으로 프라이빗 컨테이너 레지스트리에 게시한다. 이를 완료하면 마이크로서비스를 쿠버네티스 클러스터에 배포할 수 있다. 이는 7장에서 다룬다.

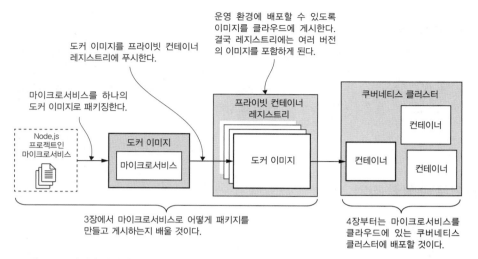

운영 환경에 배포할 수 있도록 이미지를 클라우드에 게시한다. 결국 레지스트리에는 여러 버전의 이미지를 포함하게 된다.

도커 이미지를 프라이빗 컨테이너 레지스트리에 푸시한다.

마이크로서비스를 하나의 도커 이미지로 패키징한다.

3장에서 마이크로서비스로 어떻게 패키지를 만들고 게시하는지 배울 것이다.

4장부터는 마이크로서비스를 클라우드에 있는 쿠버네티스 클러스터에 배포할 것이다.

▲ **그림 3.3** 3장에서 어떻게 도커 이미지를 클라우드에 있는 프라이빗 컨테이너 레지스트리에 게시하는지 배울 것이다.

3.7 도커로 개발 환경 확장하기

도커를 사용하기 전에 개발 환경을 업그레이드해야 한다. 3장을 따라 하려면 자신의 컴퓨터에 도커가 설치돼 있어야 한다. 이번 절에서 도커를 설치해두고 다음 단계로 갈 준비를 마치도록 하자.

그림 3.4는 도커를 설치하고 나면 개발 환경이 어떻게 구성되는지 보여준다. 그림에서는 도커에서 Node.js 마이크로서비스를 실행하고 있지만 항상 마이크로서비스를 이런 식으로 실행할 필요는 없다. 각각의 마이크로서비스를 테스트할 때에는 2장에서 경험했듯이 자신의 호스트 운영체제에서 직접 실행하기도 한다.

도커를 사용해 마이크로서비스 패키지를 만들 수 있어야 하기 때문에 게시하기 전후로 로컬에서 테스트할 수 있어야 한다. 쿠버네티스 환경에서 마이크로서비스의 동작에 문제가 생길 수 있으므로 테스트 능력이 요구된다. 이 내용은 10장에서 더 자세히 다룬다.

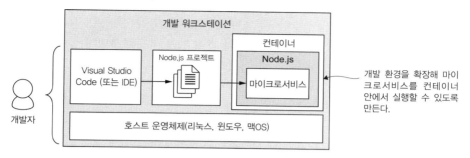

▲ **그림 3.4** 컨테이너에서 마이크로서비스를 실행하기 위한 개발 환경 확장

3.7.1 도커 설치

도커를 설치하기 위해서 도커 웹사이트인 https://docs.docker.com을 방문한다. 이 사이트에서 download/install 링크를 찾아 자신의 플랫폼에 맞게 설치할 수 있게 가이드를 따른다. 표 3.2는 자신의 플랫폼에 맞는 도커를 설치하기 위한 세부 설명이다.

지금 윈도우 10을 사용하고 있다면, 윈도우 홈 에디션과 프로/엔터프라이즈 에디션이 별도의 가이드가 있다는 점을 주의한다. 홈 에디션은 도커를 설치하기 전에 WSL2^{Windows integrated Linux kernel}가 설치돼 있어야 한다. 설치 작업을 위해 표 3.2를 참고한다.

▼ **표 3.2** 도커가 지원하는 플랫폼

플랫폼	상세
리눅스/맥OS/윈도우 10 프로/엔터프라이즈	도커 웹사이트(https://docs.docker.com)에 방문해 download/install 링크를 클릭하고 자신의 시스템에 맞는 설치 가이드를 따른다.
윈도우10 홈 에디션	도커를 설치해 사용하기 전에 WSL2를 먼저 설치한다. WSL2를 설치하려면 다음의 가이드를 참고한다. https://docs.microsoft.com/en-us/windows/wsl/install-win10 WSL2를 설치하고 나면 이제 다음의 가이드를 참고해 도커를 설치할 수 있다. https://docs.docker.com/docker-for-windows/install-windows-home/ 윈도우10 홈 에디션에서도 가상머신을 사용해 도커를 실행할 수 있다.

3.7.2 도커 설치 확인

도커를 설치하고 나면 터미널을 사용해 다음과 같이 도커 버전을 출력해 설치가 잘 됐는지 확인할 수 있다.

```
Docker --version
```

출력은 다음과 같다. 나와 같은 버전을 설치했다면 출력이 동일할 것이다.

```
Docker version 19.03.12, build 48a66213fe
```

버전이 다르더라도 도커의 최신 버전을 설치했다면 걱정할 것 없다. 대부분 하위 버전 호환성을 지원할 것이다.

가상머신(VM)에서 도커 실행하기

3장의 리포지터리(https://github.com/bootstrapping-microservices/chapter-3)를 보면 베이그런트파일(Vagrantfile)을 포함하고 있다. 이 베이그런트 스크립트는 도커가 설치돼 있는 (미리 설정된) 우분투 리눅스 가상머신을 부팅하는 스크립트다. 이 스크립트를 사용하려면 먼저 베이그런트와 버추얼박스(VirtualBox)를 설치해야 한다.

이는 개발 환경을 바로 생성해주기 때문에 편리하다. 정말 곧바로 생성하는 것은 아니지만 'vagrant up'을 호출해 개발 환경을 위한 VM을 바로 만들어주기 때문에 수동으로 하나씩 만드는 것보다는 훨씬 빠르다. 'vagrant destroy'의 경우 가상머신을 제거해 개발 워크스테이션을 초기 상태로 만들어준다. 컴퓨터 시스템을 여기저기 산만하게 만들지 않고 도커처럼 새로운 소프트웨어를 사용해보기에는 베이그런트가 좋은 방법이다.

이 책의 다른 장에 있는 코드 리포지터리는 베이그런트 파일을 포함한다. 위와 같은 방법을 선호한다면, 이 책의 예제들을 편리하게 VM을 만들어서 실행해볼 수 있다. 베이그런트에 관한 자세한 내용은 부록 A를 보거나 다음 베이그런트 웹사이트를 방문한다.

https://www.vagrantup.com/

3.8 마이크로서비스 패키징

도커를 설치했으므로 배포할 마이크로서비스를 어떻게 패키지로 만들지 생각해보자. 최종 목표는 마이크로서비스를 운영 환경에 배포하는 것이다. 하지만 먼저 모든 관련 자원을 번들로 만들고 배포할 준비가 돼야 한다. 여기서는 다음과 같은 순서로 마이크로서비스의 패키징을 진행할 것이다.

1. 마이크로서비스에 관한 도커 파일을 만든다.
2. 도커 이미지 형태로 마이크로서비스를 패키징한다.
3. 컨테이너에서 부팅하고 게시된 이미지를 테스트한다.

3.8.1 도커 파일 만들기

여기서 만들 모든 도커 이미지는 **도커파일**^{Dockerfile}이어야 한다. 도커파일은 도커로 만들 이미지의 세부 사항을 포함한다. 도커파일은 이미지를 생성하기 위한 명령어를 포함하는 하나의 스크립트 파일로 생각해볼 수 있다. 그림 3.5를 참고해보자.

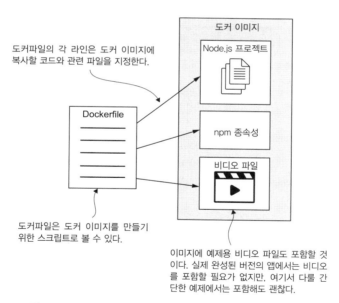

▲ **그림 3.5** 도커파일은 도커 이미지를 만들기 위해 설정하는 스크립트다.

도커파일의 내용은 마이크로서비스와 그 종속성 및 관련 파일들을 정의한다. 도커파일 안에서 여러 줄로 이미지에 복사할 여러 파일들을 지정한다. 도커파일에는 여러 Node.js

프로젝트와 설치가 필요한 npm 종속성을 복사하기 위한 명령어를 추가할 것이다.

또한 그림 3.5에서 보여주듯이 예제 비디오도 이미지에 추가한다. 비디오를 이미지에 포함하는 것은 최종 버전을 배포할 운영 환경에서는 불필요한 작업이다. 하지만 이번 예제에서는 불러와서 재생할 비디오 파일이 없기 때문에 유용하게 쓸 수 있다.

단지 비디오 파일 하나뿐이라면 매우 지루한 비디오 스트리밍 앱이 되겠지만, 4장까지만 참으면 달라질 수 있다. 지금은 일단 잘 동작하는 예제로서 코드와 함께 이미지에 포함할 수 있다는 것을 보여준다. 다른 유형의 파일들도 도커를 사용해 아무 문제없이 포함할 수 있다.

예제 3.1은 비디오 스트리밍 마이크로서비스에 대한 도커파일이다. 그다지 많은 작업은 필요 없는 Node.js 앱을 위한 도커파일의 좋은 예제다. 한번 읽어보고 각각의 라인이 이미지에 어떤 영향을 줄지 예상해보자.

예제 3.1 비디오 스트리밍 마이크로서비스를 위한 도커파일(chapter-3/example-1/Dockerfile)

새로운 이미지를 만들기 위한 기본 이미지를 설정한다. 즉 기존의
이미지를 바탕으로 새로운 이미지를 생성하도록 한다.
```
FROM node:12.18.1-alpine
```
이미지 디렉터리를 설정한다. 다른
경로는 이 위치의 상대 경로다.
```
WORKDIR /usr/src/app
```
Node.js의 package.json
파일을 이미지에 복사한다.
```
COPY package*.json ./
```
운영 환경 종속성만 npm을
사용해 설치한다.
```
RUN npm install --only=production
```
마이크로서비스의 소스 코드를 복사한다.
```
COPY ./src ./src
```
샘플 비디오를 복사한다.
```
COPY ./videos ./videos
```
'npm start' 형태로 마이크로
서비스를 시작한다(2장 참고).
```
CMD npm start
```

예제 3.1의 시작은 FROM 명령어로 시작한다. 새로운 이미지를 만들기 위한 **기본 이미지**base image를 지정하고 있다. 기본 이미지가 'node:12.18.1-alpine'임을 명시해 이를 기반으로 만들 새 이미지는 Node.js의 12.18.1 버전을 포함하도록 한다(alpine의 의미가 궁금하다면 다음 노트를 참고할 수 있다).

110

자바스크립트와 Node.js 이외의 언어나 프레임워크로 작업 중이라면, 다른 기본 이미지를 선택해야 할 것이다. 자신에게 적합한 기술에 맞게 선택한다.

기본 이미지를 고를 수 있다는 것은 매우 유용하다. 도커 허브(https://hub.docker.com)를 통해 공개된 많은 이미지를 선택할 수 있다는 의미다. 자신만의 기본 이미지를 만드는 것도 가능하다. 기존의 저장된 이미지를 재사용할 수 있으므로, 이 책의 끝 부분에서 실제로 다른 사람들이 만든 몇 가지 이미지를 재사용해볼 것이다.

또한 예제 3.1은 COPY 명령어를 여러 번 사용한다. 이 부분에서 파일을 이미지로 복사한다. 이미지를 보면 package.json, 코드, 샘플 비디오 등이 복사된 것을 알 수 있다.

RUN 명령어도 알아 둘 필요가 있다. 변경 사항을 반영하고, 종속성을 설치하고, 여러 설정 작업을 수행하는 이미지를 생성하는 과정에서 이미지 안의 소프트웨어를 실행할 수 있다. 이번 예제에서는 npm 종속성을 설치하고 이미지를 완성하기 위해 RUN을 사용한다.

예제 3.1에서 마지막이자 가장 중요한 부분은 CMD 명령어다. 컨테이너가 생성되면, 실행할 명령어를 설정한다. 2장에서 추가한 package.json 파일에서 npm start를 사용해 Node.js 앱을 실행하는 방법을 보여준다. 잘 생각나지 않는다면 2.6.7절을 참고한다.

알파인(Alpine)과 non-alpine 비교

이미지 이름에 'alpine'이 있다면(예: node:12.18.1-alpine) 해당 이미지는 알파인 리눅스를 기반으로 한다는 것을 의미한다. 알파인은 거의 최소한의 구성 요소만 갖고 있는 가벼운 리눅스 배포 버전이므로, 일반적인 버전보다 훨씬 용량이 작다. Alpine 이미지는 인프라와 클라우드 자원을 적게 사용할 수 있기 때문에 운영 환경에 적합하다.

3.8.2 도커 이미지 패키징과 검사

도커파일을 만들었으니 마이크로서비스의 실행 준비를 완료한 이미지로 패키징할 수 있다. 이미지는 'docker build' 명령어를 사용해 만들 것이다. 이 명령어의 입력은 이미지를 생성하기 위한 명령어를 갖고 있는 도커파일을 사용한다. 그림 3.6은 이와 같은 과정을 보여준다.

> |**노트**| 마이크로서비스를 운영 환경에 배포하기 전에 반드시 도커 이미지로 패키징할 수 있어야
> 한다.

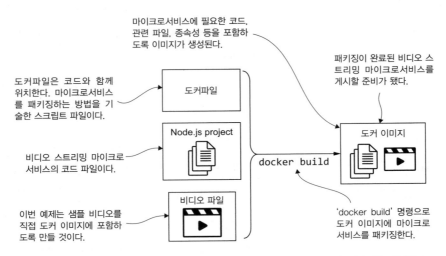

마이크로서비스에 필요한 코드,
관련 파일, 종속성 등을 포함하
도록 이미지가 생성된다.

도커파일은 코드와 함께
위치한다. 마이크로서비스
를 패키징하는 방법을 기
술한 스크립트 파일이다.

도커파일

Node.js project

비디오 스트리밍 마이크로
서비스의 코드 파일이다.

docker build

도커 이미지

패키징이 완료된 비디오 스
트리밍 마이크로서비스를
게시할 준비가 됐다.

비디오 파일

이번 예제는 샘플 비디오를
직접 도커 이미지에 포함하
도록 만들 것이다.

'docker build' 명령으로
도커 이미지에 마이크로
서비스를 패키징한다.

▲ **그림 3.6** 도커파일에 설정된 도커 이미지를 생성하기 위해 docker build 명령어를 사용한다.

이제부터 흥미로운 부분을 시작한다. 마이크로서비스로부터 이미지를 만들 시점이다.
이 작업을 따라가려면 예제 3.1에서 보여준 도커파일과 Node.js 프로젝트가 필요하다.
3.1절의 깃허브에서 3장 리포지터리에 있는 example-1을 사용하거나 직접 새로 만들어
볼 수 있다.

준비가 됐다면 터미널을 열고 현재 디렉터리를 코드와 도커파일이 있는 chapter-3/
example-1으로 이동한다. 이제 'docker build'를 다음과 같이 호출한다.

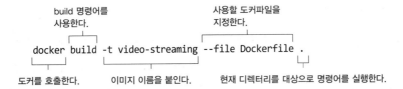

build 명령어를
사용한다.

사용할 도커파일을
지정한다.

```
docker build -t video-streaming --file Dockerfile .
```

도커를 호출한다.   이미지 이름을 붙인다.   현재 디렉터리를 대상으로 명령어를 실행한다.

코드를 실행하면 다운로드한 여러 기본 이미지를 볼 수 있다. 다운로드 작업은 처음에만 한 번 실행된다. 결과적으로 작업 중인 컴퓨터에 캐시^{cache}된 기본 이미지만 남을 것이다. 3.9.3절에서 다시 다루겠지만, 직접 로컬 이미지를 지울 때까지는 다운로드하지 않는다. 일단 실행이 완료되면 다음과 같은 출력을 볼 수 있다.

```
Successfully built 9c475d6b1dc8
Successfully tagged video-streaming:latest
```

위 출력은 이미지가 성공적으로 만들어졌다는 의미다. 또한 이미지에 대한 고유 ID를 부여하고 설정한 태그^{tag}를 보여준다.

> |**노트**| 위 명령어를 직접 실행해보면 이미지에 할당된 아이디가 나의 이미지의 아이디와 다르기 때문에 조금 다른 출력을 보여줄 것이다.

이미지를 새로 생성할 때마다 고유한 아이디를 갖는다. 이 아이디를 기록해두면 나중에 도커 명령어를 실행할 때 해당 이미지를 참조할 수 있다. 하지만 이런 작업은 video-streaming과 같이 의미 있는 이름으로 태그를 붙인 경우 반드시 필요한 작업은 아니다. 아이디 대신에 이름을 사용할 수도 있다.

지정한 버전이 없기 때문에 최신 버전으로 자동 설정된 결과가 출력된다. 7장에서는 CD^{continuous delivery} 프로세스의 일부로서 버전을 자동으로 설정할 것이다. 즉 반복적으로 코드를 업데이트하고 새로운 이미지를 만들면서 생성된 이미지마다 구별 가능한 새로운 버전이 설정된다. 다음은 조금 더 자세히 알아두면 좋은 내용이다.

- **-t 인수는 이미지의 태그나 이름을 부여한다.** 이 방법을 더 선호할 것이다. 아니면 이미지의 고유한 아이디를 사용해야 한다.
- **--file 인수는 사용할 도커파일 이름을 지정한다.** 지정하지 않을 경우 Dockerfile을 기본으로 사용하기 때문에 반드시 지정할 필요는 없다. 여기서도 기본 이름을 가진 파일을 명시적으로 사용하고 있어 쉽게 파일과 용도를 알 수 있다. 나중에 5장에서 다시 등장하고, 개발과 운영 환경에서 각각 다른 버전을 갖도록 구별해줄 것이다.

- **마지막 글자인 마침표를 잊지 말자.** 빠트리기 쉬운 부분이다. 이 마침표는 build 명령어가 현재 디렉터리를 대상으로 실행하도록 한다. 그래서 도커파일 안의 명령어들을 현재 디렉터리를 기준으로 실행할 수 있다. 프로젝트와 관련된 파일로부터 별도의 디렉터리에 도커파일을 저장해 사용할 수도 있다. 가끔 이 방법이 유용할 수도 있지만 지금 필요한 기능은 아니다.

다음은 이미지를 생성하기 위한 docker build 명령어의 일반적인 형식이다.

```
docker build -t <이미지명> --file <도커파일 경로>
➥ <프로젝트 경로>
```

마이크로서비스에 대한 특별한 이름을 이미지명으로 사용할 수 있고 도커파일과 프로젝트 경로도 상황에 맞게 지정할 수 있다. 이미지를 생성하고 나면, 이미지가 정상인지 검사해야 한다. 다음 명령어로 생성된 이미지 목록을 볼 수 있다.

```
docker image list
```

로컬에 있는 이미지 목록을 출력한다. 이전 절에서 docker build 명령어로 이미지가 잘 만들어졌다면 최소한 두 개의 이미지가 보일 것이다.

```
REPOSITORY        TAG             IMAGE ID        CREATED          SIZE
video-streaming   latest          9c475d6b1dc8    33 seconds ago   74.3MB
node              12.18.1-alpine  072459fe4d8a    6 months ago     70.7MB
```

예전부터 도커로 이미지를 만든 적이 있거나 도커 허브에서 찾아서 사용해본 경험이 있다면 다른 이미지들도 목록에 보일 것이다.

위 출력에서 칼럼들을 살펴보자. 리포지터리 칼럼에서 video-streaming과 node를 볼 수 있는데, 여기서 video-streaming은 직접 만들었던 마이크로서비스의 이미지이고, node는 예제 3.1의 도커파일에서 참조한 기본 이미지다.

다음 칼럼인 태그는 일반적으로 이미지의 버전을 보여준다. 여기서는 video-streaming 이미지 버전을 지정하지 않았기 때문에 자동으로 최신[lastest] 버전이 할당됐다.

다음 칼럼인 `IMAGE ID`는 각 이미지의 고유 아이디를 나타낸다. video-streaming 이미지의 아이디는 이전에 `build` 명령으로 출력된 아이디와 같은 값이다. 독자의 화면에 출력된 아이디는 위와 다른 값을 가질 것이다. `CREATED`는 이미지를 생성한 시점을 알려주고, `SIZE`는 이미지 크기를 나타낸다.

> **Alpine과 non-alpine의 두 번째 비교**
>
> 이번 절의 docker image list 명령 출력을 보면, video-streaming 이미지 크기는 74.3MB이다. 이는 Alpine 이미지를 기본 이미지로 사용했기에 가능하다.
>
> 만약 Alpine이 아닌 이미지를 사용했다면 어떻게 될까? non-alpine의 경우 크기가 902MB로 커졌다. 10배가 넘는 차이이다. 우리가 Alpine 이미지를 운영 환경에서 선호하는 이유를 말해준다.

3.8.3 컨테이너에서 마이크로서비스 부팅하기

새로 만든 도커 이미지를 게시하기 전에 기존 기능들이 잘 동작하는지 개발 환경에서 테스트를 수행하는 것이 좋다. 마이크로서비스를 일단 도커 이미지로 패키징하고 나면, 'docker run' 명령으로 그림 3.7과 같이 컨테이너를 새로 생성할 수 있다. 즉 비디오 스트리밍 마이크로서비스의 인스턴스를 개발 환경에서 만들어서 웹 브라우저를 사용해 테스트할 수 있는 것이다.

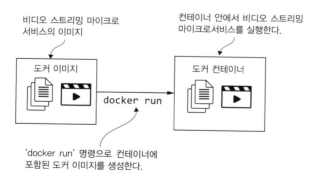

▲ **그림 3.7** 컨테이너 실행 중인 마이크로서비스의 인스턴스를 만들기 위해 'docker run' 명령을 사용한다.

준비가 끝났으면 터미널을 열고 다음의 명령어를 실행해 이미지로부터 마이크로서비스 인스턴스를 생성해보자.

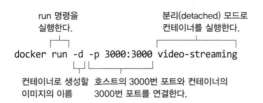

실행 결과는 컨테이너의 고유한 아이디를 보여준다. 다음은 출력의 예다.

460a199466896e02dd1ed601f9f6b132dd9ad9b42bbd3df351460e5eeacbe6ce

위와 같이 출력을 확인했다면, 마이크로서비스가 성공적으로 시작됐다는 의미다. 출력 결과는 각각 고유한 아이디를 갖기 때문에 형태는 비슷하지만 값은 다르다. 즉 값은 다르지만 위와 같이 긴 숫자와 문자열이 출력될 것이다. 이 아이디는 나중에 도커 명령으로 컨테이너를 참조할 때 사용할 수 있다.

엄청난 기억력을 갖고 있지 않다면 아이디를 기억하려고 노력할 필요는 없다. 곧 만나볼 내용이지만 컨테이너의 세부 정보를 필요할 때마다 확인할 수 있다. 추가로 알아야 할 중요한 내용은 다음과 같이 요약한다.

- **-d 인수는 분리 모드**^{detached mode}**로 컨테이너를 구동한다.** 즉 백그라운드로 실행해 우리가 직접 로그를 볼 수 없다는 의미다. 이 인수가 생략되면 컨테이너는 전면^{foreground}으로 실행하고, 비록 터미널 화면 문자이지만 출력을 직접 볼 수 있다.
- **-p 인수는 호스트 운영체제와 컨테이너의 포트를 연결**^{bind}**한다.** 포트 포워딩^{forwarding}과 마찬가지로 개발 워크스테이션의 3000번 포트로 네트워크 트래픽을 전송하면 컨테이너 내부의 3000번 포트로 전달한다. 마이크로서비스가 3000번 포트를 사용하도록 코딩했기 때문에 이와 같은 방법으로 설정한다. 3000번 숫자 자체가 중요한 것은 아니다. 다른 번호로도 설정할 수 있지만 3000번 포트는 HTTP 서버의 개발이나 테스트 환경에서 관행적으로 사용하고 있다.

- **마지막 인수인 video-streaming은 이미지의 이름이다.** 여러 개의 인스턴스가 될 수도 있는 이미지의 이름을 지정하는 방법이다. 이미지명에 관해서 `docker build` 명령과 `-t` 인수는 이전 3.8.2절을 참고한다.

지금 시점에서 만날 수 있는 일반적인 오류는 3000번 포트와 같이 이미 할당돼 사용 중인 포트를 앱에 할당하는 것이다. 이런 일이 발생하면 다른 앱을 종료하거나 3000번이 아닌 다른 포트를 설정해야 한다. 2.6.6절에서 다뤘던 PORT 환경변수를 사용하면 된다. 다음은 `docker run` 명령의 일반적인 형태다.

```
docker run -d p <host-port>:<container-port> <image-name>
```

이미지를 생성하고 나서 특정 이름을 가지고 마이크로서비스를 시작하도록 활용할 수 있다.

컨테이너 검사

이제 실행 중인 컨테이너가 있으니 잘 동작하는지 확인해보자. 갖고 있는 컨테이너 목록을 보려면 다음 명령을 실행한다.

```
docker container list
```

다음은 출력을 요약한 예다.

```
CONTAINER ID    IMAGE            STATUS         PORTS
460a19946689    video-streaming  Up 20 seconds  0.0.0.0:3000->3000/tcp
```

지면에 맞추기 위해 COMMAND, CREATED, NAMES 칼럼을 제거했기 때문에 실제 출력은 위와 조금 다를 것이다. 하지만 직접 실행해보면 모든 칼럼을 볼 수 있다.

컨테이너 아이디 칼럼을 살펴보자. 컨테이너마다 고유한 아이디를 보여준다. 이 아이디는 이전 절에서 실행한 `docker run` 명령의 출력에서 보여준 매우 긴 아이디를 줄인 버전이다. 두 가지 모두 컨테이너에서 유일한 아이디를 가지며, 잠시 후에 도커 명령어를 실행할 때 이 아이디를 가지고 어느 컨테이너인지 확인할 것이다.

마이크로서비스 검사

이미지로부터 성공적으로 컨테이너를 생성했고, 실행 중인 것도 확인했다. 하지만 컨테이너 안의 마이크로서비스가 잘 동작하는지 어떻게 알 수 있을까? 지금은 여러 오류들이 발생하고 있더라도 알 수 없는 상태다. 마이크로서비스의 출력과 의미를 살펴보자.

```
docker logs 460a19946689
```

다음 단계로 가기 전에 잠깐 언급할 것이 있다. 개발 워크스테이션에서 생성된 컨테이너마다 고유한 아이디가 다르기 때문에 위와 똑같은 명령을 실행할 수 없다. 즉 위 명령을 그대로 실행하면 오류가 발생한다. 이전 절에서 설명했듯이 각자가 생성한 컨테이너의 아이디는 고유하며 자신의 컨테이너 아이디를 확인해 다음과 같은 형태로 명령을 실행한다.

```
docker logs <container-id>
```

이제 마이크로서비스가 출력한 결과를 볼 수 있다. chapter-3 코드 리포지터리의 example-1 코드를 실행했다면 결과는 다음과 같다.

```
Microservice listening on port 3000, point your browser at
➡ http://localhost:3000/video
```

드디어 해냈다. 이미지를 잘 만들었다. 컨테이너 형태로 인스턴스를 생성했고 마이크로서비스가 잘 동작하는지 확인했다. 이제 웹 브라우저로 테스트해보자. 브라우저를 열고 http://localhost:3000/video 주소로 가 본다. 2장에서 테스트한 결과와 마찬가지로 비디오를 스트리밍하는 것을 볼 수 있을 것이다.

그렇다면 위의 동작이 가능한 이유는 무엇일까? 워크스테이션에서 3000번 포트로 요청하면 컨테이너의 3000번 포트로 전달하도록 'docker run' 명령과 -p 인수를 사용해 설정했기 때문이다(3000번 포트가 다른 앱에 이미 할당되지 않았다고 가정한다). 즉 마이크로서비스는 3000번 포트를 대기하다가 응답을 전송한 것이다.

코드를 테스트하기 위해 더 할 수 있는 것은 많지만, 나중에 더 알아볼 것이다. 8장에서 마이크로서비스를 위한 자동화된 코드 기반 테스트^{code-driven testing}가 어떤 것인지 살펴볼 것이다. 그리고 10장에서는 마이크로서비스를 모니터하는 방법과 문제가 발생하면 디버징은 어떻게 하는지, 내결함성^{fault-tolerance} 시스템을 구성하는 기술들을 알아볼 것이다. 지금은 이대로 이미지를 게시하도록 하자.

다른 컨테이너 탐색하기

공개된 이미지를 'docker run' 명령을 사용해 실행해볼 수 있다. 이 책에서는 MongoDB와 RabbitMQ를 사용하기 위해 두 개의 이미지를 사용해볼 것이다. 직접 실행해보면 localhost:27017 에 가용한 데이터베이스 인스턴스에 연결할 수도 있다. 다음 예를 참고한다.

```
docker run -p 27017:27107 mongo:latest
```

온라인에는 공개된 많은 이미지가 있으며 별도로 특별한 계정이 필요하지 않다. 더 자세한 내용은 도커 허브 사이트(https://hub.docker.com)에서 검색해보자.

3.9 마이크로서비스 게시하기

이제 처음으로 마이크로서비스를 운영 환경에 배포할 준비가 거의 끝났다. 도커 이미지로 패키징을 했지만, 이미지는 지금 로컬 개발 환경에 있을 뿐이다. 테스트와 검사를 진행하기에 충분하지만, 어딘가에 이미지를 게시해 나중에 쿠버네티스 클러스터에 배포할 수 있어야 한다. 그림 3.8은 이미지를 어떻게 클라우드에 있는 프라이빗 컨테이너 레지스트리에 게시하는지 보여주고 있다.

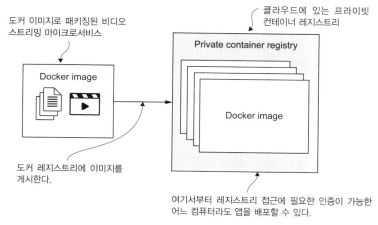

▲ **그림 3.8** 도커 이미지를 클라우드의 프라이빗 컨테이너 레지스트리에 게시하기

마이크로서비스는 다음과 같은 단계를 거쳐 게시하도록 한다.

1. 마이크로소프트 애저에 있는 자신의 프라이빗 컨테이너 레지스트리를 생성한다. 이미지를 게시할 때 한 번만 수행하면 된다. 나중에 새로운 버전의 이미지나 다른 마이크로서비스를 위한 이미지를 게시할 때에는 이 레지스트리를 재사용할 것이다.

2. 게시하기 전에 'docker login' 명령을 사용해 레지스트리 사용자 인증을 해야 한다.

3. 'docker push' 명령을 사용해 레지스트리로 이미지를 업로드한다(실제로 마이크로서비스를 게시하는 단계다).

4. 'docker run' 명령을 다시 사용해 게시된 이미지의 마이크로서비스가 시작됐는지 확인한다.

3.9.1 프라이빗 컨테이너 레지스트리 생성하기

프라이빗 컨테이너 레지스트리를 만드는 것은 매우 단순하다. 마이크로소프트 애저에서 레지스트리를 만들겠지만 대부분의 주요 클라우드 서비스가 이러한 종류의 작업을 지원한다. 프라이빗 레지스트리에 게시하는 이유는 도커 허브와 같은 공개 레지스트리 대신 일반 기업의 저작권이 있는 앱을 만드는 방법을 이 책에서 다루고 있기 때문이다.

이 책에서 애저를 사용하는 이유는 가장 단순한 클라우드 플랫폼이고, 클라우드 기반의 앱을 제작하는 방법을 배우기에 좋은 출발점이라고 생각하기 때문이다. 애저는 처음 한 달 동안 무료 사용과 같이 새로 등록해서 쓰기에 좋은 조건을 갖추고 있다. 이 책에서 예시로 보여주고 있는 클라우드 인프라를 무료로 시도해보기 좋다.

다만 나중에 불필요한 비용이 발생하지 않도록 사용이 끝난 애저의 자원은 삭제하도록 한다. 아울러 이러한 점도 애저를 사용하는 이유다. MS는 잊어버리고 사용하지 않는 인프라에 대해서 비용이 발생하지 않도록 클라우드 자원을 쉽게 찾아서 없앨 수 있게 만들었다. 지금은 컨테이너 레지스트리를 수동으로 만들지만, 6장에서는 다시 이 작업을 언급하면서 코드로 만드는 방법을 배울 것이다.

이제 브라우저를 열고 애저 웹사이트(https://azure.microsoft.com)를 방문한다. 먼저 회원 가입을 하고 애저 포털(https://portal.azure.com)에 로그인하자.

애저 포털을 열었으면 좌측의 메뉴에서 '리소스 만들기'를 클릭한다. 다음으로 검색 입력 창에 'container registry'를 치고 검색을 실행한다. 그림 3.9와 같은 검색 결과를 보여주면 마이크로소프트에서 제공하는 컨테이너 레지스트리를 클릭한다.

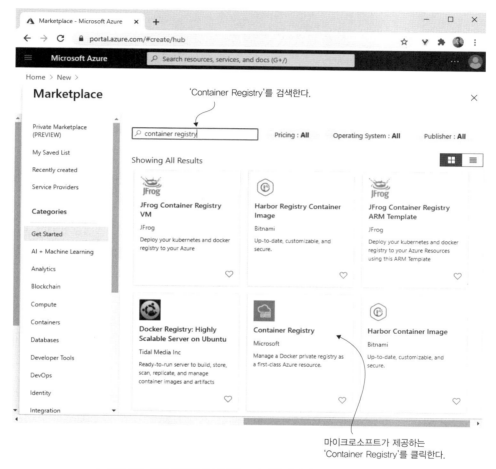

▲ **그림 3.9** 애저 포털에서 새로운 프라이빗 컨테이너 레지스트리 만들기

이제 마이크로소프트의 컨테이너 레지스트리에 관한 더 자세한 설명을 포함한 페이지가 표시된다. **만들기** 버튼을 클릭하기 전에 내용을 읽어보자.

다음으로 우리가 생성할 레지스트리에 대한 세부 사항을 입력한다. 그림 3.10은 먼저 이름부터 입력하는 것을 보여준다. 레지스트리 이름은 나중에 레지스트리에 다룰 때 사용하는 URL을 만들기 때문에 중요하다. 여기서는 이름으로 bmdk1을 선택했고, 컨테이너 레지스트리의 URL은 bmdk1.azurecr.io를 갖게 된다.

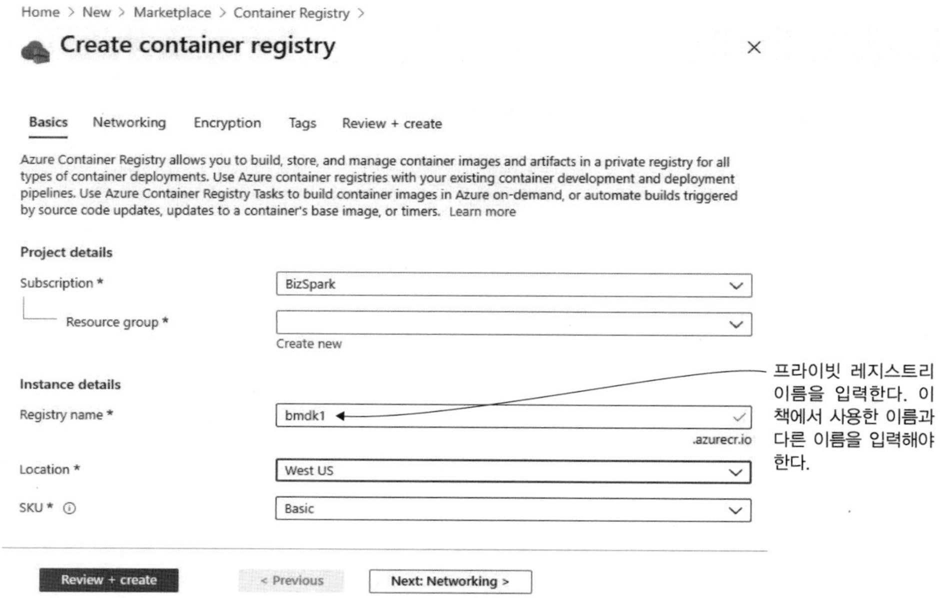

Home > New > Marketplace > Container Registry >

☁️ Create container registry ✕

Basics   Networking   Encryption   Tags   Review + create

Azure Container Registry allows you to build, store, and manage container images and artifacts in a private registry for all types of container deployments. Use Azure container registries with your existing container development and deployment pipelines. Use Azure Container Registry Tasks to build container images in Azure on-demand, or automate builds triggered by source code updates, updates to a container's base image, or timers. Learn more

Project details

Subscription *   BizSpark   ⌄

└─── Resource group *   ⌄
                        Create new

Instance details   ┌─ 프라이빗 레지스트리
                                                            이름을 입력한다. 이
Registry name *   bmdk1 ◀   ⌄   책에서 사용한 이름과
                                              .azurecr.io   다른 이름을 입력해야
                                                            한다.
Location *   West US   ⌄

SKU * ⓘ   Basic   ⌄

[Review + create]   [< Previous]   [Next: Networking >]

▲ **그림 3.10** 프라이빗 컨테이너 레지스트리 세부 설정

여기서 결정한 레지스트리 이름으로 URL이 생성되기 때문에, 고유한 이름을 가져야 한다. 이는 다른 사람이 이미 사용한 이름은 선택할 수 없다는 뜻이므로 자신만의 유일한 이름을 설정하도록 한다. 또한 이 레지스트리 URL은 도커 명령어를 사용할 때 필요하니 기억해두는 것이 좋다.

만들기 버튼을 클릭하기 전에 **리소스 그룹**을 선택하거나 새로 만들어야 한다. 애저의 리소스 그룹은 이름에서 알 수 있듯이 더 관리하기 편하도록 클라우드 자원을 모아 둔 것이다. 그림 3.11은 bmdk1으로 이름 지은 새 레지스트리를 포함하는 새로운 리소스 그룹을 만들고 있다. 새 리소스 그룹을 만들려면 새로 만들기 버튼을 클릭하고, 이름을 입력한

후 **확인** 버튼을 클릭한다.

리소스 그룹의 이름은 중요하지 않다. 기존에 선호하는 이름이 있다면 똑같이 사용해도 좋다. 컨테이너 레지스트리와 같은 이름일 필요도 없고, 고유한 이름을 가질 필요도 없다. 단지 의미 있는 이름을 사용해 나중에 다시 보면 어떤 목적으로 만든 것인지 떠올리기 좋게 설정한다.

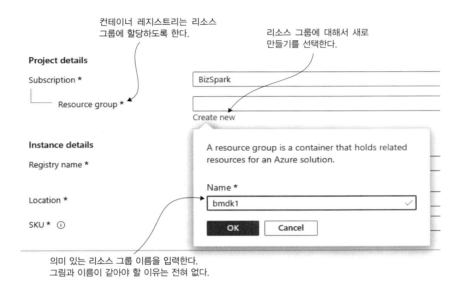

▲ **그림 3.11** 프라이빗 컨테이너 레지스트리를 포함하는 리소스 그룹 만들기

이제 **검토+만들기** 버튼을 클릭한다. 다음 페이지에서 레지스트리를 생성하기 위해 만들기 버튼을 클릭한다.

레지스트리를 만드는 과정을 따라가려면, 먼저 애저 포털에서 알림을 확인할 필요가 있다. 알림 아이콘을 클릭해 화면에 사이드바^{sidebar}를 표시하고, 배포 과정을 살펴본다. 시간이 다소 걸리겠지만 배포가 완료되면 그림 3.12와 같이 배포가 성공했다는 알림을 사이드바에서 볼 수 있다.

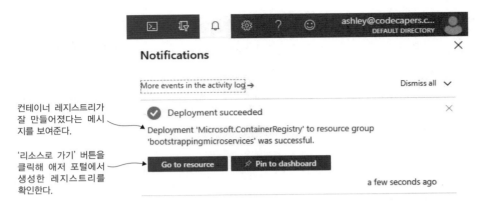

컨테이너 레지스트리가
잘 만들어졌다는 메시
지를 보여준다.

'리소스로 가기' 버튼을
클릭해 애저 포털에서
생성한 레지스트리를
확인한다.

▲ **그림 3.12** 새로운 컨테이너 레지스트리 설치에 성공했음을 보여준다.

배포 성공 알림에서 **리소스로 가기** 버튼을 클릭해 새로 만든 레지스트리의 상세 정보를 볼
수 있다. 레지스트리를 다시 찾아야 하는 경우에는 화면 좌측 메뉴에서 **모든 리소스**를 클
릭한다. 그림 3.13은 여기서 만든 새 컨테이너 레지스트리와 함께 여러 리소스를 만든 경
우 모든 리소스를 클릭하면 표시되는 목록을 보여준다.

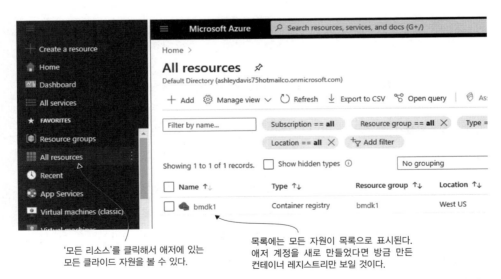

'모든 리소스'를 클릭해서 애저에 있는
모든 클라이드 자원을 볼 수 있다.

목록에는 모든 자원이 목록으로 표시된다.
애저 계정을 새로 만들었다면 방금 만든
컨테이너 레지스트리만 보일 것이다.

▲ **그림 3.13** 모든 자원 목록을 열면 컨테이너 레지스트리를 찾을 수 있다. 지금은 단지 레지스트리 하나만 갖고
있다.

다음으로 목록에서 컨테이너 레지스트리를 클릭해 세부 정보를 확인하고, 좌측 메뉴에 있는 '액세스 키' 버튼을 클릭한다. 화면은 그림 3.14처럼 보일 것이다. 여기서 레지스트리의 URL을 볼 수 있다.

> |**노트**| 관리자 옵션을 허용하는 것은 중요하다. 즉 이미지를 올리거나 받을 때 레지스트리에 대한 인증이 가능해야 한다.

레지스트리의 사용자명과 암호에 주의한다(첫 번째 암호만 필요하다). 그림 3.14 내용을 관심 있게 살펴보자. 직접 만든 레지스트리의 상세 정보이고, 이 책을 읽고 있을 즈음이면 더 이상 존재하지 않을 것이다. 나중에 확실하게 레지스트리의 상세 정보를 사용할 수 있도록 하자.

이제 여기서 해야 할 일은 거의 끝났다. 위의 내용을 잘 따라왔다면 이제 프리이빗 컨테이너 레지스트리를 갖고 있을 것이다. 이 레지스트리에 이미지를 푸시하거나 가져올 수 있으며, 운영 환경에 배포할 수도 있다. 그럼 이제 처음으로 이미지를 게시해보자.

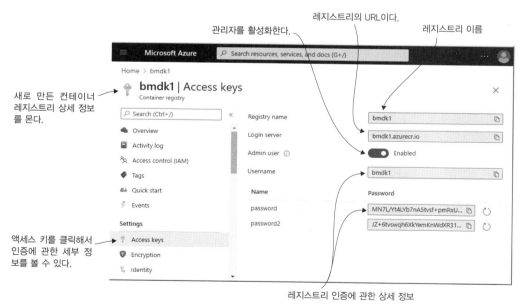

▲ **그림 3.14** 새로 만든 프라이빗 컨테이너 레지스트리의 상세 인증 정보 보기

3.9.2 마이크로서비스를 레지스트리에 푸시하기

이제 프라이빗 컨테이너 레지스트리를 준비했으므로, 첫 마이크로서비스를 게시할 장소를 마련한 것이다. 이미지는 그림 3.15와 같이 'docker push' 명령을 실행해 게시할 것이다.

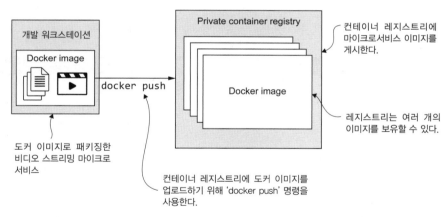

▲ **그림 3.15** 프라이빗 컨테이너 레지스트리에 도커 이미지를 업로드하는 'docker push' 명령

레지스트리 인증하기

레지스트리에 푸시하기 전에 로그인부터 해야 한다. 레지스트리에 누구나 이미지를 게시하는 것을 원하지 않기 때문에 인증 과정이 필요하다.

이전 절에서 이미 프라이빗 컨테이너 레지스트리를 생성했고, 세부 정보를 확인했다. 레지스트리와의 상호작용을 위해서는 반드시 URL을 알아야 한다. 이미지를 푸시하거나 가져오기 위해서는 사용자 이름과 암호가 필요하다. 만약 이런 정보를 기억하지 못한다면 3.9.1절로 돌아가 애저 포털을 열고 레지스트리의 세부 정보 찾는 방법을 참조한다. 인증을 위해서는 다음과 같이 docker login 명령을 호출한다.

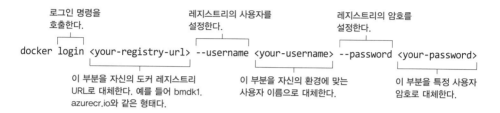

여기서 실제 URL과 사용자명, 암호를 사용할 수도 있겠지만 화면에 담을 수도 없거니와 자신만의 레지스트리 상세 정보를 사용해야 하기 때문에 독자에게 도움이 되지도 않을 것이다. 도커 로그인을 실행할 때에는 반드시 자신에게 맞는 URL, 사용자명, 암호를 사용하고 도커 로그인 이후에는 자신의 레지스트리에 대해 다른 도커 명령어를 사용할 수 있다.

이미지에 태그하기

이미지를 레지스트리에 게시하기 전에 반드시 푸시한 이미지의 위치를 도커에게 알려야 한다. 이미지 태그를 위해 레지스트리 URL을 포함한 다음과 같이 docker tag 명령을 사용한다.

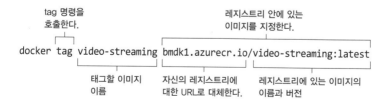

물론 앞의 명령을 글자 그대로 실행해볼 수 없다. 자신의 환경에 맞는 URL을 사용한다. 'docker tag' 명령은 다음과 같은 형식을 갖고 있다.

```
docker tag <existing-image> <registry-url>/<image-name>:<version>
```

이미 존재하는 이미지에 태그를 설정하고, 이 태그를 활용할 수 있다. 여기서 태그를 붙이는 이유는 레지스트리에 푸시하기 위해서다. 같은 이유로 우리가 사용할 태그에 레지스트리 URL을 포함시킨다.

적용된 새로운 태그는 'docker image list' 명령으로 확인할 수 있다. 새로운 태그를 적용한 다음에 바로 확인해보자. 새로운 태그 항목을 테이블에서 볼 수 있다. 도커는 새로운 이미지를 만든 것이 아니라는 점을 유의한다. 단순히 기존 이미지에 태그를 붙인 것이다. 이러한 사실을 확인하기 위해서 이미지의 고유 아이디를 확인해보면, 태그가 붙은 버전과 같다는 것을 알 수 있다.

이미지를 레지스트리에 푸시하기

드디어 레지스트리에 이미지를 게시할 준비가 끝났다. 이미지를 게시하기 위해서 'docker push' 명령을 다음과 같이 실행할 것이다.

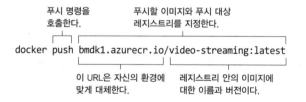

여기서 직접 생성한 레지스트리의 URL을 사용하지 않으면, 위 명령은 실패한다. 다음은 docker push 명령의 일반적인 형식이다.

```
docker push <registry-url>/<image-name>:<version>
```

'docker push' 우측 부분에서 푸시할 이미지를 지정한다. 또한 푸시할 대상 레지스트리를 지정한다.

위와 같은 명령이 조금 어색하다는 생각이 든다면, 실은 나도 같은 생각이다. 이미 존재하는 이미지를 레지스트리에 푸시한다면, 불필요한 태그 작업 없이 바로 한 번에 가능해야 한다고 본다. 하지만 그런 방법은 없고 위와 같은 과정으로 끝낼 수 있다. 이미지의 업로드를 시작하고 나면 끝날 때까지 가만히 기다린다.

레지스트리의 이미지 확인

이미지를 레지스트리에 푸시하고 나면, 잘 마무리됐는지 확인하고 싶을 것이다. 어떻게 작업이 성공했는지 확인할 수 있을까? 첫 번째 단서는 출력이다. 푸시가 성공했다고 알려줘야 하고, 이렇게 출력된 결과를 신뢰할 수 있어야 한다. 애저 포털에서 레지스트리로 다시 가서 어떤 내용이 있는지 살펴보자.

애저 포털에서 모든 리소스 화면을 열고, 자신이 만든 레지스트리를 찾아서 클릭한다. 좌측 메뉴의 리포지터리를 클릭한다. 그림 3.16을 보면 리포지터리 목록에서 비디오 스트리밍 이미지를 볼 수 있다. 그림 3.16의 우측에 있는 리포지터리 안의 내용을 보면, 버전 목록이 있다. 지금은 최근으로 표시된 하나의 버전만 보이지만 나중에 이 이미지의 업데이트를 푸시하면 이 화면의 목록에서 여러 버전을 볼 수 있을 것이다.

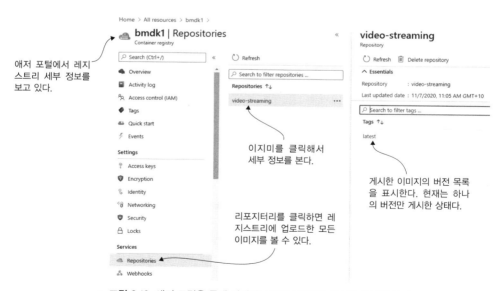

▲ **그림 3.16** 애저 포털을 통해 컨테이너 레지스트리에 푸시한 이미지 보기

최근 버전으로 표시된 태그를 열면 이미지에 대한 더 상세한 정보를 볼 수 있다. 방금 게시한 이미지에 대해서 어떤 정보를 더 찾을 수 있는지 이 화면을 조금 더 살펴보기를 권한다.

3.9.3 레지스트리에서 마이크로서비스 부팅하기

첫 번째 이미지를 자신만의 프라이빗 레지스트리에 처음 게시한 것을 축하한다. 아직 6장에서 다룰 내용인 쿠버네티스 클러스터를 구성하지 않았지만, 이미지를 운영 환경에 배포할 수 있었다. 하지만 아직까지는 몇 가지 해야 할 일과 배울 것들이 더 남아 있다.

다음 단계로 가기 전에 우리가 게시한 이미지가 잘 동작하는지 확인할 수 있어야 한다. 즉 클라우드의 레지스트리에서 이미지의 컨테이너 인스턴스를 만들 수 있어야 한다. 아직 운영 환경이 없지만, 그렇다고 이 작업을 개발 환경에서도 못 해볼 이유는 없다. 3장에서 이미 배운 내용과 다르거나 어려울 것도 없다.

이미지로부터 컨테이너를 실행하는 것은 이미지가 로컬 또는 원격 레지스트리와 같은 위치와 상관없이 동일하다. 그림 3.17과 같이 다시 'docker run' 명령을 실행해 게시된 이미지를 테스트할 것이다.

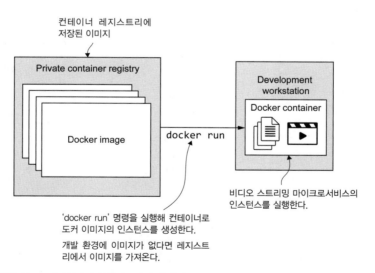

▲ **그림 3.17** 개발 워크스테이션에서 실행해보면서 게시된 이미지를 테스트할 수 있다. 이 경우에는 docker run 명령으로 먼저 레지스트리에서 이미지를 가져와야 한다.

쓰레기 치우기

레지스트리로부터 이미지를 테스트하기 전에 먼저 한 가지 처리할 일이 있다. 우선 이미지의 로컬 버전들을 삭제하는 것이다. 이 작업을 하지 않으면, 'docker run'을 실행할 때 이미 보유하고 있는 로컬 버전의 이미지로 컨테이너를 시작한다. 이는 원하는 결과가 아니다.

즉 이미지를 원격 레지스트리로부터 가져와서 테스트하려는 것이다. 로컬에 캐시된 이미지 버전이 있다면 원격에 있는 버전을 가져오지 않는다. 그러므로 로컬에 있는 컨테이너와 이미지를 어떻게 제거하는지 알아둘 필요가 있다.

컨테이너는 스스로 사라지지 않는다. 지속적으로 동작 중인 서버에 컨테이너를 생성하고 나면, 컨테이너는 계속 존재한다. 필요한 작업이 끝나면 계속 자원을 낭비하지 않도록 컨테이너를 종료할 필요가 있다.

> |**노트**| 이미지를 삭제하기 전에 먼저 그 이미지로부터 생성된 컨테이너를 제거해야 한다. 컨테이너로 실행 중인 이미지를 제거하면 오류가 발생할 것이다.

터미널에서 'docker ps' 명령을 호출한다. 'docker container list'와 비슷하지만, 실행 중이거나 중지된 컨테이너들을 표시한다. 컨테이너 목록에서 비디오 스트리밍 마이크로서비스가 보인다면, 여기서 삭제할 대상이다. 컨테이너 아이디를 기록해두자. 앞에서 나의 컨테이너 아이디는 460a19946689였다. 물론 아이디는 모두 다르므로, 직접 확인해야 한다. 다음과 같은 명령으로 나의 컨테이너를 삭제한다.

```
docker kill 460a19946689
docker rm 460a19946689
```

자신의 컨테이너 아이디를 사용하도록 한다. 일반적인 형식은 다음과 같다.

```
docker kill <your-container-id>
docker rm <your-container-id>
```

컨테이너를 제거하고 나면 'docker ps' 명령을 다시 실행해 컨테이너가 아직 있는지 목록에서 확인할 수 있다. 컨테이너를 제거하고 나면 이제 이미지를 제거할 수 있다.

'docker image list'를 실행해보자. 목록에서 최소한 세 개의 이미지를 볼 수 있다. Node.js의 기본 이미지와 태그를 붙인 두 개의 이미지를 말한다. 단지 마이크로서비스용 이미지만 제거하도록 한다. 테스트와는 무관하므로 Node.js 기본 이미지를 제거할 필요는 없다.

태그를 사용한 두 개의 이미지는 같은 이미지 아이디를 갖고 있고, 단지 여러 번 참조된 같은 이미지다. 다음과 같이 두 이미지 모두 'docker rmi' 명령에 --force 인수를 사용해 삭제할 수 있다.

```
docker rmi 9c475d6b1dc8 --force
```

물론 명령어에서 아이디는 자신의 것을 사용한다(docker image list 명령을 써서 확인할 수 있다). 일반적인 형식은 다음과 같다.

```
docker rmi <your-image-id> --force
```

위에서 --force 인수를 사용하지 않으면, 이미지가 여러 리포지터리에서 참조되고 있다는 오류 메시지와 함께 실패한다. 이는 이미지를 여러 번 태그를 붙인 버전을 갖고 있기 때문이다. 그러므로 --force 인수를 사용해 확실히 제거한다.

이미지를 삭제하고 나면, 'docker image list' 명령을 실행해 이미지가 더 이상 존재하지 않는지 확인하도록 한다. 이번 테스트에서는 Node.js 기본 이미지가 여전히 목록에 있어도 상관없다.

레지스트리로부터 직접 컨테이너 실행하기

로컬 컨테이너와 이미지를 제거하고 나면 새로운 컨테이너를 원격 레지스트리의 이미지에서 바로 생성할 수 있다. 다음과 같이 'docker run' 명령을 다시 사용한다.

```
docker run -d -p 3000:3000 bmdk1.azurecr.io/video-streaming:latest
```

항상 URL은 자신의 레지스트리에 맞게 사용한다. 일반적인 형식은 다음과 같다.

```
docker run -d -p <host-port>:<container-port> <registry-url>/<image-name>:
➥   <version>
```

이번에 실행한 'docker run'의 경우 3.8.3절에서 했던 것과 모두 동일한 인수를 가진다. 분리 모드를 위한 -d와 포트를 바인드하기 위한 -p를 사용했다. 여기서 변경된 것 하나는 이미지를 구분하기 위해 사용했던 태그뿐이다. 이번 경우에는 태그가 이미지를 가져올 원격 레지스트리를 지정한다.

터미널에서 'docker run'을 실행하면 이미지를 먼저 가져오므로 다운로드를 위한 시간이 조금 필요하다. 이전 절에서 삭제하지 않았다면 아마도 Node.js 기본 이미지는 로컬에 캐시된 채로 있을 것이며 이 경우 시간이 많이 걸리지 않을 것이다.

위 과정이 끝나면 컨테이너를 실행하고 있는 것이다. 하지만 이번에는 이미지가 클라우드의 프라이빗 컨테이너 레지스트리로부터 바로 온 것이다. 'docker run' 명령을 완료했을 때, 출력된 컨테이너 아이디를 확인한다. 3.8.3절에서 설명한 절차를 가지고 컨테이너를 확인해볼 수 있다. 또는 웹 브라우저로 http://localhost:3000/video를 열고 비디오를 보는 것으로 테스트해볼 수도 있다.

3.10 도커 정리하기

도커를 알아보는 여정을 끝냈다. 하나의 단원으로 설명하고 사용해보니 간단하게 보인다. 어떤 일들을 해봤는지 요약하면 다음과 같다.

- 마이크로서비스를 위한 도커파일을 만들어 이미지를 만드는 명령어들을 알아봤다.
- 마이크로서비스를 이미지로 패키징하는 'docker build'를 실행했다.
- 애저에 프라이빗 컨테이너 레지스트리를 만들고, dcoker tag, docker login, docker push 등의 명령을 실행해 이미지를 게시했다.
- 게시된 이미지에 대해서 'docker run'을 사용해 테스트를 실행했다.

위의 각 단계별로 설명한 내용을 그림 3.18과 같이 전체 파이프라인으로 보여준다. 이 그림을 주의 깊게 살펴보고, 지금까지 배운 내용에 뿌듯함과 즐거움을 느껴보자.

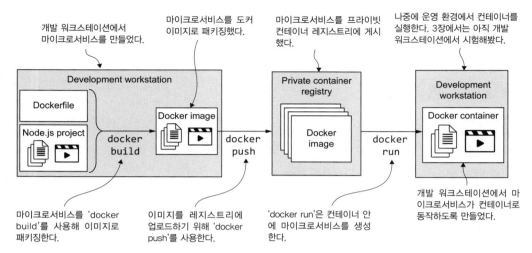

마이크로서비스를 도커 이미지로 패키징했다.

마이크로서비스를 프라이빗 컨테이너 레지스트리에 게시했다.

나중에 운영 환경에서 컨테이너를 실행한다. 3장에서는 아직 개발 워크스테이션에서 시험해봤다.

개발 워크스테이션에서 마이크로서비스를 만들었다.

마이크로서비스를 'docker build'를 사용해 이미지로 패키징한다.

이미지를 레지스트리에 업로드하기 위해 'docker push'를 사용한다.

'docker run'은 컨테이너 안에 마이크로서비스를 생성한다.

개발 워크스테이션에서 마이크로서비스가 컨테이너로 동작하도록 만들었다.

▲ **그림 3.18** 빌드, 푸시, 실행 단계를 보여주는 전체 도커 제작 파이프라인

4장으로 넘어가기 전에 간단하게 3장에서 사용한 명령어 모음을 표 3.3으로 다시 보자.

▼ **표 3.3** 도커 명령어 다시 보기

명령어	설명
docker --version	도커가 설치됐는지 확인하고, 버전을 출력한다.
docker container list	실행 중인 컨테이너 목록을 보여준다.
docker ps	실행 중이거나 중지된 모든 컨테이너 목록을 표시한다.
docker image list	로컬 이미지 목록을 표시한다.
docker build -t <tag> --file ➥ <docker-file>	현재 디렉터리를 기준으로 docker-file 경로에 따라 관련 파일로 이미지를 생성한다. -t 인수는 이미지에 태그를 지정할 수 있다.
docker run -d -p <host- ➥ port>:<container-port> ➥ <tag>	이미지로부터 컨테이너 인스턴스를 생성한다. 이미지가 로컬에 없다면, 레지스트리 URL을 태그로 지정한 경우 원격 레지스트리에서 가져온다 분리 모드로 컨테이너를 실행하는 -d 인수를 사용해 컨테이너가 터미널 창에 제한되지 않도록 하지만, 출력은 볼 수 없다. 출력을 직접 보고 싶다면 -d를 생략한다. 하지만 터미널 입력을 더 이상 쓸 수 없을 것이다. 포트를 바인드하기 위해 -p 인수를 사용해 호스트 포트와 컨테이너의 포트를 바인드한다.
docker logs <container-id>	특정 컨테이너의 출력을 가져온다. 컨테이너를 분리 모드로 실행 중인 경우에 출력을 확인하기 위해 필요하다.

명령어	설명
docker login <url> ➥ --username <username> ➥ --password <password>	프라이빗 도커 레지스트리에 대해 인증을 해, 이를 대상으로 다른 명령을 실행할 수 있게 한다.
docker tag <existing-tag> ➥ <new-tag>	기존의 이미지에 새로운 태그를 붙인다. 이미지를 프라이빗 컨테이너 레지스트리에 푸시하는 경우에 레지스트리 URL을 사용해 반드시 태그를 추가해야 한다.
docker push <tag>	올바르게 태그를 추가한 이미지를 프라이빗 도커 레지스트리에 푸시한다. 이미지는 반드시 레지스트리 URL을 사용해 태그해둬야 한다.
docker kill <container-id>	특정 컨테이너를 로컬에서 중지한다.
docker rm <container-id>	특정 컨테이너를 로컬에서 제거한다(먼저 중지시켜둬야 한다).
docker rmi <image-id> ➥ --force	특정 이미지를 로컬에서 제거한다(관련 컨테이너가 먼저 제거돼 있어야 한다). 태그가 여러 번 참조된 경우에도 --force 인수를 사용하면 제거할 수 있다.

3.11 배움을 이어 가기

3장은 빠르게 진행했다. 목표는 앱을 시작하는 데 필요한 최소한의 지식을 얻는 것이지만, 도커에 대해서는 아직 배울 것이 많다. 도커에 대한 더 깊이 있는 이해를 위해 다음의 참고 서적이 도움이 될 수 있다.

- *Learn Docker in a Month of Lunches* by Elton Stoneman(Manning, 2020)
- *Docker in Practice* by Aidan Hobson Sayers and Ian Miell(Manning, 2016)
- *Docker in Action* by Jeff Nickoloff(Manning, 2016)

또한 도커는 온라인 문서로도 잘 정리돼 있다. 한번 읽어 볼 가치가 있다.

- https://docs.docker.com/engine/reference/commandline/docker/

3장에서 단일 마이크로서비스를 만들고 게시하기 위한 도커의 사용법을 알아봤다. 이런 기초 지식을 기반으로 이후 장에서 마이크로서비스를 만들고 확장해 나갈 것이다. 또한 도커를 사용해 여러 개의 마이크로서비스를 개발 워크스테이션에서 실행하는 방법을 배울 것이다.

요약

- 도커 이미지와 컨테이너를 가상 머신과 비교해서 알아봤다.

- 개발 환경에 도커를 설치하고 버전을 확인했다.

- 도커파일을 만들고 docker build 명령을 사용해 마이크로서비스를 도커 이미지로 패키징했다.

- 도커 컨테이너 형태로 마이크로서비스의 인스턴스를 생성하기 위해 docker run 명령을 사용했다.

- 클라우드에 자신만의 프라이빗 도커 레지스트리를 생성했다.

- 도커 레지스트리에 마이크로서비스를 게시했다.

- 마이크로서비스를 docker run 명령을 사용해 게시된 이미지로부터 인스턴스를 생성하기 위해서 로컬 컨테이너와 이미지를 제거했다.

마이크로서비스 데이터 관리

4장에서 다루는 주제

■ 도커 컴포즈(docker compose)를 사용해 개발 환경에서 마이크로서비스 앱을 빌드하고 실행하기
■ 앱에 파일 저장소 추가하기
■ 앱에 데이터베이스 추가하기

앱을 만들다 보면 일반적으로 데이터나 파일 또는 둘 다 사용하게 된다. 마이크로서비스 또한 다를 것이 없다. 앱을 통해 생성되거나 수정되는 동적인 데이터를 저장하는 데이터 베이스가 필요하고, 앱이 제공하거나 업로드받는 파일들을 저장할 장소도 필요하다.

4장은 파일 저장소와 데이터베이스 두 가지 모두 플릭스튜브 예제 앱에 추가할 것이다. 우선 파일 저장소를 추가해 플릭스튜브가 비디오를 저장할 공간을 추가한다. 또한 앱에서 스트리밍과 비디오 저장소 역할을 구분해 관리할 수 있도록 할 것이다. 즉 새로운 마이크로서비스를 앱에 추가할 것이며, 4장에서 제작할 두 번째 마이크로서비스다.

파일 저장소를 추가하고 나면 데이터베이스를 추가할 것이다. 여기서는 비디오의 경로를 저장하기 위해 데이터베이스를 추가하지만, 단지 데이터베이스가 필요한 이유 중 하나일 뿐이다. 일단 데이터베이스를 보유하면 비디오의 모든 메타데이터를 저장할 수 있고 모든 마이크로서비스들이 요구하는 작업 데이터를 저장해서 제공할 수 있다.

데이터베이스 서버와 두 번째 마이크로서비스를 앱에 추가하는 중요한 과정을 경험해보자. 2장에서는 처음으로 마이크로서비스를 만들었고, 3장에서는 도커를 사용해 첫 마이크로서비스의 컨테이너 인스턴스를 만들어 실행했다. 4장에서 앱을 여러 컨테이너에서 호스트할 수 있도록 용량을 확장할 수 있는 설계를 구현할 것이며 이를 위해 새로운 도구가 필요하다.

4.1 새로운 도구

4장에서는 마이크로서비스의 데이터를 저장하는 두 가지 방법, 즉 파일 저장소와 데이터베이스를 소개한다. 이러한 작업을 위한 많은 도구와 방법이 있다. 단위 프로젝트에 적합한 도구를 선택할 때는 특정 프로젝트, 회사나 팀, 사용자에게 적합한 최선의 도구를 선택할 것이다.

4장에 있는 책의 예제를 시작하기 위해 선택이 필요했고, 데이터베이스는 MongoDB를 파일 저장소로는 애저 스토리지(Azure Storage, 애저 포털을 보면 의미가 같은 저장소와 스토리지 두 용어를 혼용해서 사용함)를 추가할 것이다. 또한 동시에 여러 개의 컨테이너를 실행하기 위해 개발 환경을 업그레이드할 것이다. 3장에서 배운 도커의 `build`와 `run` 명령으로 위와 같은 작업을 할 수 있으며, 결국에는 각각의 컨테이너에 대해 명령어를 반복적으로 실행하도록 만들 것이다.

컨테이너가 몇 개 안된다면 별다른 문제가 없겠지만 더 큰 용량의 앱을 지원하기에는 무리가 있다. 단지 10개의 마이크로서비스를 만들어서 실행한다고 생각해봐도 어려운 일이다. 그래서 여러 개의 마이크로서비스를 관리할 수 있는 더 좋은 방법이 필요하다. 이를 위해 4장에서 도커 컴포즈^{Docker Compose}를 소개한다. 표 4.1은 4장에서 배울 새로운 도구를 보여준다.

표	버전	목적
도커 컴포즈	1.26.2	도커 컴포즈는 동시에 여러 컨테이너를 설정하고, 만들어 실행하고, 관리할 수 있다.
애저 저장소	SDK 버전 2.10.3	애저 저장소는 클라우드에 파일을 저장하는 서비스다. 애저 포털에서 API나 명령창을 사용해 자원을 관리할 수 있다. 애저 포털에서 비디오를 업로드하고 Node.js 애저 저장소 SDK를 사용해 다시 읽을 것이다.
MongoDB	4.2.8	MongoDB는 인기 있는 NoSQL 형태의 데이터베이스다. 가볍고 설치와 사용이 쉬우며, 마이크로서비스로 쓰기에 편리하다.

4.2 코드 다운받기

4장을 따라 하기 위해서 코드를 다운로드하거나 리포지터리를 복사할 수 있다.

- 코드의 압축 파일을 다운로드하려면 다음 링크를 사용한다.

  https://github.com/bootstrapping−microservices/chapter−4

- 깃을 사용해 코드를 복사하려면 다음의 명령을 사용한다.

  ```
  git clone https://github.com/bootstrapping-microservices/chapter-4.git
  ```

깃 설치에 도움이 필요하다면 2장을 참고한다. 코드에 문제가 있을 경우 깃허브 리포지터리에 문제를 알려주길 바란다.

4.3 도커 컴포즈로 마이크로서비스 개발하기

3장의 후반부에서 직접 만든 마이크로서비스 하나를 개발 워크스테이션 컨테이너에서 실행해봤고, 웹 브라우저로 테스트할 수 있었다. 그림 4.1은 현재까지의 환경을 보여준다.

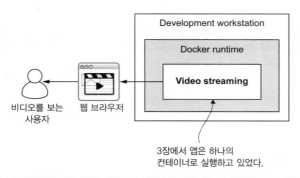

▲ **그림 4.1** 2장에서 만든 단일 마이크로서비스를 개발 워크스테이션의 도커로 실행한다.

하지만 마이크로서비스 앱을 정말 하나뿐인 마이크로서비스로 설계한 것이 아니라면, 아직 마이크로서비스 앱이 아니다. 컨테이너를 추가해서 앱의 용량을 확장해볼 것이다. 마이크로서비스 앱을 개발하기 위해 4장에서는 여러 개의 마이크로서비스로 구성해볼 수 있는 도커 컴포즈를 사용할 것이다.

여기서 여러 개의 컨테이너로 용량을 확장하는 이유는 하나의 컨테이너를 갖게 될 데이터베이스를 추가하고, 파일 저장소를 처리할 또 다른 컨테이너를 추가하기 때문이다. 비디오 스트리밍 마이크로서비스를 위한 하나의 컨테이너로 출발해 4장의 마지막에는 그림 4.2와 같이 세 개의 컨테이너를 갖게 될 것이다.

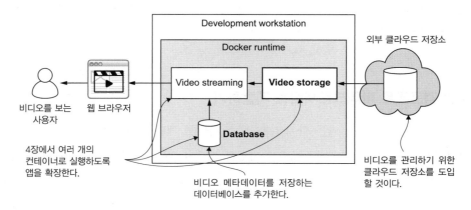

▲ **그림 4.2** 앱을 여러 개의 컨테이너로 확장한다.

앱의 빌드, 실행, 관리를 위해서 다양한 도커 명령어를 각각의 이미지나 컨테이너에 대해서 여러 번 실행했다. 하지만 이러한 방식은 업무 시간대에 여러 번 앱을 중지하거나 재시작할 필요가 있기 때문에 개발 과정을 번거롭게 만들 수 있다. 또한 이러한 상황은 반드시 점점 더 나빠질 것이다. 앱이 점차 커지면서 컨테이너를 더 추가하게 된다. 즉 더 좋은 도구가 필요하다.

4.3.1 도커 컴포즈를 사용하는 이유

6장에서 쿠버네티스^{Kubernetes}를 사용해 운영 환경에서 컨테이너를 어떻게 관리하는지 볼 수 있겠지만 기본적으로 개발할 때 여러 컨테이너를 관리하는 것은 힘든 일이다. 반면 쿠버네티스는 여러 개의 컴퓨터상에서 실행하도록 설계된 크고 복잡한 도구다(적어도 하나의 마스터와 노드가 필요하다). 개발 환경에서 쿠버네티스를 시험해보는 것은 쉽지 않은 일이다. 물론 쿠버네티스를 단순화한 버전인 미니큐브^{Minikube}와 같은 도구를 써 볼 수 있을 것이다. 하지만 더 쉬운 방법도 있는데, 이것이 바로 이미 설치했을 수도 있는 도커 컴포즈다.

도커 컴포즈를 왜 사용할까? 도커가 마이크로서비스 하나를 빌드, 실행, 관리한 것처럼 도커 컴포즈는 개발 환경에서 여러 마이크로서비스에 대해서 위 작업들을 편리하게 해준다.

도커의 기능에 더해서 또 하나의 도구인 도커 컴포즈는 다중 컨테이너 앱을 쉽게 관리할 수 있다. 개발과 테스트 과정에는 전체 앱을 시작하거나 재시작하는 경우가 많다. 그리고 작은 기능을 추가할 때마다 코드의 변경 사항을 테스트해야 한다. 이런 작업을 3장에서 배운 방법으로 해본다면 다음과 같다.

- 여러 개의 터미널을 열고(하나의 마이크로서비스당 한 개), Node.js 또는 2장에서 배운 방법으로 마이크로서비스를 각각 실행한다.
- 도커로 빌드하고 3장에서 배웠듯이 각각의 컨테이너를 실행한다.

위와 같은 방법들은 모두 마이크로서비스 앱을 만들 때 중요한 과정이고, 이후에도 개발 환경에서 마이크로서비스 작업 중에 다시 만날 내용이다. 하지만 전체 마이크로서비스 앱을 대상으로 작업할 때에는 모두 비효율적이다.

앱이 점점 커지는 상황에서 위와 같은 방법을 사용한다면 실행할 앱을 관리하는 데 필요한 시간이 점점 많은 시간이 소요된다. 즉 개발 시간에 대한 비용이 커진다. 반복되는 작업 과정이 길어지면 생산성이 떨어지고 결국 의욕을 상실하기 쉽다.

그래서 개발하는 동안에 앱을 관리하는 효과적인 방법이 더욱 필요하다. 이것이 도커 컴포즈를 여기서 소개하는 이유다. 도커 컴포즈는 파이썬으로 만든 오픈 소스 도구이며, 코드는 다음 링크에서 찾을 수 있다.

https://github.com/docker/compose

4.3.2 도커 컴포즈 설치

좋은 소식이 있다. 아마도 도커 컴포즈를 개발 워크스테이션에 이미 설치했을 것이다. 3장을 따라 하면서 도커를 설치했다면, 윈도우와 맥OS 설치 관리자에 번들로 추가된 도커 컴포즈가 설치된다. 리눅스로 작업 중이라면 도커 컴포즈를 별도로 설치해야 한다. 이미 설치했는지 확인하려면 터미널을 열고 다음의 명령어로 버전을 확인한다.

```
docker-compose --version
```

이미 설치했다면 버전이 출력된다. 내가 실행한 출력 결과는 다음과 같다.

```
docker-compose version 1.26.2, build eefe0d31
```

> |**노트**| 대부분 하위 버전 호환성을 유지하기 때문에 위 출력보다 버전이 높은 것은 괜찮다.

도커 컴포즈가 설치되지 않은 경우에는 일단 docker --version을 실행해 도커를 설치했는지 살펴보자. 도커도 아직 설치하지 않았다면 3장의 3.7.1절을 보면서 설치하도록 한다.

도커는 설치했지만 도커 컴포즈는 설치하지 않은 경우도 있다. 예를 들어 리눅스에서 따라 하고 있다면, 도커를 명령창에서 설치했더라도 이런 경우가 발생할 수 있다. 그렇다면 도커 컴포즈를 추가로 설치할 필요가 있다. 다음의 도커 웹사이트에서 도커 설치 가이드를 찾을 수 있다.

https://docs.docker.com/compose/install/

위 링크에서 설치 가이드를 찾아서 참조한다. 설치가 완료되면 `docker-compose --version`을 사용해 확인하고 넘어가자.

4.3.3 도커 컴포즈 파일 만들기

도커 컴포즈는 도커 컴포즈 파일과 함께 동작한다. 이 파일은 자동으로 마이크로서비스 앱을 빌드하기 위한 일종의 스크립트라고 말하고 싶다.

> |**정의**| 도커 컴포즈 파일은 여러 개의 도커 컨테이너에서 앱을 어떻게 구성할 것인지 정의하는 스크립트다.

3.8절에서 만들었던 도커파일을 상기해보자. 도커파일은 단일 이미지를 생성하는 하나의 스크립트다. 도커 컴포즈 파일은 용량을 확장해서 여러 도커파일로부터 전체 앱을 구성할 수 있게 조정하는 역할을 한다. 도커 컴포즈는 도커 컴포즈 파일을 읽어서 그림 4.3과 같이 실행 중인 앱을 만들어낸다.

여러 개의 컨테이너로 구성된 앱을 도커 컴포즈로 만드는 방법을 배우기 전에 간단하게 하나의 컨테이너를 가진 앱 하나를 만들어보자. 간단한 실험을 통해서 도커 컴포즈에 더 익숙해질 수 있을 것이다. 그리고 다음 단계로 여러 컨테이너를 추가해볼 것이다.

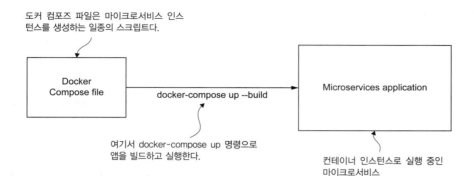

도커 컴포즈 파일은 마이크로서비스 인스턴스를 생성하는 일종의 스크립트다.

Docker Compose file

docker-compose up --build

여기서 docker-compose up 명령으로 앱을 빌드하고 실행한다.

Microservices application

컨테이너 인스턴스로 실행 중인 마이크로서비스

▲ **그림 4.3** 도커 컴포즈 파일은 마이크로서비스 앱을 빌드하고 실행하는 일종의 스크립트다.

도커 컴포즈를 배우는 첫 단계는 2장에서 다뤄 본 비디오 스트리밍 마이크로서비스를 가져오는 것이다. 4장의 예제는 3장 코드 리포지터리의 example-1에서 바로 이어 갈 수 있다. 원한다면 3장 예제로 수정하면서 따라 할 수 있으며, 4장 코드 리포지터리에서 미리 준비된 예제를 따라 해도 좋다.

첫 번째 작업은 마이크로서비스의 새로운 하위 디렉터리에 도커파일과 코드를 이동하는 것이다. 디렉터리 이름은 마이크로서비스의 이름과 같게 video-streaming으로 정한다. 이는 나중에 하나 이상의 마이크로서비스를 갖는 앱을 빌드하기 때문이다. 그러므로 마이크로서비스마다 하나씩 하위 디렉터리를 갖도록 해야 한다. 디렉터리 이름은 마이크로서비스 이름을 따라 하도록 규칙을 정한다.

이제 도커 컴포즈 파일을 만들어보자. 이 파일은 docker-compsoe.yaml로 정한다. 이는 파일이 어느 하나의 마이크로서비스에 특정돼 속하지 않기 때문이며, 마이크로서비스 앱의 루트 디렉터리에 위치하도록 한다. 예제 4.1은 처음 만들어 본 도커 컴포즈 파일을 보여준다. 직접 작성해봐도 좋고, 아니면 VS Code로 4장 코드 리포지터리에서 example-1 디렉터리의 코드를 가져와도 좋다.

예제 4.1 마이크로서비스의 도커 컴포즈 파일(chapter-4/example-1/docker-compose.yml)

도커 컴포즈 파일 형식은 버전 3를 사용한다.

```
version: '3'
services:
```

services 항목을 넣고 컨테이너 내용을 이하에 기술한다.

144

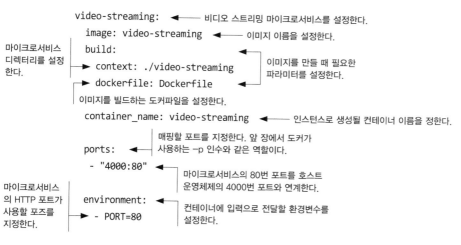

비디오 스트리밍 마이크로서비스를 설정한다.
이미지 이름을 설정한다.
마이크로서비스 디렉터리를 설정한다.
이미지를 만들 때 필요한 파라미터를 설정한다.
이미지를 빌드하는 도커파일을 설정한다.
인스턴스로 생성될 컨테이너 이름을 정한다.
매핑할 포트를 지정한다. 앞 장에서 도커가 사용하는 -p 인수와 같은 역할이다.
마이크로서비스의 HTTP 포트가 사용할 포즈를 지정한다.
마이크로서비스의 80번 포트를 호스트 운영체제의 4000번 포트와 연계한다.
컨테이너에 입력으로 전달할 환경변수를 설정한다.
마이크로서비스가 비정상 종료될 경우에 재시작하지 않는다.
비디오 스트리밍 마이크로서비스를 설정한다.

예제 4.1의 도커 컴포즈 파일은 컨테이너를 video-streaming 마이크로서비스 하나에 대해서만 생성한다. 위에서 build 섹션을 살펴보자. 마이크로서비스 프로젝트와 도커파일 이름을 포함하는 하위 디렉터리를 설정하는 항목들이다. 도커 컴포즈 파일이 video-streaming 마이크로서비스의 이미지를 만들기 위한 정보를 여기서 찾는다.

또한 Dockerfile이 이런 역할을 가진 파일 이름의 기본값이다. 생략도 가능하지만 다음 장에서 도커파일들을 구분할 것이기 때문에 명시적으로 지정했다. 이는 개발과 운영 환경에서 구분된 버전을 사용할 수 있다는 것을 의미한다. 2장에서 다룬 내용을 기억할 수도 있겠지만 여러 가지 옵션을 설정하고 있다(예제의 주석을 참고한다).

- 이미지명은 video-streaming으로 설정한다.
- 포트를 바인딩한다.
- 마이크로서비스에 대한 환경변수를 설정한다.

예제 4.1에서 포트 번호는 4000번부터 시작하고 있다. 여러 개의 컨테이너를 사용할 경우에는 4000, 4001, 4002와 같이 포트를 부여할 것이다. 이는 여러 마이크로서비스를 실행할 때 포트 번호가 충돌하지 않도록 만들기 위해서다.

아마도 예제 4.1에서 왜 restart 옵션을 no로 지정했는지 궁금할 것이다. 개발 환경에서 작업할 때에는 마이크로서비스가 비정상 종료될 때 재시작하는 것이 바람직하지 않다. 재시작할 경우에는 문제를 놓치기 쉽다.

대신 문제가 발생했을 때의 상태에서 멈추면 문제점을 찾을 수도 있을 것이다. 하지만 운영 환경의 마이크로서비스에 대해서는 반대로 재시작을 선호한다. 운영 환경에서 비정상 종료가 발생하면 자동으로 쿠버네티스가 재시작하도록 만드는 방법은 10장에서 살펴볼 예정이다.

처음 접한 도커 컴포즈 파일은 단순하지만 이미 쓸 만한 내용을 갖추고 있다. 이 도커 컴포즈 파일로는 컨테이너를 하나만 만들지만, 마이크로서비스를 만들고 실행하는 데 필요한 모든 정보를 포함하고 있다. 세부적인 설정을 다루기에 더 편리하게 구성돼 있다. 이 파일이 없다면 매번 도커가 build와 run 명령을 실행하도록 터미널에서 타이핑해야 한다. 초기 단계에서도 도커 컴포즈가 개발 과정을 어떻게 개선할 수 있는지 지금 보고 있는 것이다.

YAML

도커 컴포즈 파일이 YAML 형식의 파일인 것을 봤을 것이다. 위키피디아에 의하면 YAML은 "YAML Ain't Markup Language.", 즉 마크업 언어가 아니라는 재귀적인 약자로 정의하고 있다.

YAML은 비록 마크업 언어가 아니지만, 아마도 데이터 형식이나 설정을 위한 언어로 가장 적합할 것이다. YAML의 목적은 JSON과 유사하지만 언어 자체는 사람이 읽기에 더 좋은 구조를 갖고 있다.

위와 같은 이유로 도커나 쿠버네티스 같은 도구들이 YAML을 사용한다. 컴퓨터가 쉽게 읽어 사용할 수 있으면서도 사람이 직접 편집하기도 좋게 설계돼 있다.

4.3.4 마이크로서비스 앱 부팅

지금까지 2장에서 봤던 비디오 스트리밍 마이크로서비스를 빌드하고 실행하는 도커 컴포즈 파일을 만들었다. 또한 3장에서 다룬 도커파일을 포함해 마이크로서비스 프로젝트를 재사용한다. 지금부터는 이전까지 완료한 작업을 테스트하고자 한다.

이번 절에서는 하나의 서비스를 시작하기 위해 도커 컴포즈를 사용한다. 이 작업은 아직 도커를 사용하는 장점을 충분히 보여주지 못한다. 단지 시작점으로서 나중에 여러 컨테이너를 포함하는 도커 컴포즈 파일로 확장해 나갈 것이다. 여기서 만든 도커 컴포즈 파일을 일단 사용해 도커 컴포즈가 앱을 시작하도록 할 수 있다.

터미널을 열고 디렉터리를 자신의 도커 컴포즈 파일이 있는 위치로 이동한다. 깃허브에 있는 4장 코드 리포지터리의 코드를 따라가고 있다면 이동할 디렉터리는 chapter-4/example-1이다. 이제 다음과 같이 명령을 실행한다.

```
docker-compose up --build
```

명령어에서 up은 도커 컴포즈가 마이크로서비스 앱을 부팅하게 한다. --build는 컨테이너 인스턴스를 생성하기 전에 도커 컴포즈가 각각의 이미지를 만들도록 한다.

처음에 up을 포함해서 실행하면 이미지를 만들기 때문에 기술적으로 지금은 --build 인수가 필요 없다. 하지만 --build 인수를 사용하지 않는 그 이외의 경우에는 up 명령으로 기존에 만들어진 이미지로부터 컨테이너를 실행한다. 즉 마이크로서비스의 코드를 변경하고 up 명령으로 다시 실행할 때 --build를 사용하지 않으면 변경 사항이 반영되지 않는다는 의미다. 아쉽게도 이와 같이 코드 변경 사항을 반영하지 않은 채로 테스트하는 상황이 발생하기 쉽다.

이러한 문제가 발생해도 발견하지 못하면, 변경 사항이 적용되지도 않은 코드를 테스트하면서 시간을 낭비하게 된다. 시간 낭비를 좋아할 이유가 없으니 항상 --build 인수를 up 명령을 실행할 때마다 포함할 것을 강조하고 싶다. 고민할 필요도 없이 코드 변경을 항상 적용하도록 해 앱을 실행하게 만들 것이다.

up 명령을 포함해서 실행하면 다운로드하는 기본 이미지에 대한 다양한 레이어를 볼 수 있다. 다음으로 지금은 다소 익숙해진 video-streaming 마이크로서비스의 출력을 보기 시작할 것이다. 다음과 비슷한 형태로 출력할 것이다.

```
video-streaming |
video-streaming | > example-1@1.0.0 start /usr/src/app
video-streaming | > node ./src/index.js
video-streaming |
video-streaming | Microservice online
```

출력된 내용의 왼쪽은 컨테이너 이름을 보여준다. video-streaming 마이크로서비스로부터 나온 출력임을 확인할 수 있다. 지금 컨테이너 이름이 중요하진 않지만, 앱이 오직 하나의 컨테이너로 실행하고 있는 상태에서는 모든 출력이 하나의 컨테이너로부터 나오고 있는 것을 알 수 있다.

마이크로서비스가 실행 중이므로 모든 기능이 정상인지 테스트할 수 있다. 브라우저로 http://localhost:4000/video를 열고 이미 본 적이 있는 비디오를 확인해보자.

마이크로서비스 앱으로서 단지 하나의 마이크로서비스로는 충분하지 않다. 하지만 이제 도커 컴포즈를 사용할 준비가 됐으므로 앱에 새로운 컨테이너를 쉽게 추가할 수 있다. 그러나 이 작업을 하기 전에 먼저 도커 컴포즈로 앱을 관리하는 방법에 관해 조금 더 알아보자.

아직 여러 개의 컨테이너로 확장하지 못했지만 도커 컴포즈가 하나의 컨테이너에 대해서도 효과적으로 작업할 수 있다는 점을 아마도 이미 볼 수 있을 것이다. 도커를 사용할 경우에 개별적으로 build와 run 명령을 실행해야 하는 불편함도 up 명령을 사용해 피할 수 있다.

물론 지금은 시간을 아주 조금 절약했지만, 도커 컴포즈의 up 명령으로 많은 컨테이너를 갖도록 확장하는 경우도 볼 것이다. 마이크로서비스가 예를 들어 10개가 된다면, 한 번의 up 사용으로 동시에 모든 빌드와 실행을 처리하는 것이 시간을 얼마나 절약할 수 있는지 추측해볼 수 있다. 이 경우 한 번의 up 명령이 10번의 build와 run 명령 등 총 20회의 명령을 대신한다.

도커 컴포즈 up 명령이 아마도 이 책에서 배울 가장 중요한 명령어가 될 것이다. 직접 자신의 앱을 개발하고 테스트할 때 자주 사용할 것이니 확실히 기억해두도록 하자.

4.3.5 앱 실행

앱을 시작하고 나서 도커 컴포즈는 앱을 실행하는 동안 계속 터미널에 출력을 보여준다. 이렇게 되면 해당 터미널은 다른 작업을 못하게 되므로 가만히 출력을 볼 수밖에 없다. 그래서 -d 인수 up 명령과 함께 사용하면, 3장의 도커 run 명령에서 봤던 것처럼 분리 모드로 실행할 수 있다. 하지만 -d 인수는 화면에서 앱의 출력을 감추게 된다. 무슨 일이 일어나는지 알 수 있는 실행 상태에서의 출력을 보는 것이 더 유용할 수 있으므로 출력이 안 보이는 것을 바라지 않을 것이다.

> |**노트**| 도커 컴포즈 logs 명령으로 출력을 확인할 수 있다. 하지만 실시간으로 어떤 일이 일어나는지 출력을 볼 수 있도록 –d를 사용하지 않는 것을 선호한다.

도커 컴포즈를 사용하는 터미널에서 아무 작업도 할 수 없지만, 간단하게 새로운 터미널을 더 열고 다른 명령을 실행할 수 있다. 지금 해보자. 새로운 터미널을 열고 도커 컴포즈 파일이 있는 디렉터리로 이동하고 다음의 명령을 실행해보자.

```
docker-compose ps
```

ps 명령은 실행 중인 컨테이너 목록을 보여준다. 앱이 하나의 마이크로서비스만 실행하고 있으므로 출력은 다음과 같다.

```
Name                Command                  State    Ports
---------------------------------------------------------------
video-streaming     docker-entrypoint.sh ...   Up      .0.0.0:4000->80/tcp
```

지금 시점에서 도커 컴포즈가 단지 도커를 기반으로 레이어가 추가된 도구라는 점을 주목하면 좋을 것 같다. 즉 모든 도커의 일반적인 명령어들도 동작한다는 의미다. 예를 들어 docker ps 명령으로 컨테이너의 목록을 보거나 docker push 명령으로 이미지를 프라이빗 도커 레지스트리에 업로드할 수 있다.

docker ps와 같은 도커 명령어의 출력은 docker-compose ps의 출력과 다를 수 있다. 도커
명령은 명령을 실행하는 개발 워크스테이션의 모든 이미지와 관련이 있고, 도커 컴포즈
명령은 오직 도커 컴포즈 파일에 지정된 이미지와 컨테이너만 다루기 때문이다.

이러한 점에서 도커 컴포즈는 제한적인 범위를 가진다. 즉 명령어가 오직 현재 프로젝트
의 이미지와 컨테이너에 대해서만 적용되는 것이다. 기본적으로 현재 작업 중인 디렉터
리로부터 명령어의 범위가 정해진다. 이 점이 도커 컴포즈의 또 다른 장점이다.

구체적으로 docker-compose ps는 오직 도커 컴포즈 파일에 있는 컨테이너만 보여주고,
docker ps는 개발 워크스테이션의 모든 컨테이너를 보여준다. docker ps 명령을 실행한
경우 docker-compse ps의 출력보다 더 많은 컨테이너가 보인다면 앞서 생성한 다른 컨테
이너가 더 있다는 것이고, 아마도 3장에서 예제를 따라 작업했기 때문일 것이다.

도커 컴포즈 명령어에 대해서는 공식 문서에서 더 알아볼 것이 많이 있다. 4장의 마지막
에서 링크를 소개한다.

4.3.6 앱 종료

앱은 두 가지 방법으로 중지할 수 있다. 이전 절에서 다른 터미널을 이미 열었다면, 다음
과 같이 stop 명령을 사용한다.

```
docker-compose stop
```

앱을 중지하는 다른 방법은 처음에 up 명령으로 실행한 터미널 화면에서 Ctrl+C를 누르는
것이다. 하지만 이 방법에는 문제가 조금 있다.

첫 번째 문제는 Ctlr+C를 한 번만 누르도록 주의해야 한다는 것이다. 한 번만 누르면 앱
은 정상적으로 중지되고, 모든 컨테이너를 중지할 때까지 끈기 있게 기다릴 것이다. 하지
만 나처럼 인내심이 부족하다면 모든 프로세스가 완료될 때까지 Ctrl+C를 반복해서 누를
수도 있다. 교차로 신호등에서 버튼을 여러 번 눌러도 괜찮은 것과는 달리 이 경우 종료
되는 과정을 취소하고 일부 또는 모든 컨테이너가 실행 상태로 남을 수도 있다.

두 번째 문제는 컨테이너는 그대로 두고 앱만 종료하는 것이다. 즉 컨테이너가 중지된 상태로 남게 된다. 이는 수동으로 문제가 발생한 컨테이너를 디버깅하는 방법이기도 하다. 10장에서 컨테이너를 디버깅하는 방법을 더 알아볼 예정이다. 하지만 지금은 컨테이너를 제거하고 개발 워크스테이션을 깨끗한 상태로 유지하는 것이 훨씬 바람직하다. 이를 위해 다음과 같이 down 명령을 사용할 수 있다.

```
docker-compose down
```

down 명령으로 항상 불필요한 것은 없애는 것이 좋다고 생각한다. Ctrl+C가 터미널을 다시 사용할 수 있으므로 필요한 기능이지만 불안하니 down 명령으로 stop 명령을 보조해줄 수 있다.

> |팁| Ctrl+C를 누르고 나서 down 명령을 사용하는 습관을 갖도록 하자.

코드나 종속성을 업데이트했을 때 앱을 쉽게 재시작하기 위해서 up과 down 명령을 조합해서도 사용할 수 있다. 명령어를 다음과 같이 연결해 사용할 수 있다.

```
docker-compose down && docker-compose up --build
```

복잡한 명령어를 보기 싫을 수 있다. 나도 이해한다. 그렇다면 자주 사용하는 명령어에 대해 쉘Shell 스크립트를 만드는 데 시간을 투자해보는 것을 원할 수도 있다. 더 많은 예제를 다음의 노트에서 참고해보자.

이제 도커 컴포즈에 대해 많지는 않지만 유용한 기초적인 지식을 갖췄으니 마이크로서비스 앱을 개발하고 테스트할 때 도움이 될 것이다. 도커 컴포즈에 관해 더 많은 내용을 5장과 8장에서도 배울 예정이다.

쉘 스크립트

일상적인 개발 과정에서 명령어를 직접 치는 것이 불편할 수 있다. 예를 들어 `docker-compose up --build`와 같은 명령을 치는 것이 지겹게 느껴질 수 있으므로, 나는 이 명령을 up.sh와 같이 쉘로 만들어 둔다.

특히 명령어가 길면 실행하기 쉽도록 쉘로 만든다. 최소한 하루에도 몇 번씩 실행하는 명령어에 대해서는 더욱 그렇다. 쉘 스크립트를 사용하는 다른 명령은 다음과 같다.

- down.sh docker-compose down
- reboot.sh docker-compose down && docker-compose up --build

나중에 7장에서 쉘 스크립트에 관해 더 다룰 것이다.

4.3.7 도커 컴포즈를 운영 환경에 사용한다면?

지금 시점에서 왜 도커 컴포즈를 운영이 아니라 개발 환경에서 사용하고 있는지 잠시 고민해보는 것이 좋을 것 같다. 도커 컴포즈는 마이크로서비스를 정의하는 훌륭한 도구처럼 보이는데 왜 운영 환경에서는 사용하지 않고 쿠버네티스를 사용하는가?

운영 환경에서 도커 컴포즈를 사용해보면 처음에는 쉽지만 확장하기가 어렵다. 도커 스웜^{Docker Swarm}을 설치하는 방법도 있지만, 특정 플랫폼만으로 제약이 생긴다. 쿠버네티스는 운영 환경에서 마이크로서비스를 실행할 수 있는 강력하고 유연한 플랫폼이다. 대부분의 주요 클라우드 서비스들을 지원하면서도 독립적이고, 특정 플랫폼에 제한되지 않는다.

사실 도커 컴포즈를 운영 환경에서도 사용할 수는 있다. 다음은 이를 위한 두 가지 방안이다.

- 가상머신^{VM}을 클라우드에 생성하고, 도커와 도커 컴포즈를 설치한다. 다음으로 앱을 VM에 복사하고, 도커 컴포즈를 사용해 시작한다.
- 도커 스웜을 호스팅하는 서비스를 사용해 도커 컴포즈 파일에 정의된 앱을 배포한다.

두 가지 모두 단기적으로 활용 가능하며, 특히 쿠버네티스를 배우기 어렵다면 더욱 그렇다. 하지만 두 가지 방법 모두 장기적으로는 바람직하지 않다.

첫 번째 방법은 수직적으로 확장성이 있지만 수평적인 확장성이 없고 매우 제한적으로만 사용 가능하다(수평적 또는 수직적 확장성에 대해 잘 모르더라도 11장에서 앱의 확장성을 다룰 예정이니 걱정할 필요 없다).

두 번째 방법은 좋은 선택일 수도 있지만, 안타깝게도 도커의 유료 서비스만 가능하다. 쿠버네티스는 어떠한 클라우드 서비스에 대해서도 독립적인 점이 장점이고, 현재까지는 모두 지원한다. 즉 특정 클라우드 플랫폼에 대한 제약이 없다.

이 책에서는 마이크로소프트 애저를 사용하고 있지만 쿠버네티스는 다른 서비스를 언급할 것도 없이 AWS와 구글 클라우드에서도 잘 동작한다. 쿠버네티스에 대해 배우는 내용은 얼마든지 다른 플랫폼에서 사용 가능하며 쿠버네티스를 기반으로 앱을 제작하면 일반적으로 여러 클라우드 서비스에서 배포할 수 있다. 나는 가능한 한 특정 회사 플랫폼에 종속되지 않는 방향을 선호하며, 이러한 이유로 쿠버네티스를 운영 환경에서 선택한다.

쿠버네티스에 대해서는 6장에서 더 알아볼 것이다. 지금은 개발 환경에서 도커 컴포즈가 최선의 선택이지만 운영 환경에서는 그렇지 않다는 점을 언급하고 싶다. 물론 이와 같은 접근 방법과 장단점이 각자의 환경과 프로젝트, 회사에 따라 다를 수 있으므로 절대적인 것은 아니다.

4.4 앱에 파일 저장소 추가

지금은 도커 컴포즈를 사용하고 있으므로 여러 컨테이너를 쉽게 실행할 수 있다. 또한 4장의 핵심 주제인 데이터 관리를 위해 필요한 기능을 제공해주는 도구다.

앱에 파일 저장소와 데이터베이스를 추가해보자. 파일 저장소는 앱이 사용할 비디오를 저장하기 위한 공간이다. 이를 위한 일반적인 방법은 큰 클라우드 서비스 회사가 제공하는 저장소 서비스를 사용하는 것이다. 이 책에서는 애저를 사용하고 있으므로 애저 저장소^{Azure Storage}를 사용할 것이다.

> |**노트**| 플릭스 튜브 예제 앱을 포함해 많은 앱이 파일 저장소가 필요하다. 여러 방법이 있지만 가장 일반적인 방법은 애저 저장소, AWS S3, 구글 클라우드 스토리지와 같은 외부 클라우드 저장소를 사용하는 것이다.

비디오 스트리밍 마이크로서비스가 직접 연결해 사용할 클라우드 저장소를 추가할 수 있다. 여기서는 이와 같이 직접 연결하는 대신에 좋은 설계 원칙 하나를 도입해보자. 이름은 **역할의 분리**^{SoC, Separation of Concerns}(주로 컴퓨터 프로그램을 영역을 구분해 설계하는 원칙을 의미한다)와 **단일 책임 원칙**^{single responsibility principle}이다. 즉 파일 저장소 서비스를 추상화하기 위한 새로운 마이크로서비스를 만들 것이다. 그림 4.4는 새로운 video-storage 마이크로서비스의 모습을 보여준다.

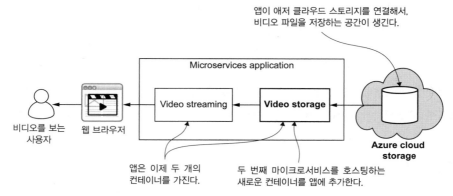

▲ **그림 4.4** 두 번째 마이크로서비스와 외부 클라우드 저장소를 앱에 추가한다.

그림 4.4는 video-storage 마이크로서비스가 video-streaming 마이크로서비스와 외부 클라우드 저장소 중간에 위치하는 것을 보여준다. 이번 절의 마지막에서 마이크로서비스 역할을 구분하는 이유에 대해서 더 자세히 설명할 것이다. 지금은 마이크로서비스를 하나 더 추가해보는 정도로 이해하고, 비록 작지만 공식적으로 다중 마이크로서비스 앱을 구동해볼 것이다.

4.4.1 애저 저장소 사용하기

애저 저장소는 마이크로소프트가 제공하는 클라우드 저장소다. 앱이 파일을 저장할 수 있는 기능을 갖도록 추가해 사용할 것이다. 3장의 예제를 따라 작업했다면 이미 애저 계정이 있을 것이고, 이번 절에서는 다시 애저로 들어가 저장소 계정을 만들어본다. 그리고 비디오를 저장소에서 가져올 역할을 하는 새로운 마이크로서비스를 생성할 것이다.

애저 저장소에는 개인 또는 공용 파일 모두 보관할 수 있지만 여기서는 개인^{private} 옵션을 선택한다. 다른 사람이 저장소에서 비디오를 임의로 다운로드할 수 없도록 만들고자 한다. 대신 앞 단의 프로그램 기능을 통해 접근하게 만든다. 새로운 마이크로서비스의 코드는 애저를 사용해 인증하고, npm을 통해 사용할 수 있는 자바스크립트용 Azure Storage API로 비디오를 가져오도록 한다.

애저 저장소를 사용하는 이유

많은 파일 저장소 중에서 애저 저장소를 선택한 이유는 AWS S3나 구글 클라우드 스토리지와 마찬가지로 쉽게 사용할 수 있기 때문이다. 물론 우리가 작성할 코드는 선택한 클라우드 서비스에 따라 다르고, 서로 다른 스토리지 API를 사용해야만 한다.

3장에서 이미 애저 계정을 만들었기 때문에 애저의 기능을 편리하게 사용할 수 있다. 하지만 여기서 설명하는 내용이 애저에 한정되는 것은 아니다.

지금과 같은 아키텍처의 설계가 갖는 장점 중 하나는 애저 저장소 마이크로서비스를 쉽게 다른 방법으로 대체할 수 있다는 것이다. 심지어 이러한 일을 운영 환경에서 앱을 실행하는 도중에도 해낼 수 있다. 이런 관점에서 video-storage 마이크로서비스는 **핫스왑**(hot-swappable, 운영 중에 중단 없이 교체가 가능함을 의미하는 용어)을 지원한다고 볼 수도 있다.

애저 저장소 계정 만들기

테스트 비디오를 저장소에 올리기 전에 반드시 애저 저장소 계정을 먼저 만들어야 한다. 이를 위해 3장과 동일하게 애저 포털(https://portal.azure.com/)에 로그인한다. 그리고 왼쪽의 메뉴에서 **리소스 만들기**를 클릭하고 그림 4.5와 같이 '스토리지 계정'을 검색한다.

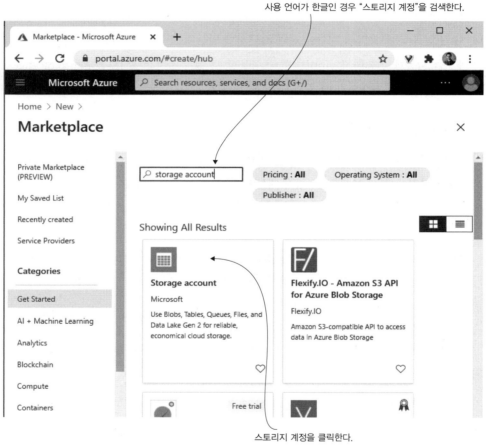

▲ **그림 4.5** 애저 포털에서 스토리지 계정 만들기

스토리지 계정을 클릭하고, 새로 만든다. 그림 4.6과 같이 새로운 스토리지 계정 정보를 입력한다.

이제 리소스 그룹을 선택해야 한다. 이를 위해 3장에서 만든 리소스 그룹을 선택하거나 새로운 리소스 그룹을 만든다. 다음은 스토리지 계정의 이름을 선택한다.

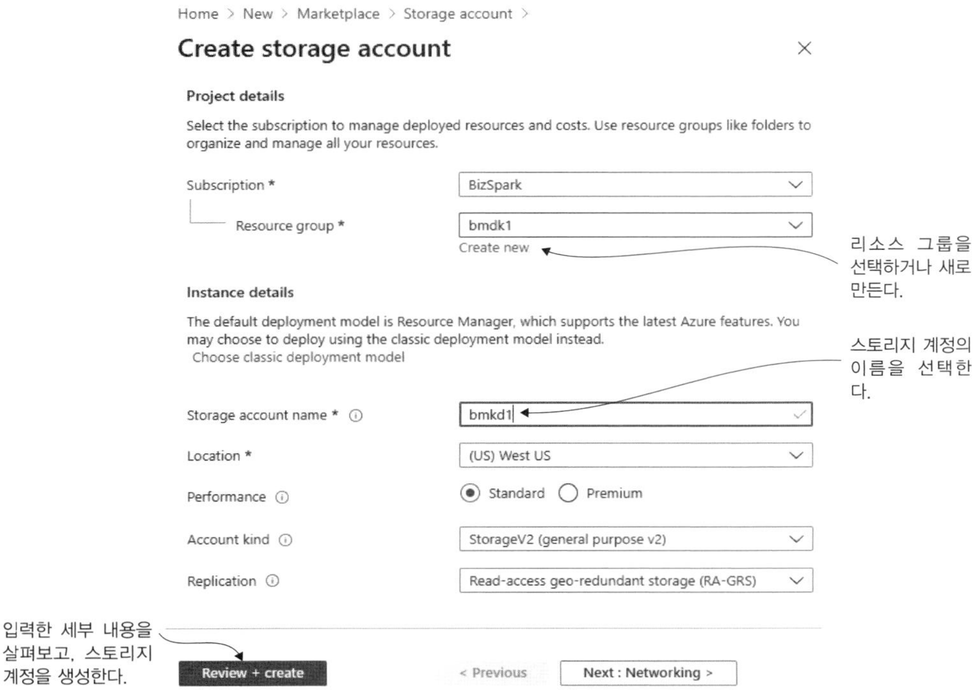

▲ 그림 4.6 새로운 스토리지 계정의 세부 사항 입력

나머지 항목은 기본값으로 둔다. 세부 사항의 입력이 끝나면 **검토+만들기** 버튼을 클릭한다. 유효성 검사를 통과하면 **만들기** 버튼을 클릭해서 스토리지 계정을 생성할 것이다. 오류가 발생하면 가이드를 따라서 해결하도록 한다.

이제 스토리지 계정이 배포됐다는 알림이 올 때까지 기다린다. 배포가 끝나면 알림에서 **리소스로 이동** 버튼을 클릭하거나 3장과 같이 글로벌 목록에서 **리소스**를 클릭해서 찾을 수 있다.

애저 포털에서 스토리지 계정을 열고, 화면 왼쪽의 메뉴에서 **액세스** 키를 클릭한다. 그림 4.7과 같이 저장소 계정에 대한 **액세스** 키를 볼 수 있다. 이는 스토리지 계정으로 필요한 인증에 대한 세부 사항이다. 스토리지 계정 이름과 키 중 하나를 기록해두자. 여러 키 중에서 하나의 값만 필요하다. 여기서 연결 문자열은 필요 없다.

그림 4.7이 보여주는 계정의 여러 키를 주목해보자. 나중에 자신의 계정에 대한 키를 찾을 필요가 있을 것이다. 물론 여기서 보여주는 키는 독자의 화면에 보이는 키와 다를 것이며, 그림의 키를 사용해도 동작하지 않을 것이다.

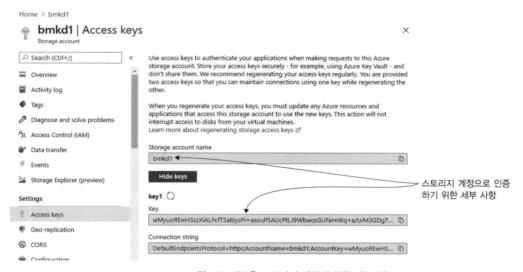

▲ **그림 4.7** 새로운 스토리지 계정의 인증 세부 정보

비디오를 애저 스토리지에 업로드하기

앞서 만든 스토리지 계정으로 테스트 비디오를 지금 업로드할 수 있다. 스토리지 계정으로 애저 포털에서 좌측 메뉴의 컨테이너를 클릭한다. 아직 생성된 컨테이너가 없다는 의미의 그림 4.8과 같은 화면을 볼 것이다.

그런데 여기서 말하고 있는 컨테이너는 마이크로서비스 앱을 실행하는 컨테이너와 다르다는 점을 설명할 필요가 있을 것 같다. 애저 스토리지의 컨테이너는 파일을 저장하기 위한 일종의 디렉터리와 같은 것이다.

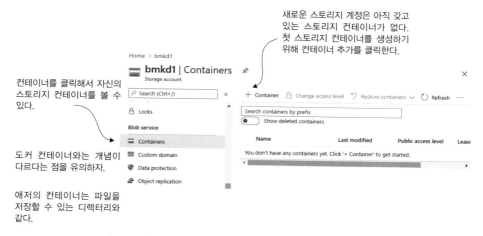

컨테이너를 클릭해서 자신의 스토리지 컨테이너를 볼 수 있다.

도커 컨테이너와는 개념이 다르다는 점을 유의하자.

애저의 컨테이너는 파일을 저장할 수 있는 디렉터리와 같다.

새로운 스토리지 계정은 아직 갖고 있는 스토리지 컨테이너가 없다. 첫 스토리지 컨테이너를 생성하기 위해 컨테이너 추가를 클릭한다.

▲ **그림 4.8** 컨테이너 화면을 열어 비디오 파일을 위한 컨테이너를 만들기

도구 모음에 있는 **+컨테이너** 버튼을 클릭해 첫 컨테이너를 만든다. 그리고 컨테이너 이름을 입력한다. 원하는 이름을 사용할 수도 있지만 예제 코드가 동작할 수 있도록 여기서는 videos로 정한다. 다음으로 액세스 수준을 지정할 수 있지만, 기본값인 프라이빗을 사용하도록 한다. 다음으로 **만들기** 버튼을 클릭해서 컨테이너를 생성한다.

이제 videos 컨테이너를 목록에서 볼 수 있다. vidoes를 클릭해서 다음 화면을 열어보자. 새로 만든 컨테이너를 보면 그림 4.9와 같은 메시지를 볼 수 있다. Blob이 무엇인지 궁금할 수 있는데 단순히 파일을 의미하는 것이며, 아직 갖고 있는 파일이 없을 것이다. 이제 파일 하나를 업로드해보자.

비디오 파일을 업로드하기 위해서 도구바에 있는 **업로드** 버튼을 클릭하고, 업로드할 파일을 선택한다. 여기서 2장과 3장에의 코드 리포지터리에 포함된 테스트 비디오를 사용할 수 있고, 자신이 원하는 비디오를 선택해도 좋다.

새로 만든 videos 스토리지
컨테이너를 클릭해서 들어간
화면

테스트 비디오나 다른 파일을
업로드하기 위해서 업로드 버
튼을 클릭한다.

개요를 클릭해서
화면을 연다.

아직 업로드한 파일이 없다.
참고로 Blob은 단순히 파일을
의미한다.

▲ **그림 4.9** videos 컨테이너 화면에서 업로드 버튼을 클릭해 비디오 업로드하기

비디오를 업로드하고 나면 그림 4.10과 같이 목록에 표시된다.

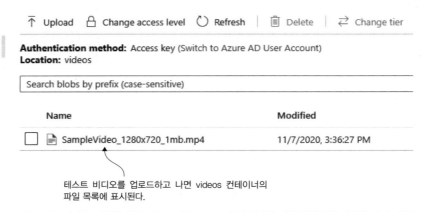

테스트 비디오를 업로드하고 나면 videos 컨테이너의
파일 목록에 표시된다.

▲ **그림 4.10** 비디오 파일을 업로드하고 나면 videos 컨테이너의 파일 목록에서 파일을 볼 수 있다.

애저 스토리지를 읽어오는 마이크로서비스 만들기

애저 스토리지에 업로드한 비디오 파일이 있으니, 이제 video-storage 마이크로서비스
를 만들어 볼 시간이다. 이 마이크로서비스는 우리의 두 번째 공식 마이크로서비스이며,
스토리지에서 비디오를 가져올 때 REST API를 사용할 것이다.

첫 번째 작업은 두 번째 마이크로서비스를 위한 새로운 디렉터리를 만드는 것이다. 새로운 디렉터리를 만들거나, 간단하게 4장 리포지터리에 있는 example-2를 VS Code로 가져올 수 있다. 새로운 마이크로서비스의 디렉터리 이름은 azure-storage로 정한다. 이 프로젝트 이름은 애저 스토리지와 관련된 프로젝트의 목적이 잘 드러나도록 지정한다. 만약 다른 스토리지 서비스를 추가할 경우에는 aws-stroage, google-storage와 같이 다른 이름을 사용할 것이다.

코드를 AWS나 GCP를 지원하도록 변환해볼 생각이라면 지금 바로 언급해두고 싶은 말이 있다. 다름아닌 애저 마이크로서비스를 다른 서비스 제공자로 변환하는 것은 간단한 작업이 아니라는 점이다. AWS와 GCP 저장소와 인터페이스를 위한 API는 애저와 매우 다르고, 각각의 저장소 인터페이스 사용 방법에 대한 문서를 따로 살펴봐야 한다. 다른 서비스를 사용하기 위해 변환해보기 전에 4장에서 애저 스토리지 마이크로서비스를 먼저 배우고 완성해보자.

이제 터미널을 열고 azure-storage 디렉터리로 이동한다. 마이크로서비스를 처음부터 직접 만든다면 새로운 package.json 파일을 만들고 2장에서 해본 것과 같이 express 패키지를 설치한다. azure-storage 패키지는 다음과 같이 설치한다.

```
npm install --save azure-storage
```

4장 코드 리포지터리의 example-2를 따라가고 있다면, 이미 다음과 같은 파일을 갖고 있다.

- 패키지 파일
- 코드
- 도커파일

Node.js에서 직접 새 마이크로서비스를 실행하려면 먼저 azure-storage 디렉터리로 이동하고 종속성을 설치해야 한다.

```
npm install
```

예제 4.2는 새로운 마이크로서비스의 코드를 보여준다. 이 코드를 실행하기 전에 어떤 기능이 있는지 읽어보고 이해해보자.

예제 4.2 애저 스토리지에서 비디오를 가져오는 마이크로서비스(chapter-4/example-2/azure-storage/src/index.js)

```javascript
const express = require("express");
const azure = require('azure-storage');    // azure-storage를 열어서 코드가 애저 스토리지 API와 상호작용하도록 한다.

const app = express();

const PORT = process.env.PORT;
const STORAGE_ACCOUNT_NAME =     // 환경변수에서 스토리지 계정 이름을 가져온다.
    process.env.STORAGE_ACCOUNT_NAME;
const STORAGE_ACCESS_KEY =     // 환경변수에서 액세스 키를 가져온다.
    process.env.STORAGE_ACCESS_KEY;

function createBlobService() {    // azure-storage API를 연결하는 헬퍼(helper) 함수다.
    const blobService = azure.createBlobService(STORAGE_ACCOUNT_NAME,
        STORAGE_ACCESS_KEY);
    return blobService;
}

app.get("/video", (req, res) => {    // 애저 스토리지로부터 비디오를 가져오는 HTTP GET 경로

    const videoPath = req.query.path;    // HTTP 쿼리 파라미터로 저장소의 비디오 경로를 지정한다.
    const blobService = createBlobService();    // azure-storage API로 연결한다.

    const containerName = "videos";    // 컨테이너 이름을 직접 코딩했다. 예를 들어 나중에 사용자별로 별도의 비디오를 사용하는 것을 지원하는 등의 목적으로 다양한 방법을 사용할 수도 있다.
    blobService.getBlobProperties(containerName,
        videoPath, (err, properties) => {    // 애저 스토리지에서 비디오 속성을 가져온다.
        if (err) {
            // ... error handling ...
            res.sendStatus(500);
            return;
```

162

```
        }
        res.writeHead(200, {
            "Content-Length": properties.contentLength,
            "Content-Type": "video/mp4",
        });


        blobService.getBlobToStream(containerName,
        ➡ videoPath, res, err => {
            if (err) {
                // ... error handling ...
                console.error(err && err.stack || err);
                res.sendStatus(500);
                return;
            }
        });
    });
});

app.listen(PORT, () => {
    console.log(`Microservice online`);
});
```

> 콘텐츠 길이와 마임타입을 HTTP 응답 헤더로 출력한다.

> HTTP 응답으로 애저 스토리지의 비디오를 스트리밍한다.

예제 4.2는 npm으로 설치한 공식 Azure Storage SDK인 azure-storage를 사용한다. 또한 2장에서 해본 것과 같은 방법으로 Express를 HTTP 서버로 사용한다.

이 마이크로서비스의 설정에는 두 개의 새로운 환경변수가 있다. 애저 스토리지 계정에 대한 세부 인증 정보인 STORAGE _ACCOUNT_NAME과 STORAGE_ACCESS_KEY이다. 이 환경변수는 자신의 스토리지 계정에 맞는 정보를 가져야 한다. 이 작업은 다음 절에서 할 것이다. 인증 세부 정보는 헬퍼함수인 createBlobService가 사용하며, 스토리지 SDK를 접근할 때 필요한 API 객체를 생성한다.

예제 4.2에서 가장 중요한 부분은 스토리지에서 비디오를 가져올 수 있는 /video, 즉 HTTP GET 경로다. 이 경로는 HTTP 응답 형태로 애저 스토리지에서 비디오를 스트리밍한다.

독립적으로 새로운 마이크로서비스 테스트하기

이 마이크로서비스를 앱에 통합해보기 전에 독립적으로 테스트해볼 수 있다면 좋을 것이다. 이를 위해 우선 간단하게 통합해서 나중에 테스트해볼 수도 있을 것이다. 이런 방식의 작업은 앱이 작은 경우에는 가능하지만 앱이 점차 크고 복잡해지면 통합 테스트가 더욱 힘들어진다.

여러 마이크로서비스를 독립적으로 테스트하면 마이크로서비스를 하나씩 빠르게 시작하거나 재시작할 수 있기 때문에 더 유리하다. 하지만 앱 전체에 대해서 테스트하는 것은 오히려 더 어렵다. 그러므로 앱 전체를 통합 테스트하기 전에 먼저 마이크로서비스들을 개별적으로 테스트하는 습관을 갖자.

새로운 마이크로서비스를 실행하거나 테스트하기 전에 환경변수를 먼저 설정할 필요가 있다. 이 작업은 터미널에서 수행한다. 맥OS나 리눅스에서는 다음과 같다.

```
export PORT=3000
export STORAGE_ACCOUNT_NAME=<the name of your storage account>
export STORAGE_ACCESS_KEY=<the access key for your storage account>
```

윈도우에서는 다음과 같다.

```
set PORT=3000
set STORAGE_ACCESS_KEY=<the name of your storage account>
set STORAGE_ACCESS_KEY=<the access key for your storage account>
```

여기서 사용하는 스토리지 계정에 대한 이름과 키는 반드시 앞에서 직접 만든 설정과 관련된 정보를 사용해야 한다. 마이크로서비스를 실행할 때에는 2장에서 논의했던 것과 같이 개발이나 운영 모드를 선택해서 실행할 수 있다. 운영 모드는 다음과 같이 실행할 수 있다.

```
npm start
```

라이브 리로드를 지원하는 nodemon을 사용한 개발 모드로는 다음과 같이 실행할 수도 있다.

```
npm run start:dev
```

라이브 리로드는 코드를 변경하고 자동으로 재시작할 수 있기 때문에 빠른 개발 작업을 위해 정말 중요하다. 5장에서 라이브 리로드를 전체 마이크로서비스 앱으로 확장하는 방법을 배울 것이다. 지금은 개별 마이크로서비스를 개발하고 테스트하는 동안에만 사용한다.

마이크로서비스를 실행하고 있다면, 브라우저를 열고, 다음 경로를 열어보자.

http://localhost:3000/video?path=SampleVideo_1280x720_1mb.mp4

비디오 이름을 다른 것을 사용하는 경우, 위 주소에서 비디오 이름도 알맞게 변경한다. 아마도 익숙한 비디오를 이제 볼 수 있겠지만 이번에는 애저 스토리지 계정으로 가져오는 비디오를 재생하는 것이다.

마이크로서비스의 테스트에 대해서는 8장에서 더 설명할 것이다. 지금은 새로 만든 마이크로서비스를 우리가 갖고 있는 앱과 통합해보자.

4.4.2 비디오 스트리밍 마이크로서비스 업데이트

새로운 마이크로서비스를 앱에 통합하기 위한 첫 단계는 video-streaming 마이크로서비스를 업데이트하는 것이다. 앞서 3장에서 테스트 비디오를 파일시스템에서 읽어오는 video-streaming 마이크로서비스를 떠올려보자. 지금부터는 이 마이크로서비스에서 비디오를 가져오는 부분을 새로운 애저 스토리지 마이크로서비스에게 위임하도록 업데이트할 것이다.

다음과 같이 video-streaming 마이크로서비스가 다른 마이크로서비스에게 저장소를 사용하는 기능을 위임하도록 변경할 것이다. 역할의 분리 원칙에 맞게 video-streaming 마이크로서비스는 오직 사용자에게 비디오를 스트리밍하는 것만 책임지고, 저장소를 다루는 것은 신경 쓸 필요가 없도록 할 것이다.

예제 4.3은 video-streaming 마이크로서비스에 대해서 변경할 부분을 보여준다. 예제의 코드를 살펴보면서 어떻게 HTTP 요청을 새로운 video-storage 마이크로서비스에 전달하는지 알아보자.

```javascript
const express = require("express");
const http = require("http");

const app = express();

const PORT = process.env.PORT;
const VIDEO_STORAGE_HOST =
➥ process.env.VIDEO_STORAGE_HOST;
const VIDEO_STORAGE_PORT =
➥ parseInt(process.env.VIDEO_STORAGE_PORT);

app.get("/video", (req, res) => {
    const forwardRequest = http.request(
        {
            host: VIDEO_STORAGE_HOST,
            port: VIDEO_STORAGE_PORT,
            path: '/video?path=
            ➥ SampleVideo_1280x720_1mb.mp4',
            method: 'GET',
            headers: req.headers
        },
        forwardResponse => {
            res.writeHeader(forwardResponse.statusCode,
            ➥ forwardResponse.headers);
            forwardResponse.pipe(res);
        }
    );

    req.pipe(forwardRequest);
});

app.listen(PORT, () => {
    console.log(`Microservice online`);
});
```

이미 포함된 HTTP 라이브러리를 로드해 HTTP 요청을 전달할 수 있다.

video-storage 마이크로서비스에 연결하기 위한 설정

video 경로를 사용하는 HTTP GET 요청을 video-storage 마이크로서비스에 전달

전달할 대상 호스트와 포트 설정

HTTP GET 요청 형태로 전달한다.

전달할 대상 경로 설정

HTTP 헤더는 그대로 전달한다.

전달받은 요청에 대한 응답을 받는다.

Node.js 스트림을 사용해 응답 스트림 파이프를 만든다.

전달된 요청의 상태 코드와 헤더를 반환한다.

Node.js 스트림을 사용해 요청 스트림 파이프를 만든다.

예제 4.3에서 Node.js에 포함된 http 라이브러리를 사용해 HTTP 요청을 하나의 마이크로서비스에서 다른 마이크로서비스로 전달한다. 다음으로 반환된 응답을 클라이언트에

스트리밍한다. 다소 이해하기 어려운 방법일 수도 있지만, 지금 당장은 신경 쓰지 않아도 된다. 이 부분은 별도의 한 장으로 다뤄야 할 중요한 내용이기 때문에 5장에서 마이크로서비스 간의 통신을 더 알아볼 것이다.

여기서는 저장소의 비디오 경로를 하드 코딩했다는 점을 주목하자. 이 예제는 단지 디딤돌 역할일 뿐이고, 곧 수정할 것이다. 하지만 이 코드가 얼마 동안이라도 동작하도록 만들기 위해서, 테스트 비디오를 해당 경로에 맞게 업로드한다. 다른 비디오를 업로드했다면 코드도 알맞게 수정하도록 한다.

video-streaming 마이크로서비스를 업데이트하고 나서, 독립적인 테스트를 수행해야 한다. video-storage 마이크로서비스에 따라서 다소 어려울 수 있다. 만약 적절한 도구와 기술이 있다면 종속성을 모형화^{mocking}해서 테스트할 수 있을 것이다.

모형을 만드는 것은 가상의 시뮬레이션이 가능한 대안을 준비해서 종속성을 대체하는 기술이다. 아직은 관련 기술을 잘 알지 못하지만 8장에서 살펴볼 내용이고, 9장에서는 마이크로서비스를 모형화하는 예제를 볼 수 있다. 지금은 통합 과정을 끝내는 데 집중하도록 하자. 그리고 나서 앱이 기대한 대로 동작하는지 확인할 수 있다.

4.4.3 새로운 마이크로서비스를 도커 컴포즈 파일에 추가하기

여기까지 오면서 필요한 많은 작업들을 끝냈다. 애저 스토리지 계정을 만들었고, 테스트 비디오를 업로드했다. 스토리지 서비스를 추상화하고, REST API를 사용하는 애저 스토리지 마이크로서비스인 두 번째 마이크로서비스도 만들었다. 다음으로 video-streaming 마이크로서비스를 업데이트해서 비디오를 2장과 3장에서처럼 파일시스템에서 읽는 대신 video-storage 마이크로서비스를 통해 가져왔다.

> |**노트**| 도커 컴포즈 파일의 가치는 전체적인 컨테이너 구성 요소를 정의하고 관리하기 쉽게 만들어주는 것이다. 마이크로서비스 앱을 관리하기에 편리하다.

새 마이크로서비스를 앱에 통합해서 테스트하려면 도커 컴포즈 파일에 새로운 섹션을 추가해야 한다. 이를 위해 두 번째 마이크로서비스와 데이터베이스 서버를 추가하고 나면 도커 컴포즈 파일이 어떻게 되는지 그림 4.11을 살펴보자. 왼쪽은 도커 컴포즈 파일을 보여주고, 연결된 세 개의 컨테이너는 오른쪽에서 볼 수 있다.

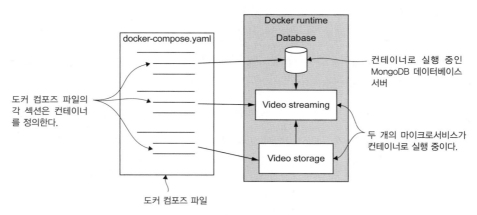

▲ **그림 4.11** 도커 컴포즈 파일의 각 섹션마다 별개의 컨테이너를 정의하고 있다.

도커 컴포즈 파일은 여러 컨테이너를 모두 기술하고 관리할 목적으로 사용하는 도커파일의 집합이라고 생각해볼 수 있다. 집합이라고 표현한 이유는 마이크로서비스마다 필요한 여러 도커파일을 합쳐 놓았기 때문이다.

예제 4.4는 애저 스토리지 마이크로서비스를 추가하기 위해 변경된 도커 컴포즈 파일을 보여준다. 이를 테스트해보기 전에 앞에서 자신의 애저 스토리지 계정으로 확인한 STORAGE_NAME과 STORAGE_ACCESS_KEY값을 자신의 환경에 맞게 설정하도록 한다.

예제 4.4 도커 컴포즈 파일에 새 마이크로서비스 추가하기(chapter-4/example-2/docker-compose.yaml)

```
version: '3'
services:
                        새로운 마이크로서비스를
                        앱에 추가한다.
  azure-storage:  ◀
    image: azure-storage  ◀──── 이미지 이름을 설정한다.
    build:
      context: ./azure-storage
      dockerfile: Dockerfile
```

```
    container_name: video-storage
    ports:
      - "4000:80"
    environment:
      - PORT=80
      - STORAGE_ACCOUNT_NAME=<insert your Azure storage account name here>
      - STORAGE_ACCESS_KEY=<insert your Azure storage account access key here>
    restart: "no"

  video-streaming:
    image: video-streaming
    build:
      context: ./video-streaming
      dockerf ile: Dockerfile
    container_name: video-streaming
    ports:
      - "4001:80"
    environment:
      - PORT=80
      - VIDEO_STORAGE_HOST=video-storage
      - VIDEO_STORAGE_PORT=80
    restart: "no"
```

두 개의 마이크로서비스를 연결하는 컨테이너의 이름

마이크로서비스가 애저 스토리지 계정으로 연결하도록 설정한다. 여기에 자신의 환경에 맞는 값을 설정해야 한다.

마이크로서비스가 video-storage 마이크로서비스에 연결하도록 설정한다.

두 개의 마이크로서비스를 연결하는 컨테이너의 이름

지금 시점에서 몇 가지 질문이 생길 수 있다. 왜 컨테이너 이름이 azure-storage가 아니라 video-storage인 것일까? 마이크로서비스는 azure-storage인데 컨테이너는 왜 video-storage일까? 이는 의도적으로 추상화한 것이다. 마이크로서비스의 설계 방법으로서, video-streaming 마이크로서비스는 비디오를 어디서 가져오는지 상관하지 않는다. 즉, 애저에 저장된 비디오인지 아닌지 관심이 없다. 이런 관점에서 보면 쉽게 AWS S3나 구글 클라우드 스토리지와 같이 다른 스토리지에도 저장해 사용할 수도 있다.

video-storage로 컨테이너 이름을 지정해서, 저장소 서비스 종류에 독립적으로 마이크로서비스에 연결할 수 있다. 실용적인 앱의 구조로서 좋은 사례다. 나중에 azure-storage를 aws-storage나 google-storage로 대체할 때 유연하게 대응할 수 있다. 또한 video-streaming 마이크로서비스에 영향을 주지 않고 대체가 가능하다. 즉 아무런 영향을 주지 않을 것이다. 이렇게 다른 서비스를 중단시키지 않고 변경 사항을 반영할 수 있는 자유는 중요한 부분이며, 마이크로서비스 아키텍처에서 큰 부분을 차지한다.

4.4.4 업데이트한 앱 테스트하기

두 개의 마이크로서비스를 포함하는 도커 컴포즈 파일의 업로드를 완료했다. 이제 드디어 앱을 시작하고 추가한 마이크로서비스를 테스트할 준비가 끝났다. 앱은 이전과 같은 방법으로 실행한다.

```
docker-compose up --build
```

차이점이라면 하나가 아닌 두 개의 컨테이너를 시작하는 것이다. 다음과 같은 형태의 출력을 볼 수 있을 것이다.

```
video-streaming   | > example-1@1.0.0 start /usr/src/app
video-streaming   | > node ./src/index.js
video-streaming   |
video-storage     |
video-storage     | > example-1@1.0.0 start /usr/src/app
video-storage     | > node ./src/index.js
video-storage     |
video-streaming   | Forwarding video requests to video-storage:80.
video-streaming   | Microservice online.
video-storage     | Serving videos from...
video-storage     | Microservice online.
```

출력을 보면 컨테이너 이름이 좌측에 보일 것이다. 이는 모든 컨테이너에 대한 로그 스트림을 나타내고 있다. 왼쪽에 있는 컨테이너 이름으로 각각의 마이크로서비스 출력을 구분한다.

> |**노트**| 하나의 명령으로 다중 컨테이너로 구성된 앱을 부팅해 여러 마이크로서비스를 테스트할 수 있다.

이제 두 번째 마이크로서비스를 추가했고, 도커 컴포즈의 진정한 값어치를 확인하기 시작했다. 도커 컴포즈를 쓰지 않고 앱을 시작할 수 있는 방법은 다음 중 하나다.

- 두 개의 터미널을 열고, Node.js를 사용해 하나의 터미널에서는 video-streaming 마이크로서비스를 시작하고, 다른 터미널에서는 애저 스토리지 마이크로서비스를 시작한다. 앱을 실행하기 위해 두 개의 터미널과 두 개의 명령어를 사용하는 것이다.
- 도커를 사용해 두 개의 컨테이너를 실행한다. 이 경우는 docker build를 실행하고 docker run을 각각의 마이크로서비스에 대해서 한 번씩 실행한다. 즉 하나의 터미널에서 명령을 네 번 실행하는 것이다.

명령어를 반복적으로 실행하는 데 하루 종일 시간을 낭비하길 원하는 사람은 없다. 도커 컴포즈는 하나의 명령어로 앱을 시작하고, 다수의 컨테이너로도 확장 가능하다.

위와 같은 상황을 조금 더 확장해서 상상해보자. 가령 10개의 마이크로서비스를 만들었다. 도커 컴포즈를 사용하지 않으면 최소 20개의 명령으로 앱을 빌드하고 시작해야 할 것이다. 도커 컴포즈는 10개의 마이크로서비스로 구성된 앱을 명령어 하나로 빌드해 실행한다. 필요한 컨테이너 수가 아무리 많아도 실행할 명령어는 여전히 한 개다.

이 시점에서 테스트가 필요한 두 가지가 있다. video-streaming 마이크로서비스는 video-storage 마이크로서비스를 사용하고 있기 때문에, 최소한 video-streaming 마이크로서비스를 테스트해야 한다. 두 개의 마이크로서비스를 동시에 테스트하는 것이다. 이 정도면 충분할 수 있지만, video-storage 마이크로서비스도 독립적으로 테스트 가능하다.

예제 4.4를 다시 살펴보면, 4000번 포트를 바인드하고 있다. 브라우저를 열고 해당 포트로 접속해서 video-storage 마이크로서비스에서 직접 비디오 스트리밍을 볼 수 있다. 하지만 video-storage 마이크로서비스에게 비디오가 위치한 경로를 알려줘야 한다. 이는 URL을 사용해볼 수 있다. 브라우저로 http://localhost:4000/video?path=Sample Video_1280x720_1mb.mp4 경로를 열고 video-storage 마이크로서비스를 테스트해보자.

내부 마이크로서비스를 외부에서 위와 같은 방법으로 테스트하는 것은 오직 개발 환경에서만 가능한 일이라는 점을 주의해야 한다. 마이크로서비스를 운영 환경에 배포하면, 쿠버네티스 클러스터 안에서 REST API만 가능해야 한다. 이 경우 외부에서 비디오 스토리지로 직접 접근하는 것은 원하지 않기 때문에 프라이빗 환경으로 만드는 것이다. 마이크로서비스를 위한 보안 기능이다. 외부로 어떤 마이크로서비스를 노출할 것인지, 앱의 어떤 기능을 외부에서 접근하지 못하게 만들 것인지는 제어가 가능하다. 보안에 관해서는 11장에서 더 알아볼 것이다.

이제 필요한 것을 갖췄다. 외부 파일 저장소를 앱에 추가하고, 이 과정에서 두 개의 마이크로서비스로 확장했다. 축하할 일이지만 약간의 설계 방법론을 더 고민해보자.

4.4.5 클라우드 저장소와 클러스터 저장소의 비교

쿠버네티스에 관해 조금이라도 알고 있다면 왜 클라우드 저장소 대신 쿠버네티스 볼륨을 파일 저장소로 쓰지 않았는지 의문이 생길 수 있다. 이는 설계할 때 중요한 선택이며 프로젝트, 업무 또는 고객의 요구에 영향을 받는다.

클러스터 저장소 대신 클라우드를 사용한 것은 간단하기 때문이며, 개발 환경에서 실행할 때 잘 동작하고, 값싸고, 관리하기 쉽다. 클라우드 저장소를 사용하는 장점이 많고 많은 회사들이 공통적으로 사용하고 있는 이유다. 쿠버네티스를 아직 배우지 않았다는 점을 제외하고도 여기서 쿠버네티스 볼륨을 사용하지 못한 이유가 더 있다. 하지만 클러스터 저장소 대신 클라우드를 선택한 중요한 다른 이유도 더 있다.

쿠버네티스 클러스터에 앱의 파일과 데이터를 저장할 수도 있지만, 운영 환경 클러스터는 **스테이트리스**stateless를 선호한다. 즉 데이터 손실에 대한 위험 없이 클러스터를 없애고 다시 빌드할 수 있다는 의미다. 11장에서 설명할 예정이지만, 이는 운영 환경에서 **블루-그린 배포**blue-green deployment를 가능하게 만들 수 있다. 그래서 기존 버전과 병렬로 실행하고 있던 새로운 앱이나 업데이트한 앱의 인스턴스를 쉽게 빌드할 수 있다.

사용자를 위해 새 버전으로 업그레이드한다면, DNS 레코드를 변경해서 호스트명이 새로운 인스턴스를 참조하도록 만들면 된다. 이와 같은 방법으로 앱의 중요한 버전 업그레이드의 위험을 줄일 수 있다. 이렇게 위험 부담을 줄이는 것은 문제가 발생하지 않도록 하려는 것보다는, 오히려 문제가 발생하더라도 DNS 레코드만 다시 변경해서 기존 인스턴스로 신속하게 복구해서 사용자들이 거의 즉각적으로 예전에 잘 동작하던 버전을 사용할 수 있기 때문이다.

4.4.6 우리가 해낸 것

축하한다! 작은 마이크로서비스 앱 하나를 실행했다. 중요한 성과다. 도커 컴포즈를 사용해 새로운 마이크로서비스와 앱을 만들어 갈 발판을 마련했다. 자신의 어깨를 토닥토닥 해주자. 중요한 이정표에 도착했다.

어떤 것들을 해낸 것일까? 우리는 앱에 파일 저장소 기능을 추가했다. 마이크로서비스는 이제 외부 클라우드 저장소의 파일을 사용할 수 있는 기능을 갖고 있으며, 앱은 비디오를 호스트할 저장소가 생겼다.

두 번째 마이크로서비스도 추가했다. 설치한 도커 컴포즈로 새로운 컨테이너를 추가함으로써 앱을 지속적으로 확장할 수 있게 됐다. 앱에 데이터베이스를 추가한다면, 이 능력을 순식간에 다시 사용할 수 있을 것이다.

두 번째 마이크로서비스는 스토리지 서비스를 추상화한 것이다. 여러 가지 장점이 있는 선택이다. 앱의 video-storage 마이크로서비스는 최소한의 노력으로 다른 스토리지 서비스로 대체할 수 있다. 심지어 이런 작업을 운영 환경에서 앱이 실행 중일 때에도 수행할 수 있다. 또한 나중에 병렬로 여러 개의 스토리지용 마이크로서비스를 실행하고자 하더라도 얼마든지 가능하다. 필요하다면 앱을 업그레이드해서 애저 스토리지, AWS S3, 구글 클라우드 스토리지를 모두 지원하도록 만들 수도 있다.

저장소를 사용하는 데 필요한 세부 사항은 video-storage 마이크로서비스로 제한된다. 즉 앱을 멈춰야만 하는 어려움 없이 다른 마이크로서비스에 대해서 독립적으로 세부 사항을 변경할 수 있다는 의미다. 이렇게 앱을 보호하는 방법은 지금 다루기에는 많은 내용이 있지만, 앱이 커지면서 더욱 중요한 의미를 갖는다.

앞에서 언급한 소위 역할의 분리 원칙에 기반한 마이크로서비스의 분리는 중요하다. 단위 마이크로서비스는 자신만의 영역에 대해 책임을 져야 한다. 아울러 이전에 언급한 단일 책임의 원칙도 따르고 있다. 즉 마이크로서비스는 하나의 역할을 맡아야 한다. 우리가 만든 마이크로서비스는 자신만의 영역에 대한 책임을 갖고 있다.

- video-streaming 마이크로서비스는 사용자에게 비디오를 스트리밍하는 역할을 책임진다.
- video-storage 마이크로서비스는 스토리지에서 비디오를 찾아 가져오는 역할을 책임진다.

이러한 방식의 역할 분담은 각각의 마이크로서비스를 더 작고, 간단하고, 관리하기 쉽게 해준다.

4.5 데이터베이스를 앱에 추가하기

데이터 관리와 관련해서 이제 남은 절반은 데이터베이스다. 대부분의 앱은 동적인 데이터를 저장하기 위해서 일종의 데이터베이스가 필요하고, 플릭스튜브 또한 마찬가지다.

우선 필요한 작업은 비디오에 대한 메타데이터의 저장소다. 각각의 비디오 경로를 저장하는 것부터 데이터베이스를 사용해보려고 한다. 이 작업으로 기존에 video-streaming 마이크로서비스가 비디오 파일 경로를 하드 코딩해서 사용했던 문제를 해결할 것이다.

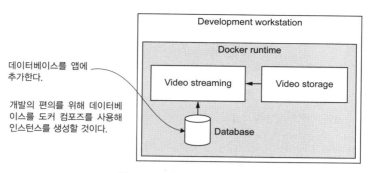

데이터베이스를 앱에
추가한다.

개발의 편의를 위해 데이터베
이스를 도커 컴포즈를 사용해
인스턴스를 생성할 것이다.

▲ **그림 4.12** 앱에 데이터베이스 추가하기

그림 4.12를 보면 데이터베이스를 추가하고 나면 앱이 어떻게 구성될 것인지 알 수 있다. 두 개의 마이크로서비스에 대한 두 컨테이너에 더해서 MongoDB 데이터베이스를 호스팅하는 컨테이너를 추가할 것이다. 그림을 보면 video-streaming 마이크로서비스만 데이터베이스에 연결한다. video-storage 마이크로서비스는 데이터베이스가 필요 없다.

4.5.1 MongoDB를 사용하는 이유

MongoDB는 소위 NoSQL 유형으로 알려진 데이터베이스 중에서 가장 인기 있다. 도커를 사용해 바로 데이터베이스 인스턴스를 만들 수 있다. 단지 데이터베이스 이미지 이름을 지정하면, 도커가 도커허브에서 가져와 개발 워크스테이션에 인스턴스를 만들 것이다.

> |**노트**| MongoDB는 사용이 쉽고, 스키마(schema) 작업 없이도 구조적(structured) 데이터를 저장할 수 있고, 풍부한 쿼리 API를 제공한다.

하지만 도커로 쉽게 실행 가능한 여러 데이터베이스가 많은데 왜 MongoDB를 사용할까? 나의 경험으로 보면 MongoDB를 직접 수동으로 다운로드해서 설치하더라도 기존의 여러 데이터베이스보다 여전히 다루기 쉽다. 다른 데이터베이스처럼 다양한 구조적 데이터를 저장할 수 있고 우수한 성능을 갖추고 있으며 용량 확장이 매우 쉽다.

나는 예상하기 어려운 데이터를 가지고 많은 작업을 해봤고, 다음에 어떤 데이터가 주어질지 알 수 없는 상황도 있었다. 이에 반해 MongoDB는 고정된 스키마를 정의할 필요가 없기 때문에 사용하기 좋았다. 몽구스^{Mongoose}(https://www.npmjs.com/package/mongoose)와 같은 객체 관계 매핑^{ORM, Object-Relational Mapping} 라이브러리를 사용한다면 MongoDB도 물론 스키마 정의가 가능하다.

또한 MongoDB는 다양한 프로그래밍 언어에서 쿼리와 업데이트가 쉽고, 지원이 좋고, 문서가 잘 정리돼 있다. 활용할 수 있는 예제도 많고, 오픈 소스다. 코드는 다음 링크에서 찾을 수 있다.

https://github.com/ mongodb/mongo

4.5.2 개발 환경에 데이터베이스 서버 추가하기

4장의 앞에서 video-storage 마이크로서비스를 추가한 것과 같은 방법으로 도커 컴포즈를 사용해 개발 환경의 앱에 데이터베이스를 추가할 것이다. 새로운 컨테이너를 앱에 추가해서 데이터베이스 서버 하나를 호스트한다. 서버는 하나만 필요하지만, 그 서버에 여러 데이터베이스를 호스트할 것이다. 즉 나중에 마이크로서비스를 앱에 추가하면서 더 많이 필요할 수 있는 데이터베이스를 쉽게 생성할 수 있도록 구성할 것이다.

도커 컴포즈 파일에 데이터베이스 서버 추가하기

앱에 데이터베이스를 추가하려면 도커 컴포즈 파일을 변경해야 한다. 도커 컴포즈로 쉽게 데이터베이스를 앱에 추가할 수 있다. 도커 컴포즈 파일에 데이터베이스에 대한 공용 도커 이미지를 몇 줄 지정하고, 설정을 추가하면 된다. 마치 '아브라카다브라' 주문을 외치면 데이터베이스가 생기는 것 같다.

예제 4.5는 업데이트한 도커 컴포즈 파일을 보여준다. 파일 맨 위에 이름이 데이터베이스의 약자인 db 항목을 추가했다. 이 컨테이너 설정은 앞에서 추가한 마이크로서비스 설정과 다르다. 새로운 컨테이너의 이미지를 빌드할 필요가 없기 때문이다. 대신 공개적으로 도커허브에 게시된 mongo 이미지를 사용한다.

MongoDB 데이터베이스 서버를
마이크로서비스 앱에 추가한다.

이미지명과 버전을 설정한다. 도커허브에서
가져온 공개된 MongoDB 이미지다.

```yaml
version: '3'
services:

  db:
    image: mongo:4.2.8
    container_name: db


    ports:
      - "4000:27017"
    restart: always

  azure-storage:
    image: azure-storage
    build:
      context: ./azure-storage
      dockerfile: Dockerfile
    container_name: video-storage
    ports:
      - "4001:80"
    environment:
      - PORT=80
      - STORAGE_ACCOUNT_NAME=<여기에 애저 스토리지 계정 이름을 기재한다.>
      - STORAGE_ACCESS_KEY=<여기에 애저 스토리지 계정 키를 기재한다.>
    restart: "no"


  video-streaming:
    image: video-streaming
    build:
      context: ./video-streaming
      dockerfile: Dockerfile
    container_name: video-streaming
    ports:
      - "4002:3000"
    environment:
      - PORT=80
      - DBHOST=mongodb:// db:27017
      - DBNAME=video-streaming
```

앱 안에서 인스턴스로 생성될 컨테이너 이름을 설정한다.
마이크로서비스는 데이터베이스에 연결할 때 이 이름을 사용한다.

MongoDB의 표준 포트인 27017을 호스트 운영체제의
4000번 포트에 매핑한다. 호스트의 4000번 포트를
사용해 데이터베이스 연결과 동작을 확인할 수 있다.

재시작 정책을 always로 설정한다.
MongoDB가 비정상 종료(매우 드문
경우지만)되면, 자동으로 재시작한다.

데이터베이스에 연결하기 위한 마이크로서비스
설정이다.

데이터베이스를 사용하는 마이크로서비스 이름을 설정한다.

```
        - VIDEO_STORAGE_HOST=video-storage
        - VIDEO_STORAGE_PORT=80
    restart: "no"
```

업데이트한 앱에서는 video-streaming 마이크로서비스가 데이터베이스에 연결할 것이다. 주목할 것은 새로운 환경변수인 DBHOST와 DBNAME이 추가된 것이며, 마이크로서비스가 데이터베이스에 연결하기 위한 설정이다.

또한 컨테이너의 포트와 연계할 db 컨테이너 설정도 유의해야 한다. 표준 MongoDB 포트인 27017번 포트가 4000번 포트에 매핑돼 있다. 즉 도커 런타임 안에서는 27017번 포트를 사용해 컨테이너가 데이터베이스에 접근할 수 있다. MongoDB가 기본적으로 사용하는 포트이므로 변경하지 않고 사용한다.

호스트 운영체제는 4000번 포트가 연계돼 있는데, 이는 임의적으로 선택한 것이다. 27017을 포함해 다른 포트를 지정할 수도 있다. 다만 호스트 운영체제에서 실행 중인 MongoDB의 인스턴스와 포트가 충돌할 수 있기 때문에 27017번을 사용하지 않는 것을 선호한다.

앱이 잘 구성됐다. 앱은 이제 표준 포트를 사용해 MongoDB와 상호작용이 가능하고 나중에 살펴볼 예정이지만 개발 워크스테이션에서 직접 데이터베이스에 쿼리하고 데이터를 편집할 수 있는 도구를 사용할 수도 있다. 직접 데이터베이스와 상호작용과 쿼리가 가능하기 때문에 개발 환경에 적합하다.

데이터베이스를 사용하도록 video-streaming 마이크로서비스 업데이트하기

video-streaming 마이크로서비스가 데이터베이스에 연결하도록 도커 컴포즈 파일에 환경변수를 추가했다. 다음으로 이 마이크로서비스의 코드를 변경해서 환경변수를 사용해 데이터베이스에 연결해야 한다.

예제 4.6은 video-streaming 마이크로서비스가 데이터베이스로부터 데이터를 쿼리하고 읽을 수 있도록 업데이트한 코드를 보여준다. 이 코드를 열어서 기존 코드와 어떻게 다른지 살펴보자.

```
const express = require("express");
const http = require("http");
const mongodb = require("mongodb");
```

MongoDB 라이브러리를 로드해서,
마이크로서비스가 데이터베이스에 연결할 수 있다.

```
const app = express();
```

마이크로서비스가 사용할 데이터베이스를 지정한다.

연결할 데이터베이스 서버를 지정한다.

```
const PORT = process.env.PORT;
const VIDEO_STORAGE_HOST = process.env.VIDEO_STORAGE_HOST;
const VIDEO_STORAGE_PORT = parseInt(process.env.VIDEO_STORAGE_PORT);
const DBHOST = process.env.DBHOST;
const DBNAME = process.env.DBNAME;
```

```
function main() {
    return mongodb.MongoClient.connect(DBHOST)
        .then(client => {
            const db = client.db(DBNAME);
            const videosCollection =
            ⇒ db.collection("videos");

            app.get("/video", (req, res) => {
                const videoId =
                ⇒ new mongodb.ObjectID(req.query.id);
                videosCollection
                ⇒ .findOne({ _id: videoId })
                    .then(videoRecord => {
                        if (!videoRecord) {
                            res.sendStatus(404);
                            return;
                        }

                        const forwardRequest = http.request(
                            {
                                host: VIDEO_STORAGE_HOST,
                                port: VIDEO_STORAGE_PORT,
                                path:`/video?path=${videoRecord
                                ⇒ .videoPath}`,
                                method: 'GET',
                                headers: req.headers
                            },
```

데이터베이스 서버에
연결한다.

마이크로서비스가 사용할
데이터베이스를 가져온다.

비디오 메타데이터를 저장할 비디오
컬렉션을 가져온다.

HTTP 쿼리 파라미터로 비디오 ID를
지정한다. MongDB document ID다.

요청된 ID를 가지고
하나의 비디오를
찾기 위해
데이터베이스에
쿼리한다.

비디오를 못 찾았다. HTTP 404
에러 코드를 반환한다.

HTTP 요청을 video-storage
마이크로서비스에 전달할 때
비디오의 ID와 비디오 위치를
매핑한다.

main 함수로 마이크로서비스 바디를 감싼다. 이는 마이크로 서비스의 시작점이다. C++ 프로그래밍 습관이 남아 있는 것일지도 모른다.

```
                                    forwardResponse => {
                                        res.writeHeader(forwardResponse.statusCode,
                                        ➥ forwardResponse.headers);
                                        forwardResponse.pipe(res);
                                    }
                                );

                                req.pipe(forwardRequest);
                            })
                            .catch(err => {
                                console.error("Database query failed.");
                                console.error(err && err.stack || err);
                                res.sendStatus(500);
                            });
                    });

                    app.listen(PORT, () => {
                        console.log(`Microservice online.`);
                    });
                });
        }

main()          ◄──── 마이크로서비스를 시작한다.
    .then(() => console.log("Microservice online."))
    .catch(err => {
        console.error("Microservice failed to start.");
        console.error(err && err.stack || err);
    });
```

예제 4.6은 저장소에서 비디오 위치를 가져오기 위해 비디오 ID를 사용해 데이터베이스 쿼리를 실행하고 있다. 다음으로 video-storage 마이크로서비스에 위치를 전달해 저장된 비디오를 가져온다. 나머지 코드는 이미 익숙할 것이다. HTTP 요청을 video-storage 마이크로서비스에 전달하고 있다.

video-streaming 마이크로서비스 업데이트는 하드 코딩한 비디오 경로를 제거했다. 대신 데이터베이스 ID를 가지고 비디오를 참조한다. ID를 사용하지 않도록 고칠 수도 있다. 단순하게 저장소의 비디오 경로를 참조하도록 할 수도 있지만, 아마도 좋은 생각이 아니라는 느낌이 들 것이다. 이유가 무엇인지 생각해보자.

비디오를 특정하기 위해 실제 경로를 사용한다면 나중에 스토리지 파일시스템을 재배치하길 원할 때 비디오를 다른 위치로 옮기기 어려울 것이다. 이는 데이터베이스 레코드가 직접 비디오를 참조하고 있기 때문이다. 메타데이터 데이터베이스는 비디오 장르와 같은 정보도 포함하고 있다. 나중에 비디오 조회수나 추천과 같은 정보를 위한 데이터베이스도 필요할 수 있다.

각각의 데이터베이스는 반드시 비디오를 특정할 수 있는 방법이 필요하다. 개별 비디오에 대해서 ID만 사용해 저장한다면, 여러 마이크로서비스와 데이터베이스에 끔찍한 문제를 만들지 않고도 독립적으로 저장소에 대한 변경 사항을 적용할 수 있는 자유를 줄 것이다.

또한 비디오 경로는 잠재적으로 매우 길어질 소지가 있고, 경로와 같은 세부 정보가 노출되는 것을 원하지 않으므로 ID를 사용하는 것이 간단하다. 앱의 내부 구조에 대한 단서를 노출하는 것은 잠재적으로 공격자에게 유리하기 때문이다. 이러한 정보를 보관하는 뚜껑은 닫아두는 것이 낫다.

데이터베이스에 테스트 데이터 로딩하기

도커 컴포즈 파일에 데이터베이스를 추가해서 video-streaming 마이크로서비스가 데이터베이스를 사용하도록 수정했다. 변경된 내용을 테스트할 준비가 거의 끝났다.

업데이트한 코드를 테스트하기 위해서는 반드시 데이터베이스에 약간의 테스트 데이터를 넣어야 한다. 나중에 사용자들이 자신의 비디오를 업로드할 방법을 제공하고, 관련된 세부 사항을 데이터베이스에 저장하겠지만, 지금은 앱에서 이를 지원할 방법이 없다.

코드를 테스트하기 위해 데이터베이스를 가상의 샘플 버전으로 대체해볼 수 있다. 즉 4장에서 처음 언급했던 데이터베이스 모형^{mocking}을 사용하는 것을 말한다. 또 다른 방법은 테스트용 초기 데이터를 갖고 있는 데이터베이스를 사용하는 것이다.

데이터베이스에 데이터를 올릴 수 있는 방법은 여러 가지가 있다. 가장 간단한 방법은 Robo 3T(Robomongo라고 알려져 있다)를 사용하는 것이며, MongoDB로 작업할 때 매우 쓸 만한 사용자 인터페이스를 갖고 있다. 내가 항상 사용하는 도구이며, 나의 첫 번째 책 『Data Wrangling with JavaScript』(Manning, 2018)을 읽어봤다면 이미 아는 도구일 것이다. 윈도우, 맥OS, 리눅스에서 사용 가능하다.

Robo 3T를 다운로드해서 설치하기 위한 가이드는 https://robomongo.org/에서 찾을 수 있다. Robo 3T는 데이터베이스의 컬렉션과 문서들을 볼 수 있으며 쉽게 데이터베이스, 컬렉션, 데이터 레코드를 생성할 수 있다.

데이터베이스에 예제 데이터를 Robo 3T를 사용해 올리기 전에 데이터베이스가 실행 중이어야 한다. 앱을 부팅하면 된다. 아직 앱을 부팅하지 않았다면 터미널을 열고 다음과 같이 앱을 시작할 수 있다.

```
docker-compose up --build
```

> |**노트**| 예제 4.5에서 업데이트한 도커 컴포즈 파일과 같은 디렉터리에서 위 명령을 실행해야 한다. 이 파일은 4장 코드 리포지터리의 example-3 디렉터리 아래에 있다.

앱을 시작하면 컨테이너로 실행 중인 MongoDB 데이터베이스 서버가 생긴다. MongoDB의 표준 포트인 27017번을 개발 워크스테이션의 4000번 포트에 연계했으므로 Robo 3T에서 데이터베이스에 localhost:4000으로 연결한다.

예제 4.7은 Robo 3T를 사용해 데이터베이스에 추가할 테스트 데이터를 보여준다. 이 예제는 example-3 디렉터리에 있는 JSON 문서이며, Robo 3T로 복사해서 붙여넣기에 적당하다.

Robo 3T로 데이터를 올리려면 실행해 video-streaming이라는 새로운 데이터베이스를 생성하고 videos란 이름의 컬렉션을 만들고 나서 문서를 컬렉션에 인서트한다. 이 작업을 위해 다음의 예제를 사용할 수 있다.

데이터베이스에 넣을 데이터 레코드

```
{
    "_id" : { "$oid": "5d9e690ad76fe06a3d7ae416" },
    "videoPath" : "SampleVideo_1280x720_1mb.mp4"
}
```

MongoDB 문서 ID로 비디오의
ID를 설정하는 특별한 문법이다.

비디오 위치를
설정한다.

모형화와 초기 데이터에 대해서는 8장에서 다시 다룰 것이다. 지금은 앱을 어떻게 테스트하는 알아보자.

업데이트한 앱의 테스트

이번 단계는 Node.js에서 직접 마이크로서비스를 처음 테스트해보는 것이다. 여러 마이크로서비스들을 통합하기 전에 단위 마이크로서비스를 독립적으로 테스트하는 것은 언제나 좋은 생각이다. 이 코드를 가지고 Node.js에서 테스트할 때에는 MongoDB 드라이버 패키지를 npm으로 설치해야 한다는 것을 잊으면 안 된다.

```
npm install --save mongodb
```

각각의 마이크로서비스마다 테스트하는 과정을 하나씩 여기에 열거할 필요는 없다고 생각한다. 편의상 바로 앱의 통합된 코드를 도커 컴포즈로 실행하는 단계로 넘어가도록 한다.

이전 절에서 이미 실행 중인 앱은 준비돼 있다. 데이터베이스가 필요하므로 이제 테스트 데이터를 올릴 것이다. 앱을 실행하고 있지 않다면, 다음과 같이 지금 실행한다.

```
docker-compose up --build
```

이제 웹 브라우저를 사용해 일반적인 방법으로 앱을 테스트할 수 있다. 이번 경우에는 반드시 보고 싶은 비디오의 아이디를 제공해야 한다. 앞서 테스트를 위해 지정한 아이디는 긴 숫자들이고, 업데이트한 앱을 테스트하기 위해 URL에 추가해야 한다. 브라우저를 열고 다음 링크를 사용해보자.

http://localhost:4002/video?id=5d9e690ad76fe06a3d7ae416

테스트 데이터의 아이디를 변경했다면 위 URL에서 마찬가지로 변경해야 한다. 매우 익숙한 테스트 비디오를 재생하는 것을 볼 수 있을 것이다.

4.5.3 운영 환경에 데이터베이스 서버 추가

지금까지는 앱의 개발 환경에서 데이터베이스를 추가하는 내용을 다뤘다. 물론 충분히 잘 동작하지만 운영 환경에 어떻게 배포할 수 있는지는 아직 배우지 않았다. 6장과 7장에서 다룰 예정이다. 지금 해볼 수 있는 것은 데이터베이스 서버를 운영 환경에서 사용할 목적으로 어떻게 배포할 수 있는지 간단하게 생각해보는 것이다.

도커 컴포즈는 개발 환경에서 데이터베이스 서버를 쉽게 앱에 추가할 수 있었지만, 운영 환경이라면 어떨까? 운영 환경이라면 쿠버네티스 클러스터에 별도의 데이터베이스를 사용할 것을 권한다. 그래서 클러스터를 스테이트리스로 유지할 수 있고 4.4.5절에서 논의한 것처럼 데이터 손실 등에 대한 위험 없이 클러스터를 해체하거나 다시 빌드할 수 있다.

쿠버네티스 클러스터로 운영 환경을 일단 구성하면 도커 컴포즈를 사용한 작업과 비슷하게 MongoDB 데이터베이스를 쉽게 배포할 수 있다. 실은 운영 환경에 데이터베이스 서버를 올릴 가장 쉬운 방법이기 때문에 7장에서 해볼 작업이다.

무엇보다도 데이터베이스를 클러스터와 별도로 구성할 것을 권한다. 구분된 VM에서 실행하거나 매니지드 데이터베이스managed database[1]를 사용할 수도 있다. 이는 운영 클러스터를 스테이트리스로 유지하기 위해서다.

매니지드 데이터베이스의 장점은 바로 보안이다. 데이터베이스 서비스 제공자는 우리 대신 시스템을 관리해주고, 데이터의 보호와 백업을 수행한다. 규모가 큰 회사에서 일한다면, 아마도 자체적으로 이런 작업들을 관리하고 있을 것이다. 하지만 작은 회사나 스타트업에서는 필요한 모든 도움을 받아야 한다.

1 　일반적인 클라우드 데이터베이스에 비해서 저장소와 네트워크의 접근성을 더 엄격하게 제어할 수 있다. – 옮긴이

4.5.4 마이크로서비스-데이터베이스 또는 앱-데이터베이스

여기서는 데이터베이스 서버에 하나의 데이터베이스만 생성했다. 하지만 지금부터는 추가로 데이터베이스를 여러 개 더 만들려고 한다.

앞에서 봤듯이 데이터베이스 이름은 video-stremaing이며, 마이크로서비스와 같은 것으로 정했다. 이는 이 책에서 앞으로 어떤 규칙을 사용할지 암시하고 있다. 즉 마이크로서비스마다 자신의 데이터베이스를 갖는다. 객체 지향 프로그래밍에서 객체 안에서 데이터를 캡슐화encapsulate하듯이 마이크로서비스 내에서 데이터를 캡슐화하기를 원하기 때문이다.

데이터베이스를 만들 때 마이크로서비스 단위로 할까, 아니면 앱 단위로 만들까? 물론 마이크로서비스마다 데이터베이스를 두는 것이 바람직하다. 하나의 서버가 여러 개의 데이터베이스를 보유할 수 있지만 각각의 마이크로서비스는 자신만의 데이터베이스를 갖도록 구성해야 한다. 마이크로서비스가 데이터베이스를 공유해서 사용하거나 통합해서 사용한다면 설계와 확장성 측면에서 문제를 만날 수 있다.

지금 우리는 캡슐화된 코드를 제외한 모든 데이터를 구분해서 관리하고 있다. 마이크로서비스 안에서의 데이터 변경은 잘 드러나지 않기 때문에 이러한 데이터의 제한이 데이터 구조를 안전하게 개선하는 데 도움을 주기 때문이다. 만약 REST API를 신중하게 설계한다면 하나의 마이크로서비스 문제 또는 장애가 앱의 다른 영역에 퍼져 나가는 것을 피할 수 있다. 잘 설계한 REST API는 앱의 좋은 설계와 다를 바 없다.

아마도 데이터베이스 하나를 여러 마이크로서비스가 공유해서 사용하는 것이 좋은 방법이라는 생각도 일부 있을 것이다. 하지만 데이터베이스를 통합해서 사용하거나 여러 마이크로서비스와 인터페이스하면 더 깨지기 쉽고, 확장성이 떨어지는 앱이 되기 때문에 오히려 불리하다.

어떤 경우에는 성능이나 여러 이유로 데이터베이스를 공유하길 원할 수 있다. 설계 원칙은 어려운 목표를 달성하기 위해 가끔은 깨어지기 마련이다. 공유가 왜 필요한지, 정말로 필요한 것인지 신중하게 고민해야 한다. 앱에 바람직하지 못한 설계를 아무런 이유도 없이 그냥 적용하면 안 된다. 데이터베이스와 확장성에 대해서는 11장에서 더 알아볼 것이다.

4.5.5 우리가 해낸 것

데이터베이스를 앱에 추가했다. 이제는 앱의 업데이트를 관리하는 두 가지 다른 방법을 갖췄다. 외부 클라우드 저장소에 파일을 저장할 수 있고, 데이터베이스에 데이터를 저장할 수도 있다. 도커 컴포즈를 사용해 여러 컨테이너로 구성된 앱을 실행하고, 앱이 두 개의 마이크로서비스와 하나의 데이터베이스를 갖도록 업데이트했다.

저장소 서비스 제공자는 video-storage 마이크로서비스에서 드러나지 않는다. 단지 저장소에서 비디오를 가져오는 역할만 담당하기 때문이다. 이렇게 추상화를 해두면 나중에 스토리지 서비스를 변경할 경우 앱의 중단 없이 쉽게 대체하기 좋다.

데이터베이스 서버를 만들고 video-streaming 마이크로서비스를 위한 하나의 데이터베이스도 추가했다. 마이크로서비스 하나당 데이터베이스를 만드는 규칙을 따르고 있으며 나중에도 계속 쉽게 데이터베이스를 서버에 안전하게 추가할 수 있다.

간단하게 하나의 마이크로서비스가 다른 하나와 어떻게 통신할 수 있는지 봤다. video-streaming 마이크로서비스가 HTTP GET 요청을 받아 video-storage 마이크로서비스에 전달했다. 처음이자 가장 간단한 형태로 통신이 이뤄졌고, 요청을 보내거나 작업을 서로 위임하기 위해 사용할 수 있다. 아울러 도커 컴포즈에 대한 내용을 더 확장해서 알아봤고, 전체 마이크로서비스 앱에 대해 라이브 리로드를 적용하는 방법도 배웠다.

4.6 도커 컴포즈 다시 보기

4장에서는 개발 워크스테이션에서 앱이 점차 커지면서 복잡해지는 것을 관리할 수 있는 도커 컴포즈의 가치를 더 알아볼 수 있었다. 하나의 컨테이너만 실행하더라도 설정을 세부적으로 저장하고 관리할 수 있기 때문에 여전히 유용하다. 예전에 사용했던 두 개의 명령어도 하나면 끝난다.

4장의 예제를 따라 작업해 나가면서, 두 개의 컨테이너를 앱에 추가했고, 도커 컴포즈의 가치는 더욱 명확해졌다. 앱에 필요한 만큼 얼마든지 컨테이너를 추가할 수 있으며 모든 세부 설정을 기재하고 컨테이너 수와 상관없이 병합된 엔티티로서 하나의 명령어로 모두 관리할 수 있다.

그림 4.13은 도커 컴포즈로 실행하는 앱의 수명주기^{lifecycle}를 보여준다. 앱과 모든 마이크로서비스를 부팅하기 위해 up 명령을 사용하고, down 명령으로는 앱을 종료하고 개발 워크스테이션을 초기 상태로 되돌린다.

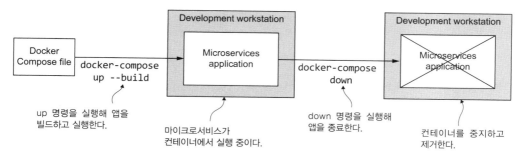

▲ **그림 4.13** 도커 컴포즈를 사용하는 경우의 마이크로서비스 앱 수명주기

4장을 마무리하기 전에 지금까지 배운 도커 컴포즈 명령어를 정리한 표 4.2를 간단하게 살펴보자. 이 페이지를 표시해두면 도커 컴포즈 작업에 도움이 필요할 때 빨리 찾아올 수 있을 것이다.

▼ **표 4.2** 도커 컴포즈 명령어 다시 보기

명령어	상세
docker-compose --version	도커 컴포즈가 설치됐는지 확인하고 버전을 출력한다.
docker-compose up --build	현재 디렉터리의 도커 컴포즈 파일(docker-compose.yaml)에 정의된 여러 개의 컨테이너로 이뤄진 앱을 빌드하고 인스턴스를 생성한다.
docker-compose ps	도커 컴포즈 파일에 지정된 앱에 대해서 실행 중인 컨테이너 목록을 보여준다.
docker-compose stop	앱의 모든 컨테이너를 중지하지만, 중지된 컨테이너는 상태 확인을 위해서 남아 있다.
docker-compose down	앱을 중지하고 제거해서, 개발 워크스테이션이 깨끗한 상태로 남아 있게 된다.

4.7 배움을 이어 가기

4장에서는 두 가지 큰 주제를 대략적으로 알아봤다. 앱에 새로운 마이크로서비스를 추가하고, 애저 스토리지 계정으로 연결했다. 또한 MongoDB 데이터베이스를 앱에 추가했다. 애저와 MongoDB 모두 각각의 넓은 세상이 있으며, 이 분야에 대한 더 깊이 있는 지식을 다루는 참고 자료를 소개하고자 한다.

- 『애저 인 액션』(프리렉, 2011)
- *Learn Azure in a Month of Lunches* by Iain Foulds(Manning, 2018)
- 『몽고디비 인 액션 2/e』(제이펍, 2018)

도커 컴포즈에 관해서는 다음 온라인 문서를 참고해보자.

- https://docs.docker.com/compose/
- https://docs.docker.com/compose/compose-file/
- https://docs.docker.com/compose/reference/

4장에서 도커 컴포즈를 사용해 여러 개의 마이크로서비스로 용량을 확장했다. 또한 앱에 데이터 관리 능력을 더했다. 5장에서는 마이크로서비스들이 서로 통신하는 방법에 관해 더 자세히 알아볼 것이다. 또한 도커 컴포즈 지식도 더 높이고, 전체 앱에 대해 적용 가능하도록 라이브 리로드를 확장하는 방법도 배울 것이다.

요약

- 앱을 구성하는 마이크로서비스를 지정하고 있는 도커 컴포즈 파일을 생성했다.
- 도커 컴포즈 명령어인 up과 down을 사용해 개발 환경에서 마이크로서비스 앱을 실행하는 방법을 배웠다.
- 애저 스토리지 계정을 만들고 비디오를 업로드하는 방법을 배웠다.
- 앱에 두 번째 마이크로서비스를 추가하고 애저 저장소에서 비디오를 가져왔다.
- video-streaming 마이크로서비스를 수정해서 요청을 받으면 새로운 video-storage 마이크로서비스로 전달하게 만들었다.

- 비디오에 대한 정보를 저장할 수 있도록 앱에 MongoDB 데이터베이스를 포함했다.
- 비디오 위치를 알아내기 위해 데이터베이스를 사용하도록 video-streaming 마이크로서비스를 수정했다.

5

마이크로서비스 간의 통신

5장에서 다루는 주제

- 더 빠른 개발 속도를 위한 앱의 라이브 리로드
- 마이크로서비스 간의 직접 HTTP 요청 메시지 전송
- 마이크로서비스 간의 래빗MQ로 메시지 간접 전송
- 메시지를 간접 또는 직접 전달하는 방법의 선택

마이크로서비스 앱은 보통 여러 개의 마이크로서비스로 구성돼 있으며, 서로 자신의 영역을 책임지고 있다. 각각의 단위 마이크로서비스는 작고 단순하기 때문에 기능이 많지 않으며, 앱의 목적을 위해서 마이크로서비스는 반드시 협업을 통해 복잡한 동작을 해낸다. 협업을 위해서 마이크로서비스는 서로 통신할 방법이 필요하다. 그렇지 않으면 마이크로서비스의 기능들을 조율할 수 없고, 따라서 복잡한 기능을 수행해낼 수 없다.

5장에서 마이크로서비스가 서로 통신할 수 있는 다양한 방법들을 실험해보면, 마이크로서비스의 협업을 통해 앱이 갖춰야 할 더 높은 수준의 요구 사항도 만족시킬 수 있다. 이러한 과정에서 필요한 도커와 도커 컴포즈를 다시 살펴보고, 전체 앱에 대한 라이브 리로드를 구성할 것이다. 즉 코드를 업데이트할 때마다 앱을 다시 빌드하고 재시작하지 않도록 만드는 것이 기본이다.

4장에서 HTTP 요청을 사용해 단방향으로 마이크로서비스가 통신을 하는 것을 이미 봤다. 5장에서는 HTTP 요청으로 메시지를 직접 메시징^{direct messaging}을 확장해보고, 간접 메시징^{indirect messaging}을 위해 래빗MQ를 사용하는 것도 알아볼 것이다. 5장을 통해 주어진 상황에 맞게 어떠한 메시지 전달 방식을 사용할지 선택하는 방법을 배울 것이다.

5.1 새로운 도구와 익숙한 도구 소개

5장에서 메시지 큐를 사용하기 위해 래빗MQ 소프트웨어를 소개한다. 이는 마이크로서비스를 서로 분리^{decouple}할 수 있게 만든다. npm 패키지인 amqplib를 사용해 마이크로서비스가 래빗MQ에 연결해 메시지를 주고받을 수 있게 할 것이다. 또한 이미 접해본 적이 있지만 여기서는 어떻게 HTTP 요청으로 메시지를 전송하고, 앱 전체에 대해서 라이브 리로드를 지원하도록 개발 환경을 업그레이드할 수 있는지 살펴볼 것이다.

▼ **표 5.1** 5장의 새로운 도구와 다시 등장한 도구

도구	버전	사용 목적
도커 컴포즈	1.26.2	한꺼번에 여러 개의 컨테이너를 설정하거나 빌드, 실행, 관리할 수 있는 도구다.
HTTP	1.1	하이퍼텍스트 전송 프로토콜(HTTP, Hypertext Transfer Protocol)로 메시지를 마이크로서비스끼리 직접 전송(또는 동기 방식으로)하기 위해 사용한다.
래빗MQ	3.8.5	래빗MQ는 메시지 큐 소프트웨어이며, 마이크로서비스가 메시지를 간접적으로 (또는 비동기 방식으로) 전달하기 위해 사용한다.
amqplib	0.5.6	이 npm 패키지는 래빗MQ를 설정하고 자바스크립트에서 메시지를 주고받을 때 사용한다.

5.2 코드 다운받기

5장을 따라 하기 위해 코드를 다운로드하거나 리포지터리를 복사할 수 있다.

- 코드의 압축파일 다운로드는 다음의 링크를 사용한다.

  https://github.com/bootstrapping-microservices/chapter-5

- 깃을 사용해 코드를 복사하려면 다음의 명령을 사용한다.

```
git clone https://github.com/bootstrapping-microservices/chapter-5.git
```

깃 설치에 도움이 필요하다면 2장을 참고한다. 코드에 문제가 있을 경우 깃허브 리포지 터리에 문제를 알려주길 바란다.

5.3   마이크로서비스 간의 대화

지금 시점에서 보면 두 개의 마이크로서비스로 구성된 하나의 앱을 갖고 있다. 비디오 스 트리밍과 비디오 스토리지 마이크로서비스다. 4장에서 데이터 저장 기능을 추가했는데, video-streaming 마이크로서비스에는 데이터베이스를 video-storage 마이크로서비스 에는 비디오 파일을 저장하는 외부 클라우드 저장소를 추가했다. 앱의 현재 구조를 알기 위해 그림 5.1을 살펴보자.

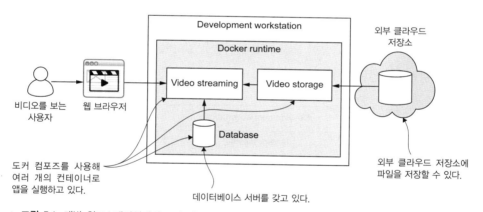

▲ **그림 5.1** 개발 워크스테이션에서 도커 컴포즈를 사용해 두 개의 마이크로서비스와 데이터베이스를 실행하는 작업을 4장에서 끝냈다. 또한 애저 클라우드 저장소를 연결해 비디오를 저장한다.

원하는 기능을 제공하기 위해 마이크로서비스 앱은 결국 서비스끼리 협업하는 형태로만 완성이 가능하다. 마이크로서비스끼리 통신할 수 없다면 앱이 할 수 있는 일이 거의 없 다. 그러므로 마이크로서비스 간의 통신은 마이크로서비스 제작의 핵심이고, 통신을 위 한 기술은 필수적으로 갖춰야 한다.

실제로 4장에서 video-streaming과 video-storage 마이크로서비스 간의 통신을 위해 HTTP 요청을 사용한 적이 있다. 4장에서는 간단하게 설명하고 넘어갔지만, 실은 매우 중요한 내용이다. 이를 다루지 않았다면 앱의 스트리밍과 스토리지 기능을 나누는 첫 단계에서 방향을 잃을 수 있다.

> |**노트**| 앱의 기능을 구현하기 위해 마이크로서비스는 반드시 협업해야 하고, 이러한 협업을 위해 통신할 수 있는 능력이 매우 중요하다.

5장에서는 세 번째 마이크로서비스를 추가한다. 이름은 history microservice다. 새로운 마이크로서비스는 마이크로서비스 간의 통신을 설명하기 위한 것이다. 그림 5.2는 어떻게 video-streaming 마이크로서비스가 메시지를 히스토리 마이크로서비스에 전송하는지 보여주고 있다.

5장을 마치면 앱이 개념적으로 어떻게 구성될 것인지를 그림 5.2가 보여주고 있지만, 여기서 추가할 기술적인 세부 사항은 포함하지 않고 있다. 전체적인 그림을 이해하기 위해서는 다양한 형태의 활용 가능한 통신 방법과 기술을 알아야 하겠지만, 우선 히스토리 마이크로서비스부터 알아보자.

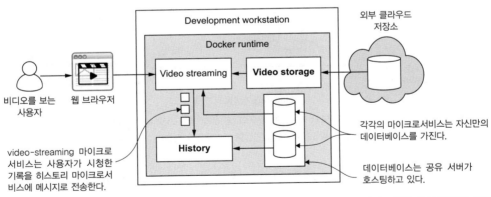

▲ **그림 5.2** 5장에서 새로운 마이크로서비스를 사용해 앱을 확장하고, 마이크로서비스 간의 통신 방법을 살펴본다.

5.4 히스토리 마이크로서비스 소개

5장의 예제로 히스토리 마이크로서비스를 만들어 보면서 어떻게 메시지를 서로 주고받는지 알아볼 것이다. 플릭스튜브에 딱 맞는 새로운 마이크로서비스로, 이름에서 알 수 있듯이 사용자가 시청한 내용을 기록한다.

시청한 기록을 앱이 활용하는 방법에는 여러 가지가 있다. 초급자를 위한 방법으로 사용자가 과거에 본 비디오를 기록해두는 기능을 제공한다고 생각해보자. 아마도 나중에 비디오를 다시 보거나 다른 사용자들을 위해 추천할 수 있는 기능을 생각해볼 수 있을 것이다.

예제를 간단하게 만들기 위해서 video-storage 마이크로서비스는 여기서 제외하고, video-streaming 마이크로서비스를 단순화할 것이다. 실제로 5장의 출발점으로 도커 이미지로 만들었던 예전 버전의 video-streaming 마이크로서비스를 다시 가져올 것이다. 즉 3장을 마친 상태의 video-streaming 마이크로서비스를 사용한다. 단지 통신에 필요한 기술을 강조해서 다룰 수 있도록 단순화한 것이다. 5장 이후부터는 다시 video-storage 마이크로서비스를 복구하고 예전에 멋지게 완성했던 video-streaming 마이크로서비스를 사용할 것이다.

마이크로서비스 간에 전달할 메시지 이름은 viewed로 정한다. video-streaming 마이크로서비스가 사용자가 시청한 비디오를 처리하는 히스토리 마이크로서비스에게 어떻게 전달하는지 알아보자. 그림 5.3은 히스토리 마이크로서비스의 기능을 보여준다. video-streaming 마이크로서비스로부터 메시지 스트림을 받아서 자신의 데이터베이스에 기록한다.

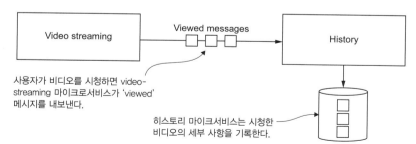

▲ **그림 5.3** 통신 방법 중 하나를 알아보는 예제로서 video-streaming 마이크로서비스가 사용자의 시청한 기록, 즉 조회 메시지를 히스토리 마이크로서비스로 전달해볼 것이다.

아직 메시지 유형에 대해 언급하지 않았지만, 곧 등장할 것이다. 지금은 조회 메시지를 전송할 때 사용할 수 있는 방법이 여럿 있다는 점만 기억해두자. 5장을 통해 여러 옵션들을 알아볼 것이며, 특정 상황에서 어떤 방법이 최선인지 선택할 수 있을 것이다. 그 전에 더 빠른 개발 주기iterations를 갖기 위해 개발 환경을 업그레이드해보자.

5.5 빠른 개발 주기를 위한 라이브 리로드

2.4절에서 작고 빠르게 코드를 추가하는 것이 빠른 피드백과 개발 작업 속도에 필수적이라는 점을 개발 원칙과 함께 언급했다. 2장에서는 Node.js로 첫 마이크로서비스를 직접 실행할 때 라이브 리로드를 활용하기 위해 npm 패키지, nodemon 등을 사용할 수 있었다. 즉 코드를 변경하면 자동으로 마이크로서비스를 리로드하는 것이다.

효율적인 라이브 리로드 체계는 마이크로서비스 수준보다 앱 수준에서 더욱 중요하다. 개별 마이크로서비스보다 전체 앱을 빌드하고 시작하는 것이 더 시간이 많이 걸리는 작업이기 때문이다.

3장에서는 도커를 사용했고 마이크로서비스 코드를 도커 이미지로 만들었다. 도커는 마이크로서비스를 패키징, 게시, 배포할 때 매우 유용하다. 아직 배포 작업은 해보지 않았지만 위와 같은 장점 때문에 도커를 사용한다. 실제 배포를 해보기 위해서는 6장과 7장에서 다룰 운영 환경이 필요하며, 운영 환경에 도커 이미지를 배포하는 작업을 알아볼 것이다.

4장에서는 점점 커지는 앱을 구성하고 관리하기 위한 편리한 방법으로 도커 컴포즈를 사용했다. 충분히 좋은 도구지만 아쉽게도 Node.js에서 실행하던 마이크로서비스를 도커 컨테이너를 사용하는 과정에서 코드를 자동으로 리로드하는 기능을 상실했다.

완성된 코드를 도커 이미지로 만들기 때문에 이후에 코드를 변경할 수 없다. 이는 운영 환경에 더 적합하다. 보안 측면에서 누군가가 코드를 건드려 시스템이 망가지길 바라지 않는 것 또한 운영 환경에 적합한 이유다. 하지만 문제는 개발 과정에서 이미지를 계속해서 다시 빌드하고, 업데이트한 코드를 적용하기 위해 앱을 재시작하는 것도 원하지 않는다는 점이다. 이런 방식은 매우 느리다. 또한 반복되는 리빌드와 재시작은 앱의 규모가 점차 커지면서 작업 시간도 길어진다.

|**노트**| 앱을 운영하면서 신속하게 코드를 업데이트할 수 없다면 개발 과정에도 나쁜 영향을 주고 전체적인 생산성도 크게 떨어진다. 이 문제에 대해 곧 접근해볼 것이며 라이브 리로드를 다시 활용할 방법을 찾을 것이다.

이번 절에서는 도커 컴포즈 파일을 업그레이드해 개발 워크스테이션과 컨테이너 간에 코드를 공유할 수 있게 만들 것이다. 그림 5.4는 새로 만들 히스토리 마이크로서비스의 소스 코드 디렉터리를 나타내며, 어떻게 개발 워크스테이션과 마이크로서비스의 컨테이너에서 공유하는지 보여준다.

이러한 작업 위해 nodemon을 사용하고, 모든 마이크로서비스에 대해 적용할 것이다. 코드가 변경되면 자동으로 각각의 마이크로서비스를 재시작한다. 다소 어려워 보이는 설정이지만, 개발 속도에 큰 영향을 주기 때문에 제대로 동작하도록 만들어 볼 가치는 충분하다.

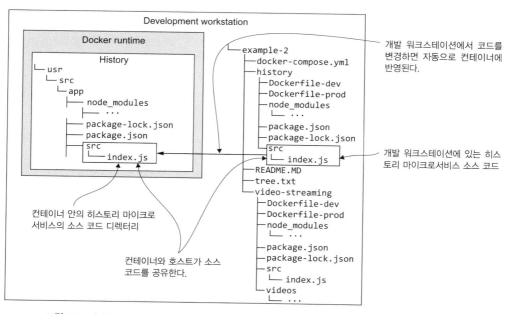

▲ **그림 5.4** 더 큰 규모에서 라이브 리로드를 활용하기 위해서 개발 워크스테이션과 컨테이너가 코드를 공유한다. 변경된 코드를 자동으로 컨테이너에도 반영한다.

5.5.1 히스토리 마이크로서비스의 보조 기능

새로운 히스토리 마이크로서비스에게만 라이브 리로드 설정을 적용할 것이다. 하지만 나중에 다른 마이크로서비스에도 같은 설정을 적용할 수 있다. 이 라이브 리로드 설정은 앱에 포함된 모든 마이크로서비스를 지원한다.

시작하기 전에 먼저 예제 5.1을 살펴보고 새로 작성할 히스토리 마이크로서비스에 익숙해져보자. 지금은 특별한 기능은 없다. 아직 기초 공사를 시작한 상태이고, 기능을 추가할 준비를 하고 있다. 일단 라이브 리로드가 동작하면 도커 컴포즈로 앱을 시작할 수 있을 것이다. 다음으로 라이브 업데이트를 하면서 마이크로서비스 기능을 개선할 것이며, 이 과정에서 앱을 재시작하지 않을 것이다.

예제 5.1 히스토리 마이크로서비스 기초(chapter-5/example-1/history/src/index.js)

```
const express = require("express");

function setupHandlers(app) {    ←    나중에 여기에 HTTP 경로와 메시지를
                                       처리하는 기능을 추가할 것이다.

}

function startHttpServer() {
    return new Promise(resolve => {
        const app = express();
        setupHandlers(app);

        const port = process.env.PORT &&
        ➥ parseInt(process.env.PORT) || 3000;
        app.listen(port, () => {
            resolve();
        });
    });
}

function main() {
    console.log("Hello world!");

    return startHttpServer();
}
```

```
main()
    .then(() => console.log("Microservice online."))
    .catch(err => {
        console.error("Microservice failed to start.");
        console.error(err && err.stack || err);
    });
```

5.5.2 마이크로서비스에 라이브 리로드 추가

2장에서 배운 nodemon을 설치해 라이브 리로드를 구현했던 첫 마이크로서비스의 코드
에서 특별히 변경할 것은 없다. nodemon을 각각의 마이크로서비스에 다음과 같이 설치
하자.

```
npm install --save-dev nodemon
```

npm 패키지인 nodemon은 코드를 지켜보고 있다가 변경이 발생하면 자동으로 재시작
하기 위해 사용한다. 마이크로서비스의 package.json 파일은 2장에서 정한 규칙대로
start:dev라고 이름을 붙인 npm 스크립트를 포함한다. 아래 예제 5.2를 살펴보자.

예제 5.2 nodemon을 사용해 라이브 리로드를 구현하기 위한 package.json 설정(chapter-5/example-1/history/package.json)

```
{
  "name": "history",
  "version": "1.0.0",
  "description": "",
  "main": "./src/index.js",
  "scripts": {
    "start": "node ./src/index.js",      ◄── 마이크로서비스의 라이브 리로드를
                                              구현하기 위해 nodemon을 사용한다.
    "start:dev":                              코드를 변경하면 자동으로 nodemon이
    ➥ "nodemon --legacy-watch ./src/index.js"   마이크로서비스를 재시작한다.
  },
  "keywords": [],
  "author": "",
  "license": "MIT",
  "dependencies": {
```

```
  "express": "^4.17.1"
  },
  "devDependencies": {
  "nodemon": "^1.19.1"
  }
}
```

npm 스크립트에 start:dev 항목을 추가했으므로 다음과 같이 마이크로서비스를 실행할수 있다.

```
npm run start:dev
```

그러면 다음과 같이 마이크로서비스를 nodemon이 실행한다.

```
nodemon --legacy-watch ./src/index.js.
```

물론 긴 nodemon 명령어를 매번 입력할 수도 있겠지만, npm run start:dev 명령이 간단하고, 마이크로서비스가 다수라고 가정한다면 다른 마이크로서비스를 실행할 때도 동일하게 사용할 수 있다. 지금 히스토리 마이크로서비스를 시작했다면, **Ctrl+C**를 눌러서 종료하자. 곧 전체 앱을 다시 도커 컴포즈를 사용해 실행할 것이다.

아마도 nodemon을 사용할 때 왜 --legacy-watch 인수를 사용했는지 궁금할 것이다. 이는 종종 리눅스 가상머신^{VM}에서 도커와 도커 컴포즈를 실행하기 때문이다. 윈도우 PC에서 리눅스를 사용해 작업하는 것은 편리하다(WSL2를 설치해야 윈도우 홈 에디션에서 도커를 실행할 수 있다).

--legacy-watch를 사용하면 파일시스템의 감시를 비활성화하고 코드 변경을 모니터하기위해서 직접 상태를 자주 확인하는 방법$^{polling mechanism}$을 사용한다. 이는 특히 가상머신에서 개발할 때 필요한데, 라이브 리로드가 사용하는 모니터 방법이 호스트 운영체제에서 발생하는 변경을 인지하지 못하기 때문이다.

만약 가상머신으로 개발하는 것이 아니라면 --legacy-watch 인수를 제거할 수 있으며 라이브 리로드가 약간 더 좋은 성능으로 동작할 것이다. 가상머신에서의 개발을 위한 더 자세한 내용은 이 책의 부록 A를 참고할 수 있다.

5.5.3 개발과 운영 환경의 도커파일 구분

2장에서 개발과 운영 환경에서 마이크로서비스를 실행하는 방법에 대해 논의했다. 개발과 운영 환경 각각에 필요한 요구 사항에 맞게 구분해서 최적화하기 위해서다. 이번 절에서는 위와 같이 구분했을 때의 장점을 알아볼 것이다.

> |**노트**| 지금 시점에서 개발과 운영 환경을 위한 도커파일을 구분해 만들 것이다. 각각의 환경에 따라 요구 사항이 다르다. 개발 환경은 더 빠른 반복 개발 작업이 중요하고, 운영 환경에서는 성능과 보안이 더 중요하다.

그러므로 모든 마이크로서비스에 대해서 도커파일을 하나가 아닌 두 개를 만든다. 즉 개발과 운영 환경을 위해 하나씩 필요하다. 개발을 위해서는 Dockerfile-dev로, 운영에는 Dockerfile-prod로 파일명을 사용한다.

위와 같은 이름으로 혼란을 방지할 수 있다. 소프트웨어 개발 시 파일 이름을 잘 짓는 것은 매우 중요하므로 의미가 선명한 이름을 선택하고 애매모호한 이름은 피해야 한다. 지금은 도커파일의 이름을 구분해서 라이브 리로드는 개발 환경에서 사용하고 운영 환경에서는 비활성화한다.

예제 5.3은 히스토리 마이크로서비스의 운영 환경 도커파일을 보여준다. 표준 Node.js 도커파일이기 때문에 특별히 새로운 것은 없다. 3장에서 만든 도커파일과 유사하다.

예제 5.3 운영 환경을 위한 도커파일 생성(chapter-5/example-1/history/Dockerfile-prod)

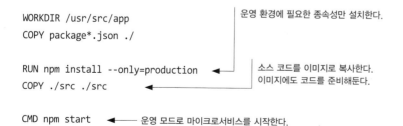

운영에서는 알파인(alpine) 리눅스를 사용해
마이크로서비스 이미지를 훨씬 작게 만든다.
→ `FROM node:12.18.1-alpine`

`WORKDIR /usr/src/app`
`COPY package*.json ./`   운영 환경에 필요한 종속성만 설치한다.

`RUN npm install --only=production` ◄   소스 코드를 이미지로 복사한다.
`COPY ./src ./src` ◄   이미지에도 코드를 준비해둔다.

`CMD npm start` ◄──── 운영 모드로 마이크로서비스를 시작한다.

실제로 5장에서는 운영 환경의 도커파일은 사용하지 않지만, 7장에서 운영 환경에 배포할 때 꼭 필요하다. 나중에 개발과 운영 환경의 버전이 너무 차이 나지 않도록 단계적으로 도커파일을 유지하고 관리하는 것이 좋다.

예제 5.4는 히스토리 마이크로서비스의 개발 환경 도커파일이다. 내용을 읽어보면서 운영 환경의 도커파일인 예제 5.3과 비교해보자. 개발과 운영 환경에서의 차이를 직접 찾아보자.

알파인 버전 대신에 non-alpine 버전 리눅스를 사용한다. 이 버전은 용량이
더 크지만 개발 작업 중에 사용할 디버깅 도구를 더 많이 갖고 있다.

```
FROM node:12.18.1-alpine

WORKDIR /usr/src/app
COPY package*.json ./
```

이미지에 package.jsob 파일을 복사한다. 코드는 이미지에 복사하지 않는다는 점을 유의한다.

npm 설치를 위한 캐시를 활성화해서 이후의 설치 작업이 더 빠르다.

```
CMD npm config set cache-min 9999999 && \

    npm install && \
```

컨테이너를 시작할 때 npm install을 실행한다. 즉 npm 캐시를 활용해 빌드하는 과정에 그냥 설치하는 것보다 컨테이너에서 더 빠르게 설치할 수 있다.

```
    npm run start:dev
```

개발 모드에서 라이브 리로드를 지원하도록 nodemon을
사용해 마이크로서비스를 시작한다.

두 도커파일의 차이점을 보자. 예제 5.3은 운영 환경에서 필요한 종속성만을 설치하고, 예제 5.4는 개발 환경 종속성을 포함한 모든 종속성을 설치한다. 하지만 가장 중요한 차이점은 도커 이미지에 COPY 명령을 사용해 소스 코드도 함께 넣었다는 점이다.

```
COPY ./src ./src
```

이 명령은 코드를 이미지에 복사한다. 개발용 버전의 도커파일에는 이 부분이 없다는 점이 가장 흥미롭다. 예제 5.4를 보면 COPY 명령이 없는 것을 알 수 있다(package.json 파일 때문에 하나 있기는 하다). 그러므로 개발용 도커 이미지에는 코드가 존재하지 않는다. 코드를 이미지에 넣으면 나중에 쉽게 변경할 수 없다. 코드를 변경할 수 없다면 라이브 리로드 또한 사용할 수 없다.

그렇다면 개발용 이미지에 코드를 복사하지 않고 어떻게 컨테이너가 찾을 수 있을까? 이 답은 다음 절에서 찾을 수 있다. 지금은 개발과 운영 도커파일의 또 다른 중요한 차이점을 찾아보자.

컨테이너 안에서 마이크로서비스를 어떻게 시작할지 지정하는 CMD 명령을 보자. 운영 도커파일에서는 2장에서 설명한 대로 npm start를 사용해 간단하게 실행했다.

```
CMD npm start
```

개발 환경 도커파일에서 CMD 명령은 다르며, 더 많은 일을 한다.

```
CMD npm config set cache-min 9999999 && \
    npm install && \
    npm run start:dev
```

위 명령은 행 연결 문자인 백슬래시를 사용해 세 줄로 구분했다. 첫 줄은 npm 캐시를 설정하고, 두 번째 줄은 npm 설치를, 세 번째 줄에서는 마이크로서비스를 시작한다.

운영 환경을 위한 도커파일은 도커의 빌드 과정에 npm install을 실행해 운영 환경에 필요한 모든 종속성을 이미지에 포함하도록 한다. 하지만 개발 버전은 컨테이너를 시작할 때 npm install을 실행한다. 이런 차이가 가진 의미는 개발 환경에서 이후 추가로 리빌드하는 성능을 더 좋게 만들기 위해서다.

npm install은 시간이 많이 걸린다. 컨테이너를 시작할 때 실행하면 호스트 운영체제에서 npm 패키지를 캐시할 수 있으므로, 첫 번째 줄에 캐시를 설정했다. 이와 같은 방법으로 npm 패키지를 캐시하면 다음에 이어지는 npm 설치가 훨씬 빠르고, 따라서 컨테이너 시작도 더 빨라진다. 이는 다음 절에서 어떻게 동작하는지 더 자세히 알아볼 것이다.

개발 환경 도커파일에 대한 세 번째 줄의 CMD 명령은 실제로 마이크로서비스를 시작한다. 라이브 리로드가 활성화된 상태로 마이크로서비스를 시작하기 위해서 npm script start:dev를 실행한다.

5.5.4 라이브 리로드를 위한 도커 컴포즈 파일 업데이트

앱 전체 수준의 라이브 리로드를 구현하는 마지막 부분은 도커 컴포즈 파일을 약간 수정해서, 호스트 운영체제와 컨테이너 간에 코드와 npm 캐시를 공유하는 것이다. 이번 절에서는 도커 볼륨를 사용해 개발 워크스테이션과 컨테이너 간에 파일 시스템을 공유한다. 즉 VS Code를 가지고 코드를 편집해서 바로 도커 컴포즈로 실행하는 앱의 마이크로서비스가 변경된 것을 볼 수 있다.

예제 5.5는 새로운 히스토리 마이크로서비스의 설정을 보여주는 example-1의 도커 컴포즈 파일에서 가져온 것이다. 4장에서 만들어 본 도커 컴포즈 파일과 유사하지만, 약간의 차이점과 새로 추가한 내용이 있다.

예제 5.5 라이브 리로드를 위한 도커 컴포즈 파일 업데이트(chapter-5/example-1/docker-compose.yaml)

```yaml
version: '3'
services:
  # ... 여기에 다른 서비스들을 정의한다 ...
  history:                              ◄── 새로운 히스토리 마이크로서비스의 컨테이너를 정의한다.
    image: history
    build:
      context: ./history
      dockerfile: Dockerfile-dev        ◄── 도커파일의 개발용 버전을 사용한다.
    container_name: history
    volumes:                            ◄── 호스트 운영체제와 컨테이너 간에 공유되는 볼륨을 정의한다.
      - /tmp/history/npm-cache:/root/.npm:z    ◄── 호스트의 npm 캐시를 컨테이너와 공유한다. npm 모듈을 캐시해서 이후의 설치를 빠르게 만든다.
      - ./history/src:/usr/src/app/src:z       ◄── 호스트의 소스 코드는 컨테이너와 직접 공유한다. 개발 워크스테이션에서 VS Code로 변경하면, 자동으로 컨테이너가 변경 사항을 인지할 수 있다.
    ports:
      - "4001:80"
    environment:
      - PORT=80
      - NODE_ENV=development
    restart: "no"
```

예제 5.5에 등장한 첫 번째 새로운 항목은 `Dockerfile-dev`을 사용하는 것이며, 도커파일의 개발 환경을 위한 버전이다. 4장에서 언급했듯이 `dockerfile` 항목은 생략할 수 있고 기본값은 `Dockerfile`이다. 앞으로도 명시적으로 설정할 필요가 있다고 강조했다. 여기서는 지금 명시적으로 Dockerfile-dev라고 설정했고, 도커파일의 개발용 버전을 사용하기 위해서다.

다음으로 새로운 항목인 volumes는 개발 워크스테이션의 파일시스템과 컨테이너의 파일시스템을 연결하는 도커 볼륨이다. 이는 소스 코드를 직접적으로 컨테이너와 연동한다. 그래서 소스 코드를 직접 이미지에 넣지 않아도 된다.

코드를 공유하려면 도커 볼륨을 사용한다. 또 다른 볼륨은 npm 캐시를 위한 공유 디렉터리를 만드는 것이다. 즉 컨테이너에 설치한 npm 패키지를 호스트 운영체제에도 캐시하도록 해서 컨테이너를 제거하거나 다시 생성하면 이후의 npm 설치가 컨테이너 밖에 위치한 캐시로 인해 더 빠르게 동작한다.

예제 5.5의 볼륨 설정에서 사용한 z 플래그(잠재적으로 여러 컨테이너 사이에서 공유할 볼륨의 도커를 가리킨다)가 궁금하다면 다음 링크에서 더 자세한 내용을 참고할 수 있다.

https://docs.docker.com/storage/bind-mounts/

지금까지 다룬 내용이 많지만, 아직은 겨우 히스토리 마이크로서비스를 위한 것이다. 모든 마이크로서비스에 대해서도 이러한 변경 사항을 적용할 필요가 있다. 다행히 비슷한 방법으로 다음과 같이 각각의 마이크로서비스에 대해 적용할 수 있다.

- 각각의 마이크로서비스에 nodemon을 설치한다.
- package.json 파일을 변경해서 start:dev 스크립트가 nodemon으로 마이크로서비스를 시작하도록 한다(예제 5.3 참고).
- 개발과 운영 환경 버전의 도커파일을 만든다. 개발용 도커파일은 이미지에 코드를 복사하면 안 된다(예제 5.4 참고).
- 운영이 아닌 개발 환경에서는 더 나은 성능을 위해 컨테이너 시작 시에 npm install을 실행하도록 한다(예제 5.4 참고).
- 도커 컴포즈 파일을 업데이트해 개발용 도커파일을 사용하도록 한다(예제 5.5 참고).
- 도커 컴포즈 파일에 도커 볼륨을 추가해 소스코드와 npm 캐시를 컨테이너와 공유한다(예제 5.5 참고).

5장 리포지터리의 예제에 이미 작업이 완료돼 있으므로 너무 걱정할 필요는 없다. 하지만 최소한 example-1을 가지고 히스토리 마이크로서비스 코드를 변경해 라이브 리로드가 동작하는지는 확인해보자. 이제 시작이다.

5.5.5 라이브 리로드 테스트하기

지금까지 예제를 충분히 살펴봤다. 이제 라이브 리로드가 동작하는 것을 보고, 이것이 얼마나 유용한지 고마움을 느껴볼 시간이다. 터미널을 열고 chapter-5 코드 리포지터리 이하에 example-1 하위 디렉터리로 이동하자. 그리고 도커 컴포즈로 앱을 시작한다.

```
docker-compose up --build
```

이 예제는 단순화한 video-streaming 마이크로서비스와 기초적인 형태의 히스토리 마이크로서비스를 포함하고 있다. 도커 컴포즈의 출력을 확인해보자. 히스토리 마이크로서비스를 시작할 때 "Hello world!"를 출력하는 것을 볼 수 있다. 라이브 리로드를 테스트하기 위해서 히스토리 마이크로서비스가 출력하는 메시지를 변경할 것이다.

1. VS Code로 example-1 디렉터리를 연다.
2. 히스토리 마이크로서비스의 index.js 파일을 찾아서 연다.
3. "Hello world!" 메시지를 출력하는 줄을 찾아서 "Hello computer"를 대신 출력하도록 코드를 변경한다.
4. index.js 파일을 저장하고 다시 도커 컴포즈 출력 화면으로 돌아온다.

충분히 빠르게 화면으로 다시 돌아온다면 히스토리 마이크로서비스가 다시 로딩되고 변경한 메시지를 출력하는 것을 볼 수 있다. 아니면 이미 출력된 내용을 보고 있을 것이다. 이러한 작업 과정에서 video-streaming 마이크로서비스는 코드를 변경하지 않았기 때문에 다시 로딩하지 않는다. 오직 히스토리 마이크로서비스만 변경돼서 다시 로딩한다.

이는 라이브 리로드의 약속된 동작이다. 코드를 빠르게 반복해서 변경하면서 직접적인 피드백을 접할 수 있다. 전체 앱을 빌드하고 시작할 때까지 기다릴 필요가 없다. 대신 업데이트가 필요한 각각의 마이크로서비스 코드를 바로 다시 로드한다.

지금 시점에서 직접 히스토리 마이크로서비스에 오류를 내고 무슨 일이 일어나는지 볼 것을 권하고 싶다. index.js 파일을 열고 오류를 낼 만한 문자들을 대강 넣고 저장한 후 도커 컴포즈로 돌아가서 결과를 보자.

스스로에게 오류 메시지가 어떤 의미를 갖는지, 오류가 왜 발생했는지 물어보자. 아마도 이런 대답을 할지도 모르겠다. "어쨌든 코드가 계속 동작하면 좋겠는데, 왜 굳이 멈춰야 할까?"

사실 안전하고 관리가 가능한 환경에서 코드에 문제가 발생하면 멈추고, 문제를 해결하는 과정은 좋은 연습이다. 이렇게 해서 실제 상황에서도 문제를 만났을 때 경험을 가지고서 오류 메시지를 더 잘 이해하고, 이런 상황을 잘 다룰 수 있을 것이다. 코드로 문제를 발생시키고 멈추는 상황을 만드는 시간을 조금 가져보자. 이를 다루면서 약간의 재미를 느껴보자.

컨테이너를 강제로 재시작하기

가끔은 마이크로서비스가 변경되지 않았더라도 강제로 다시 로딩하도록 만들고 싶을 수 있다. 마이크로서비스가 응답이 없는 상태로 돌거나 멈춰 있는 경우다. 라이브 리로드 시스템은 단순히 코드만 변경하면 컨테이너를 재시작한다. 예를 들어 공백을 하나 추가하고 파일을 저장해도 가능하다.

실제로는 이런 방법을 쓸 필요가 없다. 단순히 VS Code에서 저장만 하더라도 컨테이너를 재시작하기에 충분하다. 즉 일부러 변경을 만들 필요가 없다!

터미널에서 touch 명령을 사용한다면 다음과 같이 히스토리 마이크로서비스에 대해 라이브 리로드를 트리거할 수도 있다.

```
cd chapter-5/example-1
touch history/src/index.js
```

특정 컨테이너에 대한 라이브 리로드 설정(코드를 정말 자주 변경하는 마이크로서비스에만 필요하다)이 없다면, 도커 컴포즈의 restart 명령으로 컨테이너를 재시작할 수 있다. 예를 들어 히스토리 마이크로서비스를 재시작하려면 다음과 같다.

```
docker-compose restart history
```

5.5.6 개발 환경에서 운영 모드 테스트하기

5장에서 지금까지는 도커파일을 구분해 개발과 운영 모드로 각각의 파일 버전을 갖고 있다. 하지만 아직 운영을 위한 도커파일은 사용하지 않았다. 나중에 7장에서 운영 환경에 배포할 때 사용할 것이다. 지금은 운영 환경에서 개발 환경처럼 자주 앱을 테스트하지 않을 것이다.

개발 과정에서는 지속적으로 작은 변경 사항을 추가하고, 앱이 동작하는지 테스트한다. 개발 환경 버전처럼 운영 환경의 도커파일을 자주 사용하지는 않지만, 개발 버전에 따라서 업데이트의 보조는 맞춰야 한다. 개발 환경처럼 자주는 아니지만 정기적으로 운영에서도 테스트하는 것이 좋다.

예를 들어 코드를 변경할 때 몇 분마다 개발 모드에서 테스트하는 경우도 있다. 운영 모드에서도 테스트하고 싶겠지만, 아마도 상당한 양의 코드 변경이 누적되고 나서 몇 시간 단위로 테스트할 것이다. 요약하면 운영 환경에 배포하기 전에 운영 모드의 도커파일도 테스트할 필요가 있다는 것이다. 자신도 모르게 숨어 있던 문제가 운영에 배포하고 나서 등장하는 것을 바라지 않을 것이기 때문이다.

자신의 개발 워크스테이션에서 운영 모드를 정기적으로 테스트해서 위와 같은 문제를 예방할 수 있다. 나는 보통 이런 작업을 쉽게 하기 위해서 두 개의 도커 파일을 만드는데 하나는 개발용 버전으로, 다른 하나는 운영 버전으로 사용하는 것이다.

도커 컴포즈를 실행할 때 -f 인수를 사용해 도커 컴포즈 파일을 지정할 수 있다. 예를 들어 개발 워크스테이션에서 운영 모드로 실행한다면 다음과 같이 운영 버전을 만들어서 실행하는 것이 좋을 것이다.

```
docker-compose -f docker-compose-prod.yml up --build
```

환경변수를 가지고 파라미터를 사용하도록 만들어 하나의 도커파일만 쓰는 방식 대신에, 일반적으로 테스트와 운영 환경에 맞게 각각 구분해서 파일을 관리한다. 그래서 최대한 실제 운영 환경과 닮은 도커 컴포즈 파일을 선호한다. 또한 개발 버전에서는 더 쉽고 빠른 테스트를 위해서 마이크로서비스를 모형mock 버전을 대신 사용하기도 한다.

마이크로서비스를 모형화하는 것은 9장에서 더 다룰 것이고, 8장에서는 생산성을 향상시키는 또 하나의 주제인 테스트 자동화를 다룰 것이다.

5.5.7 우리가 해낸 것

5.5절에서 마이크로서비스가 라이브 리로드를 지원하도록 설정을 완료했다. 히스토리 마이크로서비스부터 시작해서 같은 형태로 video-streaming 마이크로서비스에도 적용했다. 지금부터는 모든 마이크로서비스에 적용할 것이다.

라이브 리로드를 적용한 것은 앱을 빌드하고 시작하는 데 시간이 많이 걸리기 때문이다. 또한 코드를 한 줄이라도 변경할 때마다 앱을 다시 빌드하고 재시작하는 것을 원하지 않기 때문이다. 대신 코드를 시험하기 위해 변경과 작업 주기를 빠르게 만들고, 앱이 자동으로 업데이트하기를 원한다. 지금은 코드를 편집하면 자동으로 마이크로서비스를 재시작한다. 즉 코딩을 하면 자동으로 다시 로드하므로 라이브 리로드라고 부른다.

라이브 리로드는 작업 과정을 매우 효율적이고 효과적으로 만든다. 우리는 지속적으로 피드백을 보면서 마이크로서비스 앱을 개선할 수 있다. example-1의 코드를 열고 라이브 리로드 설정을 앱에 어떻게 적용하는지 확실히 이해해보자.

5.6 마이크로서비스의 통신 방법들

앱이 라이브 리로드를 지원하도록 개발 환경을 업그레이드하는 과정을 지나서, 5장의 핵심 주제인 마이크로서비스 간의 통신으로 돌아가보자. 통신 방법에 대한 기술적인 내용에 깊이 들어가기 전에, 두 가지 유형의 마이크로서비스의 통신 방법에 대한 개요를 먼저 살펴본다. 두 가지 유형이란 직접 메시징direct messaging과 간접 메시징indirect messaging을 말하며, 소위 **동기식과 비동기 방식**으로 많이 알려져 있다.

개인적으로 동기, 비동기식 메시징보다는 직접과 간접 메시징 용어를 더 선호한다. 동기와 비동기란 용어가 일반적인 컴퓨터 프로그래밍에서 다른 의미를 가지고 있기 때문이다. 또한 비동기 프로그래밍의 개념은 배우기 어렵고, 두려움을 주기 때문이다. 여기서는 비동기란 용어를 쓰지 않으니 걱정할 필요 없다.

5.6.1 직접 메시징

직접 메시징은 단순하게 하나의 마이크로서비스가 다른 마이크로서비스로 메시지를 직접 보내고, 바로 응답을 직접 받는 것을 의미한다. 직접 메시징은 마이크로서비스가 하나의 특정 마이크로서비스에게 메시지를 전달하고, 바로 어떤 동작을 수행하고자 할 때 사용한다.

직접 메시징은 또한 메시지를 전달할 대상 마이크로서비스가 바로 어떤 동작을 하도록 트리거할 때에도 사용한다. 그리고 여러 개의 마이크로서비스에 대해서 순차적으로 일련의 동작을 제어하는 경우에도 사용한다. 즉 명령어나 작업을 다른 마이크로서비스에 전달하는 역할을 생각해볼 수 있다(예를 들어 순서대로 이 작업과 저 작업을 수행하고 결과를 알려줘야 하는 경우다).

메시지를 받는 마이크로서비스는 들어오는 메시지를 무시하거나 놓치면 안 된다. 만약 그래야만 한다면 메시지 전달자가 응답을 통해 바로 알 것이다. 그림 5.5는 video-streaming 마이크로서비스가 직접 히스토리 마이크로서비스에 조회^{viewed} 메시지를 직접 전달하고 즉시 응답을 받아 보는 방식을 보여준다.

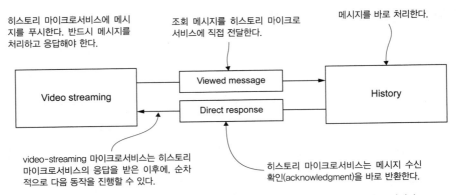

▲ **그림 5.5** 직접 메시징은 서비스 이름을 사용해 직접 전달하고, 곧바로 처리하는 것이다.

직접 메시징을 사용해야 하는 몇 가지 경우가 있다. 하지만 통신의 양단에 두 개의 마이크로서비스가 밀접한 연결성^{tight coupling}을 갖는 단점이 있다. 가끔은 이러한 마이크로서비스 간의 밀접한 연결을 피하는 것을 더 선호해 간접 메시징을 더 많이 사용하기도 한다.

5.6.2 간접 메시징

간접 메시징은 통신하는 두 마이크로서비스 사이에 중개 역할을 추가한다. 즉 두 마이크로서비스의 가운데에 중개자를 두는 것이다. 그래서 통신하는 양측은 실제로 서로에 대해서 알 필요가 없다. 이런 유형의 통신은 결과적으로 느슨한 연결^{looser coupling}을 가진다. 이러한 메시징은 다음과 같은 두 가지 의미를 가진다.

- 메시지를 중개자를 통해서 전달해서 양쪽의 송신자와 수신자는 어떤 마이크로서비스가 관련돼 있는지 모른다. 송신자는 메시지를 받는 마이크로서비스가 무엇인지 전혀 모른다는 의미다.
- 수신자는 어느 마이크로서비스가 메시지를 보낸 것인지 모르고, 응답을 직접 보낼 수도 없다. 즉 이러한 유형의 통신은 메시지 처리의 성공이나 실패 여부를 직접 바로 확인해야 하는 상황에 적용할 수 없다.

간접 메시징은 메시지를 보낸 마이크로서비스가 이후에 동작들이 어떻게 처리되든지 신경 쓸 필요가 없는 경우에 사용한다. 또한 메시지를 전체 앱에 대해서 브로드캐스트^{broadcast}하는 경우에도 사용할 수 있다(예를 들면 다른 마이크로서비스들이 알아야 할 중요한 이벤트 통지).

> |**노트**| 직접적인 응답이 필요 없는 중요한 이벤트를 알리는 경우에 간접 메시징을 사용할 수 있다. 이러한 종류의 메시지는 직접 메시징보다 유연한 통신 구조를 가질 수 있고, 느슨한 연결성이 유리하다.

그림 5.6은 video-streaming 마이크로서비스(왼쪽)가 메시지 큐^{message queue}(가운데)를 사용해 히스토리 마이크로서비스(오른쪽)에게 간접적으로 메시지를 전송하는 것을 보여준다. video-streaming 마이크로서비스와 히스토리 마이크로서비스 간에 직접적인 연

결이 없다는 점을 주목하자. 이것이 느슨한 연결이라고 말하는 이유다.

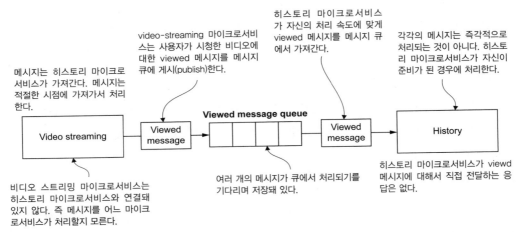

메시지는 히스토리 마이크로서비스가 가져간다. 메시지는 적절한 시점에 가져가서 처리한다.

video-streaming 마이크로서비스는 사용자가 시청한 비디오에 대한 viewed 메시지를 메시지 큐에 게시(publish)한다.

히스토리 마이크로서비스가 자신의 처리 속도에 맞게 viewed 메시지를 메시지 큐에서 가져간다.

각각의 메시지는 즉각적으로 처리되는 것이 아니다. 히스토리 마이크로서비스가 자신이 준비가 된 경우에 처리한다.

비디오 스트리밍 마이크로서비스는 히스토리 마이크로서비스와 연결돼 있지 않다. 즉 메시지를 어느 마이크로서비스가 처리할지 모른다.

여러 개의 메시지가 큐에서 처리되기를 기다리며 저장돼 있다.

히스토리 마이크로서비스가 viewd 메시지에 대해서 직접 전달하는 응답은 없다.

▲ **그림 5.6** 간접 메시징은 명시적으로 특정 마이크로서비스에 메시지를 보내는 것이 아니다. 대신 나중에 처리할 수 있도록 큐에 메시지를 넣는다.

간접 메시징은 복잡하게 꼬인 통신 문제를 해결할 수 있도록 유연한 메시징의 설계를 가능하게 한다. 아쉽게도 이러한 유연함은 복잡성을 증가시키기도 한다. 직접 전달하는 방식이 아니기 때문에 앱이 점차 커짐에 따라 통신 경로를 정확하게 확인하는 것이 어렵고, 확실하지 않다. 직접과 간접 메시징의 개요를 알아봤으니 지금부터는 이러한 통신 방법을 실제로 직접 구현해보자.

5.7 HTTP를 사용한 직접 메시징

4장에서 저장소로부터 스트리밍 비디오 데이터를 받기 위해 HTTP를 사용했다. 5장에서는 다른 목적으로 HTTP를 사용할 것이고, 그 목적은 메시지를 직접 다른 마이크로서비스에 보내는 것이다.

|**노트**| HTTP 요청의 형태로 보낸 메시지는 직접 응답을 받는다. 메시지 전송이 성공했는지 아닌지 바로 알 수 있다.

212

특히 이번 절에서는 HTTP POST 요청을 사용해 video-streaming 마이크로서비스에서 히스토리 마이크로서비스로 메시지를 보낼 것이다. 그림 5.7은 이 과정을 보여준다.

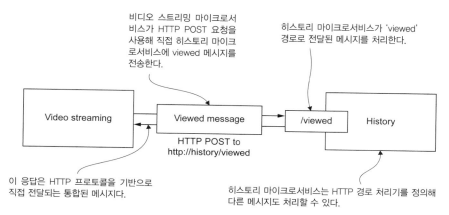

비디오 스트리밍 마이크로서비스가 HTTP POST 요청을 사용해 직접 히스토리 마이크로서비스에 viewed 메시지를 전송한다.

히스토리 마이크로서비스가 'viewed' 경로로 전달된 메시지를 처리한다.

이 응답은 HTTP 프로토콜을 기반으로 직접 전달되는 통합된 메시지다.

히스토리 마이크로서비스는 HTTP 경로 처리기를 정의해 다른 메시지도 처리할 수 있다.

▲ **그림 5.7** HTTP POST 요청은 명시적으로 이름을 사용해 대상 마이크로서비스를 지정한다.

5.7.1 HTTP를 사용하는 이유

HTTP^{Hypertext transfer protocol}는 WWW^{world wide web}의 기초이자 언어이고, 사실상 웹서비스의 표준이다. 많은 사람들이 이해하고 있으며, 믿고 의지할 수 있다.

HTTP는 REST^{representational state transfer} API로 이미 널리 쓰이고 있어서, 굳이 왜 사용해야 하는지 심각하게 고민할 필요도 없다. 이런 종류의 요구에 잘 맞고 우리가 작업하게 되는 거의 모든 프로그래밍 언어가 지원한다. 또한 엄청난 양의 학습 자료를 접할 수 있고, 이런 정보조차도 WWW와 HTTP를 사용해 전달받는다.

5.7.2 특정 마이크로서비스에 직접 메시지 전달하기

마이크로서비스에 메시지를 보내기 전에 보낼 경로를 파악해야 한다. HTTP와 함께 DNS^{Domain Name System}라는 인터넷 프로토콜을 사용해 마이크로서비스 이름으로 간단하게 거의 자동으로 메시지를 보낼 수 있다.

마이크로서비스 간의 통신에서 중요한 의문은 어떻게 메시지가 대상 마이크로서비스를 찾아갈 수 있는지에 대한 것이다. 이 질문의 가장 간단한 대답은 일반적으로 호스트명을 IP 주소로 변환해주는 DNS다. DNS는 도커 컴포즈(컨테이너 이름이 호스트명이다)와 함께 자동으로 동작하며, 운영 환경의 쿠버네티스 클러스터에 구현하는 것도 힘든 일은 아니다.

그림 5.8은 HTTP POST 메시지를 특정 호스트명으로 보내는 방법을 보여준다. HTTP 요청을 보낼 때 자동으로 DNS 조회[lookup]가 완료되고, 호스트명을 마이크로서비스의 IP 주소로 변환한다.

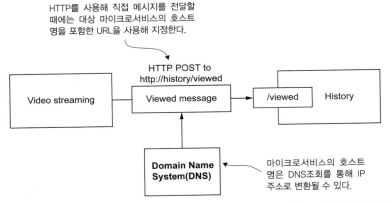

▲ **그림 5.8** HTTP 요청은 DNS 조회를 통해서 대상 마이크로서비스의 호스트명을 IP 주소로 변환해 경로를 찾아 간다.

IP 주소는 마이크로서비스의 고유한 위치를 나타내는 숫자열이다. 여기서 말하는 IP 주소는 공용 인터넷 IP 주소일 필요는 없다. 이 경우의 IP 주소는 개인 네트워크에 위치한 개인 서버 주소를 의미하며, 개발 워크스테이션의 도커 런타임이나 운영 환경의 쿠버네티스 클러스터에서 동작하는 주소를 말한다. IP 주소는 HTTP 요청 메시지를 수신할 수 있도록 내부적으로 DNS가 알아서 동작한다.

개발 환경의 도커와 도커 컴포즈를 사용하면 DNS가 알아서 처리해준다는 뜻이며, 우리는 믿고 사용할 수 있다. 운영 환경의 쿠버네티스 클러스터에 배포하는 경우에는 마이크로서비스에 DNS를 통해 접근할 수 있도록 몇 가지 작업이 필요하다. 이는 7장에서 알아볼 것이다.

5.7.3 HTTP POST 메시지 보내기

메시징에는 양단이 있다. 메시지를 보내는 쪽과 받는 쪽을 말한다. 이번 절에서는 HTTP POST 요청을 어떻게 보내는지 시험해본다.

4.4.2절에서 HTTP GET 요청을 마이크로서비스에서 다른 마이크로서비스로 어떻게 보내는지 살펴봤고, Node.js에 포함된 HTTP 라이브러리를 사용해 구현했다. 이번에도 마이크로서비스 간에 요청을 전달하기 위해서 이 라이브러리를 다시 사용할 것이다.

예제 5.6은 HTTP POST 메시지 전달 방법을 보여주는 example-2의 video-streaming 마이크로서비스 코드 일부다. 사용자가 비디오를 보기 시작할 때마다 히스토리 마이크로서비스에 조회 메시지를 전달하는 새로운 sendViewedMessage 함수를 구현했다.

> **예제 5.6 HTTP POST를 사용해 직접 메시지 보내기(chapter-5/example-2/video-streaming/src/index.js)**

히스토리 마이크로서비스에 조회 메시지를
보내는 헬퍼함수다.

```
function sendViewedMessage(videoPath) {
    const postOptions = {                          ← HTTP 요청에 대한 옵션을
                                                      설정한다.
        method: "POST",        ← HTTP 메소드를 POST로 설정한다.
        headers: {
            "Content-Type": "application/json",    ← HTTP 요청의 BODY 콘텐트
        },                                            타입을 설정
    };

    const requestBody = {      ← HTTP 요청 Body로 메시지를 정의한다.
        videoPath: videoPath      즉 보낼 메시지의 데이터를 말한다.
    };

    const req = http.request(   ← 히스토리 마이크로서비스에 HTTP 요청을 보낸다.
        "http://history/viewed",  ← HTTP 요청 URL을 설정한다. 히스토리
        postOptions                  마이크로서비스를 찾을 수 있어야 한다.
    );

    req.on("close", () => {
...                         ← 요청이 완료되면 실행할 함수다.
    });

    req.on("error", (err) => {
```

```
    ...
    });                    ◄────── 만약 오류가 발생하면 여기서 처리한다.

                                                        요청에 body 내용을
                                                        기록한다.
    req.write(JSON.stringify(requestBody));  ◄──────
    req.end();    ◄────── 요청을 종료한다.
}
```

HTTP POST 요청을 생성하기 위해서 `http.request` 함수를 호출한다. http://history/viewed라는 URL을 사용해 히스토리 마이크로서비스로 요청을 전달한다. 이 URL은 호스트명(history)과 경로(viewed)로 이뤄져 있으며, 메시지를 전달할 대상 마이크로서비스를 특정할 수 있는 조합이다.

별도의 함수로 나타낸 콜백함수는 요청이 성공한 경우와 실패한 경우를 처리한다. 오류를 감지할 수 있는 곳에 위치하고 있으며, 오류가 발생하면 보완할 수 있는 동작을 구현한다. 성공한 경우에는 프로그램의 다음 동작을 호출하고 싶을 것이다.

5.7.4 HTTP POST 메시지 수신하기

양단의 다른 한편에는 Express 경로 처리기를 만들어서 HTTP POST 메시지를 수신할 마이크로서비스가 있다. 예제 5.7은 히스토리 마이크로서비스의 코드 일부를 보여준다.

업데이트된 `setupHandlers` 함수는 `viewed` 경로를 통해 메시지를 수신하기 위한 HTTP POST 처리기를 갖고 있다. 이 예제는 간단하게 수신한 시청 기록 메시지를 데이터베이스에 보관하기 위해 저장한다.

예제 5.7 HTTP POST 메시지를 직접 수신(chapter-5/example-2/history/src/index.js)

```
function setupHandlers(app, db) {

    const videosCollection = db.collection("videos");

                                                        HTTP POST로 전달된
                                                        viewed 메시지를 처리한다.
    app.post("/viewed", (req, res) => {    ◄──────
        const videoPath = req.body.videoPath;
        videosCollection
        .insertOne({ videoPath: videoPath })    ◄────── 데이터베이스에 기록한다.
```
HTTP 요청의 JSON BODY에서 데이터를 추출

```
                        .then(() => {
                            console.log(`Added video ${videoPath} to history.`);
                            res.sendStatus(200);
                        })
                        .catch(err => {
                            console.error(`Error adding video ${videoPath}
                        ➡ to history.`);
                            console.error(err && err.stack || err);
                            res.sendStatus(500);
                        });
            });
        }
```

HTTP POST 처리기가 어떤 방법으로 req.body로 요청 데이터를 처리할까? 여기서 HTTP 요청의 body는 메시지에 실린 데이터로 본다. 즉 body 변수는 Express를 위한 미들웨어인 body-parser를 사용해 자동으로 JSON 형태로 인식한다. 설치 방법은 다음과 같다.

```
npm install --save body-parser
```

미들웨어인 body-parser를 어떻게 Express에 추가해 사용하는지 궁금하다면 chapter-5/example-2/history/src/index.js 파일을 참고한다.

5.7.5 업데이트한 앱 테스트

이제 최신 코드를 테스트해서 직접 메시지 전송이 어떻게 동작하는지 확인해볼 시간이다. 터미널을 열고 example-2 디렉터리로 이동해 다음과 같이 평소에 사용하는 방법으로 앱을 시작해보자.

```
docker-compose up --build
```

컨테이너가 이미 생성됐다는 오류 메시지가 보이면 앞의 예제를 실행 중이기 때문이다. 다음 예제를 시작할 때에는 다음과 같이 미리 종료해두자.

```
docker-compose down
```

마이크로서비스가 온라인이 될 때까지 기다리고 나서 브라우저로 http://localhost:4001/video를 연다. 테스트 비디오를 재생할 것이다.

도커 컴포즈 출력을 보기 위해서 다시 터미널로 돌아온다. video-streaming 마이크로서비스가 조회 메시지를 전송한 것을 확인하는 것과 히스토리 마이크로서비스가 메시지를 수신한 것을 나타내는 출력이 보일 것이다.

이 시점에서 조회 데이터가 데이터베이스에 확실하게 저장됐는지 직접 확인할 수 있다. 데이터베이스를 볼 수 있는 도구가 필요할 것이다. 4장에서 Robo 3T를 설치했다면, 여기서 사용해볼 수 있다.

데이터베이스에 연결(도커 컴포즈에 설정대로라면 localhost:4000)하고, 히스토리 데이터베이스의 videos 컬렉션을 보자. 브라우저에서 새로고침할 때마다 새로운 레코드가 생기는지 확인해보자. 데이터베이스를 확인해보는 것은 코드의 마지막 실행 결과를 보면서 테스트하는 실용적인 방법이다.

5.7.6 순차적 직접 메시지

직접 메시징이 갖는 잠재적인 장점은 여러 개의 마이크로서비스에 대해서 발생하는 복잡한 동작을 조율할 수 있는 하나의 제어용 마이크로서비스를 둘 수 있다는 것이다. 직접 메시지를 전달하면 응답을 바로 받을 수 있기 때문에 하나의 마이크로서비스가 여러 개의 마이크로서비스를 대상으로 전체적인 메시지 흐름을 조정하는 역할을 할 수 있다.

이러한 동기synchronous 방식의 메시지 통신 유형은 그림 5.9와 같이 메시지 흐름을 조정할 수 있다. 그림에서 마이크로서비스 A는 다수의 마이크로서비스의 동작을 조정하고 있다.

> |**노트**| 직접 메시징은 명시적 또는 미리 정해진 순서대로 여러 동작을 제어하기 좋다.

이 방식은 코드를 따라가면서 일련의 메시지의 흐름을 이해하기 쉽다. 곧 간접 메시징으로는 순차적인 메시지 흐름을 파악하는 것이 쉽지 않다는 사실을 알 수 있을 것이다.

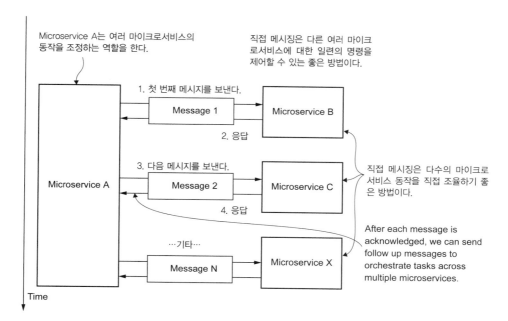

Microservice A는 여러 마이크로서비스의
동작을 조정하는 역할을 한다.

직접 메시징은 다른 여러 마이크
로서비스에 대한 일련의 명령을
제어할 수 있는 좋은 방법이다.

1. 첫 번째 메시지를 보낸다.

Message 1

Microservice B

2. 응답

3. 다음 메시지를 보낸다.

Message 2

Microservice C

4. 응답

Microservice A

직접 메시징은 다수의 마이크로
서비스 동작을 직접 조율하기 좋
은 방법이다.

After each message is
acknowledged, we can send
follow up messages to
orchestrate tasks across
multiple microservices.

…기타…

Message N

Microservice X

Time

▲ **그림 5.9** 직접 메시징은 하나의 제어용 마이크로서비스(그림에서는 Microservice A)가 다수의 마이크로서비스에 대한 복잡한 동작을 조정할 수 있다.

5.7.7 우리가 해낸 것

5.7절에서는 HTTP POST 요청으로 조회 메시지를 직접 다른 마이크로서비스에 보내는 방법을 살펴봤다. 직접 메시징이라고 부르는 이유는 메시지를 마이크로서비스 이름을 사용해 특정 마이크로서비스에 직접 메시지를 전송하기 때문이다. 또한 메시지 처리가 성공 또는 실패했는지 바로 알 수 있다.

알림과 같은 메시지보다는 명령을 전송하거나 어떤 동작을 호출하고자 할 때 이러한 형태가 적합하다. 동기식 메시지 처리 방식이기 때문에 여러 개의 메시지를 순차적으로 다룰 수 있다. 즉 다수의 마이크로서비스를 대상으로 복잡한 동작들을 조율하고 싶을 때 유용하다.

물론 직접 메시징이 유용하고 필요할 때도 있지만, 단점도 함께 존재한다. 일단 한 번에 하나의 마이크로서비스만 대상으로 할 수 있다는 것이다. 직접 메시징은 하나의 메시지를 여러 개의 마이크로서비스가 수신하도록 만들기가 어렵다.

더군다나 직접 메시징은 두 개의 마이크로서비스가 밀접한 연결성을 가진다. 이렇게 서로 의존성이 높은 상황을 피하고 싶은 경우도 있다. 하나의 제어용 마이크로서비스가 다수의 마이크로서비스를 중앙에서 조율하는 것이 유리할 수도 있고, 이 경우 앱이 어떻게 동작하고 있는지 파악하기 쉽다.

하지만 가장 큰 문제는 거대하고 복잡한 동작을 하는 과정에서 단일 장애 지점single point of failure이 생기는 것이다. 만약 제어용 마이크로서비스에 장애가 발생하면 어떻게 될까? 아마도 앱의 상태는 알 수 없게 되고, 데이터를 손실할 수도 있다. 직접 메시징이 야기하는 문제는 간접 메시징으로 해결할 수도 있다. 그래서 지금부터는 래빗MQ를 살펴봐야 한다.

5.8 래빗MQ를 사용한 간접 메시징

직접 메시징을 위한 HTTP POST 요청을 다룰 수 있게 됐으니, 마이크로서비스 간의 느슨한 연결을 지원하는 간접 메시징도 살펴보자. 간접 메시징은 앱을 이해하기 어려운 구조로 만들 수도 있다. 반면 보안, 시스템 용량 조정과 확장성, 신뢰성, 성능 면에서 여러 장점도 갖고 있다.

| **노트**| 래빗MQ는 메시지 송신과 수신자 사이에 연결이 없어도 된다. 송신자는 어느 마이크로서비스가 메시지를 처리할지 모른다.

그림 5.10은 래빗MQ 서버를 추가한 이후의 앱의 구조를 보여준다. video-streaming 마이크로서비스는 더 이상 히스토리 마이크로서비스와 직접 연결하지 않는다. 대신 조회 메시지를 메시지 큐에 게시publish한다. 히스토리 마이크로서비스는 직접 때가 되면 큐에서 메시지를 가져간다.

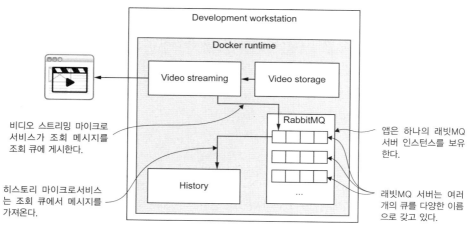

▲ 그림 5.10 다수의 마이크로서비스에게 메시지 큐를 사용해 간접적으로 메시지를 보내는 래빗MQ

5.8.1 래빗MQ를 사용하는 이유

메시지 큐를 사용하기 위한 래빗MQ는 널리 알려진 소프트웨어다. 많은 회사에서 사용하고 있으며, 나에게는 간접 메시징이 필요하면 떠오르는 해결책이다. 래빗MQ는 성숙한 도구이며 안정적이다. 개발된 지는 10년 이상 지났고, 여러 프로토콜 중에서 메시지 중계message-broker 통신을 위한 공개된 표준인 AMQPAdvanced Message Queueing Protocol를 따른다.

> |**노트**| 래빗MQ는 잘 알려진 마이크로서비스 간의 간접적인 통신 도구이며, 복잡하면서 유연성을 요구하는 메시징의 설계를 지원한다.

래빗MQ는 여러 인기 있는 프로그래밍 언어를 지원하는 라이브러리를 갖고 있으며, 어떤 개발 기술을 사용하더라도 별다른 문제가 없다. 여기서는 Node.js를 사용하므로 amqplib 라이브러리를 사용하고, npm 레지스트리에서 얻을 수 있다. 래빗MQ는 오픈소스이며 쉽게 작업을 시작할 수 있다. 서버의 코드는 다음 링크에서 찾을 수 있다.

https://github.com/RabbitMQ/RabbitMQ-server

5.8.2 간접 메시지의 대상 마이크로서비스 찾기

간접 메시징 방식은 특정 마이크로서비스를 지정하지 않지만, 여전히 메시지를 어딘가에 전달해야 한다. 그 어딘가가 바로 래빗MQ 서버다. 그 서버를 큐 또는 메시지 교환기 exchange라고 부른다. 메시지 큐와 교환 기능의 조합으로 메시징 시스템을 설계할 때 매우 높은 유연성을 가질 수 있다.

|**노트**| 메시지 전송자는 DNS를 사용해 래빗MQ 서버의 IP 주소를 찾을 수 있다. 그리고 메시지를 특정 이름의 큐에 게시하기 위해 통신한다. 수신자 또한 DNS를 사용해 래빗MQ 서버를 찾고 큐에서 메시지를 가져가기 위해 통신한다. 어디에서도 전송자와 수신자는 직접 통신하지 않는다.

메시지를 큐에 게시하려면 먼저 래빗MQ 서버를 앱에 추가해야 한다. 다음으로 AMQP 코드 라이브러리(amqplib)를 사용해 메시지를 주고받는다.

내부적으로는 DNS가 래빗MQ 호스트명을 IP 주소로 변환해준다. 지금부터는 직접 마이크로서비스를 특정하지 않고, HTTP POST 요청을 사용해 메시지를 보내는 것도 아닌, DNS를 통해 찾을 수 있는 래빗MQ 서버의 특정 큐를 대상으로 전송할 것이다.

간접 메시지 전송은 두 가지 영역으로 구분돼 수행되므로, 그림도 두 개를 사용해 설명하고자 한다. 먼저 큐를 알아보고 다음으로 교환기를 살펴볼 것이다. 그림 5.11은 video-streaming 마이크로서비스가 viewed 큐에 메시지를 푸시하는 것을 보여준다. 다음으로 그림 5.12는 히스토리 마이크로서비스가 큐에서 메시지를 가져오는 것을 보여준다.

이와 같은 트랜잭션을 시각화하고, 이해를 돕기 위해 각각의 실행 역할을 pushing과 pulling으로 부를 것이다. 앞에서 본 HTTP POST는 video-streaming 마이크로서비스가 히스토리 마이크로서비스에 무조건 메시지를 푸시하는 것으로도 이해할 수 있다. 메시지는 히스토리 마이크로서비스 어떤 상태든지 상관없이 전달된다.

간접 메시징은 히스토리 마이크로서비스에게 더 나은 제어권을 준다. 자신이 무언가를 처리할 준비가 된 시점에 메시지를 큐에서 가져갈 수가 있다. 만약 과부하가 걸리거나 더 이상 새로운 메시지를 수용할 수 없다면, 메시지 처리를 무시할 수 있고 나중에 처리할 수 있을 때까지 큐에 메시지가 쌓여 있게 할 수도 있다.

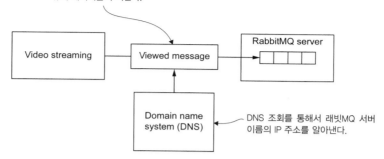

▲ 그림 5.11 래빗MQ의 큐에 푸시하는 방법으로 메시지를 보낸다.

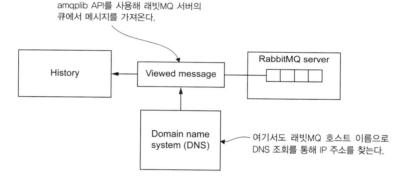

▲ 그림 5.12 래빗MQ의 큐에서 가져오는 방법으로 메시지를 받는다.

5.8.3 래빗MQ 서버 만들기

우리의 앱에 래빗MQ 서버를 추가해보자. 믿기 어렵겠지만 래빗MQ는 얼랭^Erlang 언어로 프로그램한 것이다. 예전에는 설치할 때 하루 종일 걸렸지만 지금은 그렇지 않다. 요즘은 이미 배운 도커와 도커 컴포즈 덕택에 그다지 머리를 쓰지 않아도 될 정도다.

예제 5.8은 앱에 래빗MQ를 추가하는 example-3의 도커 컴포즈 파일의 일부다. 4장의 MongoDB 데이터베이스와 같이 도커 허브 이미지를 가지고 컨테이너 인스턴스를 생성하는 경우다.

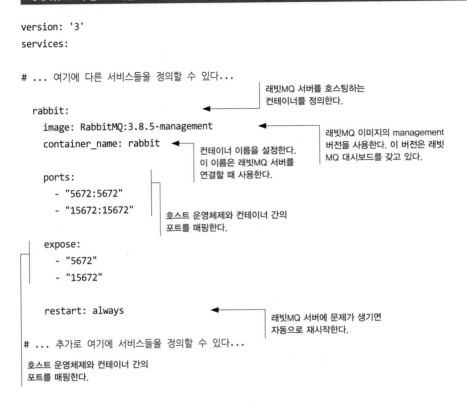

```
version: '3'
services:

# ... 여기에 다른 서비스들을 정의할 수 있다...

  rabbit:
    image: RabbitMQ:3.8.5-management
    container_name: rabbit

    ports:
      - "5672:5672"
      - "15672:15672"

    expose:
      - "5672"
      - "15672"

    restart: always

# ... 추가로 여기에 서비스들을 정의할 수 있다...
```

래빗MQ 서버를 호스팅하는
컨테이너를 정의한다.

래빗MQ 이미지의 management
버전을 사용한다. 이 버전은 래빗
MQ 대시보드를 갖고 있다.

컨테이너 이름을 설정한다.
이 이름은 래빗MQ 서버를
연결할 때 사용한다.

호스트 운영체제와 컨테이너 간의
포트를 매핑한다.

래빗MQ 서버에 문제가 생기면
자동으로 재시작한다.

호스트 운영체제와 컨테이너 간의
포트를 매핑한다.

5.8.5 래빗MQ 대시보드 살펴보기

예제 5.8을 보면 어떻게 래빗MQ의 포트를 설정했는지 알 수 있다. 5672번 포트는 래빗MQ에 대해서 amqplib을 사용해 메시지를 보내거나 받을 때 사용할 것이다. 15672번 포트는 래빗MQ 관리 대시보드에 접근할 때 사용한다.

> |노트| 래빗MQ 대시보드를 사용하면 래빗MQ가 어떻게 동작하고 앱의 메시지들이 어떻게 흘러가는지 이해하기 쉽다.

이미지 이름이 RabbitMQ:3.8.1-management인 래빗MQ 서버를 부팅한다. 이 이미지는 대시보드가 이미 내장돼 있다. 그림 5.13에서 볼 수 있는 대시보드는 앱의 메시지 흐름을 살펴볼 수 있는 시각적인 도구다. 지금 한 번 살펴보자. 앱을 직접 시작해서 시도해 보자.

터미널을 열고 디렉터리를 example-3으로 변경한다. 평소대로 앱을 시작하자(특별한 경우가 아니라면 항상 쓰는 이 명령을 확실히 기억해두자).

```
docker-compose up --build
```

데이터베이스와 마이크로서비스의 출력과 더불어 래빗MQ 서버도 출력한 문자열을 볼 수 있다. 시작을 완료할 때까지 조금 기다리고 나서 웹 브라우저를 사용해 http://localhost:15672/를 연다. 기본 사용자명인 guest와 기본 암호인 guest를 가지고 로그인할 수 있다.

이제 래빗MQ 대시보드를 볼 수 있다. 하지만 그림 5.13과는 다르게 큐나 교환기가 보이지 않는다. 다음 그림은 viewed 큐를 만들고 나서 저장한 것이다. 잠시 후에 큐를 만들 것이고, 다시 브라우저로 돌아오면 다음과 더 비슷한 화면을 볼 수 있을 것이다.

▲ 그림 5.13 래빗MQ 관리 대시보드

래빗MQ 대시보드는 디버깅에도 유용하다. 무슨 일이 발생했는지 추측하는 것보다 직접 시각적으로 어떻게 돼 가는지 보는 것이 훨씬 유리하다. 이 대시보드는 앱이 실제로 어떻게 처리하고 있는지 시각화해주는 훌륭한 도구다.

아마도 래빗MQ 대시보드를 반드시 포함할 필요는 없다는 것을 이미 알았을 것이다. 위 이미지 대신에 RabbitMQ:3.8.1 이미지를 사용하면 대시보드가 없다. 만약 운영 환경이라서 더 가벼운 이미지가 필요하거나 보안에 대한 우려가 있다면 이 이미지를 더 선호할 수도 있다. 하지만 나는 운영에도 대시보드가 있는 것을 일반적으로 선호한다. 운영 환경에서도 메시지를 어떻게 처리하고 있는지 이해할 수 있는 도구가 있는 것이 더 유리하기 때문이다.

5.8.5 마이크로서비스의 메시지 큐 연결

래빗MQ 서버가 준비됐다면 이제 연결하기 위해 마이크로서비스를 업데이트한다. 직접 코드를 작성하고 싶다면 먼저 `amqplib` npm 패키지를 래빗MQ에 연결하려는 마이크로서비스에 설치한다.

```
npm install --save amqplib
```

example-3에서 코드를 바로 Node.js에서 실행한다면, 다음과 같이 모든 종속성을 설치한다.

```
npm install
```

다음 예제는 히스토리 마이크로서비스의 index.js 파일 일부다. 래빗MQ 서버에 어떻게 연결하는지 보여준다.

예제 5.9 래빗MQ 서버 연결(chapter-5/example-3/history/src/index.js)

```
// ... 여기서 다른 패키지도 가져온다.

const amqp = require("amqplib");  ◀──  amqplib 라이브러리를 가져온다. 래빗MQ
                                        서버와 통신하기 위한 API다.
```

```
const RABBIT = process.env.RABBIT;     ◀─── 래빗MQ에 연결하기 위한 URI를 가져온다.


// … 중략 …


function connectRabbit() {   ◀─── 연결을 생성하기 위한 헬퍼함수다.


    return amqp.connect(RABBIT)   ◀─── 래빗MQ 서버에 연결한다.
        .then(messagingConnection => {
            return messagingConnection
        ➥ .createChannel();   ◀─── 래빗MQ 메시징 채널을 생성한다.
        });
}


// … 중략 …


function main() {
    return connectDb()   ◀─── 데이터베이스에 연결한다.
        .then(db => {
            return connectRabbit()   ◀─── 래빗MQ 서버에 연결한다.
                .then(messageChannel => {
                    return startHttpServer(db,
                    ➥ messageChannel);   ◀─── HTTP 서버를 시작한다.
                });
        });
}

main()
    .then(() => console.log("Microservice online."))
    .catch(err => {
        console.error("Microservice failed to start.");
        console.error(err && err.stack || err);
    });
```

예제 5.9와 다음의 예제 5.10에서 가장 중요한 부분은 래빗MQ 서버에 대한 연결을 설정하는 RABBIT 환경변수를 사용하는 방법이다. 예제 5.10은 example-3의 도커 컴포즈 파일의 일부다. 서버에 연결하기 위한 사용자 이름(guest), 암호(guest), 서버의 호스트명(rabbit), 포트(5672) 등의 환경변수를 포함하고 있다.

```
version: '3'
services:

  # ... 여기에 다른 서비스들을 정의한다..

  history:
    image: history
    build:
      context: ./history
      dockerfile: Dockerfile-dev
    container_name: history
    volumes:
      - /tmp/history/npm-cache:/root/.npm:z
      - ./history/src:/usr/src/app/src:z
    ports:
      - "4002:80"
    environment:
      - PORT=80
      - RABBIT=amqp:// guest:guest@rabbit:5672          ◄─── 래빗MQ에 연결할 URI를
      - DBHOST=mongodb:// db:27017                            설정한다.
      - DBNAME=history
      - NODE_ENV=development
    depends_on:
      - db                                       히스토리 마이크로서비스는 이제 예제 5.8
      - rabbit        ◄──────────────            에서 정의한 Rabbit 컨테이너에 의존한다.
    restart: "no"
```

아직 마무리하지 못한 퍼즐 한 조각은 이 버전의 앱을 실제로 시작해볼 때까지는 볼 수 없을 것이다. 래빗MQ 서버는 분명히 매우 무겁고, 시작해서 연결이 가능할 때까지 시간이 오래 걸린다. 반면 마이크로서비스들은 작고 가벼우며, 금방 준비된다.

만약 래빗MQ 서버가 아직 준비가 안된 상태에서 마이크로서비스가 연결을 시도하면 어떻게 될까? 오류와 함께 중단될 것이다. 앱의 시작에 종속성이 생겼기 때문에 이런 문제가 발생하므로 특정 순서를 적용해 해결해야 한다.

내결함성fault-tolerant을 가진 마이크로서비스가 되기 위해서는 연결을 시도하기 전에 래빗

MQ 서버가 준비가 됐는지 기다릴 수 있어야 한다. 만약 래빗MQ 서버가 다운(가령 서버를 업그레이드할 때)되면 마이크로서비스가 연결이 끊기는 문제를 처리하고 자동으로 최대한 빨리 다시 연결할 수 있다면 더욱 좋다. 이런 것이 가능하도록 만들고 싶지만 간단하지 않다. 지금은 쉬운 방법으로 이 문제를 해결하자. 10장에서는 이런 문제를 다루기 위한 더 세련된 방법을 배울 것이다.

위 문제를 해결하는 가장 간단한 방법은 무엇일까? 래빗MQ 서버가 준비될 때까지 마이크로서비스가 기다리도록 도커파일에 명령어를 추가할 것이다. 다음과 같이 npm을 사용해 설치할 때 wait-port 명령을 쓴다.

```
npm install --save wait-port
```

예제 5.11은 wait-port 명령을 추가해서 업데이트한 히스토리 마이크로서비스의 도커파일을 보여준다. 래빗MQ가 시작된 후에 마이크로서비스를 시작하도록 지연시키는 방법이다.

> **예제 5.11 래빗MQ를 기다리도록 히스토리 마이크로서비스의 업데이트한 도커파일(chapter-5/example-3/history/Dockerfile-dev)**

```
FROM node:10.15.2-alpine

WORKDIR /usr/src/app
COPY package*.json ./

CMD npm config set cache-min 9999999 && \
    npm install && \
    npx wait-port rabbit:5672 && \         ◀── 로컬에서 설치된 wait-port 명령을 npx로
    npm run start:dev                            실행해 서버의 5672번 포트의 연결이 가능
                                                 할 때까지 기다린다.
```
wait-port가 끝나면, 히스토리 마이크로서비스를 시작한다.

이 작업과 함께 도커파일의 운영 버전도 업데이트하자. 작업하면서 버전을 맞추는 것이 좋다.

wait-port는 아주 견고하진 않지만 마이크로서비스 앱을 처음 빌드할 때 사용할 수 있는 간단하고 효과적인 방법이다. 시작 순서는 단순한 문제가 아니다. 보통은 마이크로서비

스 스스로 내결함성을 갖추고 다른 서버나 마이크로서비스에 문제가 생기더라도 실행이 가능하기를 바란다. 이 주제는 10장에서 다시 다룰 것이다.

이 시점에서 아마도 왜 4장에서 MongoDB 데이터베이스를 시작할 때에는 시작 순서 문제를 고민하지 않았는지 의문이 생길 것이다. 데이터베이스도 분명 시작할 때 시간이 필요하지만 연결하기 전에 미리 서버 준비가 끝날 때까지 기다릴 필요가 없었다.

이 문제는 MongoDB 라이브러리가 훌륭한 소프트웨어라서 해결된다. 이미 자동으로 다시 연결하도록 프로그램이 돼 있다. 좋은 품질을 위한 MongoDB 엔지니어의 노력에 감사한다. 잠시 작업을 멈추고 생각해보자. 코드 라이브러리를 만들 때 사용자 관점에서 조금만 더 생각해본다면 더 나은 경험을 제공할 수도 있는 것이다.

5.8.6 단일 수신자를 위한 간접 메시징

래빗MQ는 메시징 구조를 설계할 때 다양한 메시지 경로를 설정할 수 있는 방법이 있다. 앱을 만들 때 만나기 쉬운 통신 문제를 처리할 수 있는 두 가지 간단한 설정을 집중해서 알아볼 것이다.

첫 번째는 단일 수신자$^{single-recipient}$ 메시지 설정으로 일대일 통신으로 사용하는 것이며, 여전히 간접 메시징이고 마이크로서비스 간의 연결자가 있다. 이 설정은 여러 전송자와 수신자가 포함될 수는 있지만, 오직 하나의 마이크로서비스만이 개별 메시지를 수신한다는 것을 보장받을 수 있다. 그래서 작업을 마이크로서비스 풀^{pool}에 분배할 때 유용하다. 그 작업은 반드시 처리할 능력이 있는 오직 첫 번째 마이크로서비스만 처리해야 한다.

> |**노트**| 단일 수신자 메시지는 일대일이다. 메시지는 하나의 마이크로서비스가 보내고 마찬가지로 하나의 마이크로서비스가 수신한다. 특정 작업을 오직 한 번만 앱 안에서 처리하고 싶을 때 좋은 방법이다.

단일 수신자 메시지 받기

히스토리 마이크로서비스에 코드를 추가해서 단일 수신자 메시지를 가져와보자. 5.8.5절에서 래빗MQ 서버에 연결하는 코드는 이미 추가했다. 일단 연결되면 메시지 큐를 **확보**assert하고 메시지를 가져오는 작업을 시작할 수 있다.

메시지를 큐에서 가져올 때 큐를 생성하는 것이 아니라 확보assert하는 것이다. 여러 개의 마이크로서비스가 하나의 큐를 대상으로 할 수 있고, 큐가 존재하는지 확인하는 것이며, 존재하지 않는 경우에만 큐를 생성한다. 즉 큐는 한 번만 만들어지고, 모든 관련 마이크로서비스와 공유된다. 다른 개념이므로 일반적으로 프로그램에서 사용하는 용어인 assert와 혼동하지 말자.

예제 5.12는 viewed 큐를 확보하고, consume을 호출해서 메시지 수신을 시작하는 히스토리 마이크로서비스의 index.js 파일 일부다. 매번 새로운 메시지를 받을 때마다 consumeViewedMessage 함수를 호출하도록 한다. 이게 전부다. 래빗MQ에서 메시지를 받기 위해 필요한 코드는 많지 않다.

예제 5.12 래빗MQ 큐의 조회 메시지 가져오기(chapter-5/example-3/history/index.js)

```
// ... 앞부분 코드 생략 ...

function setupHandlers(app, db, messageChannel) {

    const videosCollection = db.collection("videos");

    function consumeViewedMessage(msg) {          ◀── 수신하는 메시지를 처리하는 함수

        const parsedMsg = JSON                        JSON 메시지를 파싱해서
        ➡ .parse(msg.content.toString());             자바스트립트 객체로 변환한다.

        return videosCollection.insertOne({ videoPath: parsedMsg.videoPath })
            .then(() => {                             오류가 없으면 이 부분을 실행한다.
                messageChannel.ack(msg);
            });                                       메시지 수신을 확인한다.
    };

    return messageChannel.assertQueue("viewed", {})          viewed 큐를 확보한다.
        .then(() => {
            return messageChannel.consume("viewed",
```

아래는 history 데이터베이스의 조회 데이터를 기록한다.

```
        ⮡   consumeViewedMessage);
    });
}
```
◀── viewed 큐로부터 메시지
     수신을 시작한다.

```
// ... 이하 코드 생략 ...
```

예제 5.12의 코드는 보낸 메시지가 JSON 형식이고, 래빗MQ는 JSON을 자체적으로 지원하지 않아 조금 복잡하다. 그러므로 들어오는 메시지 내용은 파싱^{parsing}을 해야 한다.

래빗MQ는 따로 기능을 공부하지 않아도 쉽게 사용할 수 있는 소프트웨어다. 이런 관점에서 볼 때 메시지 내용은 단지 이진 데이터일 뿐이며, 성능이 매우 중요한 경우에는 JSON을 더 효율적인 이진 형식으로 대체해서 사용하는 것이 유리할 수 있다.

단일 수신자용 메시지 보내기

래빗MQ로 단순한 메시지를 하나 보내는 것은 위에서 본 메시지를 수신하는 것보다도 쉽다. 예제 5.13은 video-streaming 마이크로서비스의 index.js 파일 일부다. 예제 5.9의 코드는 이미 추가했고, 래빗MQ 서버에 연결했다고 가정한다. 지금은 이름이 viewed인 큐를 지정해서 publish를 호출하고, 보낼 메시지 내용을 전달한다.

예제 5.13 래빗MQ 큐에 조회 메시지 게시하기(chapter-5/example-3/video-streaming/src/index.js)

히스토리 마이크로서비스에 조회 메시지를
보내는 헬퍼함수다.
```
  // ... 앞부분 코드 생략 ...

function sendViewedMessage(messageChannel,
⮡  videoPath) {
    const msg = { videoPath: videoPath };      ◀── 전달할 메시지 내용을 정의한다.
                                                    메시지로 전송할 데이터다.

    const jsonMsg = JSON.stringify(msg);        ◀── 메시지를 JSON 형식으로
                                                    변환한다.
    messageChannel.publish("", "viewed",
    Buffer.from(jsonMsg));
}                                               ◀── 메시지를 viewed 큐에
                                                    게시한다.

// ... 이후 코드 생략 ...
```

다시 언급하지만 예제 5.13은 메시지를 보내기 전에 JSON으로 메시지 내용을 직접 stringify로 변환하기 때문에 조금 복잡하다. 이를 제외하면 매우 직관적이다. 이제 video-streaming 마이크로서비스는 사용자가 비디오를 볼 때마다 조회 메시지를 게시할 것이다.

단일 수신자 메시지 테스트

이제 테스트에 필요한 모든 것을 갖췄다. 래빗MQ 서버도 있고 video-streaming 마이크로서비스는 조회 메시지를 보내고 히스토리 마이크로서비스는 메시지를 수신한다. 이와 같은 작업이 안 돼 있다면, example-3를 사용할 수 있다.

```
docker-compose up --build
```

데이터베이스와 래빗MQ를 시작하고 마이크로서비스들이 연결될 때까지 기다리자. 그리고 웹 브라우저로 http://localhost:4001/video를 연다. 메시지를 잘 보냈고 수신했는지 출력을 확인해보자. 히스토리 마이크로서비스가 데이터베이스에 조회 데이터를 새로 기록했는지는 Robo3T를 사용해 확인할 수 있다.

5.8.7 다중 수신 메시지

래빗MQ로 해본 일반적인 첫 사례는 단일 수신 메시지를 보내는 것이었다. 물론 가장 이해하기 쉬운 방법이고, 그래서 처음에 시도해본 것이다. 물론 다중 수신multiple-recipient이나 브로드캐스트broadcast 같은 형태가 더 적합한 상황도 있다. 간단히 말하면 하나의 마이크로서비스가 메시지를 보내면 다수의 마이크로서비스가 수신하는 것이다.

이런 유형의 메시지는 알림(notifications, 예를 들면 앱에서 발생하는 중요한 이벤트)이 필요한 경우에 사용하면 좋다. 다수의 마이크로서비스가 알고 싶은 메시지일 수 있다.

> |노트| 다중 수신 메시지는 1대 다수(one-to-many)를 말한다. 하나의 마이크로서비스가 메시지를 보내고 잠재적으로 많은 다른 서비스들이 수신하는 것이다. 앱 안에서 알림을 통지할 때 좋은 방법이다.

래빗MQ로 위와 같은 방식을 구현하려면, 이제 메시지 교환기를 사용해야 한다. 그림 5.14는 video-streaming 마이크로서비스가 메시지를 viewed 교환기에 게시하는 것을 보여준다. 교환기에서는 메시지가 다수의 마이크로서비스에 의해 병렬로 처리될 수 있도록 익명의 여러 큐로 전달한다.

그림 5.14를 보면 추천 마이크로서비스가 갑자기 어디서 온 것인지 의문이 들 것이다. 앞에서 다룬 적이 없으니 당연한 의문이다. 단지 앞에서 볼 수 없었던 새로운 방법을 살짝 공개하는 것이다. 이렇게 안 하면 이러한 브로드캐스트 형태의 메시징 동작을 소개할 방법이 없다.

추천 마이크로서비스는 나중에 시청할 만한 비디오를 사용자에게 제시해주는 것이다. 처음 여기에서 소개하는 것이고, 다중 수신 메시지의 실제 설계를 볼 수이다.

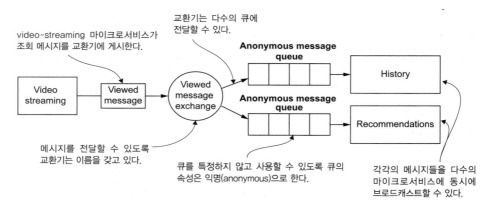

▲ **그림 5.14** 다수의 수신자가 처리하기 위한 메시지 브로드캐스팅

다중 수신자로 전송된 메시지 받기

다중 수신용 메시지를 가져오는 것은 단일 수신 메시지를 가져오는 것과 크게 다르지 않다. 다음의 예제는 히스토리 마이크로서비스의 index.js 파일 일부다.

```
// ... 앞 부분 코드 생략 ...

function setupHandlers(app, db, messageChannel) {

    const videosCollection = db.collection("videos");

    function consumeViewedMessage(msg) {          ← 들어오는 메시지를
        const parsedMsg = JSON.parse(msg            처리하는 함수
        ➥ .content.toString());                   ← JSON 메시지를 자바스크립트
                                                      객체로 파싱한다.
        return videosCollection.insertOne({ videoPath: parsedMsg
                           ➥ .videoPath })        ← history 데이터베이스에
                                                      조회 정보를 기록한다.
        .then(() => {          ← 오류가 없으면
            messageChannel.ack(msg);              ← 확인 메시지를 반환한다.
        });
    };

    return messageChannel.assertExchange("viewed", "fanout")  ← viewed 교환기 확보
    .then(() => {
        return messageChannel
        ➥ .assertQueue("", { exclusive: true });  ← anonymous 큐를 생성한다.
    })                                                exclusive 옵션이 true로 설정되면,
                                                      마이크로서비스 연결을 종료할 때
    .then(response => {                               자동으로 큐가 해제된다. 그렇지
        const queueName = response.queue;             않으면 앱의 메모리 누수가
        return messageChannel                         발생한다.
        ➥ .bindQueue(queueName, "viewed", "")  ← 큐를 교환기와 바인드한다.
            .then(() => {
                return messageChannel
                ➥ .consume(queueName, consumeViewedMessage);  ← viewed 교환기와 연계된 anonymous
            });                                              큐에서 메시지를 가져오기 시작한다.
        });
    });
}

// ... 이후 코드 생략 ...
```

(왼쪽 여백 주석) anonymous 큐를 할당한다. 자동으로 생성된 고유 아이디 이름을 가진다.

예제 5.14와 예제 5.12의 차이점은 viewed 큐 대신에 교환기를 확보하는 것이다. 그다음으로 anonymous 큐를 확보한다. 마이크로서비스에 대해 고윳값을 가지고 생성된 이

름이 정해지지 않은 큐를 만들어 가져온다. viewed 교환기는 모든 마이크로서비스에 대해 공유되지만, 해당 마이크로서비스만 anonymous 큐를 소유한다. 이러한 세부 사항이 앞의 동작을 이해하는 데 중요하다.

이름이 정해지지 않은 큐는 래빗MQ가 생성한 임의의 이름을 받는다. 래빗MQ가 큐에 할당한 이름은 viewed 교환기와 바인드하는 경우에만 중요한 의미를 가진다. 이 바인딩은 교환기와 큐를 연결하며, 래빗MQ 메시지를 교환기에 게시하면 해당 큐로 전달한다.

모든 마이크로서비스(추천 마이크로서비스 등)가 조회 메시지를 받기를 원하므로 자신만의 이름 없는 큐를 생성하고 viewed 교환기와 바인드한다. viewed 교환기와 연계가 가능한 마이크로서비스는 다수가 될 수 있으며, 모두 자신만의 anonymous 큐에서 교환기에 통해 게시된 메시지의 사본을 받을 수 있다.

다중 수신용 메시지 보내기

수신자가 다수인 메시지를 보내는 것도 단일 수신자용 메시지를 보내는 것과 비슷하다. 예제 5.15는 video-streaming 마이크로서비스의 index.js 파일 일부다. 래빗MQ의 연결이 어떻게 다른지가 중요하기 때문에 이 예제에 코드를 약간 추가했다. 마이크로서비스를 시작할 때 viewed 교환기가 존재하는지 확인하기 때문에 다르다.

이 작업은 시작할 때 한 번만 수행하고 마이크로서비스를 실행하는 동안에는 교환기가 계속 존재한다고 가정할 수 있다. 예제에서는 메시지를 이전과 같이 publish 함수로 보내고, viewed 큐대신에 교환기를 지정해 메시지를 게시한다.

예제 5.15 래빗MQ 교환기에 조회 메시지 게시하기(chapter-4/example-3/video-streaming/src/index.js)

```
// ... 앞 부분 코드 생략...

function connectRabbit() {

    return amqp.connect(RABBIT)
        .then(connection => {
            console.log("Connected to 래빗MQ.");
```

```
                        return connection.createChannel()
                            .then(messageChannel => {
                                return messageChannel.assertExchange(          viewed 교환기를
                             ➡ "viewed", "fanout")        ◀────────────         확보한다.
                                    .then(() => {
                                        return messageChannel;
                                    });
                            });
    }

    function sendViewedMessage(                                     메시지로 전송할 데이터를
 ➡ messageChannel, videoPath) {                                     정의한다.
        const msg = { videoPath: videoPath };       ◀──────        JSON 형식으로
        const jsonMsg = JSON.stringify(msg);        ◀──────        변환한다.
        messageChannel.publish("viewed", "", Buffer.from(jsonMsg));  ◀───
    }                                                              메시지를 viewed
                                                                   교환기에 게시한다.

    // … 코드 중략 …

    function main() {
        return connectRabbit()    ◀──────        래빗MQ에 연결한다.
            .then(messageChannel => {
                return startHttpServer(messageChannel);   ◀──── HTTP 서버를 시작한다.
            });
    }

    // … 이후 코드 생략 …
```

다중 수신 메시지 테스트

이제 업데이트한 코드를 테스트해보자. 이 테스트를 위해 추천 마이크로서비스를 앱에
추가했다. 단지 이러한 보조 기능을 위해 새로 만든 마이크로서비스고, 받은 메시지를 출
력하는 기능만 있다. 이는 여러 마이크로서비스가 메시지를 처리할 수 있다는 것을 보여
주기에 충분하다. 터미널을 열고 디렉터리를 example-4로 이동해 늘 쓰던 명령을 실행
하자.

```
docker-compose up --build
```

웹 브라우저로 http://localhost:4001/video를 열면 콘솔 화면에서 히스토리 마이크로 서비스와 추천 마이크로서비스가 수신한 조회 메시지를 보여준다.

하나의 교환기가 두 개의 큐에 연계돼 있기 때문에 앞의 내용과 같이 같이 동작한다. 큐는 수신하는 마이크로서비스마다 하나씩 존재한다. 메시지를 하나의 공유된 큐에 게시하면 수신하는 마이크로서비스가 경쟁해서 이긴 하나가 메시지를 가져가 처리한다. 일종의 부하 균형load balancing이다. 가끔은 이런 방법도 유용하지만, 일반적으로 브로드캐스트 형태가 더 사용하기 좋다.

5.8.8 간접 메시징 제어

간접 메시징 방식은 많은 장점을 갖고 있지만 앱의 동작을 이해하고 제어하기 어렵다. 간접 메시지는 직접 응답을 받을 수도 없고 발신자 입장에서는 수신자가 존재하는지, 메시지를 가져갈 것인지 전혀 알 수 없다.

> |**노트**| 간접 메시징은 중앙 제어가 없기 때문에 오히려 더 유연하고 확장성이 있으며 메시징 구조를 개선하기에 좋다. 마이크로서비스가 개별적으로 받은 메시지에 대해서 어떻게 응답할지 책임을 지고, 또 다른 메시지도 응답으로 생성할 수 있다.

간접 메시징을 사용하면 직접 메시징과 다르게 조정 역할을 가진 하나의 마이크로서비스가 따로 없다. 하지만 이것이 단점이라는 뜻이 아니다. 만약 제어 기능을 가진 하나의 마이크로서비스가 있다면 단일 장애 지점이 생기는 것이고 이는 분명 단점이다. 복잡한 메시지 흐름을 제어하는 작업을 하다가 문제가 발생하면 처리 중인 메시지를 손실할 수밖에 없다. 이는 직접 메시징의 심각한 부작용이기도 하다.

직접 메시징이 유리할 때도 있지만 일반적으로 간접 메시징으로 더 복잡한 네트워크에서의 동작을 탄력 있게 운영할 수 있다. 복잡함 때문에 이해하는 데 어려움이 있기도 하지만 최소한 신뢰할 수 있는 동작을 한다는 점을 알고 있다. 단일 장애 지점이 없고 마이크로서비스 간의 연결은 신뢰할 수 있고 내결함성을 가진 메시지 큐로 구현하기 때문이다 (래빗MQ에 장애가 발생할 수도 있지만, 우리가 만든 마이크로서비스보다는 가능성이 매우 낮다).

메시지를 처리하는 과정을 포함해서 어느 마이크로서비스라도 문제가 생길 수 있지만, 메시지 손실은 없다는 것을 알고 있다. 마이크로서비스가 죽으면 메시지의 메시지 처리 확인 응답인 ack를 받을 수 없고, 결과적으로 다른 마이크로서비스가 처리하기 위해 메시지를 가져갈 것이다. 이러한 작은 기술들이 모여서 우리가 견고하고 신뢰할 수 있는 마이크로서비스를 만들 수 있는 것이다. 간접 메시징이 앱의 동적인 메시지 흐름을 어떻게 제어하는지 그림 5.15를 살펴보자.

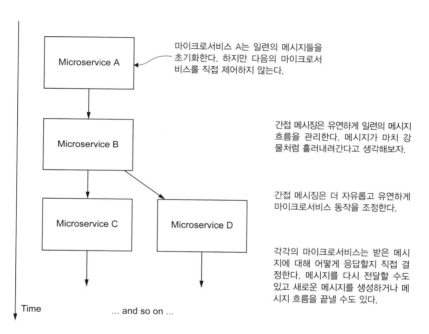

▲ **그림 5.15** 간접 메시징은 마이크로서비스의 메시지 흐름 제어를 더 자유롭고 유연하게 만들고, 결과적으로 새로운 동작이 가능하다.

5.8.9 우리가 해낸 것

이번 절에서는 마이크로서비스 간에 간접적으로 메시지를 보내기 위해 래빗MQ를 사용하는 법을 배웠다. 먼저 단일 수신자로 메시지를 보냈고, 다음으로 수신자가 다수인 경우에 메시지를 앱에서 브로드캐스트하도록 변경했다.

> |**노트**| 조회 메시지의 경우 다중 수신 메시지가 더 적합한 것으로 보인다. 결과적으로 마이크로서비스는 느슨한 연결을 가질 수 있었다. 좋은 성과다.

계획적으로 브로드캐스트 형태의 메시지를 집중해서 생각해봤고, 경험했다. 이러한 모든 옵션들을 작업해봤기 때문에 다음에 자신의 앱을 만들 때 더 좋은 메시징 유형을 선택할 수 있는 경험을 갖게 됐다.

5.9 마이크로서비스 통신 다시 보기

마이크로서비스 간에 대화를 하기 위해 사용할 있는 두 가지 메시징 유형을 정리해보자. HTTP 요청으로 직접 메시지를 보내는 방법과 래빗MQ을 사용한 간접 메시징을 배웠다. 래빗MQ는 단일 메시지에 대해 또는 다수의 수신자(또는 브로드캐스트)에 대한 메시지 전송을 지원한다.

확장성을 가진 유연한 메시징 구조를 알아봤다. 앱에 마이크로서비스를 추가하면 그것이 조회 메시지가 필요할 수도 있고, 아닐 수도 있다. 하지만 메시지의 원래 발신자 쪽 코드를 수정하지 않고 메시지를 간단하게 처리할 수 있다.

메시징 유형별로 다양한 장단점을 설명했다. 이해를 돕기 위해 표 5.2로 요약했다. 나중에 메시징 유형을 선택할 상황이 온다면 이 표를 참고할 수 있다.

▼ 표 5.2 통신 유형별 활용 조건

조건	사용할 요형
특정 마이크로서비스 이름으로 메시지를 직접 전송한다.	직접 메시징: HTTP
메시지 처리가 성공했는지 실패했는지 확인이 필요하다.	직접 메시징: HTTP
첫 번째 메시지 처리를 완료하면 다음 메시지를 순서대로 보낸다.	직접 메시징: HTTP
하나의 마이크로서비스로 다른 마이크로서비스의 동작을 조정하고 싶다.	직접 메시징: HTTP
앱 전체의 여러 마이크로서비스로 시스템의 이벤트 메시지를 브로드캐스트하고 싶다 (메시지를 처리했는지 여부는 관심 없다).	간접 메시징: 래빗MQ
발신자와 수신자를 직접 연결할 필요가 없게 만들고 싶다(독립적으로 쉽게 변경하고, 개선하고 싶다).	간접 메시징: 래빗MQ

발신자와 수신자의 성능이 독립적이면 좋겠다(전송자는 필요한 만큼 가능한 많이 메시지를 생성하고, 수신자는 자신의 속도에 맞게 메시지를 처리한다).	간접 메시징: 래빗MQ
메시지 처리에 실패하면 자동으로 성공할 때까지 메시지를 다시 가져가면 좋겠다(일시적인 장애 때문에 메시지를 손실하면 안 된다).	간접 메시징: 래빗MQ
메시지를 처리하는 여러 병렬 처리 작업자에 대한 부하 균형이 필요하다.	간접 메시징: 래빗MQ

5.10 배움을 이어 가기

5장에서는 다양한 마이크로서비스 통신 방법을 살펴봤다. 직접 메시징으로 HTTP를 사용했고, 간접 메시징을 위해 래빗MQ를 사용했다. 4장과 마찬가지로 이러한 주제들을 간단하게 다뤄봤고, 더 많은 것을 배울 수 있는 곳이 있다. 더 깊이 있는 지식을 배울 수 있는 참고 자료다.

- *API Design Patterns* by JJ Geewax(Manning, est. Spring 2021)
- 『일상 속 사물이 알려주는 웹 API 디자인』(영진닷컴, 2020)
- 『RabbitMQ in Depth』(에이콘, 2018)
- *RabbitMQ in Action* by Alvaro Videla and Jason J.W.Williams(Manning, 2012)

다음 링크는 amqplib 페이지에 대해 더 배울 수 있는 곳이다.

- http://www.squaremobius.net/amqp.node/

wait-port 명령에 대해 더 배우려면 다음 링크를 참고한다.

- https://github.com/dwmkerr/wait-port

긴 여정을 거쳐 여기까지 도달했다. 처음 마이크로서비스를 만들어 본 후에 여러 마이크로서비스 간에 통신하도록 확장도 했다. 개별 마이크로서비스는 자신의 데이터베이스 또는 파일 저장소를 갖고 있다. 코딩하는 동안 전체 앱을 효율적으로 재시작하는 라이브 리로드 기능도 사용한다.

다음 주제는 무엇일까? 우리가 갖고 있는 앱은 병아리다. 아직 기능이 별로 없지만 운영에 배포하지 못할 이유도 없다. 앱을 운영 환경에서 실행해보는 것은 어려운 일이지만, 작고 간단할 때 해보는 것이 최선이다. 더 고민할 것 없이 6장과 7장에서 앱을 운영에 배포해볼 것이다.

요약

- 개발 워크스테이션과 컨테이너 간에 도커 볼륨으로 앱의 코드를 공유할 수 있다.
- 라이브 리로드 도구인 nodemon을 사용해 전체 앱을 직접 다시 빌드하거나 재시작하지 않고 자동으로 리로드하도록 코드와 관련 마이크로서비스를 업데이트할 수 있다.
- 마이크로서비스 간의 통신은 직접과 간접 방식의 두 가지 유형이 있다.
- 직접 또는 동기식 메시징은 명시적으로 메시지의 흐름을 제어하거나 다른 마이크로서비스의 동작을 세심하게 조정하고자 할 때 유용하다.
- 직접 메시징 방식은 메시지의 처리가 성공했는지 아닌지를 바로 안다.
- 간접 또는 비동기 메시징은 마이크로서비스들끼리 직접 연결하지 않으므로 개발의 유연성을 높이고, 앱의 구조를 개선해 나가기 좋은 방법이다.
- 간접 메시징 방식은 시스템의 중요한 이벤트를 앱의 여러 마이크로서비스에게 알리기 위해 메시지를 브로드캐스트할 수 있다.
- HTTP POST 요청은 마이크로서비스 간에 메시지를 직접 전달할 때 유용하다.
- 래빗MQ는 메시지 큐 소프트웨어다. 마이크로서비스 간에 메시지를 간접적으로 전달할 때 사용한다.
- 마이크로서비스가 연결하기 전에 래빗MQ 서버가 준비될 때까지 기다리기 위해서 wait-port npm 패키지를 사용했다. 10장에서 아직 준비되지 않은 다른 서비스를 기다리는 더 좋은 방법을 배울 것이다.
- HTTP 또는 래빗MQ를 선택하는 것은 요구 사항에 따라 다르다. 요구 조건에 맞는 선택을 위해 도움이 될 만한 5.9절의 표 5.2를 참고할 수 있다.

6

운영 환경 구축

6장에서 다루는 주제

- 앱을 실행하는 운영 인프라를 만든다.
- 인프라를 구성하는 스크립트를 만들기 위해서 테라폼을 사용한다.
- 쿠버네티스 클러스터(Kubernetes cluster)를 만들어서 마이크로서비스를 호스팅한다.
- 쿠버네티스 클러스터를 다루는 방법을 알아본다.

드디어 이 책에서 가장 흥미로운 장을 열었다. 앞으로 등장할 두 단원은 아마도 가장 어려운 부분일 수 있다. 하지만 따라 하면 동작하는 예제가 있다. 예제는 가장 이 내용을 잘 배울 수 있는 방법이고, 앱을 실제 운영 환경에 배포할 수 있는 경험을 얻을 것이다.

6장과 7장에서는 쿠버네티스 클러스터를 구성하고 여기에 컨테이너 즉, MongoDB 데이터베이스, 래빗MQ 서버, 비디오 스트리밍 마이크로서비스 등을 배포할 것이다. 7장에서는 CD$^{Continuous\ Delivery}$(지속적 배포) 파이프라인을 만들어서 자동으로 업데이트한 코드를 배포한다.

지금부터 6장과 7장의 예제들은 단계적으로 인프라와 앱을 구성하는 과정을 따라 할 수 있도록 준비돼 있다. 새로운 인프라를 설계하기 위한 실제 과정에 가깝고, 나의 개발 환경에서 실제로 하는 작업과도 비슷하다.

운영에 배포하기 위해 필요한 과정을 두 가지 영역으로 나눠서 다룰 것이다. 6장에서는 운영 인프라를 구성한다. 6장이 끝나면 새로 만든 컨테이너 레지스트리와 앱을 호스트할 준비가 끝난 쿠버네티스 클러스터를 갖게 될 것이다. 7장에서는 조금 더 작업을 진행해 마이크로서비스를 자동화된 배포 파이프라인을 통해 배포하는 방법을 배울 것이다. 지금 시작해보자.

6.1 새로운 도구

6장에서는 두 가지 새로운 도구를 소개한다. 쿠버네티스와 테라폼^{Terraform}이다. 이 두 가지 도구는 매우 중요하므로 이 책의 제목에도 넣었다. 테라폼으로는 쿠버네티스 클러스터를 포함해 마이크로서비스 앱을 실행하기 위한 인프라를 생성하기 위해 사용한다.

▼ **표 6.1** 6장의 새로운 도구

도구	버전	용도
쿠버네티스	1.18.8	운영 환경에서 마이크로서비스를 호스트할 때 사용하는 컴퓨팅 플랫폼이다.
테라폼	0.12.29	클라우드 자원과 앱을 위한 인프라를 생성하는 스크립트를 만들 수 있다.
Kubectl	1.18.6	쿠버네티스 클러스터를 운영하는 명령줄 도구다.
애저 CLI	2.9.1	애저 계정의 테라폼 접근과 인증을 다룬다. 애저 계정과 클라우드 자원을 관리하기에 유용하다.

6.2 코드 다운로드

6장을 따라 하기 위해서 코드를 다운로드하거나 리포지터리를 복사할 수 있다.

- 코드의 압축파일은 다음 링크에서 다운로드한다.

  https://github.com/bootstrapping-microservices/chapter-6

- 깃을 사용해 코드를 복사하려면 다음 명령을 사용한다.

```
git clone https://github.com/bootstrapping-microservices/chapter-6.git
```

깃 설치에 도움이 필요하다면 2장을 참고한다. 코드에 문제가 있을 경우 깃허브 리포지터리에 문제를 알려주길 바란다.

6.3 운영 환경 구축

드디어 그날이 왔다. 앱을 운영 환경에 올려보자. 앱을 운영에 배포하는 것이 다소 이른 감이 있지만, 실제로는 일반적인 개발 작업의 일부다. 나는 가능한 빠른 시점에 운영 환경에 배포하는 것이 맞다고 생각한다. 반대 의견도 있겠지만 앱이 아직은 작은 크기일 때 운영에 배포해보는 것이 좋은 생각이라고 믿고 있다. 이유를 알아보자.

운영 환경에 배포하는 것은 앱을 고객이 볼 수 있고, 사용할 수도 있는 위치에 올려 둔다는 뜻이다. 사용자에게 제품을 보여주는 것은 피드백과 요구 사항을 얻고, 중요한 기능들을 만들어가는 과정이다. 운영에 올리지 않으면 피드백을 얻을 수 없다. 빠르고 믿을 수 있게 업데이트를 적용할 수 있는 배포 파이프라인은 곧 어떻게 훌륭한 완성품을 만들 수 있을지 실험해보고 답을 찾기 위한 최고의 도구라고 할 수 있다.

앱이 여전히 작은 규모일 때가 CD 파이프라인을 만들어 운영에 배포해볼 수 있는 가장 좋은 시점이다. 앱이 작아야 배포가 쉽다. 앱이 커지면서 점차 이 작업이 어려워진다.

그림 6.1은 6장에서 해야 할 작업을 보여준다. 개발 워크스테이션에서 테라폼을 사용해 클라우드에 인프라를 만들어 볼 것이다. 코드를 사용해 컨테이너 레지스트리와 쿠버네티스 클러스터를 만들 것이다. 7장에서는 위의 결과를 어떻게 자동화된 CD 파이프라인으로 처리하는지 배울 것이다. 하지만 지금은 일단 테라폼을 직접 실행해 개발 인프라를 개선해볼 것이다.

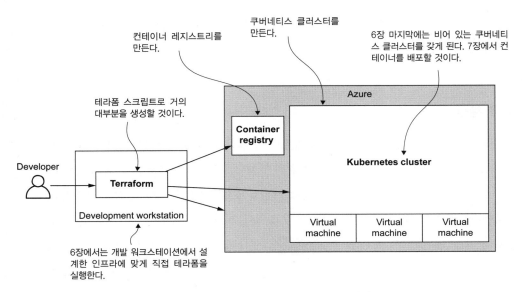

컨테이너 레지스트리를 만든다.

쿠버네티스 클러스터를 만든다.

6장 마지막에는 비어 있는 쿠버네티 스 클러스터를 갖게 된다. 7장에서 컨 테이너를 배포할 것이다.

테라폼 스크립트로 거의 대부분을 생성할 것이다.

Azure

Container registry

Developer

Kubernetes cluster

Terraform

Development workstation

Virtual machine | Virtual machine | Virtual machine

6장에서는 개발 워크스테이션에서 설 계한 인프라에 맞게 직접 테라폼을 실행한다.

▲ **그림 6.1** 테라폼으로 만들 인프라 설계

6.4 코드형 인프라

코드형 인프라 Infrastructure as code는 6장에서 앱을 운영 환경에 올리기 위해 사용하는 기술 을 말한다. 코드형 인프라로 부르는 이유는 3장에서 프라이빗 컨테이너 레지스트리를 만 든 것처럼 GUI를 사용해 직접 만드는 것이 아니라 인프라를 생성하는 코드를 사용하기 때문이다.

단지 인프라를 서술하는 코드만이 아니라 인프라를 실제로 생성하기 위해 실행할 것이 다. 코드를 사용해 인프라를 만드는 것은 신뢰할 수 있고, 재사용이 가능한 방법으로 원 하는 만큼 자주 필요에 따라 인프라를 반복해서 생성할 수 있다.

사실 이와 같이 인프라를 기술하고 생성할 수 있는 코드는 일종의 실행 가능한 문서 역할 을 한다. 일반적으로 실행할 수 없는 형태의 문서화 작업과 다르게, 어떤 형태의 인프라 를 만들고자 하는지 기술하고 있다. 오래되어 쓸모없어진 문서가 되지 않을 문서화 작업 의 하나다.

코드형 인프라를 통해 인프라를 생성하고 수정하는 것은 일종의 코딩 작업이다. 코드형 인프라의 가장 좋은 형태는 절차를 다루는 것보다는 선언적인 언어를 사용하는 것이다. 즉 순서대로 실행할 작업이나 명령보다는 인프라의 설정과 구성을 기술한다. 선언적인 형태를 선호하는 이유는 어려운 작업을 도구들이 수행하도록 만들면서, 인프라를 변경할 최선의 방법을 찾을 수 있기 때문이다.

그림 6.2는 코드형 인프라의 개념을 보여주고 있다. 인프라를 위한 코드는 깃과 같은 코드 리포지터리에 저장한다. 또한 그 위치에서 코드를 실행해 클라우드 기반의 인프라를 생성하고, 설정하고, 관리한다.

코드형 인프라는 단지 반복적으로 인프라 생성이 가능하고, 잘 테스트한 신뢰할 수 있는 코드이기 때문에 중요한 것만은 아니다. 인프라를 생성하고 관리하는 것을 자동화할 수 있다는 점에서도 중요하다. CD를 가능하게 만드는 중요한 역할을 하며, 7장에서는 자동화된 배포 파이프라인을 만드는 것을 알아볼 것이다.

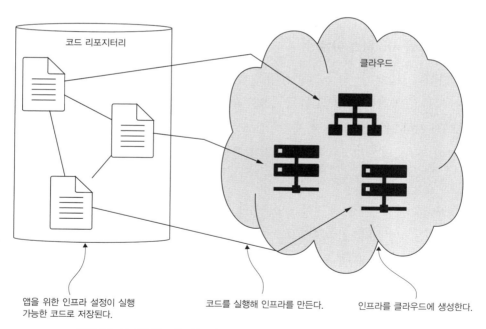

▲ **그림 6.2** 코드형 인프라는 인프라를 생성하기 위해 실행 가능한 코드를 사용한다.

6.5 쿠버네티스에 마이크로서비스 호스팅하기

7장까지 마치면 앱을 운영 환경에서 여러 개의 컨테이너로 실행할 것이다. 클라우드에서 실행 중인 매니지드^{managed} 버전 쿠버네티스가 호스팅하는 컨테이너들이다(이는 Kubernetes as a service라고 생각할 수 있다).

> **|노트|** 쿠버네티스는 컨테이너 기반으로 앱을 관리하는 컴퓨팅 플랫폼이다. 원래 구글에서 만든 것이지만 지금은 거대한 클라우드 업계를 지원하면서 여러 가지 흥미로운 프로젝트를 진행하고 있는 CNCF(Cloud Native Computing Foundation)라는 위원회가 관리하고 있다.

쿠버네티스는 컨테이너 오케스트레이션^{orchestration} 플랫폼으로 많이 알려져 있다. 이는 우리가 알고자 하는 것이 무엇인지 말해준다. 쿠버네티스는 컨테이너의 배포와 확장성을 관리하고 자동화할 수 있다. 쿠버네티스는 마이크로서비스 앱을 위한 운영 환경의 기초다. 나는 마이크로서비스를 위한 플랫폼이라고 말하고 싶다.

6.5.1 쿠버네티스를 사용하는 이유

쿠버네티스를 사용하는 이유는 많다. 가장 간단한 이유는 특정 기업에 종속되지 않는 것이다. 모든 주요 클라우드 기업들은 각자의 서비스에 적합한 자신만의 컨테이너 오케스트레이션 서비스를 제공한다. 하지만 이들 모두 매니지드 쿠버네티스 서비스를 제공하므로, 굳이 쿠버네티스 대신에 특정 서비스를 사용할 필요는 없다. 쿠버네티스를 사용하면 어느 클라우드 서비스라도 사용할 수 있다는 의미다.

(최소한 기초라도) 쿠버네티스 지식은 어디서나 쓸 수 있기 때문에 배울 만한 가치가 있다. 이 책에서는 쿠버네티스를 마이크로소프트 애저에서 사용하지만, 습득한 쿠버네티스 지식은 원하는 어느 클라우드 서비스에서도 활용할 수 있다.

쿠버네티스는 복잡하다는 소문이 있다. 만약 자신의 하드웨어에 직접 쿠버네티스를 설치하거나 깊게 파헤쳐서 전문가가 되고자 한다면 맞는 말이다. 다행히도 우리 같은 사람들을 위해서 매니지드 쿠버네티스 클러스터를 선호하는 클라우드 플랫폼에 구성하는 것은 훨씬 쉽다. 애저와 같은 서비스에서는 화면에서 여기저기 클릭하는 것으로도 만들 수 있다. 여기서는 화면을 사용해 수동으로 인프라를 만들지 않고, 테라폼 코드로 클러스터를 생성할 것이다.

쿠버네티스는 구글의 방대한 양의 경험에서 출발했고, 앞에 언급한 위원회로 넘겨졌다. 이는 코드를 조금이라도 열어보고, 직접 쿠버네티스 프로젝트에 기여할 수도 있다는 뜻이다. 물론 자신을 빠져나오기 힘든 수렁에 내던질 각오가 돼 있다면 말이다.

쿠버네티스는 여러 가지 방법으로 확장성이 있는 앱을 만들게 해준다. 이는 10장과 11장에서 알아볼 내용이다. 6장과 7장에서는 완전히 기초만 다룰 것이다. 작은 규모의 마이크로서비스 앱을 배포할 운영 클러스터를 만들기에는 충분하다.

무엇보다도 쿠버네티스는 자동화 API를 가지고 있다. 이것으로 7장에서 자동 배포 파이프라인을 만들 수 있다. 쿠버네티스는 마이크로서비스를 위한 업계의 표준으로 자리 잡고 있으며, 앞으로도 이러한 방향으로 발전할 것이라 기대한다. 기술적인 지원을 받기가 좋고, 훌륭한 커뮤니티와 관련 도구들의 커다란 생태계를 갖고 있다.

내게 쿠버네티스는 보편적인 컴퓨팅 플랫폼이다. 쿠버네티스는 모든 주요 클라우드 기업들이 지원한다. 어디로 가든지 쿠버네티스를 사용할 수 있다. 쿠버네티스는 오픈 소스이며, 코드는 다음의 링크에서 찾을 수 있다.

https://github.com/kubernetes/kubernetes

6.6.2 쿠버네티스 동작 원리

쿠버네티스는 다수의 컴퓨터로 구성된다. 각각의 컴퓨터는 노드^{node}라고 부른다. 각 노드는 실제로 가상머신^{VM}이다. 필요한 만큼 여러 개의 VM을 클러스터에 추가할 수 있으므로 앱을 실행하는 데 필요한 처리 능력을 제어할 수 있다. 단위 노드는 여러 개의 팟^{pod}을 호스트한다. 팟은 쿠버네티스 연산 처리^{computation}의 기본 단위다.

그림 6.3은 노드와 팟을 배치한 사례를 보여준다. 그림의 클러스터는 세 개의 VM으로 실행하는 세 개의 노드를 갖고 있다. 하지만 6장에서 만들 클러스터는 하나의 노드만 가진

다. 우리의 간단한 앱은 엄청난 처리 능력이 필요하지 않기 때문이다. 즉 필요 이상으로 많은 VM 수에 대한 비용을 지불하지 않겠다는 의미다. 11장에서 다루겠지만 노드를 더 많이 쓰도록 확장하기는 쉽다.

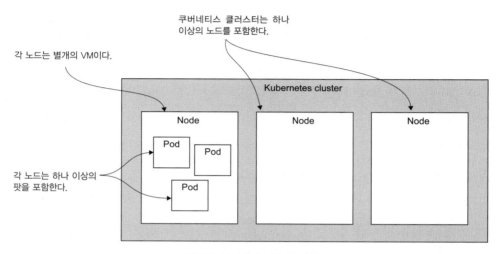

▲ **그림 6.3** 쿠버네티스 클러스터의 구조

그림 6.4를 보면 각각의 팟은 실제로 여러 개의 컨테이너를 호스트하고 있다. 이는 여러 가지 흥미로운 설계를 만들 수 있는 기초다. 프록시 인증을 위한 것으로 잘 알려진 사이드카 패턴^{sidecar pattern}을 예로 들 수 있다.

이 책에서는 모든 것을 단순하게 유지하려고 한다. 개별 팟은 오직 하나의 컨테이너 또는 마이크로서비스만을 호스트한다. 그림 6.4에서는 설명을 위해서 하나의 팟이 다수의 컨테이너를 가지고 있지만, 간단하게 이해할 수 있도록 팟을 하나의 컨테이너 또는 마이크로서비스로 생각해도 좋다.

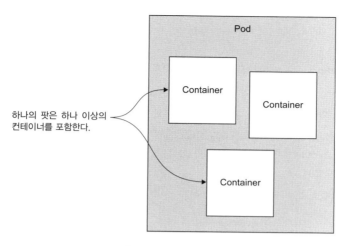

하나의 팟은 하나 이상의
컨테이너를 포함한다.

▲ **그림 6.4** 쿠버네티스 팟의 구조

6.6 애저 CLI 사용하기

테라폼으로 작업을 시작하기 전에 애저 CLI를 실행해야 한다. 애저 계정으로 애저에서 인프라를 생성하기 위한 권한을 관리하는 테라폼 인증을 구현을 위한 가장 간단한 방법을 사용할 수 있기 때문이다. 또한 애저 계정으로 클라우드 자원을 관리하기에 유용하기 때문에 애저 CLI가 편리하다.

6.6.1 애저 CLI 설치

애저 CLI를 설치하는 방법은 다음 링크에서 찾을 수 있다.

https://docs.microsoft.com/en-us/cli/azure/install-azure-cli

자신의 플랫폼을 선택하고 설치 방법대로 진행하면 된다. 애저 CLI 설치를 마치면 터미널에서 다음 명령으로 테스트해볼 수 있다.

```
az --version
```

이 책을 쓰는 시점에는 버전이 2.9.1이다. 이후 버전은 하위 버전 호환성을 지원할 것이다.

> **베이그런트(Vagrant, VM 관리 도구) VM 안에 애저 CLI가 미리 설치돼 있다.**
>
> 만약 6장 코드 리포지터리에 있는 베이그런트 VM을 사용한다면 애저 CLI를 포함해 필요한 도구가 이미 설치된 것을 볼 수 있다.
>
> 리눅스로 작업하고 있다면, 6장 코드 리포지터리의 쉘 스크립트인 scripts/provision-dev-vm.sh를 살펴보자. 이 스크립트는 VM에서 도구들을 설치하고, 애저 CLI를 리눅스에 어떻게 설치하는지 예제로 사용할 수 있다.
>
> 베이그런트에 대한 더 자세한 정보는 부록 A를 참고할 수 있다.

6.6.2 애저 인증

애저 CLI를 설치한 이유는 간단하게 애저 계정을 인증하기 위해서다. 터미널에서 다음 명령을 실행해보자.

```
az login
```

이 명령을 실행하면 브라우저를 열고 애저 계정으로 로그인할 수 있다. 자동으로 브라우저를 열지 않는다면 직접 브라우저를 열고 코드를 입력해야 한다. 화면을 보면 다음과 같이 브라우저를 열고 인증할 코드를 입력하도록 안내한다.

```
To sign in, use a web browser to open the page https://microsoft.com/devicelogin
➥ and enter the code XXXXXX to authenticate.
```

코드를 입력하고 다음을 클릭한다. 자신의 사용자명과 암호로 로그인하자. 로그인 후에는 다음과 같은 메시지를 볼 수 있을 것이다. 자신의 컴퓨터에서 애저 CLI를 사용할 수 있게 로그인에 성공했다는 내용이다.

```
You have signed in to the Microsoft Azure Cross-platform Command Line
➥ Interface application on your device. You may now close this window.
```

이제 브라우저를 닫고 터미널로 돌아가자. `az login` 명령을 완료하고 애저 구독 목록을 JSON 형식으로 보여준다. 이 책의 내용대로만 계정을 사용했다면 오직 하나의 구독만 보일 것이다. 애저를 예전부터 사용했다면 여러 구독 항목들을 표시한다.

인증 정보는 로컬에 저장된다. 지금부터는 애저 계정으로 매번 로그인할 필요 없이 명령 어들을 실행할 수 있다. 다음 명령어로 작업할 애저 구독을 테스트할 수 있다.

```
az account show
```

위 명령어의 출력은 현재의 기본 구독을 보여준다. 모든 구독은 다음 명령으로 표시할 수 있다.

```
az account list
```

구독 목록은 JSON 형식으로 출력된다. 각각의 구독은 고유한 `id` 항목을 갖고 있다. 현재 의 기본 구독은 `isDefault` 항목이 `true`로 표시된 것을 볼 수 있다. 목록의 다른 항목은 `isDefault` 항목이 `false`다.

지금 시점에서 이 책의 예제를 따라가기 위한 올바른 구독을 사용하고 있는지 확인해야 한다. 예를 들어 회사의 구독을 사용 중이라면, 아마도 여기서 배우는 내용과 테스트에 사용하면 안 되는 구독일 수도 있다(회사나 팀에서 확인해보자). 현재 작업 중인 구독을 변경 해야 한다면 다음 명령으로 새롭게 기본값을 지정할 수 있다.

```
az account set --subscription=<subscription-id>
```

위에서 `<subscription-id>` 부분을 기본^{default}으로 지정할 구독 아이디로 대체한다. 기본 구독을 변경하고 나면 다음 명령으로 다시 한 번 확인해보자.

```
az account show
```

이 작업은 온전히 이 책의 예제를 따라 해보기 위한 자신의 구독을 확실하게 확인하는 것이다. 회사의 구독을 실수로 잘못 사용하는 일이 없도록 한다.

6.6.3 쿠버네티스 버전

쿠버네티스를 어떻게 잘 활용할 수 있는지 애저 CLI로 실용적인 작업을 해보려고 한다. 6장이 끝나면 매니지드 쿠버네티스 클러스터를 생성하게 된다. 우리가 생성할 위치에 어떤 쿠버네티스 버전이 가용한지 미리 알아두면 도움이 될 것이다.

애저 CLI를 사용해 애저 쿠버네티스 서비스 작업을 하기 위해서는 aks 하위 명령어를 사용한다. 다음은 애저의 미국 서부 지역에서 가용한 쿠버네티스 버전 목록을 보는 실용적인 예제다.

```
az aks get-versions --location westus
```

다음과 같은 출력을 볼 수 있을 것이다.

```
KubernetesVersion     Upgrades
------------------    -------------------------------
1.18.4(preview)       None available
1.18.2(preview)       1.18.4(preview)
1.17.7                1.18.2(preview), 1.18.4(preview)
1.16.10               1.17.7
1.15.12               1.16.10
1.15.11               1.15.12, 1.16.10
```

목록에서 안정화된 최신 버전, 즉 미리보기^{preview}가 아닌 쿠버네티스 버전을 선택하는 것이 좋다. 내가 확인했을 때는 1.18.8 버전이었지만, 이 책을 읽는 시점에는 더 최근 버전이 있을 것이다. 아마도 1.18.8이 더 이상 애저에 없을 수도 있다. 꼭 현재 시점에서 가용한 버전을 선택하도록 하자.

버전을 기록해둔다. 곧 클러스터를 생성할 때 필요하다. 가장 최신 버전을 평가해보고 싶다면 쿠버네티스의 미리보기 버전을 선택할 수도 있다. 하지만 운영 환경에서는 일반적으로 안정화된 버전 중에서 최근 버전을 선호한다.

6.6.4 우리가 해낸 것

애저 명령줄 도구(Azure CLI)를 설치했다. 애저 계정으로 터미널에서 작업하기에 유용한 도구다. 애저 계정으로 인증할 때 사용했다.

> |**노트**| 애저에서 인증을 통과해야 우리를 대신해서 테라폼이 인프라를 만들 수 있다.

실용적인 예제로서, 선택한 지역의 가용한 쿠버네티스 버전 목록을 보기 위해 애저 CLI를 사용했다. 최신 버전의 쿠버네티스를 기록했고, 나중에 클러스터를 만들 때 사용할 것이다.

6.7 테라폼으로 인프라 만들기

실제로 인프라를 생성해보기 위한 핵심 주제로 다시 돌아왔다. 애저 포털과 같은 사용자 인터페이스를 사용해 수동으로 인프라를 만들거나 애저 CLI와 같은 명령줄 도구로도 가능하다. 이 책에서는 인프라를 자동화된 형태의 코드로 만들 것이다.

코드형 인프라를 사용해 인프라를 생성하는 절차를 자동화해서 신뢰할 수 있고, 재사용이 가능하도록 만들 것이다. 자동화는 나중에 직접 수동으로 해야 하는 작업 없이도 앱을 확장할 수 있게 해준다. 이러한 작업을 위해 HCL^{Hashicorp Configuration Language1} 코드를 실행하기 위해 뛰어난 유연성을 가진 도구인 테라폼을 사용할 것이다.

HCL은 인프라를 정의할 서술적인 설정 언어다. 테라폼으로 이런 코드를 실행하면 실제로 클라우드에 인프라를 생성할 수 있다.

> |**노트**| 앞으로는 HCL을 간단히 테라폼 코드라고 부를 것이다.

테라폼은 그림 6.5와 같이 플러그인^{Plugin}을 제공해 여러 종류의 클라우드 서비스를 지원한다. 6장의 예제에서는 테라폼으로 마이크로소프트 애저에서 인프라를 생성할 것이다.

---

1 설정을 관리하는 언어의 이름이고, 테라폼을 포함한 하시코프 도구들을 지원한다. – 옮긴이

어떻게 보면 HCL을 배운다는 것이 어려워 보이지만, HCL은 단지 조금 다른 형식을 가진 YAML이나 JSON일 뿐이라고 생각해보자. 하시코프에서 HCL을 사람이 설정을 읽기 좋게 만들었고, 또한 YAML과 JSON 형식으로 컴퓨터가 다룰 수 있도록 만든 것이다. YAML이나 JSON은 잘 구조화돼 있으면서 우리가 읽기도 편하다.

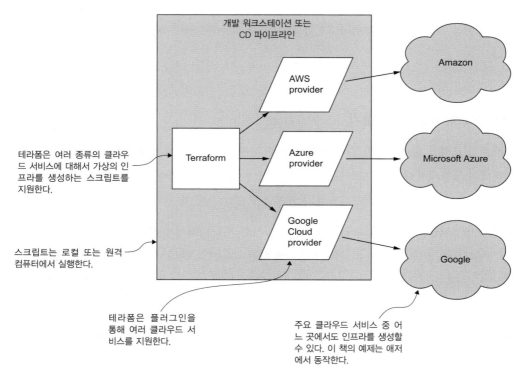

▲ **그림 6.5** 다양한 클라우드 서비스에서 인프라를 생성할 수 있는 테라폼

6.7.1 테라폼을 사용하는 이유

테라폼은 클라우드 기반의 앱에 대해서 인프라를 구성하기 위한 언어이자 도구다. 테라폼은 클라우드 인프라를 신뢰할 수 있는 방법으로 반복해서 설정을 쉽게 다룰 수 있다. 플러그인을 제공함으로써 기능을 확장할 수 있는 유연성 또한 뛰어나다. 다양한 클라우드 서비스를 지원한다. 테라폼은 이미 애저, AWS, 구글 클라우드 모두에서 구현할 수 있다.

쿠버네티스처럼 모든 주요 클라우드 서비스에서 활용할 수 있는 지식을 배우는 것이 좋다. 어떤 종류의 클라우드를 사용하더라도 테라폼으로 인프라를 생성할 수 있다. 심지어 아직 지원하지 않고 있는 플랫폼에서도 직접 서비스를 만들어서 테라폼을 확장할 수 있다. 공식적으로 테라폼은 쿠버네티스를 지원하고 컨테이너를 클러스터에 배포하기 위해 사용할 것이다.

테라폼은 우리의 앱을 위한 자동화된 배포 파이프라인을 만들기 위해 필요한 모든 작업을 해낸다. 심지어 테라폼이 할 수 없는 부분도 우리가 직접 채워 줄 수 있기 때문에 만능 해결사다. 7장에서는 테라폼이 아직 다루지 못한 부분을 해결하도록 기능을 확장하는 한 가지 간단한 방법을 볼 것이다.

나는 테라폼이 보편적인 설정 언어라고 생각한다. 인프라의 모든 것을 생성할 때 사용할 수 있는 하나의 언어다. 테라폼은 오픈 소스이고, 코드는 다음 링크에서 찾을 수 있다.

https://github.com/hashicorp/terraform

6.7.2 테라폼 설치

테라폼의 설치는 단순히 운영체제에 맞는 설치 파일을 다운로드해서 시스템의 PATH 환경변수에 포함된 디렉터리에 옮기는 것이다. 다음은 테라폼의 최신 버전 다운로드 링크다.

https://www.terraform.io/downloads.html

테라폼을 설치하고 나서 다음의 명령을 사용해 터미널에서 테스트하자.

```
terraform --version
```

이 책을 쓰는 시점에 버전은 0.12.29다. 이후 버전은 하위 버전 호환성을 지원할 것이다.

> **테라폼은 베이그런트 VM에 미리 설치돼 있다.**
>
> 6장 코드 리포지터리에 있는 베이그런트 VM을 사용하고 있다면, 테라폼을 포함해 이미 필요한 도구들이 설치돼 있다.

리눅스로 작업하고 있다면, 6장 코드 리포지터리의 쉘 스크립트인 scripts/provision-dev-vm.sh를 살펴보자. 이 스크립트는 VM에서 도구들을 설치하고, 테라폼을 리눅스에 어떻게 설치하는지 예제로 사용할 수 있다.

6.7.3 테라폼 프로젝트 설치

테라폼을 시작하기 전에 먼저 테라폼 프로젝트가 어떻게 구성되는지 익숙해져보자. 그림 6.6은 테라폼 프로젝트 구성을 보여준다. 7장의 example-3의 모습이다. 아직 7장의 예제를 열어볼 필요는 없다. 단지 그림 6.6은 테라폼 프로젝트에 익숙해지기 위해서 프로젝트의 구조를 보여주는 것이다.

그림 6.6에서 보듯이 테라폼 프로젝트는 몇 개의 테라폼 코드 파일로 구성돼 있다. 확장자가 .tf인 파일을 말한다. 이 파일들은 앱을 위한 테라폼을 실행하면 인프라를 생성하는 테라폼 코드를 포함한다.

그림을 보면 파일들이 많다. 7장의 예제가 조금 더 복잡하기 때문이다. 걱정할 필요는 없다. 잠시 후 훨씬 간단한 6장의 example-1부터 시작할 것이다.

그림 6.6의 파일들 이름을 읽어보고, 파일들의 용도를 알 수 있을 것이다. 파일명은 이름 규칙에 맞게 사용하고 있고, 각각의 스크립트 이름은 생성하는 인프라 구성 요소를 의미한다. 그림 6.6의 파일명을 살펴보면 (6장과 7장의 다른 프로젝트도 마찬가지로) 다음과 같은 규칙을 갖는 것을 알 수 있을 것이다. 예를 들어 resource-group.tf는 애저 리소스 그룹을 만드는 역할을 하고, database.tf는 데이터베이스를 배포하는 역할 등과 같다.

시험 삼아 해볼 것이 있다. 먼저 그림 6.6의 파일명을 읽어보고, 각각의 용도를 추측해보자. 대부분 용도가 명확하다. 파일명 규칙에 잘 맞지 않는 파일은 일부만 있다. 전부 알아내지 못하더라도 걱정할 것은 없다. 6장과 7장에서 모두 설명할 것이다.

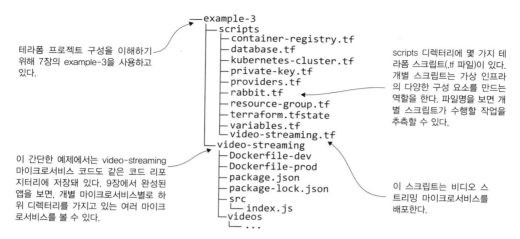

테라폼 프로젝트 구성을 이해하기 위해 7장의 example-3을 사용하고 있다.

```
example-3
├── scripts
│   ├── container-registry.tf
│   ├── database.tf
│   ├── kubernetes-cluster.tf
│   ├── private-key.tf
│   ├── providers.tf
│   ├── rabbit.tf
│   ├── resource-group.tf
│   ├── terraform.tfstate
│   ├── variables.tf
│   └── video-streaming.tf
├── video-streaming
│   ├── Dockerfile-dev
│   ├── Dockerfile-prod
│   ├── package.json
│   ├── package-lock.json
│   ├── src
│   │   └── index.js
│   └── videos
└── ...
```

scripts 디렉터리에 몇 가지 테라폼 스크립트(.tf 파일)이 있다. 개별 스크립트는 가상 인프라의 다양한 구성 요소를 만드는 역할을 한다. 파일명을 보면 개별 스크립트가 수행할 작업을 추측할 수 있다.

이 간단한 예제에서는 video-streaming 마이크로서비스 코드도 같은 코드 리포지터리에 저장돼 있다. 9장에서 완성된 앱을 보면, 개별 마이크로서비스별로 하위 디렉터리를 가지고 있는 여러 마이크로서비스를 볼 수 있다.

이 스크립트는 비디오 스트리밍 마이크로서비스를 배포한다.

▲ **그림 6.6** 조금 더 완성된 테라폼 프로젝트 구조(7장의 example-3을 미리 보고 있다)

그림 6.6에서 비디오 스트리밍 마이크로서비스 코드와 테라폼 코드 파일이 함께 존재하는 것을 알 수 있다. 즉 같은 코드 리포지터리의 video-streaming 디렉터리에 위치하고 있다. 그래서 테라폼 코드는 스크립트 디렉터리로 따로 저장돼 있다. 마이크로서비스 코드와 인프라 코드는 구분하고 있다.

이 예제 프로젝트의 구조와 파일명은 테라폼이 강제하는 것은 아니다. 이 예제에서 사용하는 규칙으로 사용하고 있을 뿐이다. 자신만의 프로젝트에는 다른 구조가 더 적합할 수도 있으니 테스트해보면서 가장 잘 맞는 것을 편하게 찾아보자.

배우는 동안 프로젝트의 단순함을 유지하기 위해서 인프라와 마이크로서비스에 대한 코드를 함께 위치하도록 구성하는 것은 새로운 마이크로서비스 프로젝트를 시작하기 좋은 방법이다. 처음에 봤던 마이크로서비스를 사용하는 장점이 줄어든 모놀리스 형태의 프로젝트와 비슷하게 보일 것이다. 지금은 이것에 대해 염려하지 않아도 된다. 새로운 앱을 시작하는 초기에 알맞은 간단한 구조라고 생각할 수 있다. 11장에서 논의하겠지만 앱이 점차 커지면 더 확장성이 좋은 구조로 전환할 것이다. 지금은 일단 위와 같은 간단한 프로젝트 구조를 유지한다.

6.8 애저 리소스 그룹 만들기

7장의 example-3 프로젝트 구조를 미리 봤고, 이제는 복잡함에서 벗어나 훨씬 간단한 6장의 example-1을 살펴보자. 테라폼으로의 여정을 시작해야 하고, 시작은 언제나 단순한 것이 좋다. 배포 파이프라인을 만들기 위한 가장 간단한 테라폼 코드가 example-1이다.

우선 해야 할 일은 6장에서 만들게 될 모든 애저 자원을 함께 모아 둘 애저 리소스 그룹을 만드는 것이다. 3장에서는 리소스 그룹을 애저 포털 화면에서 수동으로 만들었다. 이번에 다시 만들 애저 리소스 그룹은 같은 방식으로 만들지 않을 것이다. 즉 테라폼 코드를 사용한다.

그림 6.7은 이번 절의 작업을 보여준다. Example-1은 두 개의 테라폼 코드를 포함하고 있다. providers.tf, resource-group.tf 파일이다. resource-group.tf 스크립트는 실제로 리소스 그룹을 생성하고, providers.tf는 테라폼에서 제공하는 플러그인 설정을 포함하고 있다.

테라폼 코드는 `terraform apply` 명령으로 실행한다. 그림 6.7의 오른쪽은 테라폼에 대한 입력으로, 코드를 실행하고 플릭스튜브 리소스 그룹을 애저에 만들기 위한 코드 파일을 보여준다.

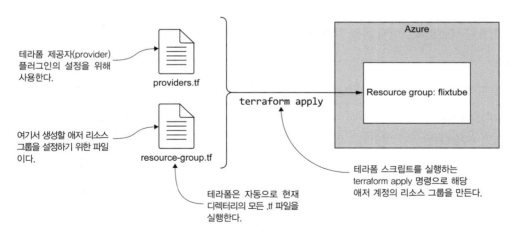

▲ **그림 6.7** 애저 리소스 그룹을 생성하기 위해 테라폼 사용하기

기술적으로 providers.tf는 위 과정에서 꼭 필요한 파일은 아니다. 삭제해도 이 예제는 동작한다. 다만 우리가 사용하는 테라폼 제공자에 대한 설정 코드를 넣을 수 있는 파일이기 때문에 갖고 있으면 좋다. 잠시 후에 providers.tf에 대해 자세히 알아보자.

6.8.1 테라폼을 사용해 진화하는 설계

테라폼은 반복적인 형태로 인프라를 구성하는 도구다. 즉, **진화하는 설계**evolutionary architecture 라고 말한다. 6장에서 직접 인프라의 구성을 반복하는 방법을 경험할 수 있다.

이제 테라폼 코드의 작성을 시작한다. 6장과 7장에서 어떻게 예제들을 따라갈 것인지 선택할 수 있다.

- example-1부터 시작하고, 7장까지의 읽어가면서 반복해서 예제 프로젝트를 수정하면서 인프라를 진화시켜 나간다.
- 각각의 예제를 새로 열어보고 7장까지의 개별 예제로 인프라를 새로 만들어본다.

6장과 7장의 모든 예제들은 독립적으로 실행이 가능하므로 어느 지점에서 예제를 열고 테라폼 코드를 실행해도 인프라를 쉽게 시작할 수 있다. 하지만 가장 좋은 방법은 실전과 똑같이 해보는 것이다. 즉 코드를 반복해서 수정하고 인프라를 점진적으로 개선해 나가는 방법이다(위에서 첫 번째 선택을 말한다). 이를 위해 프로젝트를 위한 별도의 작업 디렉터리를 만드는 것이 좋다. 예를 들어 다음 명령을 실행한다.

```
mkdir working
```

그리고 example-1 코드를 복사한다.

```
cp -r chapter-6/example-1/* working
```

이제 6장과 7장의 예제들을 시작해볼 수 있다. 새로운 예제를 볼 때마다 자신의 프로젝트에 다음과 같이 새로운 코드를 복사한다.

```
cp -r chapter-6/example-2/* working
```

윈도우에서 앞의 명령을 실행하려면 윈도우용 깃을 설치해야 한다. 리눅스 명령이 윈도우에서 동작하게 된다. 링크는 다음과 같다.

https://gitforwindows.org

다른 방법으로 윈도우에서 WSL2를 사용하거나 베이그런트 VM 형태의 리눅스를 올리는 것이다. 자세한 내용은 3장과 부록 A를 참고한다.

6장과 7장의 예제는 진화시켜 나가는 방식을 지원하도록 준비했다. 실제 업무에 가깝게 인프라 개발 과정을 수행해보는 것이다. 인프라 코드를 편집하고, `terraform apply` 명령을 여러 번 반복하는 과정을 주목해보자. 이런 방식으로 커지는 인프라를 단계적으로 업데이트할 것이다.

> |**팁**| 작업 중인 프로젝트에서 수정한 코드에 대한 변경 관리를 위해서는 깃을 사용하는 것이 최선이다.

example-1의 코드를 복사하고 나서 새로운 깃 코드 리포지터리를 생성하고, 코드를 커밋 commit한다. 매번 새로운 예제를 복사하면 `git diff` 명령을 사용해 새롭게 변경된 내용을 알 수 있다. 단위 작업 주기iteration마다 수정한 코드를 커밋하고 다음 예제로 진행한다.

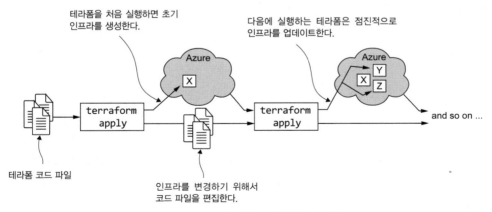

▲ **그림 6.8** 테라폼을 사용한 인프라 개선

앞서 언급한 작업은 일이 많아 보일 수 있다. 독자가 바쁘다는 것과, 진화시켜 나가는 방법을 따라 하기엔 시간이 없다는 것도 이해한다. 그렇다면 실행해보고 싶은 6장의 어느 예제로도 바로 이동해도 좋다. 예제들은 독립적으로 실행 가능하도록 설계돼 있다.

모든 예제를 따라가면서 진행하고 싶다면, 반복해서 진화해 나가는 접근 방식에 맞게 더 효율적일 수 있다. 반복되는 작업 주기마다 테라폼은 이미 존재하는 리소스는 생성하지 않기 때문이다.

만약 예제마다 따로 실행하면 테라폼이 예제에 필요한 전체 인프라를 매번 생성하므로 가장 비효율적이다. 쿠버네티스 클러스터를 아무것도 없는 상태에서 만드는 것은 느리지만, 기존의 쿠버네티스 클러스터를 업데이트하는 것이 훨씬 빠르다. 진화해 나가는 방법을 따르는 것이 실제로는 시간을 절약할 수 있다.

6.8.2 인프라 생성 스크립트

예제 6.1은 우리의 첫 번째 테라폼 코드다. 이보다 간단하긴 어렵다. 애저를 사용해 세 줄의 테라폼 코드로 간단하게 애저 리소스 그룹을 만들 것이다.

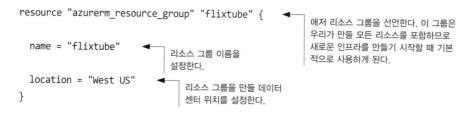

예제 6.1 애저 리소스 그룹 생성(chapter-6/example-1/scripts/resource-group.tf)

```
resource "azurerm_resource_group" "flixtube" {          ◀── 애저 리소스 그룹을 선언한다. 이 그룹은
                                                             우리가 만들 모든 리소스를 포함하므로
  name = "flixtube"          ◀── 리소스 그룹 이름을         새로운 인프라를 만들기 시작할 때 기본
                                 설정한다.                   적으로 사용하게 된다.

  location = "West US"       ◀── 리소스 그룹을 만들 데이터
}                                센터 위치를 설정한다.
```

테라폼 코드로 인프라 구성 요소를 정의한다. 예제 6.1은 인프라의 첫 단추를 시작했다. flixtube라는 애저 리소스 그룹을 azurerm_resource_group 타입으로 선언한다. 애저에서 제공하는 테라폼 리소스 타입이고, 애저에서 리소스 그룹을 만들 수 있게 해준다. 테라폼 코드를 실행하면 미리 설정한 애저 계정으로 리소스 그룹을 생성할 것이다.

6.8.3 테라폼 초기화

인프라의 생성을 위한 첫 단추를 끼웠다. 애저 리소스 그룹을 만드는 간단한 스크립트를 알아봤다. 하지만 테라폼으로 스크립트를 실행하기 전에 반드시 테라폼을 초기화해야 한다.

테라폼을 초기화하려면 스크립트 실행을 위한 플러그인을 다운로드해야 한다. 지금은 애저만 필요하다. 테라폼을 초기화하기 위해 테라폼 코드가 위치한 디렉터리로 이동하자.

```
cd chapter-6/example-1/scripts
```

이제 terraform init 명령을 실행한다.

```
terraform init
```

다음과 같이 애저 플러그인을 다운로드했다는 출력을 볼 수 있을 것이다.

```
Initializing the backend...

Initializing provider plugins...
- Checking for available provider plugins...
- Downloading plugin for provider "azurerm" (hashicorp/azurerm) 1.43.0…

Terraform has been successfully initialized!
```

위 작업을 완료하면 테라폼 코드를 실행할 준비가 된 것이다. 어떤 디렉터리에서 테라폼 코드를 실행하기 전에 반드시 테라폼 프로젝트마다 최소 한 번은 terraform init 명령을 실행해야 한다. terraform init 명령은 캐시되지 않은 플러그인만 다운로드한다.

6.8.1절에서 제시한 진화론적 방식을 6장과 7장의 예제들에 적용하고 있다면 예제마다 새로운 플러그인이 포함된 경우에만 초기화를 실행하면 된다. 예제를 독립적으로 실행하고자 한다면 terraform init 명령을 예제마다 실행하는 것을 잊지 않도록 한다.

terraform init 명령을 잊더라도 특별한 문제가 발생하지 않는다. 잊을 때마다 테라폼이 실행할 것을 알려주기 때문이다.

6.8.4 테라폼 초기화의 부산물

테라폼을 초기화하면 init 명령이 생성했거나 스크립트 디렉터리에 다운로드한 파일들을 볼 수 있다. 스크립트 디렉터리의 파일들을 살펴보고 어떤 파일들이 생겼는지 찾아보자. 그림 6.9는 terraform init 명령을 실행한 이후의 example-1 프로젝트를 나타낸다.

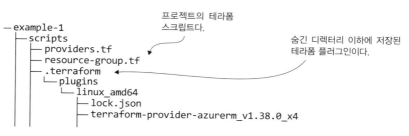

▲ **그림 6.9** terraform init 명령을 실행하는 동안 다운로드하거나 생성된 파일들

.terraform이라는 숨긴 디렉터리가 여러 파일들을 포함하고 있는 것을 볼 수 있다. 테라폼이 다운로드한 플러그인을 저장하는 위치다. 테라폼을 실행할 때마다 재사용이 가능하도록 이곳에 캐시된다.

6.8.6 플러그인 버전

테라폼을 처음 실행하기 전에 프로젝트의 다른 파일들도 알아보자. 예제 6.2는 providers. tf 코드를 보여준다. 테라폼 플러그인을 정의하고 설정하는 파일이다.

예제 6.2 테라폼 플러그인 설정 (chapter-6/example-1/scripts/providers.tf)

```
provider "azurerm" {      ◀──── 플러그인 이름을 설정한다.

 version = "1.38.0"       ◀──── 다운로드해서 사용할 플러그인
}                                버전을 설정한다.
```

기술적으로 보면 아직 이 파일과 플러그인 선언이 필요한 단계가 아니다. 단순히 terraform init 명령만 실행하면 된다. 어떤 플러그인이 필요하고, 다운로드해야 하는 것인지 우리를 대신해 알아낼 수 있을 정도로 똑똑하다.

새로운 프로젝트를 시작할 때에는 앞서 언급한 방법이 편리하다. 클라우드 인프라를 생성할 때 단순하게 테라폼 코드를 바로 작성하기 시작하고, 플러그인은 미리 선언할 필요는 없다. terraform init 명령을 실행하면 우리가 필요한 최신 버전의 플러그인을 다운로드한다. 앞에서 봤던 테라폼 출력에서 다음과 같이 플러그인 버전도 포함하고 있다.

```
- Downloading plugin for provider "azurerm" (hashicorp/azurerm) 1.43.0…
```

처음에는 좋은 방법이지만, 나중에는 예기치 못한 문제를 만날 수도 있다. 예를 들어 언젠가는 원치 않은 새 버전으로 업그레이드하고, 그 버전이 기존 버전에서 사용하던 기능을 100% 지원하지 않을 수도 있다(실제로 경험한 일이다). 결과적으로 테라폼 코드에 문제가 발생했고, 예상하거나 이해하기에 어려운 상황이다.

다행히도 미리 이런 문제가 발생하지 않도록 테스트하고 믿을 수 있는 버전으로 고정해둘 수 있다. 현재 버전은 terraform init 명령의 출력에서 확인할 수 있고, 이 버전을 예제 6.2와 같이 providers.tf 파일에 지정해두는 것이다.

결과적으로 테라폼 코드는 반드시 자동화된 CD 파이프라인(7장에서 만든다)에서 완전하게 개발자의 개입 없이 실행할 수 있어야 한다. 즉 코드가 아주 견고해지도록 버전을 고정해서 테라폼 코드를 신뢰할 수 있어야 한다. 즉 나중에 아무도 모르게 종속성이 변경되지 않도록 해야 한다.

또한 providers.tf 파일을 여러 파라미터를 설정하는 목적으로 사용할 수도 있다. 이는 7장 예제에서 살펴볼 것이다.

6.8.6 인프라 구성하기

테라폼 프로젝트를 초기화하면 테라폼 코드를 실행해 인프라 작업을 반복하기 위한 첫 단계로 terraform apply 명령을 사용할 준비가 된 것이다. 필요하다면 apply 명령을 나타내는 그림 6.8을 참고할 수 있다. init 명령을 호출한 같은 디렉터리에서 다음의 명령을 실행하자.

```
terraform apply
```

apply 명령은 모든 테라폼 코드를 모아서 실행한다. 앞으로 더 많이 생기겠지만 지금까지는 두 개의 코드 파일만 있다. apply 명령을 호출하면 다음과 같은 출력을 볼 수 있다.

```
An execution plan has been generated and is shown below.
Resource actions are indicated with the following symbols:

  + create

Terraform will perform the following actions:

  # azurerm_resource_group.flixtube will be created
  + resource "azurerm_resource_group" "flixtube" {
      + id = (known after apply)
      + location = "westus"
      + name = "flixtube"
      + tags = (known after apply)
  }

Plan: 1 to add, 0 to change, 0 to destroy.

Do you want to perform these actions?
  Terraform will perform the actions described above.
  Only 'yes' will be accepted to approve.

  Enter a value:
```

위의 출력은 인프라의 업데이트 계획을 보여준다. 테라폼이 어떤 변경 사항을 적용할 것인지 말해주고 있다(별도의 terraform plan 명령으로도 위와 같은 형태의 출력을 볼 수 있다).

테라폼은 이제 실제로 인프라를 업데이트하는 작업을 계속할 것인지에 대한 승인을 기다리고 있다. 출력을 살펴보고 다시 한 번 변경할 사항이 기대하는 작업과 맞는지 확인하는 것이 좋다. 이 계획에 만족한다면 yes를 입력하고 엔터키를 눌러서 진행한다.

테라폼은 이제 요청대로 인프라를 생성한다. 이번 경우에는 첫 테라폼 실행으로 애저 계정을 사용해 플릭스튜브 리소스 그룹을 만들 것이다. 매우 빨리 작업이 완료된다(아직까지는 작은 스크립트이고 할 일도 많지 않기 때문이다). 이제 다음과 같이 성공한 메시지를 볼 수 있다.

```
azurerm_resource_group.flixtube: Creating...
azurerm_resource_group.flixtube: Creation complete after 5s
    [id=/subscriptions/219aac63-3a60-4051-983b-
    45649c150e0e/resourceGroups/flixtube]

Apply complete! Resources: 1 added, 0 changed, 0 destroyed.
```

위의 출력은 추가, 변경, 삭제한 내용을 요약한 것이다. 이미 알고 있겠지만 이 경우에는 클라우드 자원인 애저 리소스 그룹 하나를 생성했다는 것을 확인해준다.

이제 수동으로 직접 변경 사항을 확인해보자. 브라우저를 열고 애저 포털인 https://portal.azure.com/을 연다. 자신의 애저 계정으로 애저 리소스 그룹이 하나 만들어진 것을 확인할 수 있다. 포털에서 리소스 그룹을 클릭하고 플릭스튜브 리소스 그룹이 있는지 확인한다. 처음으로 우리가 만든 테라폼 코드가 생성한 것이다.

물론 매번 애저 포털에서 직접 만들어진 리소스를 확인할 필요는 없다. 단지 무슨 일이 일어난 것인지 첫 작업을 화면으로 확인해본 것이다.

6.8.7 테라폼 상태의 이해

terraform apply 명령을 처음 실행한 후에 테라폼은 상태^{state} 파일인 terraform.tfstate를 생성한다. 이 파일은 테라폼 코드와 같은 디렉터리에서 볼 수 있다.

테라폼이 유지하고 있는 상태 정보를 어떻게 관리하는지 이해하는 것은 중요하다. 대부분 상태 파일에 어떤 내용이 있는지 무시하게 된다. 하지만 왜 존재하고, 어떻게 다루는지 안다면 더 유리하다.

테라폼 상태 파일을 한번 살펴보자. 인프라의 일부를 생성한 이후에 어떤 내용이 있는지 볼 수 있다. 아직 파일이 작고 쉽게 이해할 수 있는 지금이 살펴보기 좋은 시점이다. cat 명령을 실행해 상태 파일 내용을 출력한다.

```
cat terraform.tfstate
```

다음과 같은 출력을 볼 수 있다.

```
{
  "version": 4,
  "terraform_version": "0.12.29",
  "serial": 1,
  "lineage": "dc5cb51c-1ab4-02a5-2271-199538b7655a",
  "outputs": {},
  "resources": [
    {
      "mode": "managed",
      "type": "azurerm_resource_group",
      "name": "flixtube",
      "provider": "provider.azurerm",
      "instances": [
        {
          "schema_version": 0,
          "attributes": {
              "id": "/subscriptions/219aac63-3a60-4051-983b-
                ➥ 45649c150e0e/resourceGroups/flixtube",
          "location": "westus",
          "name": "flixtube",
          "tags": {}
        },
        "private": "bnVsbA=="
      }
    ]
  }
  ]
}
```

테라폼 상태 파일에서 resource 항목을 볼 수 있다. 방금 생성한 리소스 그룹의 세부 정보가 상태 파일에 저장돼 있다.

terraform apply 명령을 처음 실행할 때 상태 파일이 생성된다. 그 이후에 실행하는 terraform apply는 위의 상태 파일을 입력으로 사용한다. 테라폼이 상태 파일을 로드해서 라이브 인프라로부터 새로고친다. 그림 6.10은 테라폼 실행이 성공했을 때 라이브 인프라와 상태 파일이 어떻게 연결되는지 보여준다.

지금 아마도 상태 파일이 실제로 무엇이 중요한지 궁금할 것이다. 인프라를 테라폼 코드로 정의하고 라이브 인프라에서 현재 상태를 직접 알 수 있다면 왜 별도의 파일로 상태 정보를 유지해야 할까? 상태 파일이 왜 필요한지 이해하기 위해서는 두 가지 생각해볼 사항이 있다.

- 테라폼 프로젝트는 애저 계정에 해당하는 인프라를 소유하지 않는다.
- 인프라를 변경하기 위해서 테라폼 코드를 수정한 시점에는 라이브 인프라와 일치하지 않는다(인프라를 명확하게 보여주도록 라이브 인프라를 변경하기 위해 테라폼에 의지하고 있다).

첫 번째 항목부터 생각해보자. 애저 구독은 여러 프로젝트에 관해 공유될 수 있다. 해당 계정의 인프라는 또 다른 테라폼 프로젝트 때문이거나 심지어 완전히 다른 도구로 생성될 수 있다(예를 들어 애저 포털이나 애저 CLI 도구로 생성한 경우다).

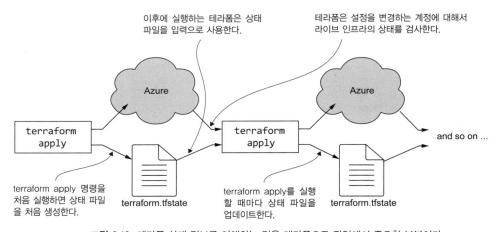

▲ **그림 6.10** 테라폼 상태 정보를 이해하는 것은 테라폼으로 작업에서 중요한 부분이다.

이 책의 예제를 따라 하면서 아마도 애저 계정을 오직 이 프로젝트에만 사용하고 있을 것이다. 하지만 회사에서 사용 중이라면 회사나 개인이 관리하는 프로젝트가 여러 개일 것이다. 이 경우 애저 구독이 여러 프로젝트에 공유되고 있으면, 그 구독은 여러 개의 인프라를 포함하고 있을 것이다.

테라폼은 해당 애저 계정으로 접근이 가능한 모든 것을 소유하고 있다고 가정하지도 않고, 그렇게 할 수도 없다는 것이 핵심이다. 즉 테라폼이 단지 라이브 인프라를 읽고 나서 모두 소유하고 있다고 가정할 수 없다는 것이다. 인프라의 소유권은 인프라 코드에 선언돼 있거나 상태 파일에 기록돼 있다고만 가정할 수 있다. 테라폼이 처음 하는 일은 코드와 상태 파일을 로드하는 것이다. 이는 어느 인프라를 소유하고 있는지 테라폼이 이해하는 방법이다.

테라폼은 항상 최신 상태를 유지하는 것이 좋다. 그래서 상태 파일을 로드하면, 라이브 인프라에서 직접 상태 정보를 새로고친다. 그래서 실제로 예전에 저장된 상태에서 변경(누군가가 수동으로 바꿀 수도 있기 때문에)이 발생하더라도 위와 같이 테라폼이 설정 정보를 관리한다.

이러한 동작이 성능에도 영향을 주는 것을 볼 수 있을 것이다. 테라폼은 자신이 관리할 책임이 있는 일부의 라이브 인프라에 대해서만 정보를 수집한다. 어떤 부분인지 알 수 있는 것은 기록된 상태 정보 때문이다. 만약에 모든 라이브 인프라 정보를 가져온다면, 해당 애저 계정에 대한 인프라의 크기에 따라서 매우 비효율적이고 시간이 많이 걸리는 작업을 하는 것이다.

다음으로 두 번째 항목에 대해 생각해보자. 인프라의 변경을 위해 테라폼 코드를 수정하면, 라이브 인프라와 일치하지 않는 부분이 생긴다. 먼저 코드를 변경하고 나서 인프라를 변경할 수 있기 때문이다. 그래서 코드형 인프라라고 부르는 것이기도 하다.

코드를 변경해서 인프라에 대해 추가, 수정, 삭제 작업을 할 수 있다. 테라폼이 무엇을 변경했는지 어떻게 알까? 테라폼은 저장된 상태 정보와 코드 내용을 비교한다. 그러고 나서 테라폼은 자동으로 인프라에서 변경해야 할 부분을 정확하게 알아낸다. 생각해보면 놀라운 기능이고 스마트한 테라폼이 우리 대신에 많은 일을 해줄 수 있다는 것이다.

이제 테라폼에 대해서 독자가 원하는 이상으로 알아봤지만, 사실 올바른 CD 파이프라인을 구현해보기 전에 테라폼 상태 정보를 잘 이해하는 것은 매우 중요하고, 7장에서 다룰 내용이기도 하다. 6장과 7장의 예제를 따라가면서 가능하다면 상태 파일이 어떻게 커지고 변경되는지도 살펴보자.

6.8.8 인프라 제거와 재생성

인프라를 이제서야 만들기 시작했다. 많지는 않지만 좋은 시작이다. 인프라를 개선해 나가기 전에 제거하고 다시 생성하는 작업을 잠시 알아보자.

지금 굳이 이러한 실험을 하는 이유는 인프라가 작을 때 해보는 것이 더 효율적이기 때문이다. 6장의 마지막에서 쿠버네티스 클러스터를 추가하면, 제거하고 다시 구성하는 데 시간이 훨씬 더 많이 걸린다.

언젠가는 애저 자원을 청소할 필요가 있다. 실제 사용할 서비스를 개발하는 것이 아니라면 필요 없는 자원에 비용을 지불하고 싶지 않을 것이다. 비록 처음에서는 애저를 무료로 사용하기 시작했지만, 인프라의 운영에는 비용이 든다. 필요 이상으로 자원을 보유하고 운영하지 말자.

지금부터는 테라폼의 destroy 명령으로 다음과 같이 현재 인프라를 제거할 것이다.

```
terraform destroy
```

위 명령의 출력은 다음과 같다.

```
An execution plan has been generated and is shown below.
Resource actions are indicated with the following symbols:
  - destroy
Terraform will perform the following actions:

  # azurerm_resource_group.flixtube will be destroyed
  - resource "azurerm_resource_group" "flixtube" {
      - id = "/subscriptions/219aac63-3a60-4051-983b-
      ⮑ 45649c150e0e/resourceGroups/flixtube" -> null
      - location = "westus" -> null
      - name = "flixtube" -> null
      - tags = {} -> null
    }

Plan: 0 to add, 0 to change, 1 to destroy.

Do you really want to destroy all resources?
  Terraform will destroy all your managed infrastructure, as shown above.
```

```
There is no undo. Only 'yes' will be accepted to confirm.

Enter a value:
```

apply 명령과 마찬가지로 destroy 명령도 계획부터 보여준다. 적용할 변경 사항을 나타내고 있다. 계속하려면 yes를 입력하고 엔터키를 누른다. 테라폼은 다음과 같이 작업을 요약해서 출력한다.

```
azurerm_resource_group.flixtube: Destroying... [id=/...
azurerm_resource_group.flixtube: Still destroying...
    [id=/subscriptions/219aac63-3a60-4051-983b-
    45649c150e0e/resourceGroups/flixtube, 10s elapsed]
[id=/subscriptions/219aac63-3a60-4051-983b-
    45649c150e0e/resourceGroups/flixtube, 50s elapsed]
azurerm_resource_group.flixtube: Destruction complete after 54s

Destroy complete! Resources: 1 destroyed.
```

이 책의 예제를 끝낼 때마다 destroy 명령으로 생성한 인프라를 제거할 수 있다. 6.8.1절에서 설명한 인프라를 개선해 나가는 방법을 사용해 7장까지 따라 할 생각이라면, 마지막까지 destroy 명령을 다시는 실행할 필요가 없다.

또한 애저 포털이나 애저 CLI 도구를 사용해 수동으로 애저 리소스를 제거할 수 있다. 하지만 destroy 명령이 더 쉽다. 더군다나 애저 구독을 다른 프로젝트와 공유해 사용하고 있다면, 실수로 다른 인프라를 지우는 일은 없을 것이다.

terraform destroy 명령을 연습했으니 간단하게 인프라를 다시 만들어보자. 이를 위해 terraform apply 명령을 다시 실행하면 된다.

```
terraform apply
```

원하는 만큼 몇 번 더 연습해보자. 이렇게 코드를 실행해 인프라를 제거하고 다시 만드는 과정은 실제로 인프라를 관리하는 작업에 대한 이해를 돕는다. 인프라를 별도의 수동 작업 없이도 제거하고 생성할 수 있다. 처음에는 별것 아닌 것 같지만, 인프라와 앱이 점차 커지고 복잡해지면 매우 중요한 역할을 한다.

여러 인프라를 생성하기 위해서 이 테라폼 코드를 복사해서 활용할 수 있다는 사실을 이미 알고 있을 것이다. 11장에서 테라폼 코드에 파라미터를 추가해 개발, 테스트, 운영 환경의 인스턴스를 구분해 만드는 방법을 배울 것이다. 이 정도면 흥미로운 내용이지 않을까?

6.8.9 우리가 해낸 것

지금까지 테라폼을 설치해서 기초적인 인프라를 만들어 봤다. 테라폼은 코드형 인프라를 위한 도구다. 즉 테라폼 코드 파일과 같이 인프라를 생성, 관리, 제거할 수 있는 실행 가능한 코드 형태로 인프라 설정을 저장하는 기술이다.

또한 첫 테라폼 코드 파일을 만들어서 `terraform init` 명령으로 초기화했다. 그리고 `terraform apply` 명령을 호출해 애저 리소스 그룹을 생성했다. 다음으로 `terraform destroy`, `terraform apply` 명령을 사용해 인프라를 제거하고 다시 만드는 작업을 알아봤다.

6.9 컨테이너 레지스트리 생성

인프라를 구성하기 위한 다음 단계는 프라이빗 컨테이너 레지스트리를 생성하는 것이다. 이 레지스트리는 7장에서 마이크로서비스를 위한 도커 이미지를 게시할 때 사용한다.

3장의 내용을 기억하고 있다면 어떻게 도커 이미지를 만들어서 게시하는지 기억할 것이다. 3장에서는 수동으로 컨테이너 레지스트리를 애저 포털의 사용자 화면을 통해 만들었다. 지금은 기본적인 테라폼 명령을 알고 있기 때문에 레지스트리를 다시 코드로 만들어볼 것이다.

6.9.1 인프라의 지속적인 개선

6장 코드 리포지터리의 example-2로 시작한다. 지금 example-1부터 계속 진행하고 있다면, 6.8.1절에서 만든 작업 디렉터리에 example-2 코드를 복사해야 한다.

```
cp -r chapter-6/example-2/* working
```

예제를 각각 별개의 프로젝트로 작업하고 있다면 example-1에서 생성한 인프라를 제거한다.

```
cd chapter-6/example-1/scripts
terraform destroy
```

example-1의 인프라를 제거하고 example-2로 이동해서 초기화한다.

```
cd chapter-6/example-2/scripts
terraform init
```

6.9.2 컨테이너 레지스트리 생성

예제 6.3은 컨테이너 레지스트리를 만들 최신 테라폼 코드다. 이 코드를 실행하려면 레지스트리 이름을 변경해야 한다. 애저 컨테이너 레지스트리 이름은 고유하기 때문이다. 다음과 동일한 이름(flixtube)을 허용하지 않는다.

예제를 계속 진행하려면 container-registry.tf 파일을 보자. 그리고 레지스트리 이름을 임의의 다른 것으로 변경한다.

예제 6.3 프라이빗 컨테이너 레지스트리 만들기(chapter-6/example2/scripts/container-registry.tf)

컨테이너 레지스트리 리소스를 선언한다.

```
resource "azurerm_container_registry"
    "container_registry" {

        name = "flixtube"                    ← 컨테이너 레지스트리 이름을
                                                설정한다. 이는 고유한 값이므로
                                                다른 이름으로 변경해야 한다.
        resource_group_name = azurerm_resource_group
        .flixtube.name                       ← 리소스 그룹 이름을 설정하고 다른
                                                리소스에 대한 링크를 생성한다.
        location = "westus"
        admin_enabled = true                 ← 관리자 계정을 활성화해서 레지스트리를
                                                원격으로 인증할 수 있다.
        sku = "Basic"
    }

    ... 이하 코드 생략 ...
```

컨테이너 레지스트리 위치를 지정한다.

basic SKU를 사용해 비용이 덜 발생한다. 스토리지를 자동으로 관리하므로 더 쉽다.

그림 6.1의 resource-group.tf 파일에 정의된 리소스의 속성으로부터 resource_group_ name을 어떻게 설정하는지 주목해보자. 두 개의 자원이 테라폼 리소스 그래프^{resource graph}로 연결돼 있다. 이는 테라폼이 리소스 간에 종속성을 관리하는 방법이다. 또한 테라폼이 실행할 스크립트 파일을 어떤 순서로 실행해야 하는지 알 수 있다.

예를 들어 새로운 컨테이너 레지스트리와 같이 리소스를 우리가 사용 중인 애저 계정으로 올릴 때 테라폼은 반드시 리소스 그룹을 먼저 생성해야 한다. 인프라의 새로운 일부를 생성하기 위해서 apply 명령을 실행해보자.

```
terraform apply -auto-approve
```

방금 -auto-approve 인수를 사용했다. 이는 변경할 때마다 yes를 입력할 필요가 없다는 의미다. 인프라를 시험해보고자 할 때 편리하다. 7장에서 CD 파이프라인을 만들 때에는 필수적이다. 테라폼을 자동으로 실행하고 개발자의 개입이 필요 없도록 만들 필요가 있다. 어딘가에 일일이 승인해줄 사람이 아무도 없다. 지금부터는 -auto-approve를 사용해 상호작용 없이 테라폼을 실행하도록 한다.

이제 더 복잡한 인프라를 만들 것이다. 아마도 인프라를 만들 때 앞에서보다 더 오래 기다려야 할 것이다. 일단 완료되면 예전과 비슷한 형태의 출력을 볼 수 있다. 테라폼은 인프라에서 변경된 사항을 보여준다. 마지막 부분을 보면 새로운 출력도 있다. 새로운 컨테이너 레지스트리에 대해 인증할 때 필요한 상세 정보다. 다음 절에서 더 자세히 알아볼 것이다.

```
Outputs:

registry_hostname = flixtube.azurecr.io
registry_pw = +2kGfgth0beCHPh+VIf9fqJhAf7zEqX6
registry_un = flixtube
```

6.9.3 테라폼 OUTPUT

테라폼과 플러그인은 우리가 알아야 할 설정에 대한 정보를 제공한다. 이전 절에서는 새로운 컨테이너 레지스트리를 만들었다. 예제 6.3은 레지스트리에 대해서 관리자 계정을 허용한 것을 볼 수 있었다. 이는 도커 이미지를 푸시하거나 가져오는 레지스트리에 대한 인증과 운영 작업에 필요하다.

> |**노트**| 관리자 계정을 허용하면 테라폼이 사용자 이름과 암호를 생성한다. 이와 같은 세부 정보를 참고해뒀다가 나중에 레지스트리에 로그인할 때 사용할 수 있다.

테라폼 코드를 실행할 때, 테라폼의 output 기능으로 생성된 설정에 대한 세부 정보를 추출해 활용할 수 있다. 예제 6.4에서 몇 가지 선언해둔 출력을 볼 수 있다. 터미널에서 코드를 실행해 표시한 값이다. 이러한 출력 기능은 여러 다른 코드에서 활용할 수 있다.

예제 6.4 테라폼 OUTPUT(chapter-6/example-2/scripts/container-registry.tf)

... 앞 부분 코드 생략 ...

```
output "registry_hostname" {
    value = azurerm_container_registry.
    ➡ container_registry.login_server
}

output "registry_un" {
    value = azurerm_container_registry.
    ➡ container_registry.admin_username
}

output "registry_pw" {
    value = azurerm_container_registry.
    ➡ container_registry.admin_password
}
```

출력을 생성한다.

출력된 값을 설정한다.

6.9.4 우리가 해낸 것

7장에서 마이크로서비스의 도커 이미지를 게시할 때 사용할 컨테이너 레지스트리를 생성해 인프라를 지속적으로 개선하고 있다.

이번 절에서는 새로운 테라폼 코드를 추가해 실행했다. 사용 중인 애저 계정으로 새로운 컨테이너 레지스트리를 생성했다. 마지막으로 우리가 만든 리소스와 인프라에 대한 관련 정보를 보기 위해 테라폼의 출력 기능을 사용했다.

6.10 설정 데이터 공유를 위한 리펙토링

최근에 사용한 예제들을 보면 몇 가지 설정은 다른 파일에서도 반복해 사용하는 것을 알았을 것이다. 이렇게 여러 파일에서 사용하면 값들을 변경하면서 문제가 생길 수도 있다. 중요한 값들은 한군데에서 변경하고, 이를 모든 테라폼 코드 파일에 공유하도록 만드는 것이 이상적이다. 테라폼 변수를 사용하면 이와 같은 방법을 구현할 수 있다. 이제 설정 데이터를 공유하도록 리팩토링을 해보자.

6.10.1 지속적인 인프라 개선

이제 6장 코드 리포지터리의 example-3으로 이동한다. 지금 앞의 예제부터 계속 진행하고 있다면, 6.8.1절에서 만든 작업 디렉터리에 example-4 코드를 복사해야 한다.

```
cp -r chapter-6/example-3/* working
```

예제를 각각 별개의 프로젝트로 작업하고 있다면 example-3으로 바로 이동해 `terraform init` 명령을 chapter-6/example-3/scripts 디렉터리에서 실행한다. 이 명령을 실행할 때 앞의 예제에서 생성한 인프라를 제거하는 것을 잊지 말자.

6.10.2 테라폼 변수 소개

6장 코드 리포지터리의 example-3은 설정 값을 코드 파일끼리 공유하기 위해서 example-2

를 리팩토링한 것이다. variables.tf 파일을 추가했다. 예제 6.5는 새로운 코드 파일을 보여준다.

예제를 보면 가장 중요한 설정 값들의 일부를 테라폼의 전역 변수로 정의하고 있다. 정의된 변수는 앱의 이름(flixtube), 데이터 센터 위치(West US) 등이다.

```
variable "app_name" {
    default = "flixtube"
}

variable location {
  default = "West US"
}
```

다수의 테라폼 코드 파일에서 사용할 수 있는 전역 변수의 기본값을 설정한다.

예제를 따라 작업하고 있다면 variables.tf 파일을 편집해 앱의 고유한 이름을 설정해야 한다. 예제 6.5에서는 flixtube라고 정했다. 자신만의 프로젝트 버전에서 몇 개는 고유한 값이 필요하고, 다양한 애저 리소스 이름을 사용할 수 있다(컨테이너 레지스트리 이름이 그렇다).

예제 6.6과 6.7은 새로운 변수를 어떻게 사용하는지 보여준다. 리소스 그룹의 이름을 볼 수 있고, 컨테이너 레지스트리 이름은 모두 app_name 변수로부터 온다. 또한 location 변수에서 리소스 위치를 설정하고 있다.

app_name 변수로부터 리소스 그룹 이름을 설정한다.

```
resource "azurerm_resource_group" "flixtube" {

  name = var.app_name

  location = var.location
}
```

location 변수로 location 값을 설정한다.

```
resource "azurerm_container_registry" "container_registry" {
  name = var.app_name
  resource_group_name = azurerm_resource_group.flixtube.name

  location = var.location
  admin_enabled = true
  sku = "Basic"
}
```

컨테이너 레지스트리
이름을 app_name
변수로 설정한다.

location 변수로
location 값을
설정한다.

… 이하 코드 생략 …

테라폼 코드를 리팩토링해 코드 파일들이 테라폼 변수를 사용해 관련 설정을 공유하도록 만들었다. 이제는 편리하게 값들을 변경할 수 있다. 예를 들어 앱의 위치를 변경하고자 한다면, 간단하게 variables.tf 파일에서 location 변수만 바꾸면 된다.

6.11 쿠버네티스 클러스터 만들기

이제 인프라의 가장 핵심적인 영역에 도달했다. 운영 환경에서 마이크로서비스들을 호스팅할 플랫폼이 필요하고, 이를 위해 테라폼과 애저 계정을 사용해 쿠버네티스 클러스터를 생성할 것이다.

6.11.1 클러스터 생성 스크립트

앞의 example-3에 이어서, 쿠버네티스 클러스터를 만드는 코드를 살펴보자. 예제 6.8은 클러스터 설정을 정의하는 새로운 테라폼 코드 파일이다.

여기서도 테라폼 변수는 계속 사용한다. 일부 항목들은 이미 익숙할 것이다. name, location, resource_group_name 등은 설명이 필요 없겠지만, 새로 등장한 항목들이 있다.

```
resource "azurerm_kubernetes_cluster" "cluster" {          ◄──── 쿠버네티스 클러스터를 위한
    name = var.app_name                                          리소스를 선언한다.
    location = var.location
    resource_group_name = azurerm_resource_group.flixtube.name
    dns_prefix = var.app_name
    kubernetes_version = "1.18.8"          ◄──── 사용할 쿠버네티스 버전을 지정한
                                                 다. 애저에서 이 코드를 실행할
                                                 시점에는 이 버전이 아닐 것이다.
    linux_profile {                              버전을 어떻게 선택하는지는
        admin_username = var.admin_username      6.6.3절을 참고한다.
```

클러스터에
대한 인증
정보를 설정
한다.

```
        ssh_key {
            key_data = "${trimspace(tls_private_key.key.public_key_openssh)}
            ➡ ${var.admin_username}@azure.com"
        }
    }

    default_node_pool {          ◄──── 클러스터의 노드들을
        name = "default"                설정한다.
        node_count = 1
        vm_size = "Standard_B2ms"
    }

    service_principal {          ◄──── 애저에서 클러스터에
        client_id = var.client_id        대한 작업을 위해 인증
        client_secret = var.client_secret 정보를 설정한다.
    }
}

output "cluster_client_key" {
  value = azurerm_kubernetes_cluster.cluster.kube_config[0].client_key
}

output "cluster_client_certificate" {
  value = azurerm_kubernetes_cluster.cluster.kube_config[0]
  ➡ .client_certificate
}

output "cluster_cluster_ca_certificate" {
```

```
  value = azurerm_kubernetes_cluster.cluster.kube_config[0]
  ➡ .cluster_ca_certificate
}

output "cluster_cluster_username" {
  value = azurerm_kubernetes_cluster.cluster.kube_config[0].username
}

output "cluster_cluster_password" {
  value = azurerm_kubernetes_cluster.cluster.kube_config[0].password
}

output "cluster_kube_config" {
  value = azurerm_kubernetes_cluster.cluster.kube_config_raw
}

output "cluster_host" {
  value = azurerm_kubernetes_cluster.cluster.kube_config[0].host
}
```

예제 6.8에서 사용 중인 쿠버네티스 버전을 어떻게 지정하는지 주목하자. 기억해보면 6.6.3절에서도 버전을 선택했다. 다음으로 클러스터 작업에 사용할 SSH 키를 준다. private-key.tf 파일에 정의된 tls_private_key 리소스와 관련이 있다. 아직 예제에서는 보이지 않지만 SSH 키를 어떻게 생성하는지 이해하려면 example-3/scripts/private-key.tf 파일을 살펴본다.

예제 6.8은 또한 노드와 클러스터 용량을 결정하는 VM 크기를 정의한다. 여기서는 단일 노드 클러스터를 만들고 있다. 더 추가하는 것은 간단하지만 11장에서 다룰 것이다. 지금은 주요 서비스 설정에 집중할 것이다. 예제 6.8에서 애저 인증 정보를 클러스터 설정과 연계하는 부분이 다시 여기서도 반복되고 있다.

```
service_principal {
    client_id = var.client_id
    client_secret = var.client_secret
}
```

앞의 service principal은 애저의 인증 방식이다. 애저는 클러스터에 대한 인증을 사용하도록 구성해, 사용자 접근이 가능한 마이크로서비스(예: 프론트엔드 게이트웨이)의 외부 접근을 허용하기 위한 애저 로드 밸런서^{Azure load balancer}를 만들 수도 있다.

최신 버전의 variables.tf 파일에 정의된 새로운 테라폼 변수인 client_id, client_secret 두 개를 사용한다. 아직 이 두 개의 변수에 기본값을 제공하지 않았다. 이는 보안적으로 민감한 인증 정보이기 때문이다. 이러한 민감한 값들은 코드에 포함하지 않는 것을 더 선호한다.

6.11.2 애저의 클러스터 인증

아직은 클러스터를 생성할 수 없다. 지금 apply 명령을 호출하면 테라폼은 client_id, client_secret 두 변수의 값을 물어볼 것이다(코드에서 기본값을 제공하지 않았기 때문이다).

위의 변수들은 애저 구독의 인증 정보를 쿠버네티스에 클러스터에 제공한다. 이 변수들이 값을 제공하려면, 반드시 애저에서 서비스 주체^{service principal}를 먼저 생성해야 한다. 이는 별도의 접근 계정으로, 우리 대신에 애저에서 클러스터 작업을 할 수 있다.

테라폼만 사용해도 서비스 주체를 만들 수 있고, 이것이 가능하다면 이상적인 방법이다. 결국 서비스 주체는 인프라의 일부이고, 테라폼으로 모든 인프라 만드는 것을 선호한다.

안타깝지만 이 책을 쓰는 시점에는 위의 방법이 잘 동작하지 않는다. 애저가 서비스 주체를 만드는 기능은 갖고 있지만, 무슨 이유인지 제때에 생성하지 못한다. 서비스 주체를 애저를 통해 전달하는 데 시간이 걸리지만, 클러스터 생성을 서비스 주체가 준비될 때까지 기다리도록 만들 방법이 없다. 테라폼으로 시도해보면 서비스 주체가 존재하지 않은 상태에서 클러스터를 만들다가 끝난다. 클러스터를 만들려면 준비된 서비스 주체가 필요하기 때문에 오류가 발생한다.

위와 같은 애저의 문제(아마도 이 책을 읽는 시점에는 해결됐을 수도 있다) 때문에, 테라폼으로 신뢰할 수 있는 서비스 주체 생성 작업을 할 수 없다. 대신에 이 작업은 애저 CLI로 해볼 수 있다. 서비스 주체는 한 번만 생성하면 되기 때문에 실제로 좋은 대안이다. 다음 작업에서는 그냥 계속 사용하면 된다. 서비스 주체를 만들기 전에 다음과 같은 명령을 사용해 애저 구독 아이디를 꼭 알아야 한다.

```
az account show
```

id 항목에서 값을 가져와서 서비스 주체를 만들 때 사용한다.

```
az ad sp create-for-rbac --role="Contributor" --scopes="/subscriptions/<subscription-id>"
```

이 명령을 실행하려면 <subscription-id> 항목을 자신의 구독 아이디로 대체해야 한다. 명령을 실행하면 다음과 같이 출력된다.

```
{
  "appId": "a2016492-068c-4f37-a32b-6e6196b65488",
  "displayName": "flixtube",
  "name": "http://flixtube",
  "password": "deb781f5-29e7-42c7-bed8-80781411973a",
  "tenant": "f88afda7-7b7b-4fb6-a093-6b254e780c4c"
}
```

애저 인증할 클러스터를 위해 서비스 주체를 만들었다. appId, password 항목의 값들을 적어 두자(나와 다른 값이다). 이 값들은 다음에 테라폼 변수인 client_id, client_secret에 입력될 것이다.

6.11.3 클러스터 구성하기

쿠버네티스 클러스터를 만들기 위한 마지막 테라폼 코드를 실행할 준비가 끝났다. 다음과 같이 apply 명령을 실행한다.

```
terraform apply -auto-approve
```

테라폼이 값이 설정되지 않은 변수에 대해 입력을 요청한다. 첫 번째는 다음과 같이 client_id를 입력해야 한다.

```
var.client_id
  Enter a value:
```

서비스 주체를 위한 `appId` 값을 입력하고, 다음으로 테라폼은 `client_secret`를 요구한다.

```
var.client_secret
  Enter a value:
```

서비스 주체의 암호를 입력한다. 테라폼은 이제 쿠버네티스 클러스터를 생성한다. 시간이 다소 걸리는 작업이므로, 커피 한잔 마시기 좋은 시간이다.

> |**노트**| 만약 여기서 사용한 버전(1.18.8)에 문제가 있다면 아마도 애저에서 더 이상 사용되지 않는 버전일 것이다. 6.6.3절에서 가용한 버전을 선택하는 방법을 참고한다.

위 작업이 끝나면 클러스터의 설정과 인증 정보에 대한 테라폼 출력을 볼 수 있다. 다음의 값들을 기록해두자. 쿠버네티스 클러스터 작업에 필요한 인증 정보다.

- cluster_client_certificate
- cluster_client_key
- cluster_cluster_ca_certificate

6.11.4 우리가 해낸 것

잘 끝났다. 방금 쿠버네티스 클러스터를 만들었다. 만약 쿠버네티스가 복잡하다고 믿고 있었다면 지금은 단순해서 놀랐을 것이다.

이는 운영 환경을 구축하는 과정에서 얻은 매우 중요한 성과다. 다시 말해 우리는 설계 구조를 지속적으로 인프라에 쿠버네티스 클러스터를 개선하고, 추가해 나가고 있다. 이 과정에서 약간의 리팩토링을 했고, 중요한 테라폼 변수는 여러 테라폼 코드 파일에 대해 공유해 사용했다.

또한 서비스 주체를 만들어서 애저 인증에 사용했다. 쿠버네티스 클러스터는 애저 로드 밸런서를 만들고 싶을 때 이 정보를 사용할 수 있다. 7장에서 조금 더 알아볼 것이다.

6.12 쿠버네티스로 작업하기

이제 쿠버네티스 클러스터가 준비됐으니 어떻게 사용할지 알아보자. 그림 6.11은 우리의 작업을 기다리고 있는 쿠버네티스와의 상호작용을 위한 방법들을 보여준다. 요약하면 다음과 같다.

- 쿠버네티스 CLI 도구인 Kubectl
- 이 책에서 주로 사용하는 테라폼
- 쿠버네티스 대시보드

6장에서는 테라폼으로 쿠버네티스 클러스터를 만들었다. 7장에서는 이를 확장해 어떻게 컨테이너를 클러스터에 배포하기 위해서 작업하는지 알아볼 것이다.

이 책에서는 쿠버네티스를 주로 테라폼으로 다루고 있지만, 다른 방법도 이해해두면 유용하다. 예를 들어 방금 생성한 클러스터를 간단하게 테스트할 수 있다. 6장에서는 Kubectl과 쿠버네티스 대시보드로 클러스터를 다루는 것을 알아보자.

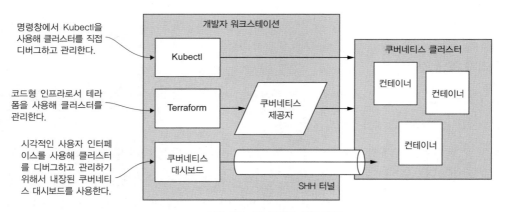

▲ **그림 6.11** 쿠버네티스 활용 방법

6.12.1 쿠버네티스 인증

쿠버네티스 클러스터를 다루기 전에 먼저 인증부터 해야 한다. 6.11.3절에서 다음과 같은 출력을 기록해뒀다. 클러스터에 관한 인증 정보다.

- cluster_client_certificate
- cluster_client_key
- cluster_cluster_ca_certificate

지금 인증을 위한 세부 사항을 수동으로 설정해볼 수도 있다. 이 작업은 .kube/config 파일을 홈 디렉터리 밑에 만들어서 쿠버네티스 인증 정보를 저장하는 것이다. 하지만 이런 설정은 중요한 연습이다. 그러므로 애저와 애저 CLI 도구를 사용해 이 설정을 다음과 같이 자동화한다.

```
az aks get-credentials --resource-group flixtube --name flixtube
```

aks get-credential을 호출하면 flixtube와 앱의 이름을 올바른 이름으로 대체해 실행해야 한다. 이 이름은 앞의 6.10절에서 본 app_name 변수에 설정돼 있다. 그 뒤 다음의 명령을 템플릿에 맞게 호출한다.

```
az aks get-credentials --resource-group <your-app-name>
  --name <your-app-name>
```

위 명령을 실행하면, 애저 CLI 도구가 Kubectl 설정 파일을 생성한다. 다음의 명령으로 파일을 살펴볼 수 있다.

```
cat ~/.kube/config
```

수동으로 Kubectl 설정 파일을 구성하는 방법은 다음 링크를 참조할 수 있다.

http://mng.bz/op8D

6.12.2 쿠버네티스 CLI

설정 파일이 준비됐으니 쿠버네티스 CLI(Kubectl)로 클러스터를 다룰 수 있다.

쿠버네티스 CLI 설치

Kubectl을 설치하는 방법은 다음 링크에서 찾을 수 있다.

https://kubernetes.io/docs/tasks/tools/install-kubectl/

설치 방법은 간단하게 실행 파일을 자신의 운영체제에 다운로드하고 시스템의 PATH에 추가하는 것이다. Kubectl 설치가 끝나면 다음 명령으로 테스트할 수 있다.

```
kubectl version
```

위 명령은 로컬에 설치한 Kubectl과 쿠버네티스 클러스터의 버전을 다음과 같이 보여준다.

```
Client Version: version.Info{Major:"1", Minor:"19", GitVersion:"v1.19.3",
    GitCommit:"1e11e4a2108024935ecfcb2912226cedeafd99df",
    GitTreeState:"clean", BuildDate:"2020-10-14T12:50:19Z",
    GoVersion:"go1.15.2", Compiler:"gc", Platform:"windows/amd64"}
Server Version: version.Info{Major:"1", Minor:"18", GitVersion:"v1.18.8",
    GitCommit:"73ec19bdfc6008cd3ce6de96c663f70a69e2b8fc",
    GitTreeState:"clean", BuildDate:"2020-09-17T04:17:08Z",
    GoVersion:"go1.13.15", Compiler:"gc", Platform:"linux/amd64"}
```

다소 읽기 어려운 정보다. 하지만 Client Version 부분을 보면 Kubectl 버전을 나타내는 GitVersion 항목을 찾을 수 있다. 여기서는 1.19.3을 사용하고 있다. 또한 Server Version 부분을 보면 쿠버네티스 버전을 나타내는 GitVersion 항목을 찾을 수 있다. 여기서는 1.18.8 버전의 쿠버네티스를 사용 중이다.

KUBECTL 사용

Kubectl은 쿠버네티스를 다룰 때 정식으로 주로 사용하는 방법이다. 쿠버네티스가 할 수 있는 것은 Kubectl로도 할 수 있다. 컨테이너의 설정과 배포는 물론이고 실행 중인 앱의 모니터링도 가능하다.

이 책에서는 주로 테라폼 코드로 쿠버네티스를 다루고 있다. 이는 쿠버네티스를 다루는 더 높은 수준의 더욱 명확한 방법이다. 코드는 간단한 배포 파이프라인을 관리하고, 인프라와 배포된 코드를 유지할 때에도 괜찮다. 하지만 실제 운영 시스템에서도 항상 그럴 수는 없다. 이 책에서 몇 가지 간단한 예제로 확인해볼 것이다.

Kubectl은 쿠버네티스를 다루는 정식 도구이기 때문에 기본적인 내용은 알아두는 것이 좋다. 또한 테라폼을 위한 쿠버네티스는 Kubectl을 기반으로 하고 있다. 최소한 쿠버네티스 클러스터를 디버깅하는 최선의 방법이기 때문에 알아 둘 필요가 있다. 이는 10장에서 다룬다. 이와 같은 내용을 참고하고, 이제 다음의 명령으로 쿠버네티스 클러스터 연결을 인증하는 것을 테스트해보자.

```
kubectl get nodes
```

get nodes 명령은 클러스터를 이루고 있는 노드의 목록을 보여준다. 클러스터를 단일 노드로 만들었으므로 출력은 다음과 같이 간단하다.

```
NAME                              STATUS   ROLES   AGE    VERSION
aks-default-42625609-vmss000000   Ready    agent   21m    v1.15.7
```

지금은 이것이 전부다. 7장에서 Kubectl을 다시 다루면서 더 많은 명령어를 배울 것이다. 필요하다면 다음 링크에서 Kubectl에 대해 더 배우고 실험해볼 수 있다.

https://kubernetes.io/docs/reference/kubectl/overview/

6.12.3 쿠버네티스 대시보드

Kubectl은 쿠버네티스 도구 중 하나다. 쿠버네티스 대시보드는 또 하나의 도구이며 Kubectl을 설치하고 인증을 거치면 대시보드에 접근할 수 있다.

쿠버네티스 대시보드 설치

쿠버네티스 대시보드는 기본으로 설치돼 있지 않다. 다음의 명령으로 쉽게 설치할 수 있다.

```
kubectl apply -f
➥ https://raw.githubusercontent.com/kubernetes/dashboard/v2.0.4/aio/deploy/
➥ recommended.yaml
```

쿠버네티스 대시보드 연결

쿠버네티스 대시보드는 외부로 노출되지 않아 직접 연결할 수 없다. 하지만 클러스터에 연결이 인증된 Kubectl을 사용해 프록시proxy를 만들면 개발 워크스테이션에서 대시보드에 접근할 수 있다.

```
kubectl proxy
```

베이그런트 VM에서 프록시를 실행하고 호스트 운영체제에서 접근하려면 외부에서 접근이 가능하도록 IP 주소 제한을 다음과 같이 수정해야 한다.

```
kubectl proxy --address=0.0.0.0
```

프록시는 http://localhost:8001로 접근해 모든 쿠버네티스 REST API를 사용할 수 있다. 브라우저에서 이 주소를 열어서 화면을 확인해보자.

쿠버네티스 HTTP API를 살펴보고 싶다면 curl 명령, Postman, 비주얼 스튜디오 코드 REST 클라이언트 등을 사용할 수 있다. 프록시 명령어를 알아보려면 다음 링크를 참고한다.

https://kubernetes.io/docs/reference/generated/kubectl/kubectl-commands#proxy

이제 REST API를 사용할 수 있으므로, 프록시를 통해 대시보드를 볼 수 있다. 웹 브라우저에서 다음과 같이 길고 불편한 URL을 열어보자.

http://localhost:8001/api/v1/namespaces/kubernetes-dashboard/services/https:kubernetes-dashboard:/proxy/

대시보드를 열면 인증 화면이 나타난다. 그림 6.12와 같이 Kubeconfig 파일을 선택해 인증할 수 있다. 이 설정 파일은 6.12.1절에서 봤던 ~/.kube/config에 위치한 파일이다.

> |노트| 베이그런트 VM에서 작업 중이라면, 이 설정 파일을 VM에서 호스트 운영체제로 복사해야 한다. 그래야 파일을 선택해 대시보드에 인증할 수 있다.

쿠버네티스 대시보드를 설치하고 연결하는 방법을 더 알아보려면 다음 웹 페이지를 참고할 수 있다.

https://kubernetes.io/docs/tasks/access-application-cluster/web-ui-dashboard/

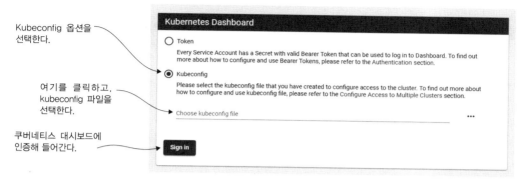

▲ **그림 6.12** 쿠버네티스 대시보드 인증

쿠버네티스 대시보드 둘러보기

브라우저에서 쿠버네티스 대시보드를 열어보면 GUI를 사용해 클러스터를 그래픽으로 살펴볼 수 있다. 클러스터와 쿠버네티스에 대해 이해하기 좋은 방법이다. 다음 내용을 알아보기 전에 시간을 내서 대시보드를 둘러볼 것을 권한다. 7장에서 작업을 하고 나서 다시 이 대시보드 화면으로 돌아오면 배포된 컨테이너를 볼 수 있을 것이다.

그림 6.13은 대시보드의 개요 페이지다. 여기서부터 살펴볼 것이다. 클러스터나 호스팅하고 있는 컨테이너에 문제가 있다면 특히 프로젝트 초기에는 첫 번째로 확인할 것이 이 대시보드다. 10장에서 대시보드를 사용해 어떻게 디버깅을 할 수 있는지 알아볼 것이다.

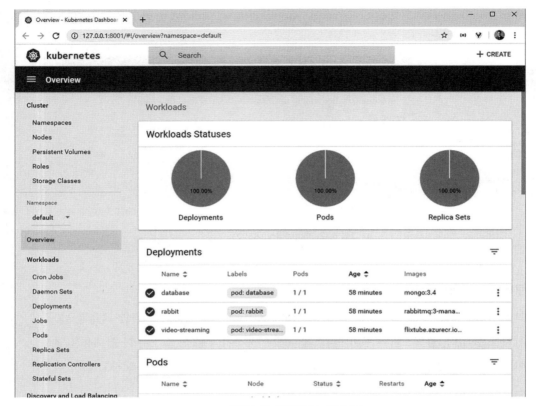

▲ **그림 6.13** 쿠버네티스 대시보드

6.12.4 우리가 해낸 것

이제 온라인에 쿠버네티스 클러스터를 만들었고, 마이크로서비스를 배포할 준비가 끝났다. 이 책에서는 클러스터를 다루기 위해 주로 테라폼 코드를 사용하지만, 두 가지 방법을 더 알아봤다. 바로 쿠버네티스 CLI와 쿠버네티스 대시보드다.

- 쿠버네티스 CLI(Kubectl)는 터미널에서 클러스터를 설정하고 정보를 가져오기 위해 사용한다. 관리 작업과 디버깅을 위한 로우 레벨 API를 제공한다.
- 쿠버네티스 대시보드는 클러스터를 다루기 위한 사용자 인터페이스다. 시각적으로 쿠버네티스에서 사용할 수 있는 다양한 리소스를 탐색할 수 있다. 디버깅에도 좋은 도구이고, 쿠버네티스를 이해하기 위한 좋은 학습 도구다.

7장에서는 테라폼으로 쿠버네티스를 다루는 방법을 계속해서 알아볼 것이다.

6.13 테라폼 다시 보기

6장도 내용이 많았다. 아마도 이제는 도커를 다룬 장이 더 간단해 보일 것이다.

테라폼은 클라우드 기반의 인프라를 생성하고 설정하는 보편적인 도구다. 지금까지는 마이크로서비스 앱을 위한 전체 인프라를 만들기 위해 사용했다(애저 서비스 주체는 예외다). 7장으로 가기 전에 여기서 사용한 테라폼 명령어를 다시 살펴보자.

▼ **표 6.2** 테라폼 명령어 다시 보기

명령어	설명
terraform init	테라폼 프로젝트를 초기화하고, 플러그인을 다운로드한다.
terraform ↪ apply -auto-approve	작업 중인 디렉터리에서 테라폼 코드를 실행해 인프라를 단계적으로 변경한다.
terraform destroy	테라폼 프로젝트에서 생성한 모든 인프라를 제거한다.

6.14 배움을 이어 가기

6장에서는 쿠버네티스를 기반으로 운영 환경을 만드는 방법을 배웠다. 운영 환경을 구성하기 위해서 테라폼과 코드형 인프라로 알려진 기술들을 활용했다. 테라폼과 쿠버네티스는 7장에서도 더 알아볼 것이다.

쿠버네티스는 자체는 복잡하고 깊이 있는 기술이다. 이 책에서도 가장 어려운 부분이다. 아마도 쿠버네티스를 제대로 이해하려면 몇 달을 소비해야 할 것이다. 이 책에서는 아주 기초적인 부분을 다루지만 앱을 운영 환경에 배포하기에는 충분하게 살펴봤다. 이와 같은 주제에 대해 더 자세한 내용을 알아보고자 한다면 다음과 같은 책들을 추천한다.

- *Core Kubernetes* by Jay Vyas and Chris Love(Manning, est. Summer 2021)
- 『쿠버네티스 인 액션』(에이콘, 2020)

- *Terraform in Action* by Scott Winkler(Manning, est. Spring 2021)
- *GitOps and Kubernetes* by Billy Yuen, Alexander Matyushentsev et al. (Manning, est. Spring 2021)
- *Kubernetes Quickly* by William Denniss(Manning, est. Summer 2021)
- *Learn Kubernetes in a Month of Lunches* by Elton Stoneman(Manning, est. February 2021)

다음의 쿠버네티스 공식 기술 문서를 통해서도 쿠버네티스를 배울 수 있다.

- https://kubernetes.io/docs/home/

마찬가지로 테라폼 문서는 다음과 같다.

- https://www.terraform.io/docs/index.html

애저 CLI 도구로 또 어떤 것들이 가능한지 찾아보려면 다음의 문서를 참고할 수 있다.

- https://docs.microsoft.com/en-us/cli/azure/

다음의 링크에서는 애저의 매니지드 쿠버네티스 서비스에 대해 더 알아볼 수 있다.

- https://docs.microsoft.com/en-au/azure/aks

요약

- 코드형 인프라는 인프라의 설정을 코드로 저장하는 기술이다. 코드를 편집하고 실행하면, 인프라를 업데이트한다.
- 클라우드 리소스와 앱의 인프라를 코드로 생성하기 위해 테라폼 스크립트를 사용한다.
- 테라폼은 반드시 사용 전에 초기화해야 한다. 또한 플러그인 버전을 고정해서 예기치 못한 문제가 발생하지 않도록 한다.
- 테라폼의 상태state 정보는 우리가 생성한 시스템의 기록을 유지해서, 이후에 시스템에 수정할 작업들을 더 효율적으로 만든다.

- 애저에서 동작하는 앱을 위한 운영 인프라인 컨테이너 레지스트리와 쿠버네티스 클러스터를 만들었다.

- 테라폼의 OUTPUT을 사용해 인프라에 생성된 중요한 세부 정보를 확인할 수 있다.

- 테라폼 리소스 그래프는 테라폼이 생성할 리소스들이 올바른 순서대로 만들어지게 한다.

- 쿠버네티스는 여러 클라우드 서비스 기업들이 지원하는 컴퓨팅 플랫폼이다.

- 쿠버네티스는 자동화가 가능한 API를 갖고 있다. 이를 통해 7장에서 다룰 CD 파이프라인을 만들 수 있다.

- 테라폼 이외에도 클러스터를 다룰 때 쿠버네티스 CLI(kubectl), 쿠버네티스 대시보드를 활용할 수도 있다.

7
CD 파이프라인

7장에서 다루는 주제

- 쿠버네티스 클러스터에 컨테이너 배포하기
- 테라폼으로 쿠버네티스 설정하기
- 앱의 자동화된 배포 파이프라인 만들기
- CD의 비트버킷(Bitbucket) 파이프라인 사용하기

7장에서는 초기 버전의 마이크로서비스 앱을 운영 환경에 배포한다. 6장에서 방금 만든 비어 있는 쿠버네티스 클러스터에 컨테이너를 배포할 준비가 됐다.

먼저 MongoDB 데이터베이스와 래빗MQ 서버를 배포할 것이다. 다음으로 쿠버네티스 클러스터에 2장에서 만든 video-streaming 마이크로서비스를 배포한다(첫 마이크로서비스를 만들고 나서 긴 여정이었다).

쿠버네티스에 테라폼으로 컨테이너를 배포하는 방법을 배웠고, 배포 프로세스에 대해서는 자동화된 CD$^{continuous\ delivery}$ 파이프라인을 알아볼 것이다. 지금부터는 인프라와 앱을 업데이트할 때 코드를 수정해서 리포지터리에 푸시하는 형태로 처리할 것이다. 흥미진진한 시간이길 바란다.

7장의 예제를 따라 하는 데 어려움이 있더라도 걱정할 필요 없다. 6장과 7장이 아마도 이 책에서 가장 어려운 부분이지만, 밀고 나가보자. 예제들을 따라 해보는 것은 경험을 얻기 위한 가장 좋은 방법이다. 7장의 끝에 가서는 앱이 운영 환경에서 동작하고 있을 것이고, 기분 좋은 성취감을 얻을 수 있을 것이다.

7.1 새로운 도구와 익숙한 도구

7장에서 쿠버네티스와 테라폼을 다시 다룬다. 하지만 테라폼은 쿠버네티스 클러스터에 컨테이너와 마이크로서비스를 배포하는 용도로 사용할 것이다. 여기서 소개할 비트버킷 Bitbucket 파이프라인은 마이크로서비스 앱을 위한 CD 파이프라인을 생성할 때 사용하는 서비스다.

▼ **표 7.1** 7장의 새로운 도구와 익숙한 도구

도구	버전	용도
쿠버네티스	1.18.6	운영 환경에 마이크로서비스를 호스팅하는 컴퓨팅 플랫폼이다.
테라폼	0.12.29	클라우드 자원과 앱에 대한 인프라를 생성하는 스크립트를 만들 수 있다.
비트버킷 파이프라인	해당 없음	아틀라시안(Atlassian)에서 제공하는 서비스로 앱의 배포를 자동화하는 CD를 만들 때 사용한다.

7.2 코드 다운받기

7장을 따라 하기 위해서 코드를 다운로드하거나 리포지터리를 복사할 수 있다.

- 코드의 압축파일 다운로드는 다음 링크를 사용한다.

  https://github.com/bootstrapping-microservices/chapter-7

- Git을 사용해 코드를 복사하려면 다음 명령을 사용한다.

  ```
  git clone https://github.com/bootstrapping-microservices/chapter-7.git
  ```

깃 설치에 도움이 필요하다면 2장을 참고한다. 코드에 문제가 있을 경우 깃허브 리포지터리에 문제를 알려주길 바란다.

7.3 지속적인 인프라 개선

6장의 예제들로 작업할 때 다음과 같은 선택이 있었다.

- 6장과 7장의 예제를 따라 하는 동안 반복해서 인프라를 향상시켰다. chapter-6/example-1으로 시작해서 새로운 예제마다 코드를 단계적으로 복사해서 사용했다.
- 예제마다 새롭게 인프라를 구성했다. 6장과 7장의 예제들은 서로 독립적이다. 어느 예제를 선택해서 이동하더라도 테라폼을 실행해서 쉽게 인프라를 만들기 시작할 수 있다.

아마도 첫 번째 선택인 반복해서 진화해 나가는 접근 방식을 사용했을 것이다. 그렇다면 7장에서도 그 방식으로 계속 진행할 수 있다. 예제는 6장에서 바로 이어 갈 수 있도록 준비돼 있다. 6장처럼 계속 새로운 예제를 작업 디렉터리로 복사한다. 만약 각각의 예제를 따로 해보거나, 관심 있는 특정 예제만 바로 해보는 것도 마찬가지로 가능하다.

어떤 방식을 선택하든지 variables.tf 파일의 app_name 변수는 고유한 값으로 설정해야 한다. 앱을 FlixTube라고 정하면, 다른 사람이 만든 것과 자원이 중복될 것이다.

그림 7.1은 7장에서 구현할 인프라를 보여준다. MongoDB 데이터베이스 서버와 래빗MQ 서버, 무엇보다도 중요한 우리의 마이크로서비스를 배포하기 위한 자동화된 배포 파이프라인을 만들 것이다.

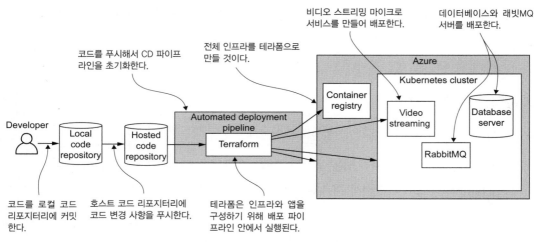

비디오 스트리밍 마이크로
서비스를 만들어 배포한다.

데이터베이스와 래빗MQ
서버를 배포한다.

코드를 푸시해서 CD 파이프
라인을 초기화한다.

전체 인프라를 테라폼으로
만들 것이다.

코드를 로컬 코드
리포지터리에 커밋
한다.

호스트 코드 리포지터리에
코드 변경 사항을 푸시한다.

테라폼은 인프라와 앱을
구성하기 위해 배포 파이
프라인 안에서 실행된다.

▲ **그림 7.1** CD 파이프라인과 7장에서 만들 앱

7.4 지속적인 서비스 제공과 배포

CD(Continuous Delivery, 지속적인 서비스 제공과 배포)는 운영 또는 테스트 환경에 업데이트 한 코드를 수시로 자동 배포하는 소프트웨어 개발 기술이다. 신뢰할 수 있는 방법으로 고객에게 자주 앱의 업데이트한 기능을 제공하기 때문에 중요하다. 사용자의 피드백은 적합한 서비스를 제공하는 데 중요한 역할을 한다. 지속적인 서비스 제공과 배포 즉, CD는 빠른 개발 주기를 유지하면서 운영 환경에 코드 변경 사항을 신속하고 안전하게 적용해 주는 역할을 한다.

지금까지 테라폼 스크립트로 전체 배포 과정을 관리했다. 더 복잡한 운영 시스템에서도 항상 이렇게 만들 수는 없지만 우리의 예제와 앱은 충분히 가능했고 단순하게 유지할 수 있었다. 또한 CD 파이프라인 내에서 배포 과정을 쉽게 만들어준다.

그림 7.2는 7장을 마무리했을 때 CD 파이프라인이 어떻게 구성되는지 보여준다. 코드 변경 사항을 비트버킷 코드 리포지터리에 푸시하면 자동 배포 과정을 시작한다. 즉 테라폼 코드를 실행하고, 쿠버네티스 클러스터가 호스팅하고 있는 앱을 업데이트한다.

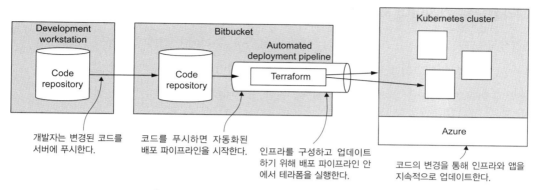

▲ **그림 7.2** 코드형 인프라에서는 인프라를 만들기 위해 코드를 사용할 수 있다.

우리가 작성할 테라폼 코드는 최대한 단순하고 견고해야 한다. CD 파이프라인에서 실행 중인 코드를 디버깅하는 것은 더 어렵기 때문이다. 그러므로 배포 코드는 단순하고 변경은 최소화하면서 잘 테스트해야 한다.

다른 코드와 마찬가지로 운영 환경에 올리기 전에 개발 워크스테이션에서 배포 코드를 테스트할 것이다. CD 이전에 배포 파이프라인을 설계하고 테스트하는 것을 6장과 7장에서 많이 다루고 있다.

혹시 CD가 복잡하고 어렵게 느껴진다면 그렇지 않다고 미리 말해두고 싶다. CD는 사실 클라우드에서 셸shell 스크립트를 자동으로 호출하는 능력을 갖추는 정도에서 크게 벗어나지 않는다. 배포 셸 스크립트는 코드 리포지터리에 변경된 코드를 푸시하면 자동으로 호출된다.

| **노트** | 셸 스크립트(어렵지 않다)를 만드는 방법을 안다면 CD 파이프라인을 만들 수 있다. 앞에서 언급했듯이 CD는 어렵지 않다. 셸 스크립트에 무엇을 넣는지가 문제다.

7장의 예제에서는 배포 셸 스크립트를 만든 다음 테라폼을 호출해서 배포하도록 만들 것이다. 배포 셸 스크립트를 만들어서 CD 파이프라인을 다루기 전에 먼저 테라폼으로 쿠버네티스에 컨테이너를 어떻게 배포하는지 알아보자. 이것을 마치면 CD 파이프라인을 다루기 쉬워진다.

7.5 테라폼으로 컨테이너 배포하기

6장에서 테라폼으로 인프라를 생성하는 방법을 배웠다. 프라이빗 컨테이너 레지스트리와 쿠버네티스 클러스터를 만들었다. 7장에서는 다시 테라폼을 사용해 컨테이너를 클러스터에 배포한다. 이를 위해 먼저 테라폼을 위한 쿠버네티스 제공자provider를 설정해야 한다.

7.5.1 쿠버네티스 제공자 설정하기

7장 코드 리포지터리의 example-1으로 이동하자. 6.8.1절에서 언급한 작업 방식에 따라서 현재 진행 중인 프로젝트를 새로운 코드로 업데이트하거나 7장에서 새로 example-1부터 시작할 수 있다. 다음 예제는 provider.tf 파일에 쿠버네티스 제공자를 설정하기 위한 새로운 코드를 보여준다.

예제 7.1 쿠버네티스 제공자 설정(chapter-7/example-1/scripts/providers.tf)

```
... 이전 코드 생략 ...
provider "kubernetes" {      ◀──── 쿠버네티스 제공자 설정

    version = "1.10.0"       ◀──── 제공자 버전을 고정한다.

    host = azurerm_kubernetes_cluster
    ➡ .cluster.kube_config[0].host

    client_certificate = base64decode(azurerm_kubernetes_cluster
    ➡ .cluster.kube_config[0].client_certificate)

    client_key = base64decode(azurerm_kubernetes_cluster
    ➡ .cluster.kube_config[0].client_key)

    cluster_ca_certificate = base64decode(azurerm_kubernetes_cluster
    ➡ .cluster.kube_config[0]
    ➡ .cluster_ca_certificate)

}
```

쿠버네티스 클러스터에 대한 연결 및 인증 정보를 설정한다.

위와 같은 쿠버네티스 클러스터에 대한 연결과 인증을 여기에서 설정한다는 사실이 흥미로울 수 있다. 코드 파일에서 이 값들은 클러스터를 생성한 테라폼 코드 파일에서 자동으로 전달된다(kubernetes-cluster.tf 파일을 참고한다).

위의 값들은 별도로 생성한 클러스터의 정보로 쉽게 대체할 수 있다. 예를 들어 애저 포털의 화면이나 애저 CLI 도구를 사용해 수동으로 클러스터를 만드는 것이다. 아마도 전혀 별개의 클러스터를 만드는 테라폼 프로젝트를 사용해봤을 것이다(별도의 코드에 대해서는 11장에서 알아볼 것이다). 어느 방법을 사용하든지 클러스터를 연결 정보(6.11.3절에 언급)만 갖고 있다면 연결을 위해 사용할 수 있다.

예제를 따라서 진행하고 있다면, `terraform init` 명령이 필요하다. 프로젝트를 계속 진행해왔거나 example-1에서 새로 시작하거나 상관없이 이 명령을 사용해야 한다. 테라폼 프로젝트에 새로운 제공자를 추가했으니 init 명령으로 필요한 플러그인을 다운로드한다.

7.5.2 데이터베이스 배포

쿠버네티스에 배포할 첫 컨테이너는 MongoDB 데이터베이스 서버다. 최종적으로는 마이크로서비스마다 따로 데이터베이스를 호스팅할 것이다.

예제 7.2는 데이터베이스 서버를 클러스터에 배포하는 테라폼 코드를 보여준다. 공개 버전의 MongoDB 도커 이미지에서 컨테이너로 인스턴스를 생성하기 위한 쿠버네티스 배포 스크립트다. 다음으로 쿠버네티스 서비스를 만들어서 DNS를 통해 다른 컨테이너가 접근할 수 있도록 만든다. 쿠버네티스 문서에서 쿠버네티스 개념과 관련된 배포와 서비스의 더 자세한 내용은 https://kubernetes.io/docs/concepts/에서 찾을 수 있다.

예제 7.2 데이터베이스 배포(chapter-7/example-1/scripts/database.tf)

```
resource "kubernetes_deployment" "database" {    ◄── 쿠버네티스 클러스터에 MongoDB
                                                      컨테이너 인스턴스를 생성하는
                                                      MongoDB 데이터베이스 서버에 대한
    metadata {                                        쿠버네티스 배포 기능을 선언한다.
        name = "database"    ◄── 배포를 위한 메타데이터를
                                 설정한다.
        labels = {
```
배포할 이름을 설정한다.

```
            pod = "database"  ◀─────┐
        }                           │
    }                          배포의 레이블이다.

    spec {                  ┌── 이 배포의 팟(pod)을 위한
        replicas = 1  ◀─────┘    복제 개수를 설정한다.

        selector {                      ◀───┐
            match_labels = {                 │
                pod = "database"        레이블을 사용해 해당하는
            }                           팟에 배포를 붙인다.
        }                               ◀───┘

        template {  ◀───┐
            metadata {   │  배포가 생성하는 팟에
┌────────▶                대한 템플릿이다.
각각의 팟에       labels = {
대한 메타데           pod = "database"  ◀───┐
이터를 설정       }                        │
한다.         }                      Labels the pod
            }

            spec {          ┌── 팟에서 인스턴스를 생성한 단일 컨테이너의
                container {  ◀┘   세부 정보를 설정한다.
                    image = "mongo:4.2.8"  ◀───┐
┌──────────▶     name  = "database"       컨테이너 인스턴스에 대한
컨테이너 이름을                             이미지를 설정한다.
설정한다.
                    port {
                        container_port = 27017  ◀───┐
                    }                        외부에 노출할 컨테이너 포트를 보여준
                }                            다. 이 경우 MongoDB의 기본 포트다
            }                                (선택 사항이며, 정보를 보여주는 것이
        }                                    주된 이유다).
    }
}

resource "kubernetes_service" "database" {  ◀───┐
    metadata {                            DNS 레코드를 만들어서 클러스터 내의
┌────────▶   name = "database"             다른 컨테이너들이 데이터베이스를 접근
서비스 이름을                               할 수 있도록 하는 쿠버네티스 서비스를
설정한다.    }                              선언한다.

    spec {
```

```
            selector = {
                pod = kubernetes_deployment.database
                ➥ .metadata[0].labels.pod        ◄──    레이블을 사용해 배포에
            }                                             서비스를 붙인다.

이 서비스를 통해
노출할 포트를 설    port {
정한다.              port          = 27017
                }                              애저 로드 밸런서(Azure load balancer)를
                                               사용해 외부에 서비스를 노출시킨다. 외부
                                               에서 접근 가능한 IP 주소를 데이터베이스에
                type          = "LoadBalancer"  ◄──  할당한다. 배포를 테스트하기 위해 사용할
            }                                          수 있다.
        }
```

예제 7.2의 마지막 부분에서 데이터베이스를 외부에 노출시키기 위해 애저 로드 밸런서를 쿠버네티스 서비스에 붙인 것을 볼 수 있다. 로드 밸런서의 실제 용도는 10장과 11장에서 설명하겠지만 여기서는 단지 개발 워크스테이션에서 클러스터의 데이터베이스에 접근하기 위해 사용한다. 컨테이너가 클러스터 내에서 보이지 않으면 접근할 수 없기 때문이다.

보안의 관점에서 데이터베이스를 위와 같이 노출시키는 것은 절대로 해서는 안 되는 일이다. 즉 악의적인 의도를 포함해서 누군가가 데이터베이스를 변경할 수 있다는 의미다. 이 설정은 임시 조치라는 점을 유의한다. 인프라를 구성하는 초기 단계에서 오직 테스트를 위해 데이터베이스를 잠시 노출했다. 테스트가 끝나면 클러스터 내에서만 접근할 수 있도록 노출을 막을 것이다.

7.5.3 CD 준비 작업

현재 개발 워크스테이션에서 배포 코드의 모양을 갖춰 나가면서 테스트하는 과정에 있다. 이러한 과정에서 코드를 CD 파이프라인 안에서 실행할 수 있도록 준비할 것이다. 즉 코드를 완전히 자동화된 형태로 실행할 필요가 있다는 의미이며, 사람과의 상호작용을 완전히 배제해야 한다.

6.11.2절을 상기해본다면 쿠버네티스 클러스터의 애저 인증을 가능하도록 애저 서비스 주체[principal]를 만들었다. 여기서도 데이터베이스 서비스의 외부 접근 지점이 필요해서

예제 7.2에서 로드 밸런서를 만드는 것이 가능하다. 그리고 6.11.3절에서는 terraform apply를 실행했을 때 수동으로 client_id, client_secret 값들을 제공했다. 그래서 appId, password 항목을 서비스 주체를 사용해 입력했다.

위와 같이 수동으로 값을 전달하는 것은 CD 파이프라인에서는 소용없으며, 자동화해야 한다. 테라폼 코드를 만들어가면서 매번 이 값들을 입력하는 것은 귀찮은 일이다.

지금부터 이 값들을 명령의 인수로 설정할 것이다. 우선 서비스 주체의 정보를 기억해야 한다. 6.11.2절에서 생성한 것은 여전히 유효하고 기록해둔 것이 있다면 다시 사용해도 좋다. 아니면 6.11.2절을 다시 진행해 서비스 주체를 새로 만들거나 업데이트한다. 그리고 appId, password 항목을 기록한다. 이제 client_id, client_secret를 설정하는 동안 example-1에 대해서 terraform apply를 실행하자.

```
terraform apply -var="client_id=a2016492-068c-4f37-a32b-6e6196b65488"
➡ -var="client_secret=deb781f5-29e7-42c7-bed8-80781411973a" -auto-approve
```

아래의 템플릿에서 자신의 서비스 주체의 값으로 client_id, client_secret를 대체해야 한다는 점을 주의한다.

```
terraform apply -var="client_id=<your-client-id>"
➡ -var="client_secret=<your-client-secret>" -auto-approve
```

6.9.2절에서 사용하기 시작했던 -auto-approve 옵션을 계속 사용하는 것을 볼 수 있다. 변수들을 설정해두고 자동으로 승인하도록 만들면 테라폼 프로젝트가 완전히 자동화될 수 있다. 즉 사람이 중간에 개입하는 일이 없다는 것은 CD 파이프라인 안에서 완벽하게 자동으로 실행할 수 있다는 의미다.

7.5.4 새 데이터베이스 서버 테스트하기

이전 절에서 terraform apply를 실행하고 나면, 쿠버네티스 클러스터는 실행 중인 데이터 베이스를 가진다. 데이터베이스가 잘 올라왔는지 테스트하기 위해 예제 7.2와 같은 애저 로드 밸런서를 추가했다. 데이터베이스를 외부에서 접근해 동작 여부를 테스트할 수 있도록 만든 임시 조치다.

외부 IP 주소 찾기

데이터베이스 서비스에 할당된 외부 IP 주소를 찾으려면 쿠버네티스 CLI(Kubectl) 또는 6.12절에서 설정한 쿠버네티스 대시보드를 사용할 수 있다. 다음과 같이 Kubectl로 클러스터에 있는 서비스 목록을 볼 수 있다.

```
kubectl get services
```

Kubectl을 사용한 클러스터 연결에 문제가 있다면 6.12.1절을 참조한다. 위 명령의 출력은 다음과 같다.

```
NAME          TYPE           CLUSTER-IP      EXTERNAL-IP       PORT(S)
database      LoadBalancer   10.0.226.64     168.62.216.232    27017:30390/TCP
kubernetes    ClusterIP      10.0.0.1        <none>            443/TCP
```

예제 7.2에서 설정한 이름과 같은 데이터베이스 서비스의 외부 IP 주소 내용을 기록해두자. 또한 MongoDB 기본 포트인 27017도 볼 수 있다. 클러스터 외부에서 데이터베이스를 접근할 수 있는 IP 주소다. 또 다른 방법은 6.12.3절에서처럼 쿠버네티스 대시보드를 열고 서비스 섹션으로 가서 세부 정보를 확인하는 것이다.

연결 테스트

4.5.2절에서 소개한 Robo 3T를 사용하거나 다른 데이터베이스 뷰어^{viewer}로 데이터베이스 서버에 아까 기록해둔 외부 IP 주소로 연결한다. 연결할 때에는 27017번 포트를 사용하도록 한다. 잘 진행했다면 데이터베이스에 연결해 기본 내용을 볼 수 있을 것이다(아직 특별히 만들어놓은 것은 없다).

7.5.5 래빗MQ 배포와 테스트

데이터베이스 서버와 같은 방법이지만 약간 다른 설정을 사용하는 example-2를 살펴보자. 여기서는 래빗MQ 서버를 쿠버네티스 클러스터에 설치한다.

예제 7.3은 7.2와 비슷하게 쿠버네티스 배포를 생성해 래빗MQ 서버 인스턴스를 컨테이너에 만든다. 또한 쿠버네티스 서비스를 생성해서 컨테이너가 컨테이너 안의 DNS를 통해 접근할 수 있게 만든다. 다시 말해 애저 로드 밸런서를 쿠버네티스 서비스에 붙여서 테스트를 목적으로 클러스터 외부에서도 접근할 수 있게 한다. 다음으로 래빗MQ 대시보드를 사용해 래빗MQ가 동작하는지 확인할 수 있다.

예제 7.3 래빗MQ 서버 배포(chapter-7/example-2/scripts/rabbit.tf)

```
resource "kubernetes_deployment" "rabbit" {      ◀─┐
  metadata {
    name = "rabbit"

    labels = {
      pod = "rabbit"
    }
  }

  spec {
    replicas = 1

    selector {
      match_labels = {
        pod = "rabbit"
      }
    }

    template {
      metadata {
        labels = {
          pod = "rabbit"
        }
      }

      spec {
        container {                                 ◀─┐
          image = "rabbitmq:3.8.5-management"
          name  = "rabbit"
```

래빗MQ 서버를 배포하기 위한 쿠버네티스 배포를 선언한다. 쿠버네티스 클러스터에 래빗MQ 컨테이너 인스턴스를 만드는 것이다.

공개 버전의 래빗MQ 이미지로 컨테이너 인스턴스를 만든다.

```
              port {
                container_port = 5672
              }
            }
          }
        }
      }
    }
}

resource "kubernetes_service" "rabbit" {
    metadata {
        name = "rabbit"
    }

    spec {
        selector = {
            pod = kubernetes_deployment.rabbit.metadata[0].labels.pod
        }

        port {
            port = 5672
        }
    }
}

resource "kubernetes_service" "rabbit_dashboard" {
    metadata {
        name = "rabbit-dashboard"
    }

    spec {
        selector = {
            pod = kubernetes_deployment.rabbit.metadata[0].labels.pod
        }

        port {
            port = 15672
        }

        type = "LoadBalancer"
```

래빗MQ 서버에 클러스터 안에 있는
다른 컨테이너로부터의 접근이 가능
하도록 DNS 레코드를 생성하는
쿠버네티스 서비스를 선언한다.

서비스에 애저 로드 밸런서를 생성해 외부에서
대시보드로 접근이 가능한 IP 주소를 할당한다.
이는 배포를 테스트하기 위해 사용한다.

```
        }
}
```

이제 앞의 7.5.3절과 같이 `terraform apply`를 실행한다. 그러면 래빗MQ를 쿠버네티스 클러스터에 배포한다.

애저 로드 밸런서로 외부에서 접근이 가능하도록 래빗MQ를 노출시키는 서비스를 설정했다. 이제 Kubectl이나 쿠버네티스 대시보드로 이미 할당된 외부 IP 주소를 찾을 수 있다. 데이터베이스에 대해서 어떻게 작업했는지 상기하기 위해서 7.5.4절을 다시 참고해보자. 외부 IP 주소를 기록해두고, 브라우저를 사용해 래빗MQ 관리 대시보드를 연다. 기본 사용자명인 guest와 기본 암호 guest를 사용해 로그인할 수 있다.

예를 들어 래빗MQ 대시보드의 IP 주소가 40.112.161.104라면, 브라우저에서 http://40.112.161.104:15672/를 연다. 대시보드의 포트 번호는 15672다. 하지만 서비스의 IP 주소는 위와 다를 것이다. 자신의 래빗MQ 인스턴스에 할당된 IP로 대체해서 사용하자.

7.5.6 보안의 강화

외부에서 접근이 가능하도록 설정해서 MongoDB, 래빗MQ 서버를 테스트했다. 이러한 서버들을 노출시키는 것은 문제가 발생하기를 바라는 것과 같다. 이제 테스트를 했으니 외부 접근을 제거하고 보안을 강화해보자. 간단하게 아래의 줄만 스크립트에서 제거하면 된다.

```
type = "LoadBalancer"
```

이것이 example-3에서 할 일이다. example-3 코드를 업데이트하고 `terraform apply`를 호출하면 MongoDB, 래빗MQ 서버의 외부 접근이 차단되고 앱의 보안은 향상된다.

테스트를 위해 임시로 외부에 서버들을 노출했다. 테스트가 끝나면 보안을 이유로 외부 IP를 제거했다. 바깥세상에서 내부 인프라에 접근하는 것은 바람직하지 않다.

7.5 테라폼으로 첫 마이크로서비스 배포하기

MongoDB, 래빗MQ와 같은 공개된 도커 이미지를 클러스터에 이미 배포했다. 지금부터는 example-3을 열고 첫 번째 마이크로서비스를 배포해보자.

아직은 도커 이미지로부터 컨테이너를 배포하고 있지만 이번에 사용할 이미지는 우리가 직접 작성한 코드로 만든다. 이 컨테이너를 배포하기 전에 3장에서 연습한 것 같이 이미지를 만들고 6장 6.9절에서 만든 프라이빗 컨테이너 레지스트리에 게시할 줄 알아야 한다.

7.6.1 지역변수를 사용한 동작 설정

테라폼을 쉽고 작게 유지하기 위한 방법으로 video-streaming.tf 파일의 최신 버전에서 테라폼의 지역변수를 사용한 공통 설정 값들을 정리해 공유하려고 한다. 이 새로운 파일은 video-streaming 마이크로서비스를 빌드, 게시, 배포하는 역할을 한다.

다음 예제는 새 코드 파일의 일부다. 나머지 스크립트에서 사용할 다수의 지역변수를 선언하고 있다.

예제 7.4 지역변수를 사용한 설정(chapter-7/example-3/scripts/video-streaming.tf)

```
locals {
    service_name = "video-streaming"          ← 이 코드 파일에서 사용하는 배포
    login_server = azurerm_container_registry.container_registry    서비스 이름을 설정한다.
    ⇒ .login_server
    username = azurerm_container_registry
    ⇒ .container_registry.admin_username      프라이빗 컨테이너 레지스트리의
    password = azurerm_container_registry     연결 정보를 설정한다.
    ⇒ .container_registry.admin_password

    image_tag = "${local.login_server}/${local.service_name}:${
    ⇒ var.app_version}"                       ← video-streaming 마이크로서비스의
}                                              도커 이미지에 대한 태그를 작성한다.

# ... 이하 코드 생략 ...
```

지역변수인 image_tag가 여러 다른 변수로 구성되는지 살펴보자. 특히 app_version 변수는 새로운 버전으로 각각의 성공적으로 생성한 이미지에 태그로 사용한다. image_tag 변수는 또한 컨테이너 레지스트리에 게시할 이미지를 태그하는 방법을 보여준다.

7.6.2 도커 이미지 빌드와 게시

이제 video-streaming 마이크로서비스의 도커 이미지를 빌드하고 게시하는 테라폼 코드를 살펴보자. 이 코드는 다음의 세 작업을 수행한다.

- 이미지를 빌드한다.
- 컨테이너 레지스트리에 로그인한다.
- 컨테이너 레지스트리에 이미지를 게시한다.

위 세 가지 작업 방법은 3장에서 모두 다뤘다. 여기서는 테라폼으로 자동화할 것이다.

예제 7.5에서도 video-streaming.tf 코드를 계속 살펴볼 것이다. 테라폼으로 사용 가능한 도커 제공자가 있지만, 안타깝게도 우리가 필요한 작업을 모두 지원하지는 못한다. 그래서 테라폼의 null_resource, local-exec 기능을 사용해 필요한 도커 명령도 호출하는 것이다.

null_resource는 특정 리소스 타입이 없는 테라폼 리소스를 생성할 때 사용한다. local-exec는 로컬 컴퓨터의 명령을 호출할 때 사용한다. 예를 들어 timestamp와 같은 명령을 도커 이미지를 빌드할 때 사용하는 것처럼 이렇게 명령을 사용하는 예제가 지저분해 보인다면, 그렇다. 지저분하다.

위와 같은 방법은 일을 간단하게 만드는 대안이고, 테라폼 안에서 전체 배포 과정을 관리하기 위해 사용하는 것이다. 길게 보면 운영 환경에서 위와 같은 코드가 필요 없다. 결국 지저분한 방법에서 벗어날 것이고, 깔끔한 해결책을 구현할 것이다. 이것이 무엇인지는 11장에서 볼 수 있으니 지금은 기다려야 한다.

예제 7.5 도커 이미지 빌드와 게시(chapter-7/example-3/scripts/video-streaming.tf)

```
# ... 이전 코드 생략 ...
```

```
resource "null_resource" "docker_build" {

    triggers = {
        always_run = timestamp()
    }

    provisioner "local-exec" {
        command = "docker build -t ${local.image_tag} --file
        ➥ ../${local.service_name}/Dockerfile-prod
        ➥ ../${local.service_name}"
    }
}
```

도커 이미지를
빌드한다.

명령어 호출이 항상
가능하게 만든다.

```
resource "null_resource" "docker_login" {

    depends_on = [ null_resource.docker_build ]

    triggers = {
        always_run = timestamp()
    }

    provisioner "local-exec" {
        command = "docker login ${local.login_server}
        ➥ --username ${local.username}
        ➥ --password ${local.password}"
    }
}
```

테라폼의 null_
resource를 사
용해 도커 명령
을 선언한다.

컨테이너 레지스트리
인증을 위해 명령을
실행한다.

레지스트리에 대한 인증을 한다.

이미지를 빌드하기
전에 게시할 수 없기
때문에 앞의 명령에
대한 종속성을 설정
한다.

```
resource "null_resource" "docker_push" {

    depends_on = [ null_resource.docker_login ]

    triggers = {
        always_run = timestamp()
    }

    provisioner "local-exec" {
        command = "docker push ${local.image_tag}"
    }
}
# ... 이하 코드 생략 ...
```

이미지를 레지스트리에 푸시한다.

예제 7.5는 null_resource를 남용하고 있고 바람직하지 않다는 점을 인정한다. 만약 도커 제공자가 빌드와 푸시 작업을 직접 지원한다면(왜 지원 안 할까?) 이렇게 지저분한 코드는 필요 없다. 안타깝지만 지금 당장은 이것이 대안이다. 아마도 나중에 보기 좋은 해결책이 있을 것이다. 11장에서는 **단일 코드** 리포지터리single code repository 구조에서 벗어나 **다중 코드** 리포지터리 구조로 수정하는 것을 알아볼 것이다.

7.6.3 컨테이너 레지스트리 인증

마이크로서비스의 도커 이미지를 빌드하고 게시하면, 컨테이너 레지스트리에서 이미지를 가져오기 위한 클러스터 권한을 줘야 한다. 이 방법은 계속 작업 중인 video-streaming.tf 파일의 예제 7.6에서 볼 수 있다. 예제에서는 도커 인증 정보를 포함하고 있는 쿠버네티스 secret을 생성한다. 이는 클러스터에 민감한 데이터를 저장하는 안전한 방법 가운데 하나다.

예제 7.6 컨테이너 레지스트리 인증(chapter-7/example-3/scripts/video-streaming.tf)

```
# ... 이전 코드 생략 ...
                         ◄─── 이 코드 파일에서 사용할 지역변
                              수를 선언한다.
locals {
    dockercreds = {
        auths = {
            "${local.login_server}" = {
                auth = base64encode("${local.username}:${local.password}")
            }                           ◄─── 컨테이너 레지스트리에 대한 인증 세부
        }                                    정보를 포함하는 변수를 생성한다.
    }
}

resource "kubernetes_secret" "docker_credentials" {  ◄───
    metadata {                              인증 정보를 안전하게 저장할
        name = "docker-credentials"         Kubernetes secret을 선언한다.
    }

    data = {
        ".dockerconfigjson" =
```

```
    ➡ jsonencode(local.dockercreds)    ◀────  secret에 대한 데이터를 설정한다.
    }

    type = "kubernetes.io/dockerconfigjson"    ◀────  secret의 타입을 설정한다.
}

# … 이하 코드 생략 …
```

조금은 어색한 코드를 작성했다. 도커 제공자가 더 고상하게 표현할 방법을 제공했다면 좋았을 것이다. 아마도 언젠가는 가능할 것이다.

7.6.4 video-streaming 마이크로서비스 배포

이제 video-streaming 마이크로서비스를 빌드하고 게시할 테라폼 코드를 준비했다. 또한 레지스트리 인증 정보를 포함한 쿠버네티스 secret을 갖고 있다. 지금은 마이크로서비스를 배포할 코드를 작성할 수 있다.

예제 7.7은 video-streaming.tf 코드의 나머지 부분을 보여준다. 다른 부분은 MongoDB, 래빗MQ 컨테이너를 배포하는 예제 7.2와 7.3에서 이미 본 코드와 비슷하다. video-streaming 마이크로서비스의 컨테이너 인스턴스를 만드는 쿠버네티스 배포와 클러스터 안에서 DNS를 통해 접근하게 만드는 쿠버네티스 서비스를 갖고 있다. 또한 애저 로드 밸런서를 쿠버네티스 서비스에 붙여서 외부에서도 클러스터 안에 있는 마이크로서비스에 접근이 가능하므로 개발 워크스테이션에서도 테스트할 수 있게 만들었다.

이 예제의 중요한 차이점은 마이크로서비스 이미지를 프라이빗 컨테이너 레지스트리에서 가져온다는 것이다. MongoDB와 래빗MQ는 모두 공개된 이미지다. 이를 위해 예제에서는 depndes_on을 사용해 명시적으로 종속성을 추가했다. 이 종속성은 도커 이미지가 쿠버네티스 배포를 생성하기 전에 빌드 및 게시될 수 있도록 만든다. 또한 image_pull_secrets를 통해 어떻게 레지스트리 인증 정보를 전달하는지 주목해보자.

```
# ... 이전 코드 생략 ...

resource "kubernetes_deployment"
➡ "service_deployment" {

    depends_on = [ null_resource.docker_push ]

    metadata {
        name = local.service_name

    labels = {
            pod = local.service_name
        }
    }

    spec {
        replicas = 1

        selector {
            match_labels = {
                pod = local.service_name
            }
        }

        template {
            metadata {
                labels = {
                    pod = local.service_name
                }
            }

            spec {
                container {
                    image = local.image_tag
                    name  = local.service_name

                    env {
                        name = "PORT"
```

video-streaming 마이크로서비스를 배포하기 위한 쿠버네티스 배포를 선언한다. 쿠버네티스 클러스터에 이 마이크로서비스의 컨테이너 인스턴스를 생성한다.

종속성을 생성해서 해당 컨테이너가 배포되기 전에 도커 이미지를 빌드하고 게시한다.

지역변수를 사용해 이 코드 파일의 설정 을 공유한다.

이미지는 프라이빗 컨테이너 레지스트리에서 가져온다.

316

```
                                value = "80"
                            }
                        }

                        image_pull_secrets {
                            name =
                        ➥ kubernetes_secret.docker_credentials.metadata[0].name
                        }
                    }
                }
            }
        }

resource "kubernetes_service" "service" {
    metadata {
        name = local.service_name
    }

    spec {
        selector = {
            pod =
        kubernetes_deployment.service_deployment.metadata[0].labels.pod
        }

        session_affinity = "ClientIP"

        port {
            port = 80
            target_port = 80
        }

        type = "LoadBalancer"
    }
}
```

쿠버네티스가 이미지를 가져올 수 있도록 컨테이너 레지스트리에 대한 인증 정보를 설정한다.

클러스터 안에서 마이크로서비스에 접근할 수 있도록 DNS 레코드를 생성하는 쿠버네티스 서비스를 선언한다.

애저 로드 밸런서를 사용해 이 서비스에 대한 외부 IP 주소를 생성한다. 배포한 마이크로서비스가 동작하는지 이 IP 주소로 테스트할 수 있다.

예제 7.7을 보면 애저 로드 밸런서를 쿠버네티스 서비스에 붙여서 외부 접근 지점을 생성한다. 테스트하기 위해서 컨테이너를 임시로 외부에 노출한 것이다. 이를 통해 웹 브라우저로 video-streaming 마이크로서비스가 잘 동작하는지 확인할 수 있다. 최종 버전의 플릭스튜브는 외부 접근을 차단할 것이라는 점을 유의하자. 9장에서 다룰 것이다.

7.6.5 마이크로서비스 테스트하기

드디어 마이크로서비스를 배포한다. `terraform apply`를 호출하고 video-streaming 마이크로서비스를 쿠버네티스 클러스터에 배포하자.

```
terraform apply -var="app_version=1" -var="client_id=<your-client-id>"
➡ -var="client_secret=<your-client-secret>" -auto-approve
```

`app_version` 변수를 설정하고 있다는 것을 주목해보자. 초기에는 버전을 1로 설정하고 매번 마이크로서비스의 새 버전을 게시할 때마다 증가시킬 것이다. `client_id`, `client_secret`은 6.11.2절과 7.5.3절에서처럼 자신의 서비스 주체에 맞는 정보로 대체해야 한다는 것도 잊지 않도록 한다.

위 작업을 마치면 7.5.4절에서 데이터베이스 서비스를 찾을 때 했던 것처럼 video-streaming 마이크로서비스의 외부 IP 주소를 확인한다. 그리고 웹 브라우저를 열고 해당 IP 주소에 /video 경로를 열어보자. 예를 들어 IP 주소가 40.112.161.104라면, 브라우저에서는 http://40.112.161.104/video 주소를 열면 된다. 물론 자신의 IP 주소를 사용해야 한다. 이미 익숙한 비디오가 재생되는 것을 볼 수 있을 것이다.

7.6.6 우리가 해낸 것

먼저 MongoDB, 래빗MQ 컨테이너를 배포하고 첫 번째 마이크로서비스를 패키징해서 게시 및 배포를 완료했다. 이 과정에서 여러 위치에서 사용이 가능하도록 세부 설정을 구성하고 공유하는 테라폼 지역변수를 어떻게 사용하는지 알아봤다. 이는 세부 설정을 여러 번 입력하는 노력을 줄이고 나중에 값을 바꿀 때도 편리하게 변경할 수 있다.

마이크로서비스 이미지를 빌드하고 게시하기 위해 도커를 사용했다. 클러스터에서 컨테이너 레지스트리에 대한 인증은 조금 이상했지만, 쿠버네티스 secret으로 처리할 수 있었다.

마지막으로 video-streaming 마이크로서비스를 배포해서 테스트했고, 배포 파이프라인의 초기 설계를 완성했다. 이제 CD 파이프라인을 만들어서 배포 과정을 자동화할 시점이다.

7.7 비트버킷 파이프라인을 사용한 CD

6, 7장에서 인프라 코드를 실행하고 앱을 위한 인프라를 구성하기 위해 수동으로 테라폼을 실행했다. 이는 배포 코드의 기초를 만드는 정상적인 과정의 일부다.

다른 코딩 작업과 마찬가지로 운영 환경에서 코드를 실행하기 전에 로컬에서 코드를 개발하고 테스트할 필요가 있다. 어디선가 문제가 생기면 디버깅이 어려운 호스팅하고 있는 서비스에서 코드를 실행할 때에는 더욱 중요하다. 개발 워크스테이션에서 작업을 끝내기 전에 최대한 견고한 코드를 만드는 것이 바람직하다.

또한 테라폼을 로컬에서 실행하는 것은 코드형 인프라를 배우는 가장 좋은 방법이다. 하지만 테라폼과 코드형 인프라를 사용하는 핵심은 배포 파이프라인을 자동화하는 것이다. 인프라나 마이크로서비스에 변경 사항이 발생할 때마다 테라폼을 수동으로 호출하는 것을 원하는 것이 아니다. 우리가 원하는 것은 자주 변경 사항을 배포할 수 있으면서, 소프트웨어를 배포하는 작업에 시간을 소비하는 것보다 필요한 기능을 만드는 데 시간을 쓸 수 있도록 과정의 흐름을 자동화하는 것이다. 또한 자동화는 잠재적으로 사람이 하게 되는 실수를 크게 줄일 수 있다.

이제 비트버킷 파이프라인으로 CD 파이프라인을 만들 것이다. 이는 배포 과정을 자동화된 형태로 실행하기 위해 사용하는 아틀라시안^{Atlassian}이 호스팅한 서비스다. 배포 과정을 마치 코드를 푸시하는 것처럼 간단하게 만들어준다. 변경된 코드를 호스팅하고 있는 코드 리포지터리에 푸시하면 자동으로 배포 파이프라인을 실행할 것이다.

7.7.1 비트버킷 파이프라인을 사용하는 이유

CD를 구현하기 위해 호스팅하고 있는 서비스는 많고, 서로 매우 비슷하다. 하나를 알아두면 다른 서비스도 별로 다르지 않다.

비트버킷 파이프라인은 아틀라시안의 비트버킷에 포함돼 있어서 코드와 CD 파이프라인을 함께 보유할 수 있기 때문에 편리하게 사용할 수 있다. 가격도 불만스럽지 않다. 아틀라시안은 무료 프라이빗 리포지터리가 있는 시작 옵션과 CD 파이프라인에 대한 제한된 용량의 월간 무료 빌드 시간을 제공한다. 작은 빌드 파이프라인 정도는 완전히 무료로 사용해볼 수도 있다.

> **|노트|** 어떤 호스팅 서비스를 사용하는지는 별로 문제되지 않는다. 예를 들어 GitHub와 GitLab 모두 비슷한 방법으로 설정하는 비슷한 서비스를 제공한다. 이 책에서는 현재 저자가 운영 환경에서 사용하는 비트버킷 파이프라인을 예로 보여주지만, GitLab도 예전에 사용했고, GitHub는 오픈소스 코딩에 지금도 사용하고 있다.

CD는 클라우드에서 셸 스크립트를 자동으로 실행하는 방법이라고 단순하게 생각해보려 한다. 물론 단순화한 정의이지만, CD가 특별하게 복잡하거나 신비로운 것이 아니라는 점을 이해하는 데 도움이 된다. 또한 배포를 위한 셸 스크립트를 만드는 것은 로컬에서 쉽게 테스트할 수 있기 때문에 유용하다.

7.7.2 비트버킷에서 예제 코드 가져오기

비트버킷 파이프라인을 사용하려면 먼저 비트버킷 코드 리포지터리에 커밋한 코드가 있어야 한다. 지금 example-4 코드로 이동하자. example-3과 같은 코드지만 CD 파이프라인에 필요한 추가 설정을 포함하고 있다.

또한 앞에서 생성한 인프라를 아직 제거하지 않았다면 terraform destroy 명령으로 제거하는 것이 좋다. 이전 인프라는 기초적인 인프라다. 지금부터는 운영 인프라를 생성하는 CD 파이프라인을 이전 작업과 중복되지 않게 사용하고자 한다.

비트버킷 가입

아직 비트버킷 계정이 없다면, 먼저 비트버킷 계정을 위한 사용자 등록부터 해야 한다. https://bitbucket.org에서 계정을 만든다.

비트버킷 코드 리포지터리 생성하기

비트버킷 계정으로 로그인해서 새로운 코드 리포지터리 버튼을 클릭한다. 그리고 리포지터리 이름을 선택하고 세부 정보를 입력한다(다음 그림 7.3의 예를 참고한다).

▲ **그림 7.3** 새로운 비트버킷 코드 리포지터리 만들기

코드 리포지터리를 만들면 그림 7.4와 같은 페이지를 볼 수 있다. 이는 코드를 리포지터리에 올리는 명령어다.

Let's put some bits in your bucket

SSH ⌄   git clone git@bitbucket.org:ashleydavis75/bootstrapping_ch7_example4.git   ⎘

Get started quickly

Creating a README or a .gitignore is a quick and easy way to get something into your repository.

Create a README   Create a .gitignore

Get your local Git repository on Bitbucket

Step 1: Switch to your repository's directory

```
1    cd /path/to/your/repo
```

Step 2: Connect your existing repository to Bitbucket

```
1    git remote add origin git@bitbucket.org:ashleydavis75/bootstrapping_ch7_example4.git

2    git push -u origin master
```

Need more information? Learn more

▲ **그림 7.4** 코드를 비트버킷에서 새로운 리포지터리에 올리기 위한 명령어

표준 깃 명령어지만 코드를 가져오기 위한 정확한 명령어를 제시하기 때문에 편리하게 쓸 수 있다.

로컬 리포지터리 만들기

새로운 리포지터리에 example-4 코드를 가져오기 전에, 7장 리포지터리가 난장판이 되지 않도록 먼저 깔끔한 사본을 만들어보자.

```
cp -r chapter-7/example-4 bootstrapping_ch7_example4
```

새로운 디렉터리로 가서 새로 만든 비어 있는 깃 리포지터리를 초기화한다.

```
cd bootstrapping_ch7_example4
git init
```

이제 새 리포지터리에 모든 파일을 커밋한다.

```
git add .
git commit -m "First commit"
```

비트버킷 리포지터리에 푸시하기

지금부터는 그림 7.4와 같이 비트버킷이 제공해준 명령어를 따라할 수 있다. 주어진 명령어는 비트버킷 계정이 다르기 때문에 이 책과 다를 것이다. 첫 번째 명령어는 로컬에 있는 것을 시작점(origin)으로 원격 리포지터리에 추가한다.

```
git remote add origin
➥ git@bitbucket.org:ashleydavis75/bootstrapping_ch7_example4.git
```

위의 원격 리포지터리 URL은 자신의 정보로 대체해야 한다는 것을 유의한다. 다음은 우리가 사용할 수 있는 템플릿이다.

```
git remote add origin git@bitbucket.org:<your-user-name>/<your-repo-name>.git
```

이제 비트버킷 리포지터리에 코드를 푸시한다.

```
git push -u origin master
```

이 시점에서 자신의 인증 정보를 입력해야 한다. 이런 상황이 매번 푸시할 때마다 발생하지 않도록 모든 플랫폼에서 쉽게 시도해볼 수 있는 SSH 키를 설정해둘 것을 권한다. 비트버킷 지원 페이지에 있는 다음 설명을 따라 해보자.

https://confluence.atlassian.com/bitbucket/set-up-an-ssh-key-728138079.html

앞으로는 코드 변경 사항을 다음과 같이 간단한 명령으로 푸시할 수 있다.

```
git push
```

비트버킷 파이프라인 활성화하기

이제 코드 리포지터리를 만들어서 예제 코드를 푸시했다. 다음으로 이 리포지터리에 대한 비트버킷 파이프라인을 활성화하자. 그림 7.5와 같이 파이프라인 페이지를 연다.

▲ **그림 7.5** 리포지터리에 대한 파이프라인 페이지 열기

예제 코드는 설정 파일인 bitbucket-pipelines.yaml을 포함하고 있다. 비트버킷은 이 파일을 인식하므로 그림 7.6과 같이 **Enable** 버튼을 클릭해서, 이 코드 리포지터리에 대한 파이프라인을 활성화할 수 있다(Enable 버튼은 화면에서 아래로 스크롤해야 볼 수 있다).

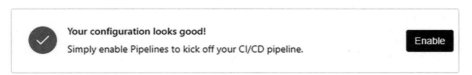

▲ **그림 7.6** Enable 버튼을 클릭해 비트버킷 파이프라인을 활성화한다.

7.7.3 배포 쉘 스크립트 만들기

대부분의 CD 파이프라인은 환경 변수가 제공하는 입력을 가지고 쉘 스크립트로 압축된다. 이러한 접근 방식이 좋은 이유는 두 가지가 있다.

- 배포 파이프라인은 CD 제공자^{provider} 사이에서 이동성을 가진다.
- 쉘 스크립트의 실행으로 배포 파이프라인을 로컬에서 쉽게 테스트할 수 있다.

배포 쉘 스크립트를 작성하는 것은 우리에게 약간의 자유를 준다. 물론 좋은 일이고, 또한 배포 파이프라인의 로컬 테스트를 위해 필수적이다. 클라우드에서 무인 모드로 실행해보기 전에 코드가 충분히 견고한지 확인해야 한다.

지금까지 7장에서 배포 코드의 기초를 만들고 테스트하는 것이 대부분이었으므로, 잘 동작할 것이라고 이미 확신하고 있다. 이것들을 단지 쉘 스크립트로 정리하면 된다. 쉘 스크립트는 아래의 example-4 코드와 같다. 모두 테라폼의 배포 코드만으로 유지했기 때문에 단순하다. 쉘 스크립트는 단순히 테라폼을 호출할 뿐이다.

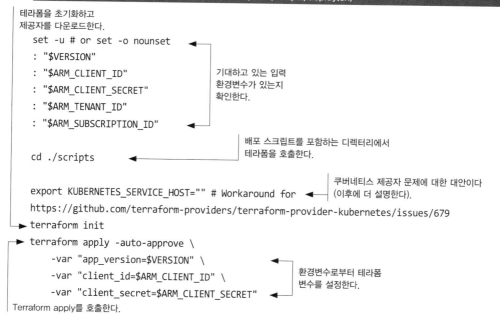

예제 7.8 배포를 위한 쉘 스크립트(chapter-7/example-4/scripts/deploy.sh)

```
set -u # or set -o nounset
: "$VERSION"
: "$ARM_CLIENT_ID"
: "$ARM_CLIENT_SECRET"
: "$ARM_TENANT_ID"
: "$ARM_SUBSCRIPTION_ID"

cd ./scripts

export KUBERNETES_SERVICE_HOST="" # Workaround for
https://github.com/terraform-providers/terraform-provider-kubernetes/issues/679
terraform init
terraform apply -auto-approve \
    -var "app_version=$VERSION" \
    -var "client_id=$ARM_CLIENT_ID" \
    -var "client_secret=$ARM_CLIENT_SECRET"
```

테라폼을 초기화하고 제공자를 다운로드한다.

기대하고 있는 입력 환경변수가 있는지 확인한다.

배포 스크립트를 포함하는 디렉터리에서 테라폼을 호출한다.

쿠버네티스 제공자 문제에 대한 대안이다 (이후에 더 설명한다).

환경변수로부터 테라폼 변수를 설정한다.

Terraform apply를 호출한다.

스크립트에서 한 가지 흥미로운 점은 입력 환경변수를 확인하는 방법이다. 도커 이미지에 태그하기 위해 사용했던 앱의 현재 버전과 애저 계정에 대한 인증 정보를 말한다. 곧 이 변수가 어디서 오는지 알아볼 것이다.

아마도 `KUBERNETES_SERVICE _HOST` 환경변수를 왜 설정하는지 궁금할 것이다. 이는 쿠버네티스 팟 안에서 테라폼을 위한 쿠버네티스 제공자를 사용할 때 발생하는 문제에 대한 대안이다(뇌를 괴롭히는 말인가?). 사실 비트버킷 파이프라인은 비트버킷 자신의 쿠버네티스 클러스터의 팟 안에서 CD 파이프라인을 실행한다. 이는 올바른 방식이고, 쿠버네티스를 잘 활용하는 예다. 이로 인해 문제가 발생하면 안 되지만, 실제로는 문제가 생긴다. 비어 있는 `KUBERNETES_SERVICE _HOST` 환경변수는 쿠버네티스를 속이고 문제가 발생하지 않게 만드는 것이다.

이런 문제에 신경 쓰게 만들면 안 되지만, 가끔은 예전 버전(테라폼 v1 이전 버전)의 도구로 작업할 때 테라폼이나 플러그인의 특이한 문제들을 처리해야만 한다. 아마도 이 책을 읽는 시점에서는 문제가 해결돼서 더 이상 이런 대안이 필요 없을 수 있다. 더 자세한 내용을 알고 싶다면, 다음의 페이지를 참고한다.

https://github.com/terraform-providers/terraform-provider-kubernetes/issues/679

7.7.4 테라폼 상태 정보 관리

이제 테라폼 상태^{state} 정보를 관리하는 어려운 문제로 돌아가보자. 6장의 6.8.7절로 다시 돌아가 출발한다. 테라폼은 상태 정보 파일을 가지고 있으며, 자신이 생성한 인프라를 기억하고 있다는 점을 기억하고 있을 것이다.

여기서 생기는 의문은 어떻게 상태 정보 파일을 CD 파이프라인에서 유지할 것인가다. CD 파이프라인의 특징은 매번 새로운 컨테이너 인스턴스에서 작업을 수행한다. 이는 terraform init을 배포 셸 스크립트에서 배포할 때마다 호출하는 이유다.

어떻게 테라폼 상태 정보 파일을 관리할까? CD 파이프라인의 인스턴스 간에 상태 정보를 유지하도록 해서 이후에 발생하는 테라폼 호출은 이전에 무엇을 생성했는지 기억할 수 있어야 한다. 그래야 매번 무조건 이미 생성한 인프라를 또 다시 만들지 않을 것이다. 테라폼은 이 문제의 해결책을 갖고 있다. 테라폼에이 상태 정보 파일을 저장할 수 있는 외부 저장소를 제공하는 것이다. 상태 정보 파일이 CD 파이프라인과 별도의 위치에 저장될 수 있게 만드는 것이다.

다음 예제는 애저의 백엔드[backend] 설정을 보여준다. 이를 통해 테라폼 상태 정보 저장소인 백엔드의 애저 스토리지 계정을 설정한다.

예제 7.9 백엔드 스토리지 설정(chapter-7/example-4/scripts/backend.tf)

```
terraform {
    backend "azurerm" {

        resource_group_name   = "flixtube-terraform"
        storage_account_name  = "flixtubeterraform"
        container_name        = "terraform-state"
        key                   = "terraform.tfstate"

    }
}
```

애저 스토리지 백엔드를 설정한다.

리소스 그룹, 스토리지 계정, 테라폼이 사용할 컨테이너 등의 이름을 설정한다.

테라폼 상태 정보를 저장할 스토리지 파일의 이름이다.

CD 파이프라인 안에서 테라폼을 실행하기 전에 별도의 애저 스토리지 계정을 만들어야 한다. 먼저 스토리지 계정의 이름을 선택한다. 예제 7.9에서 볼 수 있듯이 여기서는 terraform을 이름으로 사용했다. 이 이름은 전역적으로 고유해야 하므로 이 이름을 다시 사용할 수 없다(다소 귀찮은 일이다).

브라우저에서 애저 포털을 열고, 새로운 스토리지 계정을 같은 이름의 리소스 그룹 아래에 선택한 이름으로 생성한다(스토리지 계정을 만드는 방법은 4장의 4.4.1절을 참고한다).

새로운 스토리지 계정으로 같은 이름의 컨테이너(도커 컨테이너가 아니라 스토리지 컨테이너)를 생성한다. 이름은 원하는 어떤 이름(이름에 사용하는 규칙이 있긴 하다)을 써도 상관없다. 여기서는 리소스 그룹, 스토리지 계정, 컨테이너 이름으로 terraform을 사용했다. 단지 이 모든 것이 온전히 테라폼을 CD 파이프라인에서 실행하기 위한 것이라는 것을 가리키고 있다. 새 스토리지 계정은 인프라 또는 앱 등에서 다른 용도로 사용되지 않는다.

일단 스토리지 계정과 컨테이너를 생성하면 backend.tf(예제 7.9) 파일을 편집하고 terraform을 사용하고 있는 이름을 직접 선택한 값으로 대체한다. 이 단계에서 변경 사항을 로컬 코드 리포지터리에 커밋할 수 있지만, 비트버킷에는 아직 푸시하면 안 된다. CD 파이프라인을 구동하기 전에 먼저 해야 할 몇 가지 설정이 있다.

7.7.5 비트버킷 파이프라인 스크립트

CD 파이프라인의 마지막 조각은 bitbucket-pipelines.yaml 설정 파일이다. 이 YAML 파일은 CD 파이프라인을 설정한다. 비트버킷 파이프라인을 사용하려면, 이 파일이 반드시 코드 리포지터리 루트에 있어야 한다. 없으면 동작 안 한다.

예제 7.10은 example-4의 bitbucket-pipelines.yaml 파일이다. 이 파일은 여러 역할이 더 있지만, 지금은 단순히 예제 7.8의 쉘 스크립트에 대한 래퍼wrapper 역할을 한다. 비트버킷 코드 리포지터리의 비트버킷 파이프라인이 활성화돼 있다면, 코드를 리포지터리에 푸시할 때, 이 YAML 파일이 배포 쉘 스크립트를 호출한다.

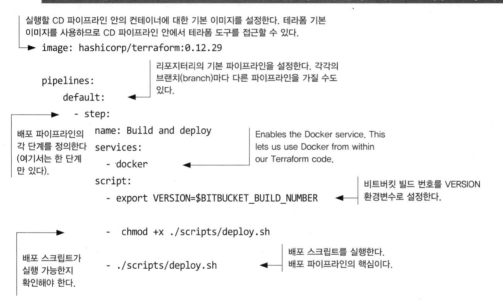

예제 7.10 자동 배포 파이프라인 - 비트버킷 파이프라인 설정(chapter-7/example-4/bitbucket-pipelines.yaml)

예제 7.10에서 첫 줄이 어떻게 CD 파이프라인의 컨테이너에 대한 기본 이미지를 설정하는지 살펴보자. 비트버킷은 매번 CD 파이프라인을 구동할 때마다 이 이미지에서 새로운 컨테이너 인스턴스를 생성한다. 테라폼 도구는 기본 이미지에 미리 설치돼 있기 때문에 접근해서 사용할 수 있다. 테라폼을 사용하지 않고 있다면, 다른 기본 이미지를 선택할 수도 있다. 예제 7.10에서 다음 코드를 확인해보자.

```
export VERSION=$BITBUCKET_BUILD_NUMBER
```

이는 환경변수를 배포 셸 스크립트에 전달하는 방법의 하나다. 여기서는 앱의 버전을 설정했다. CD 파이프라인을 단순히 몇 번 구동했는지 세고 있는 환경변수인 비트버킷 파이프라인의 `BITBUCKET_BUILD_NUMBER`를 사용하고 있다. CD 파이프라인에서 생성된 이미지의 버전을 만드는 편리한 방법이다. 비트버킷 파이프라인은 또한 유용한 환경변수를 많이 갖고 있다. 더 자세한 내용은 다음 링크를 참고한다.

https://confluence.atlassian.com/bitbucket/variables-in-pipelines-794502608.html

7.7.6 환경변수 설정하기

이전 절에서 환경변수 입력을 어떻게 배포 셸 스크립트에 사용하는지 예제를 살펴봤다. 아직 사용해야 할 환경변수들이 몇 개 더 있다.

예제 7.10의 VERSION 환경변수처럼 bucket-pipelines.yaml 안에서 설정할 수 있지만, 애저 인증 정보는 같은 방식으로 처리할 수 없다. 보안 문제 때문에 민감한 정보를 코드 리포지터리에 포함시키는 것은 바람직하지 않다. 대신 이러한 정보는 비트버킷 화면에서 **리포지터리 변수**repository variables로 설정할 것이다. 그림 7.7과 같이 코드 리포지터리에 대한 Settings 메뉴를 선택하고 리포지터리 변수 페이지를 열자.

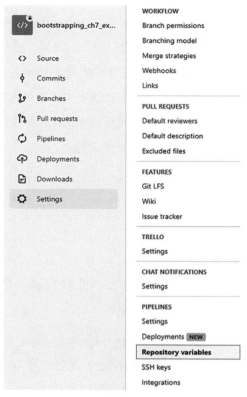

▲ **그림 7.7** 코드 리포지터리에 대한 Repository Variables 페이지

이제 리포지터리 변수를 생성하고 그림 7.8과 같이 값을 입력한다. 민감한 정보에 대해서는 추가적인 보안 레이어를 적용하는 Secured 옵션을 체크해도 좋다. 이 값들은 환경 변수로 CD 파이프라인에 전달된다.

이와 같은 변수들을 만들 때 자신의 애저 계정과 애저 서비스 주체에 대한 인증 정보를 반드시 입력해야 한다. `ARM_CLIENT_ID`, `ARM_CLIENT_SECRET`은 6.11.2절에서 만든 서비스 주체의 appId, password 항목에 해당한다. `ARM_TENANT_ID`, `ARM_ SUBSCRIPTION_ID`는 6.11.2절에서 `az account show` 명령으로 출력한 애저 계정의 상세 정보다.

인증 정보는 어딘가 반드시 설정돼 있어야 한다. 6.6.2절을 상기해보면, `az login` 명령을 개발 워크스테이션에서 애저에 인증하기 위해 사용했다. 이 명령은 무인 모드로 실행하는 CD 파이프라인 안에서 동작 안 한다. 애저에서 인프라를 만들거나 업데이트하기 위해 테라폼의 애저 인증을 허용하려면 반드시 인증 정보를 파이프라인에 전달해야 한다.

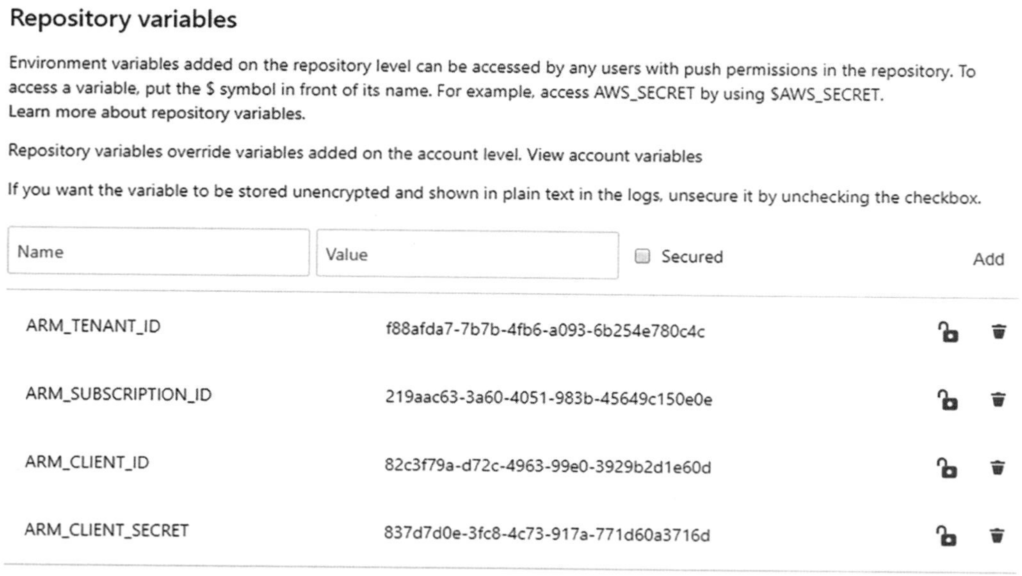

Repository variables

Environment variables added on the repository level can be accessed by any users with push permissions in the repository. To access a variable, put the $ symbol in front of its name. For example, access AWS_SECRET by using $AWS_SECRET. Learn more about repository variables.

Repository variables override variables added on the account level. View account variables

If you want the variable to be stored unencrypted and shown in plain text in the logs, unsecure it by unchecking the checkbox.

Name	Value	☐ Secured	Add
ARM_TENANT_ID	f88afda7-7b7b-4fb6-a093-6b254e780c4c	🔓	🗑
ARM_SUBSCRIPTION_ID	219aac63-3a60-4051-983b-45649c150e0e	🔓	🗑
ARM_CLIENT_ID	82c3f79a-d72c-4963-99e0-3929b2d1e60d	🔓	🗑
ARM_CLIENT_SECRET	837d7d0e-3fc8-4c73-917a-771d60a3716d	🔓	🗑

▲ **그림 7.8** 애저 인증 정보를 나타내는 리포지터리 변수 만들기

7.7.7 배포 파이프라인 테스트

드디어 CD 파이프라인을 테스트할 준비가 끝났다. 비트버킷 코드 리포지터리를 만들었고 example-4 코드 사본을 푸시했다. 해당 리포지터리에 대한 비트버킷 파이프라인을 활성화해서 설정했고, CD 파이프라인을 갖고 있다. 이제 트리거^{trigger}만 하면 된다.

간단하게 코드만 푸시하면 파이프라인을 트리거할 수 있다. 아마도 아직 푸시하지 않았지만 준비된 코드를 갖고 있을 것이다. 예제를 따라서 진행했다면 7.7.4절에서 backend.tf 파일의 변경 사항을 커밋했을 것이다. 지금 이 변경 사항을 푸시해보자.

```
git push
```

이전 코드 변경 사항을 이미 푸시했더라도 문제될 것은 없다. 간단한 수정(예를 들어 빈 줄을 코드에 추가하는 것)을 하고, 커밋한 다음, 푸시해서 CD 파이프라인을 트리거해보자.

CD 파이프라인을 테스트하고 디버깅하는 동안 충분히 여러 번 이 과정을 반복해봐도 좋다.

그림 7.9와 같이 비트버킷 리포지터리 아래에 파이프라인 페이지에서 파이프라인 호출을 모니터할 수 있다. 다음 그림을 보면 첫 번째 파이프라인 호출은 실패했고, 두 번째 호출이 방금 시작(상태를 Pending으로 표시)한 것을 볼 수 있다.

▲ **그림 7.9** 파이프라인 페이지에서 파이프라인 호출 모니터하기

이 페이지에서 파이프라인 호출이 어떻게 돼 가는지 더 자세히 파고들 수 있다. 물론 나중에는 실패한 경우에 잘못된 것이 무엇인지 찾기 위해 사용할 필요가 있을 것이다.

예를 들어 두 번째 호출(성공적으로 완료한 상태)을 클릭해서 들어가면, 그림 7.10과 같은 화면을 볼 수 있다. 배포 셸 스크립트로부터의 출력을 표시한다. 테라폼 코드를 로컬에서 테스트했을 때 본 출력과 비슷하기 때문에 아마도 이미 익숙한 내용일 것이다.

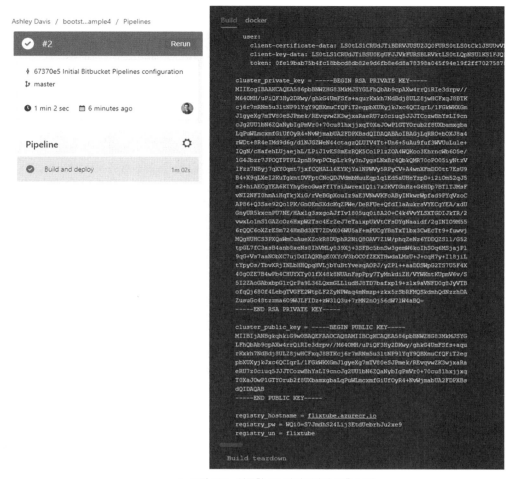

Ashley Davis / bootst...ample4 / Pipelines

✓ #2   Rerun

⌁ 67370e5 Initial Bitbucket Pipelines configuration
⑂ master

🕐 1 min 2 sec   📅 6 minutes ago

Pipeline   ⚙

✓ Build and deploy   1m 02s

Build   docker

    user:
        client-certificate-data: LS0tLS1CRUdJTiBDRVJUSUZJQ0FURS0tLS0tCk1JSUUvV
        client-key-data: LS0tLS1CRUdJTiBSU0EgUFJJVkFURSBLRVktLS0tLQpNSU1KS1FJQ
        token: 0fe19bab75b4fc18bbcd8db82e9d6fb8e6d8a78398a045f94e19f2ff7027587

    cluster_private_key = -----BEGIN RSA PRIVATE KEY-----
    MIIEogIBAAKCAQEA586pbBNWZHG83MkMJSYGLFhQbAb9cpAXw4rrQiRIe3drpv//
    M640MH/uPiQF3Hy2DKwy/ghkG4UmFSfs+aqurKxkh7NdBdj8ULZ8jwHCFxqJ8BTK
    cj6r7mRNm5u31tNP91YqY9QBXmuCfQFiT2egpbXUXyjkJxc6QCIqrL/1FGkWKXGm
    J1gyeXq7mTV80eSJPmek/REvqvwZK3wjxaRaeRU7z0ciuq5JJJTCozwBhYsLI9cn
    cJg2UU1bN6ZQaNybIgPmVr0+70cu81hxjjxqT0XaJOwP1GTYOrub2f8UXbamxgba
    LqPuWLmcxmfGiUfOyR4+NvWjmabUA2FDPXBsdQIDAQABAoIBAGjLqRRO+bOXJ8a4
    rWDt+8R4eIMd9d6q/d1NJGZWeN44ctagzQLUIV4Tt+Un6+5uAu9fuf3WVUuLule+
    IQgN/cHafehLUjaejhL/LPiJ1vES8mEzRQK5Co1P1zZOA4WQKoo3Zhrnc4b605e/
    1G4Jbzr7JPOQTPTPL2pnB9vpPCbpLrk9y3nJyqsLNxBr4QbkQMR70oPOO5iyNtzV
    IFzz7NByj7qXYOqmt7jxfCQHAL16EYKjYa1NPWVy5RPyCV+A4wnXFmDD0tt7EsU9
    B4+X9qLXeI2KuTgkntDVFptCNcQDJVdmbMuuEqp1q1Ed5aUHeYzpD+i2iOm52qJ5
    s2+hiAECgYEA6KIYhySeoGwsFfIYsiAwrexlQ1i7xZKVTGnHz+G6HDp7BT1TJMsF
    vNI2NFI0hmAiHqTkjXiG/rVeBGpXouIz9aE3VNwVKFoAByINkwrWpfad9PYqVzoC
    AP86+Q35ae92Qo1PK/GnOEmSXdcKqZPWe/DeRFUe+QfdI1aAukrsVYECgYEA/xdU
    GnyUR5kxcnPU7NE/HAxlg3sxgoAJfIv1805uq0i8A20+C4k4VvYLSXTGDIJkTR/2
    vwxLo1mS1GAZcOz6HxpW2Tsc4ErZeJ7eTaixpUkVtCFsDYgNaaidf/2gINIO9M55
    6rQQC6oXZrESm724HmBd3XT7ZDvX06WU5aF+mPUCgYBnTxT1bx3CWEcTt9+fuwvj
    MQgHUHCS3FXQaWmCuAueXZokR8DUphR2NiQ8OAV7Z1W/phqZeNz6YDDQZS11/G52
    tpGL7fC3asB4anb8xeNs8IhVMLy839Xj+3SFBc5bnSw3gemW6koIhSOq6MSjajP1
    9qG+Vs7aaNObXC7ujDdIAQKBgE0XYcV3b0C0fZEXTHwdaLMzU+J+cqH7y+I18jiL
    tYpyOs/TbvXRjINLbHHQpqHVLjbYuBtYvesqAOPJ/yZP1++aaDDSWpG2TS7U5F4X
    40gOZE7B4wPb4CHUYXTy01fX48k8NUAnFspPpy7TyMnkdiZH/VYWKntKUpmV6v/S
    5I2ZAoGAbxbpG1rQrPa9L36LQxmGLLludHJ8TD7bafxp19+zlx9aVNFD0g8JyVTB
    ofqQj68Of4LebgTWGFE2WtpLF2yNPWaq4mNmzp+zkx5rSbRFMQSkdmhQdNzzhDA
    ZusuGc48tzzma6O9WJLFIDz+zW31Q3u+7rMN2nOj56dW71W4aBQ=
    -----END RSA PRIVATE KEY-----

    cluster_public_key = -----BEGIN PUBLIC KEY-----
    MIIBIjANBgkqhkiG9w0BAQEFAAOCAQ8AMIIBCgKCAQEA586pbBNWZHG83MkMJSYG
    LFhQbAb9cpAXw4rrQiRIe3drpv//M640MH/uPiQF3Hy2DKwy/ghkG4UmFSfs+aqu
    rKxkh7NdBdj8ULZ8jwHCFxqJ8BTKcj6r7mRNm5u31tNP91YqY9QBXmuCfQFiT2eg
    pbXUXyjkJxc6QCIqrL/1FGkWKXGmJ1gyeXq7mTV80eSJPmek/REvqvwZK3wjxaRa
    eRU7z0ciuq5JJJTCozwBhYsLI9cncJg2UU1bN6ZQaNybIgPmVr0+70cu81hxjjxq
    T0XaJOwP1GTYOrub2f8UXbamxgbaLqPuWLmcxmfGiUfOyR4+NvWjmabUA2FDPXBs
    dQIDAQAB
    -----END PUBLIC KEY-----

    registry_hostname = flixtube.azurecr.io
    registry_pw = WQi0=S7JmdhS24Lij3EtdUebrhJu2xe9
    registry_un = flixtube

Build teardown

▲ **그림 7.10** 성공한 CD 파이프라인 호출 보기

7.7.8 배포 파이프라인 디버깅

이제 우린 CD 파이프라인을 보유했다. 인프라의 변경과 앱의 배포는 코드를 변경하는 것과 다를 바 없다. 즉 코드형 인프라인 것이다.

아마도 지금 의문이 하나 생길 것이다. 배포 파이프라인은 어떻게 디버깅할 수 있을까? 그림 7.9처럼 실패한 배포 파이프라인은 보면 어떻게 해야 하는지, 또는 아마도 이미 실패한 자신의 파이프라인을 보면서 궁금해하고 있을지도 모른다.

첫 단계는 개발 워크스테이션에서 로컬 배포 코드 변경을 테스트하는 것이다. 그리고 배포 코드를 CD 파이프라인에서 사용하기 전에 문제점을 찾을 수 있다.

파이프라인에서 오류가 발생하면, 문제를 파고들어야 할 것이다. 출력을 읽어보고, 문제를 이해하기 위해 노력할 필요가 있다. 여기서는 오류 메시지를 읽어보고, 필요한 환경변수를 제공하지 않아서 실패했다는 것을 발견했다. 7.7.6절에서 작업한 리포지터리 변수를 설정하기 전에 파이프라인을 호출한 것이다. 발생하기 쉬운 실수이며, 아마도 7.7.4절에서 변경 사항을 푸시하는 데 너무 열중한 나머지 독자도 같은 실수를 했을지도 모른다.

▲ **그림 7.11** 실패한 CD 파이프라인을 보고, 오류 메시지 읽기

파이프라인을 디버깅할 때에는 도움이 될 만한 일반적인 명령어들을 사용할 수 있다. cd, ls, pwd와 같은 명령어도 CD 파이프라인 컨테이너 안의 파일시스템을 확인하기 위해 사용한다. 어떤 일이 발생한 것인지 이해하기 위한 다양한 방법들이 있다. 이 작지만 소중한 팁이 나중에 CD 파이프라인을 직접 디버깅할 때 도움이 되길 바란다.

7.7.9 우리가 해낸 것

방금 첫 번째 CD 파이프라인을 만들었고, 운영 인프라와 컨테이너를 배포하기 위해 사용했다. 진정한 발전이다.

CD를 위한 많은 서비스들이 있지만, 아틀라시안의 비트버킷 파이프라인을 사용했다. 비트버킷에서 리포지터리를 생성했고, example-4의 코드를 가져왔다. 그리고 셸 스크립트를 만들어서 배포 과정을 정리했다.

CD를 지원하는 많은 기업들이 있지만, CD 파이프라인을 만드는 것은 보통 하나의 셸 스크립트를 호출하는 것에서 크게 벗어나지 않는다. 셸 스크립트는 실제로 CD 파이프라인에서 실행해보기 전에 로컬에서 테스트할 수 있기 때문에 유용하다. 우리가 만든 배포 셸 스크립트는 간단하다. 이는 전체 배포 과정이 테라폼 코드로 이뤄지기 때문이다. 인프라를 만들고 컨테이너를 배포하기 위해서 테라폼을 호출했을 뿐이다.

7.8 배움을 이어 가기

7장에서 기초적인 마이크로서비스 앱을 6장에서 만든 쿠버네티스 클러스터에 배포했다. 8장부터는 완성된 앱이 되도록 플릭스튜브에 살을 붙여 나갈 것이다.

항상 그렇듯이, 여기서 다룬 것보다 훨씬 더 많은 배울 것들이 있다. 개발 과정이 진행될수록 의심할 여지없이 더 깊이 있는 내용이 필요할 것이다. 독자에게 도움이 될 만한 책들을 여기서 소개한다.

- *Core Kubernetes* by Jay Vyas and Chris Love(Manning, est. Summer 2021)
- 『쿠버네티스 인 액션』(에이콘, 2020)
- *Terraform in Action* by Scott Winkler(Manning, est. Spring 2021)
- *GitOps and Kubernetes* by Billy Yuen, Alexander Matyushentsev et al. (Manning, est. Spring 2021)
- *Kubernetes Quickly* by William Denniss(Manning, est. Summer 2021)
- *Learn Kubernetes in a Month of Lunches* by Elton Stoneman(Manning, est. February 2021)

아틀라시안 비트버킷을 알아보려면 다음의 비트버킷 웹사이트를 참조할 수 있다.

- https://bitbucket.org/

비트버킷 개요는 다음을 참조한다.

- https://bitbucket.org/product/guides/getting-started/overview

비트버킷 파이프라인을 사용한 CD에 대해 더 알아보려면 다음을 참조한다.

- https://bitbucket.org/product/features/pipelines

쿠버네티스 문서에서 쿠버네티스 개념에 대해 더 알아보려면 다음 링크를 참조한다.

- https://kubernetes.io/docs/concepts/

요약

- CD$^{Continuous\ delivery}$는 코드를 변경하듯이 운영 인프라와 소프트웨어를 지속적으로 업데이트하는 기술이다.
- 여러 컨테이너를 쿠버네티스 클러스터에 배포하고 설정하는 스크립트를 위해 테라폼을 사용했다.
- 마이크로서비스가 사용할 MongoDB 데이터베이스 서버와 래빗MQ 서버를 배포했다.
- 쿠버네티스 클러스터에 배포할 첫 번째 video-streaming 마이크로서비스의 도커 이미지를 빌드하고 게시하기 위해 테라폼을 사용했다.
- 배포 파이프라인을 정리한 쉘 스크립트를 만들었다.
- 코드를 프라이빗 비트버킷 코드 리포지터리에 옮기고, 우리의 앱을 위한 CD 파이프라인을 생성하는 비트버킷 파이프라인을 설정했다.
- 비트버킷 파이프라인 파일들은 간단했다. 단지 배포 쉘 스크립트를 호출할 뿐이다.
- 쉘 스크립트는 개발 워크스테이션에서 배포 파이프라인을 테스트하고 디버깅할 수 있게 해주기 때문에 중요하다. CD 파이프라인 안에서 테스트하고 디버깅하는 것은 어렵다.
- 배포 파이프라인의 입력으로 사용할 환경변수를 설정하기 위해 비트버킷 화면을 사용하는 방법을 배웠다.
- 애저 스토리지에 테라폼 상태 정보를 유지하는 방법을 배웠다.

8

마이크로서비스의 자동 테스트

8장에서 다루는 주제

- 마이크로서비스의 자동화된 테스트
- 제스트를 사용한 단위 테스트와 통합 테스트
- 싸이프러스를 사용한 E2E(end-to-end, 종단간) 테스트
- CD 파이프라인에 자동화된 테스트 추가

지금까지 마이크로서비스를 개발하는 과정에서 코드를 수동으로 테스트했다. 8장에서는 수준을 높여서 자동화된 테스트(이하 자동 테스트)를 마이크로서비스에 적용하는 방법을 배운다.

7장에서는 주로 코드를 실행하고 결과를 보는 테스트를 했다. 앞의 여러 장에서 웹 브라우저를 쓰고, 결과를 명령창에서 보거나 코드 결과를 확인하기 위해 파일의 변경 사항을 점검하기도 했다. 3장에서는 Robo3T와 같은 도구를 쓰거나 5장에서는 RabbitMQ 대시보드를 사용해보기도 했다.

수동으로 테스트하는 방법은 다양하다. 일단 수동 테스트 자체로도 완벽하게 정상이다. 자동 테스트가 익숙해질 때까지는 수동 테스트로 시작하는 것이 좋고, 그 결과물은 충분히 가치가 있다고 생각한다. 포스트맨^{Postman} 또는 비주얼 스튜디오 코드^{Visual Studio Code}

의 REST 클라이언트와 같은 수동 테스트 도구도 추천한다. 이런 도구들은 REST API를 수동으로 테스트하기 좋다.

그럼에도 수동 테스트는 지루하고 시간이 많이 걸리는 작업이다. 자동 테스트로 전환하길 원할 것이다. 물론 자동 테스트는 일반적으로 소프트웨어 분야에서 잘 쓰이고 있지만 마이크로서비스의 경우에는 앱이 점차 커짐이 따라 필수적이다. 또한 작은 규모의 팀에서 중요한 의미를 갖는데, 이는 수동 테스트가 매우 힘든 작업이므로 온통 테스트만 하게 될 수도 있기 때문이다. 만약 쓸 만한 테스트 도구가 가까이 있다면, 굳이 힘겨운 테스트를 하고 있을 이유가 없다.

8장은 테스트할 마이크로서비스가 펼쳐져 있는 장소에서 가이드와 함께 하는 여행이라고 생각해보자. 일단 테스트란 무엇인지 소개하고 단위 테스트^{unit testing}, 통합 테스트^{integration testing}, E2E 테스트의 고급 예제를 살펴본다.

자동 테스트는 고급 주제이지만, 마이크로서비스의 확장에 있어 필수적인 내용이기 때문에 이 책에 포함했다. 자동 테스트를 해본 적이 없다면 8장이 약간 어려운 내용일 수 있다. 가능하면 도전해 보길 바라지만, 8장을 건너뛰고 나중에 다시 살펴봐도 좋다. 단지 자동 테스트가 중요하다는 것과 당장은 필요 없더라도 결국에는 반드시 필요한 내용이라는 점은 알아두자.

8.1 새로운 도구

지금 시점의 개발자로서 우리는 무료이면서도 가져다 쓰기 쉽고, 직관적으로 배우기 쉬운 훌륭한 테스트 도구들이 많아 고마움을 잘 모르고 지내게 됐다. 8장에서는 널리 사용되고 있는 중요한 두 가지 도구를 가지고 자동 테스트를 다룬다. 마이크로서비스가 얼마나 견고한지 테스트하기 위해 제스트^{Jest}와 싸이프러스^{Cypress}를 쓸 것이다.

제스트는 자바스크립트 코드를 테스트하는 도구다. 싸이프러스는 E2E 테스트를 할 때쓸 것이다. 두 가지 다 자바스크립트를 사용한다. 자바스크립트가 아닌 다른 언어로 마이크로서비스를 개발한다면, 제스트 대신에 특정 언어에 가장 적합한 테스트 도구를 선택하는 것이 좋다.

싸이프러스는 백엔드^{back-end}에서 어떤 언어를 쓰든지 상관없이 웹페이지를 테스트하는 훌륭한 도구다. 마이크로서비스에 자바스크립트를 사용하지 않더라도 E2E 테스트에 대해서라면 싸이프러스가 여전히 좋은 선택이 될 수 있다.

7장에서 시작한 CD 파이프라인에 자동 테스트를 추가하는 것을 8장의 끝부분에서 살펴본다. 이와 같은 작업은 코드 리포지터리^{repository}에 변경 사항을 푸시하면 자동으로 테스트가 호출된다는 것을 의미한다. 운영 시스템에 배포하기 전에 테스트 공정의 체크포인트를 만든다는 점이 중요하다. 손상된 코드나 테스트 실패가 발생하면 자동으로 배포를 멈추고 문제를 자동으로 감지해서 알려주도록 한다.

▼ **표 8.1** 8장의 새로운 도구

도구	버전	목적
제스트	26.2.2	자바스크립트를 자동 테스트하는 도구다.
싸이프러스	4.12.1	웹 페이지를 자동 테스트하는 도구다.

8.2 코드 다운받기

8장을 따라가려면 다음의 코드를 다운로드하거나 리포지터리를 복제해야 한다.

- zip 파일은 다음에서 다운받을 수 있다.

  https://github.com/bootstrapping-microservices/chapter-8

- 다음과 같이 깃을 사용해 복제 가능하다.

  ```
  git clone https://github.com/bootstrapping-microservices/chapter-8.git
  ```

깃의 사용법에 도움이 필요하면 2장을 참고한다. 코드에 문제가 있다면 깃허브 리포지터리에 문제를 기록할 수 있다.

8.3 마이크로서비스 테스트

어느 코드로 개발하든지 마이크로서비스가 견고하고 문제가 발생하더라도 관리할 수 있게 만들어졌는지 확인할 수 있을 때까지 충분히 테스트할 필요가 있다. 테스트는 정상적인 동작은 물론 예기치 않은 조건이 주어져도 우리에게 마음의 평화를 준다.

효과적인 테스트는 운영 시스템에 최대한 가까운 조건을 가져야 한다. 이는 시스템 환경, 코드의 설정, 실제로 사용할 데이터 등을 포함한다. 도커와 도커 컴포즈는 테스트 환경이 운영 시스템에 가깝도록 구성해주는 도구다.

오늘날의 개발 환경에서는 문제가 발생한 코드를 가지고, '내 컴퓨터에선 잘 돌아'라는 변명이 잘 통하지 않는다. 대개는 도커가 정확하게 구성된 상황에서 내 컴퓨터에서 잘 동작한다면 운영 시스템에서도 잘 동작할 것이라고 확신할 수 있다. 코드가 안정적으로 동작하는 환경을 확보하는 것은 신뢰 가능한 테스트의 핵심적인 요소다.

수동 테스트는 좋은 시작점이며 경험을 쌓을 가치가 있다. 하지만 어느 지점에 도달하면 앱을 고도화하기 위해서 자동 테스트가 필요하다. 여러 마이크로서비스의 역할이 커지면서 운영 중인 앱에 대한 일련의 개발 과정에 필요한 기간을 빠르게 유지하려면 자동화에 많이 의지해야 한다. 7장에서 배포를 자동화하기 위한 CD 파이프라인을 만든 적이 있다. 이제 온라인 자동 테스트로 관심을 돌려보자.

8.4 자동 테스트

자동 테스트는 간단하게 코드 기반의 테스트를 말한다. 코드를 시험삼아 실행해보고 정확하게 동작하는지 검증하기 위해 코드를 작성한다. 이는 마치 순환되는 논리 구조로 보이지만, 1회 반복^{iteration}으로 해결할 것이다. 앱 코드 또는 테스트 도구 안에서 실행할 코드를 먼저 보고, 테스트용 코드를 보자.

가끔은 테스트 코드가 직접 코드를 호출하기도 하지만 HTTP 요청이나 RabbitMQ 메시지와 같이 간접적으로 호출할 수도 있다. 그러면 테스트 코드는 실행 결과나 동작을 확인해서 결과가 맞는지 검증한다.

8장에서 자동 테스트 기술에 대해 많이 다루지는 않을 것이다. 이러한 몇 가지 기술들을 적용해보는 과정을 반복하면서, 앱을 위한 이해하기 쉬운 테스트 세트(test suite, 테스트 자원의 모음이라는 의미에서 앞으로는 테스트 세트라고 기술한다)를 만들어보자.

마이크로서비스의 테스트는 여러 레벨에 대해 적용할 수 있다. 개별적인 함수나 전체 마이크로서비스를 대상으로 할 수도 있고, 마이크로서비스 그룹 단위로 테스트하거나 나중에 다시 다루겠지만 감당하기 어려울 정도로 커지기 전까지는 전체 앱을 테스트할 수도 있다. 테스트 레벨은 다음의 자동 테스트에 관한 세 가지 유형과 관련이 있다.

- **단위 테스트**: 구분된 기능의 개별 코드 함수를 테스트한다.
- **통합 테스트**: 마이크로서비스를 모두 테스트한다.
- **E2E 테스트**: 마이크로서비스 그룹과 프런트엔드를 포함한 앱의 모두를 테스트한다.

아마도 위와 같은 테스트 형태를 들어본 적이 있을 것이다. 물론 그렇지 않더라도 괜찮다. 여기서 하나씩 수행해볼 것이다.

그림 8.1은 테스트 피라미드를 시각적으로 보여준다. 자동 테스트 형태들 간의 관계와 앞으로 갖게 될 테스트 세트 별로 얼마나 자주 필요한지 알 수 있다. 통합 테스트와 E2E 테스트는 피라미드 상단에 위치한다. 이러한 유형의 테스트는 시간이 많이 걸려서 많이 시도해보기 어렵다(피라미드의 면적이 줄어드는 영역은 더 작은 회수로 실행한다). 즉, 통합 테스트는 단위 테스트보다 덜 수행하고 E2E 테스트는 통합 테스트보다 덜 수행하게 된다.

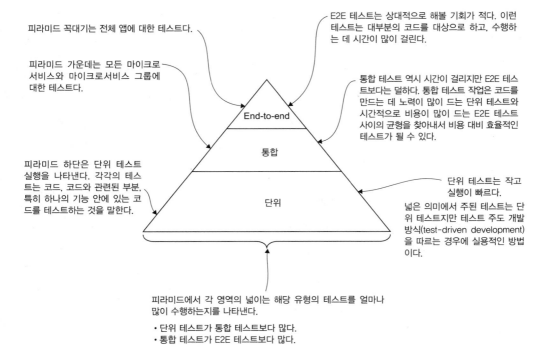

피라미드 꼭대기는 전체 앱에 대한 테스트다.

E2E 테스트는 상대적으로 해볼 기회가 적다. 이런 테스트는 대부분의 코드를 대상으로 하고, 수행하는 데 시간이 많이 걸린다.

피라미드 가운데는 모든 마이크로서비스와 마이크로서비스 그룹에 대한 테스트다.

통합 테스트 역시 시간이 걸리지만 E2E 테스트보다는 덜하다. 통합 테스트 작업은 코드를 만드는 데 노력이 많이 드는 단위 테스트와 시간적으로 비용이 많이 드는 E2E 테스트 사이의 균형을 찾아내서 비용 대비 효율적인 테스트가 될 수 있다.

피라미드 하단은 단위 테스트 실행을 나타낸다. 각각의 테스트는 코드, 코드와 관련된 부분, 특히 하나의 기능 안에 있는 코드를 테스트하는 것을 말한다.

단위 테스트는 작고 실행이 빠르다.

넓은 의미에서 주된 테스트는 단위 테스트지만 테스트 주도 개발 방식(test-driven development)을 따르는 경우에 실용적인 방법이다.

피라미드에서 각 영역의 넓이는 해당 유형의 테스트를 얼마나 많이 수행하는지를 나타낸다.

- 단위 테스트가 통합 테스트보다 많다.
- 통합 테스트가 E2E 테스트보다 많다.

▲ **그림 8.1** 테스트 유형별로 상대적인 실행 회수를 보여주는 피라미드

그림 8.2는 플릭스튜브^{FlixTube}의 단순화된 버전에 대한 테스트가 어떤 형태인지 보여준다. 사용자가 직접 사용해보는 방식과 유사하게 전체 앱을 수동으로 테스트하는 형태이기에 E2E 테스트부터 먼저 그림으로 표현했다.

E2E 테스트는 이해하기 가장 쉬운 테스트 유형이다. 중요한 부분이지만 8장이 거의 끝날 때까지 시도해볼 일이 없다. E2E 테스트는 앱 전체를 테스트하기 위해 실행하기 때문에 수동 테스트와 가장 비슷하게 보일 것이다. 그림 8.2는 도커 컴포즈로 실행 중인 앱에 대한 하나의 완성된 버전을 싸이프러스로 테스트하는 것을 보여준다.

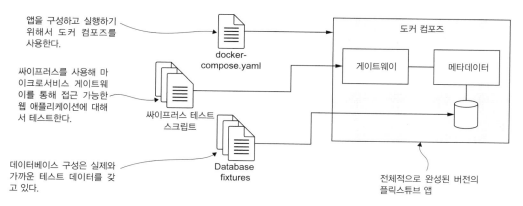

앱을 구성하고 실행하기 위해서 도커 컴포즈를 사용한다.

싸이프러스를 사용해 마이크로서비스 게이트웨이를 통해 접근 가능한 웹 애플리케이션에 대해서 테스트한다.

데이터베이스 구성은 실제와 가까운 테스트 데이터를 갖고 있다.

▲ **그림 8.2** 플릭스튜브를 단순화한 버전에 대한 E2E 테스트. 싸이프러스를 사용한다.

자동 테스트는 마치 조기 경보 시스템과 같이 CD와 서로 연결돼 있다. 알림이 발생하면 고맙게도 운영 시스템으로 전송하는 것을 중지하고 고객이 문제를 만나는 것을 막아 볼 기회를 준다. 자동 배포와 마찬가지로 자동 테스트도 테스트하기 쉽도록 설계되지 않은 기존 앱에 대해서는 수행하기가 매우 어렵기 때문에 프로젝트 초기부터 시작하는 것이 좋다.

하지만 개발 과정에서 너무 일찍부터 자동 테스트를 하지 않도록 하자. 이는 일종의 균형을 잡는 일이다. 새로운 프로젝트를 시작할 때에는 자동 테스트를 만들기 전에 각 단계에서 필요한 설계 기획부터 먼저 시작한다. 이는 실제로 실행하기 전에 미리 제품을 실험할 수 있게 만든다. 아직 제품이 어떤 모습일지 확실하지 않거나 사업 모델을 아직 검증하는 중이라면, 자동 테스트는 잠시 접어두고 당분간 수동 테스트가 필요할 수 있다.

테스트를 위한 인프라 구성은 만들고자 하는 제품을 위한 상당한 투자다. 8장의 목표로 플릭스튜브를 위한 자동 테스트를 실행 준비를 완료하는 것으로 생각해보자.

> |**노트**| 자동 테스트의 진정한 가치는 한없이 시간이 소요되는 반복적인 테스트 작업으로부터 독자를 구하는 것이다. 운영 시스템으로 배포되면 장애를 유발하는 오류 코드의 배포를 막는 것은 언급할 필요도 없을 것이다.

당연한 말이지만 자동 테스트는 만병통치약이 아니다. 사람이 직접 수동 테스트를 잘 살펴보면서 수행하는 것에 대한 대안이 아니다. 이는 개발 팀에서 상상도 못한 버그를 찾는 유일한 방법이기에 여전히 필요하다.

자동 테스트는 단순히 코드가 잘 동작하는 것을 증명하는 작업이 아니다. 코드가 어떤 의도로 어떻게 사용되는지 설명하는 일종의 실행 계획 문서와 같이 매우 중요한 소통의 도구다. 또한 앱을 재설계하거나 다시 개발할 경우에 안전한 프레임워크 역할을 한다. 그러므로 우리는 더 단순하고 멋진 아키텍처를 향해서 지속적으로 전진할 수 있다. 이제 테스트를 유형별로 실행해보면서 메타데이터 마이크로서비스와 플릭스튜브 앱에 적용할 테스트 예제를 살펴보자.

8.5 제스트를 사용한 테스트

테스트는 다룰 내용이 많은 주제이므로 마이크로서비스와 무관한 몇 가지 간단한 예제부터 시작해보자. 이번 절에서 살펴볼 코드는 프런트나 백엔드, 모바일이나 데스크탑 코드에 상관없이 자바스크립트 코드를 테스트할 때 활용할 수 있다.

이미 제스트를 써서 자동 테스트를 만들어본 적이 있다면, 너무 쉬운 내용이므로 바로 8.6절로 넘어가도 좋다. 다음절에서는 마이크로서비스와 관련된 자동 테스트를 시작한다.

이번 절에서는 마이크로서비스를 위한 자바스크립트인 math 라이브러리를 만든다고 가정해보자. 테스트는 자바스크립트의 테스트 도구이면서 프레임워크인 제스트로 할 것이다. 그림 8.3은 어떻게 해볼 생각인지 보여주고 있다.

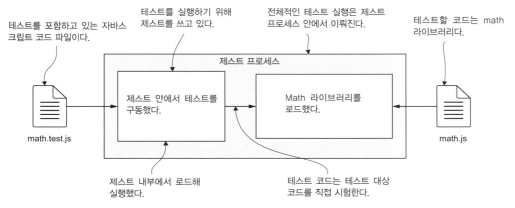

제스트 프로세스

테스트를 포함하고 있는 자바스 크립트 코드 파일이다.

테스트를 실행하기 위해 제스트를 쓰고 있다.

전체적인 테스트 실행은 제스트 프로세스 안에서 이뤄진다.

테스트할 코드는 math 라이브러리다.

제스트 안에서 테스트를 구동했다.

Math 라이브러리를 로드했다.

math.test.js

제스트 내부에서 로드해 실행했다.

테스트 코드는 테스트 대상 코드를 직접 시험한다.

math.js

▲ **그림 8.3** 제스트를 사용한 자동 테스트

그림의 왼쪽을 보면 math.test.js가 있다. 바로 math 라이브러리에 대해 실행할 테스트를 포함하고 있는 파일이다. 그림 오른쪽에 있는 math.js는 math 라이브러리 코드를 가진 파일이다. 제스트를 실행하면 테스트 코드를 순서대로 로드하고, 테스트할 코드를 실행한다. 테스트할 코드를 직접 호출하고 나서, 예상대로 동작했는지 결과를 검증한다.

8.5.1 제스트를 쓰는 이유

제스트는 자바스크립트 테스트와 프레임워크로 가장 인기 있는 도구다. 간단한 설정으로도 설치가 가능해 초보자에게 유용하다. 또한 빠른 병렬 테스트가 가능하며, 라이브 리로딩reloading을 지원한다. 코딩을 하는 동안 스스로 리로드를 하는 Watch 모드에서 실행 가능하다.

제스트는 페이스북에서 만들었으므로, 든든한 후원자가 있는 것이다. 그렇지만 페이스북 이외에도 기여한 사람이 정말 많다. 확장 가능한 API를 갖고 있으며, 다양한 유형의 테스트를 지원하고, 다양한 테스트 검증 방법을 갖고 있으며, 모형mock을 만들 수도 있다. 제스트는 모형 오브젝트를 훌륭하게 지원한다.

8장에서 다루지 않지만 여러 훌륭한 기능들이 많다(8장의 마지막에 제스트에 대한 참고 자료 링크가 있다). 제스트는 오픈소스이고 무료다. 코드는 다음 링크에서 찾을 수 있다.

https://github.com/facebook/jest

8.5.2 제스트 설치

8장 코드 리포지터리에서 예제 example-1을 살펴보자. 이번 예제는 매우 간단하므로 원한다면 직접 코드를 작성해봐도 좋다. 물론 원하지 않으면 깃허브에서 다운로드하면 된다.

직접 테스트를 실행하고 변경해보면서 어떤 일이 발생하는지 살펴볼 수 있다. Example-1 은 package.json 안에 이미 들어 있으므로 프로젝트 종속성[dependencies]을 간단히 설치할 것이다.

```
cd chapter-8/example-1
npm install
```

Node.js 프로젝트 안에서 다음과 같이 제스트를 설치할 수 있다.

```
npm install --save-dev jest
```

명령어에서 --save-dev 인수는 package.json에 제스트를 개발 환경의 종속성으로 저장하기 위해 사용한다. 제스트는 개발이나 테스트 환경에서만 사용하므로 개발 종속성으로 저장하고 운영 환경에 설치되지 않도록 한다.

package.json 파일을 살펴보면, 제스트 버전 26.2.2를 설치한 것을 볼 수 있다. 앞으로는 더 높은 버전이 설치될 것이다. 제스트가 이미 26 버전에 이를 정도로 안정화됐기 때문에 여기서 배우는 내용은 여전히 유효할 것이다.

다음 예제는 example-1의 제스트 설정을 보여준다. 실은 제스트가 생성하는 기본 설정이다. 주석 말고는 변경한 것이 없다.

예제 8.1 제스트 설정 파일(chapter-8/example-1/jest.config.js)

```
module.exports = {

  clearMocks: true,      테스트마다 생기는 모형(mock)을 자동으로 제거한다.
                         모형에 대해서는 곧 설명할 것이다.
  testEnvironment: "node",      ◀──── Node.js 테스트 환경이다.

};
```

새로 구성된 프로젝트를 시작할 때는 다음과 같이 자신만의 제스트 설정을 생성한다.

```
npx jest --init
```

제스트 설정을 초기화할 때 몇 가지 질문을 표시한다. 모든 질문에 기본값을 허용하면, 생성된 설정 파일은 예제 8.1과 같을 것이다. 여기서는 clearMocks 설정을 true(기본값은 false)로 변경해서 여러 테스트가 서로 방해하지 않도록 만들었다.

잠시 예전 내용을 상기해보면 npx는 Node.js에 딸려오는 명령어이고, npm 모듈을 마치 명령창 앱처럼 실행한다. 현재 많은 npm 모듈이 설치 가능하며 제스트를 포함해 이런 방식으로 동작한다. 5장에서 npx와 함께 사용했던 wait-port 명령어를 떠올릴 수도 있다.

설정 파일을 만들고 나면 주석으로 처리한 것과 같이 많은 옵션을 볼 수 있다. 설정 파일을 천천히 살펴보면 제스트로 어떤 것들을 할 수 있는지 파악하기 좋다. 이 예제에서는 불필요한 부분이 있기 때문에 최소한의 설정만 갖도록 주석을 제거했다.

그림 8.4는 제스트를 설치한 example-1의 Node.js 프로젝트 구조를 나타낸다. 2장에서 배운 Node.js마다 보이는 이미 익숙한 package.json, package-lock.json 파일을 볼 수 있다. 제스트의 경우 제스트 설정 파일과 코드, 테스트를 위한 파일들이 있다. math 라이브러리의 코드는 math.js에 위치하고, 이를 테스트하기 위한 코드는 math.test.js에 있다. 다른 npm 모듈과 마찬가지로 제스트는 node_modules 디렉터리 아래에 설치된다.

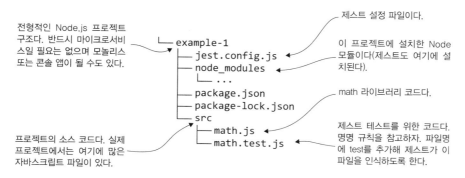

▲ **그림 8.4** 제스트를 설치한 전형적인 Node.js 프로젝트 구조

테스트 파일은 code 뒤에 바로 test 단어를 추가한 이름을 갖고 있다는 점을 주의하자. math.test.js를 만들 때 단순히 .test.js를 라이브러리 이름에 덧붙인 것이다. 이런 명명 규칙이 제스트가 테스트 코드를 찾는 방식이다. 제스트는 자동으로 .test 이름의 코드를 로드한다. 이는 제스트의 기본 동작이며 필요하다면 다른 이름을 쓰도록 변경할 수도 있다.

테스트 파일(math.test.js)은 같은 폴더의 코드 파일(math.js) 바로 나란히 있다. 이는 널리 사용되는 또 다른 규칙이다. 이와 같은 두 개의 파일을 프로젝트 구조에 포함된 어느 곳에 도 둘 수 있지만 큰 의미는 없다. 또 다른 규칙은 테스트와 앱의 코드를 모두 구분해야 하고 test 또는 tests 이름의 하위 디렉터리에 넣거나 src 하위 디렉터리에 위치하도록 한다.

아마도 제스트 설정 파일이 실제로는 자바스크립트 파일이라는 것을 알 수 있을 것이다. 이는 자바스크립트 코드를 설정으로도 사용한다는 뜻이다. 실제로 자바스크립트, Node.js와 같은 도구들은 실행 가능한 설정 파일을 갖는 경우가 많은데, 자바스크립트만으로도 설정 언어가 될 수 있는 것은 매우 유용하다고 생각한다.

8.5.3 math 라이브러리 테스트

이제 새로운 math 라이브러리에 처음 함수를 추가했다고 가정해보자. 다음 예제는 square 함수를 나타낸다. 숫자 하나를 받아서 제곱값을 반환하는 간단한 함수다.

예제 8.2 새로운 math 라이브러리의 시작점(chapter-8/example-1/src/math.js)

```
function square(n) {
    return n * n;          제곱을 계산하는 간단한 함수로
}                          우리가 테스트할 코드다.

...          여기서 직접 코드를 작성해서 math
             라이브러리에 함수를 추가할 수 있다.

module.exports = {         코드 모듈에서 사용할 수 있도록 square 함수를 내보낸다.
    square,                이와 같은 방법으로 테스트 코드가 접근 가능하다.

...          math 라이브러리에 추가하는 함수를
             여기서 내보낼 수 있다.
};
```

앞으로 math.js에 함수들을 더 추가할 수도 있다. 하지만 지금은 자동 테스트를 간단하게 해보기 위해서 이 정도로 유지한다.

8.5.4 첫 번째 제스트 테스트

square 함수는 간단한 결과를 반환하는 단순한 함수이며 복잡한 함수도 항상 이렇게 간단한 함수에 의지한다. 복잡한 함수가 잘 동작하는지 알아보려면 간단한 함수부터 테스트해야 한다. 아무리 간단하더라도 여전히 테스트하고 싶을 것이다.

물론 여기서는 자바스크립트를 사용한다. Node.js REPL을 사용해 수동으로 쉽게 테스트할 수도 있지만 자동 테스트도 이 역할을 하기에 충분히 쉽고, 이후에 다른 함수와 테스트들이 추가된다면 시간을 절약할 수 있다. 지금은 설명보다는 테스트가 목적이고 우선 자동 테스트를 만들어보자.

예제 8.3은 초기 버전의 math 라이브러리 코드를 나타낸다. describe 함수는 테스트 세트를 정의해서 square 함수를 호출한다. test 함수는 우리의 첫 번째 테스트인 can square two를 정의하고 있다.

예제 8.3 첫 번째 제스트 테스트(chapter-8/example-1/src/math.test.js)

```
const { square } = require("./math");   ◀── 테스트할 코드를 가져온다.

describe("square function", () => {

    test("can square two", () => {

        const result = square(2);
        expect(result).toBe(4);

    });

});
```

'can square two'라는 테스트를 생성한다.

'square function'이라는 테스트 세트를 생성한다.

기댓값 4를 설정한다. 아니면 테스트는 실패한다.

square 함수를 호출하고 결과를 받는다.

테스트할 함수 바로 뒤에 테스트 세트의 이름을 만들었다. 나중에는 이 파일에서 math 라이브러리의 다른 함수들을 위한 새로운 테스트 세트를 넣을 것이다(추가로 몇 개의 예제를 곧 만날 것이다).

예제 8.3에서 math.js로부터 square 함수를 가져왔다. 'can square two' 테스트에서는 2를 입력으로 주고 함수를 호출했다. 테스트의 이름은 실제로 테스트가 수행할 작업을 암시하도록 한다.

> |**노트**| 테스트에 좋은 이름을 붙이면 바로 테스트 동작을 이해하기 쉽다.

expect와 toBe 함수는 square 함수가 4를 반환하는지 검증하기 위한 것이다. 함수의 여러 조합에 따라서 expect 함수에 영향을 줄 수 있다(다음 링크에서 제스트 문서의 예제들을 더 보면 테스트하는 코드의 예상 결과를 다루는 더 다양한 구문이 있다. https://jestjs.io/docs/en/expect).

8.5.5 테스트의 첫 실행

이제 테스트를 위한 코드와 테스트 자체 내용을 살펴봤으니, 제스트를 실행하고 성공적인 테스트 실행 결과를 확인할 준비가 된 것이다(이미 잘 실행될 것이라 믿고 있다). 터미널의 example-1 디렉터리에서 다음 코드를 실행하자.

```
npx jest
```

그림 8.5와 같이 성공적인 테스트 결과를 볼 수 있을 것이다. 지금 테스트 하나와 테스트 세트 하나를 갖고 있으며 실행이 성공적으로 완료됐다.

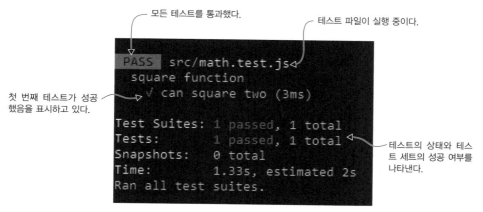

8.5.6 제스트를 사용한 라이브 리로드

라이브 리로딩live reloading은 개발 생산성에 대해 중요한 의미를 가지며, 특히 테스트 중일 때 더욱 그렇다. 테스트 코드를 만드는 동안 다음과 같이 라이브 리로드 모드에서 제스트를 실행할 수 있다.

```
npx jest --watchAll
```

이 명령은 모든 프로젝트에 대해 잘 동작하며, 코드의 변경이 발생하면 모든 테스트를 실행한다. 깃을 사용하고 있다면 다음과 같은 명령을 사용할 수 있다.

```
npx jest --watch
```

깃은 어느 파일이 변경됐는지 알기 때문에 두 번째 명령의 성능이 더 좋다(아는 것이 없어서 테스트를 모두 실행하는 것보다 낫다). 실제로 좋은 방법이다. 코드를 변경하면 테스트를 자동으로 실행하고 오류가 발생하면 보여준다.

8.5.7 테스트 실패 해석하기

테스트를 통과하면 모든 것이 순조롭겠지만 코드에 문제가 있거나 테스트가 실패하면 어떻게 될 것인지 궁금할 수 있으니 우연히 오류를 만날 때까지 기다리지 말고 여기서 알아보자.

지금 바로 시작해본다. 코드 동작은 간단하게 바꿀 수 있다. 예를 들어 잘못된 값을 반환하도록 square 함수를 변경한다.

```
function square(n) {
    return n & n;
}
```

코드를 보면 알 수 있듯이 곱하기 연산자를 이진 AND 연산자로 바꿨다. 이것에 대해 테스트가 무엇을 알려 주는지 살펴보자.

그림 8.6은 실패한 테스트의 결과를 나타내고 있다. 테스트가 실패하면 제스트는 0(영)이 아닌 종료 코드$^{\text{exit code}}$를 가진 채로 끝난다. 이는 오류가 발생했음을 나타낸다. 나중에 이 기능을 사용해 테스트가 실패할 경우 CD 파이프라인에서 배포를 방지하는 것에 관해 다룰 것이다.

정상적인 코드를 일부러 다른 결과가 나도록 변경했기 때문에 테스트가 실패했지만, 이를 통해 일상적인 개발 프로세스에서의 단순한 실수가 운영 시스템의 코드에 문제를 어떻게 만들 수 있는지 상상해볼 수 있다. 즉 자동 테스트 과정이 제자리에 없다면 이러한 문제는 수동 테스트가 미처 잡아내지 못할 수 있고, 나중에 결국 고객이 발견하게 된다. 그냥 곤란한 상황 정도면 괜찮을 수도 있지만 오류가 야기한 문제 상황에 따라 업무에 심각한 지장을 줄 수도 있다.

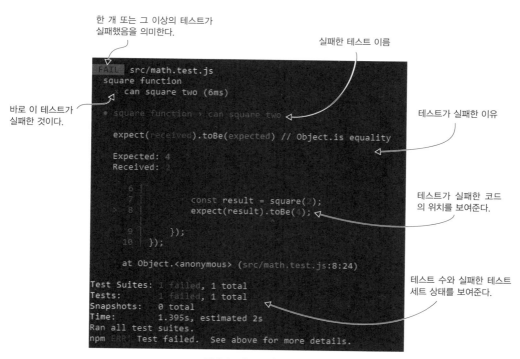

한 개 또는 그 이상의 테스트가
실패했음을 의미한다.

실패한 테스트 이름

바로 이 테스트가
실패한 것이다.

테스트가 실패한 이유

테스트가 실패한 코드
의 위치를 보여준다.

테스트 수와 실패한 테스트
세트 상태를 보여준다.

▲ **그림 8.6** 제스트의 테스트 실패 출력 화면

이번에는 square 함수를 단지 테스트하는 정도의 별로 도움이 안 되는 목적만이 아니라 증가하는 코드의 양에 맞게 적용 가능한 테스트를 만드는 것이다.

규모가 큰 테스트는 코드가 예상대로 잘 동작하는지 의심이 여지가 없도록 증명이 가능한 하나의 자동화된 검증 시스템을 갖는 것이다. 더욱 중요한 것은 코드가 진화함에 따라서 코드가 앞으로도 계속 잘 동작할지 증명하는 것이다. 또한 코드의 어느 지점에서나 오류 코드를 시뮬레이션할 수 있다는 것도 알아두자. 예외를 발생시키는 방법은 다음과 같다.

```
throw new Error("This shouldn't happen.");
```

오류를 두려움 없이 대할 수 있는 가장 좋은 방법은 과감하게 자신의 코드에서 오류를 발생시켜보는 것이다. 일단 모든 오류들을 겪고 나면 두려움이 없이 문제를 이해하고 해결하는 작업에 집중할 수 있다. 앱이 정상적으로 오류를 잘 처리하는지 코드에서 문제를 시뮬레이션하거나 문제를 발생시켜 보는 것을 카오스 공학(chaos engineering, 10장 끝부분에 더 자세한 참고 자료가 있다)이라고 한다.

8.5.8 npm을 사용한 제스트 호출

2장에서 package.json 파일에 npm 스크립트를 추가해서 'npm start'처럼 익숙하게 npm 명령을 사용하는 방법을 배웠고, 시작 스크립트도 만들었다. 여기서도 같은 방식으로 테스트 스크립트를 만든다. 일단 package.json을 구성하고, 다음과 같이 테스트 세트를 실행한다.

```
npm test
```

이 방법은 Node.js 프로젝트에 대한 테스트를 쉽게 해준다. 심지어 테스트 도구로 제스트나 어떤 것을 쓰는지 알 필요도 없다. 실제로 8장의 후반부에서 싸이프러스를 사용할 때도 같은 명령어를 쓸 것이다. 다음 예제는 제스트 테스트를 위한 테스트 스크립트 package.json 파일이다.

예제 8.4 제스트를 실행하는 npm 스크립트의 Package.json 파일(chapter-8/example-1/package.json)

```
{
  "name": "example-1",
  "version": "1.0.0",
  "scripts": {
    "test": "jest",                       ← 'npm test'를 호출해서 제스트를
    "test:watch": "jest --watchAll"          실행하도록 구성
  },                                      ← 라이브 리로드 모드에서
                                             제스트 실행
  "devDependencies": {
    "jest": "^25.4.0"                     ← 개발 종속성으로 제스트 설치
  },
  "dependencies": {
                                          ← 운영 종속성은 아직
  }                                          지정된 것이 없음
}
```

예제 8.4에서 test:watch라는 npm 스크립트를 기억해두자. 이는 다음과 같이 테스트를 라이브 리로드 모드로 실행하도록 구성한 것이다.

```
npm run test:watch
```

여기서 test:watch는 개인적으로 이름을 붙여쓰는 것이며, npm 표준이 아니다. 단지 테스트 도구와 상관없이 라이브 리로드를 활성화한 상태에서 테스트하는 것을 기억하기 쉽도록 사용하는 것이다.

8.5.9 테스트 세트의 활용

지금까지는 단일 테스트를 다뤘고, 이 테스트 세트를 확장해보면 어떻게 될지 보여주려고 한다. 예제 8.5는 두 번째 테스트를 추가한 경우 math.test.js가 어떻게 변하는지 보여준다(Example-1은 실제로 새 테스트를 포함하지 않지만, 편하게 직접 추가해서 실험해봐도 좋다).

예제 8.5 새로운 테스트 추가(additions to chapter-8/example-1/src/math.test.js)

```
const { square } = require("./math");

describe("square function", () => {

    test("can square two", () => {          ◄── 간단하게 보이도록 기존
        ...                                        테스트는 생략했다.

    });

    test("can square zero", () => {          ◄──

        const result = square(0);                  'can square zero'
        expect(result).toBe(0);                    테스트를 생성한다.
    });                                      ◄──

    ...          ◄── 여기에 square 함수에
});                  대한 테스트를 추가한다.

...     ◄──── 여기에 math 라이브러리에 대한 테스트 세트를 추가한다.
```

예제 8.5가 보여주는 것은 describe 함수 안에 중첩된 test 함수의 인스턴스를 추가해서 square 함수에 대한 테스트를 더 추가할 수 있다는 것이다.

여기서는 'can square zero'가 새로운 테스트인 경우다. 양수의 제곱에 대한 테스트는 더 필요 없다. 'can square two'가 이미 이 역할을 충분히 하고 있으므로, 'can square positive number'로 이름을 변경할 수 있다. 그리고 square 함수에 대한 완벽한 테스트 세트를 위해서 아마도 'can square negative number' 테스트를 추가해도 좋을 것이다. 이는 독자의 몫으로 남겨둔다.

math 라이브러리를 만들어가면서 더 많은 math 함수와 테스트 세트를 추가할 것이다. 예를 들면 제곱근이나 평균을 구하는 함수를 추가하고 나서 이를 위한 테스트 세트를 추가하는 것이다. 테스트 파일이 math.test.js인 것을 상기해보면, describe 함수를 사용해 새로운 테스트 세트를 추가하는 것도 충분히 적용 가능하다.

각각의 테스트 세트에 대해서 square.test.js, square-root.test.js, average.test.js와 같이 별도의 자바스크립트 코드 파일을 만드는 것도 가능하다. 제스트가 자동으로 파일을 찾기 위해 .test.js 형태의 이름을 가져야 한다는 점을 주의한다. 새로운 라이브러리를 추가한다면, 필요한 만큼 모두 테스트할 수 있도록 새로운 테스트 파일을 추가할 것이다.

테스트들은 원하는 구조로 만들 수 있다. 필요에 따라서 여러 파일 구조를 원하는 형태로 이름을 지을 수 있다는 의미다. 회사에서 일하는 경우에는 기존의 형태와 명명 규칙을 따라야 할 것이다. 어떤 규칙을 따르든지, (모든 개발자를 대표해서) 항상 의미 있는 테스트 이름을 사용하자고 부탁하고 싶다. 좋은 이름은 테스트의 목적을 이해하기 쉽게 한다. 미리 고마움을 전한다.

8.5.10 제스트를 사용한 모형 만들기

자바스크립트는 모형을 만들어보기에 좋은 언어다. 자바스크립트의 동적인 특성은 자동화된 테스트에도 쉽게 적용할 수 있다. 하지만 모형을 만든다는 의미가 무엇일까?

> **|정의|** 모형의 제작은 코드가 갖고 있는 실제 종속성을 가상 또는 시뮬레이션할 수 있는 코드로 대체하는 것을 말한다.

대체할 수 있는 종속성은 함수, 객체 또는 모듈 전체 코드가 될 수 있다. 자바스크립트는 모형 역할을 하는 새로운 객체와 데이터 구조를 위한 함수나 코드를 만들기 쉽다.

모형은 왜 필요할까? 테스트하고자 하는 코드를 격리하기 위해서다. 격리는 다른 모든 부분을 제외하고 테스트해야 하는 특정 코드 섹션에 집중할 수 있도록 한다. 따라서 단위 테스트와 테스트 주도 개발^{test-driven development}에서 매우 중요한 개념이다.

이러한 모형 작업은 테스트할 코드를 격리하는 역할만이 아니라 테스트를 느리게 만드는 코드나 과정을 배제시킬 수도 있다. 예를 들어 데이터베이스 쿼리, 네트워크 트랜잭션과 파일 시스템 작업 등을 제거한다. 이러한 작업은 테스트를 하는 코드에서 상대적으로 긴 시간이 소요된다.

8.6절에서 단위 테스트와 실제 모형 예제를 배울 예정이지만, 간단한 예제를 통해서 먼저 모형을 이해해보자. 제곱 함수에서 곱하기 연산자 대신에 `multiply` 함수를 다음과 같이 사용한다.

```
function square(n) {
    return multiply(n, n);
}
```

아마도 멀쩡한 연산자를 버리고 왜 별도의 곱하기 함수를 사용하는지 의문이 생길 것이다. 좋은 지적이다. 여기서 `multiply` 함수를 도입한 것은 모형을 설명하기 위한 간단한 예제가 필요했기 때문이다. 필요하다면 더 그럴싸한 이유를 찾아 줄 수도 있다.

여기서 math 라이브러리가 추상적 데이터 타입을 가지고 동작한다고 가정해보자. 평범한 숫자로 동작하는 대신에 수의 배열과 같은 벡터를 다루는 것이 가능해야 하거나 `multiply` 함수가 GPU^{Graphics Processing Unit}상에서 병렬 연산을 수행하는 상당히 복잡한 함수일 수도 있다.

이제 square 함수에서 코드를 격리하기 위해 multiply 함수의 모형을 만들 필요가 있다. 이는 우리가 통제할 수 있는 함수로 대체한다는 의미다. 여기서는 의존성 주입(DI, Dependency Injection에 대해서 의존성과 종속성 용어를 혼용해서 사용한다)이라는 방법을 사용한다. 의존성 주입은 직접 대상을 코딩하는 것보다는 코드에 종속성을 주입하는 일종의 기술이다. 종속성을 직접 통제해서 단위 테스트 시에 코드를 격리하기 좋다. 여기서는 multiply 함수를 다음과 같이 square 함수에 넣는다.

```javascript
function square(n, multiply) {
    return multiply(n, n);
}
```

위 코드는 자바스크립트에 포함된 함수들이기 때문에 동작할 것이고, 어떤 값이나 객체처럼 전달이 가능하다. 이제 여기서 다룰 테스트에서 활용해보자. square 함수를 호출할 때 모형 버전인 multiply를 전달할 것이다.

```javascript
test("can square two", () => {
    const mockMultiply = (n1, n2) => {
        expect(n1).toBe(2);
        expect(n2).toBe(2);
        return 4;
    };

    const result = square(2, mockMultiply);

    expect(result).toBe(4);
});
```

모형 버전의 multiply를 생성한다.

square 함수는 multiply 함수에게 올바른 입력을 전달할 것으로 기대하고 있다.

모형인 함수가 4를 반환하도록 값을 코딩했다.

multiply 대신에 모형 버전 함수를 square에 전달

직접 코딩한 4를 반환받을 것으로 기대한다.

지금쯤 이게 무슨 코드인지 궁금할 것이다. 모형 함수는 직접 기재한 4를 반환하는데 실제로 무엇을 테스트하는 것일까? 위 코드를 이렇게 읽어볼 수 있겠다. "두 개의 2를 입력으로 가진 multiply 함수를 호출하는 square 함수를 테스트하는데, multiply로부터 받은 결과는 square 함수가 반환한 값이다."

여기서 주목할 점은 방금 square 함수를 실행했고 테스트했으며 동작한다는 것을 증명했

다는 사실과 실제 `multiply` 함수는 존재하지도 않는다는 점이다. 바로 이것이 테스트 주도 개발[TDD]의 훌륭한 장점이다. TDD는 완성되지 않은 버전의 코드도 믿음직한 테스트가 가능하게 만든다. 이와 같은 기술에 감동을 못 느낀다면, 그런 느낌을 줄 만한 게 있을지 모르겠다.

실제로 이 코드가 동작하려면 여전히 `multiply` 함수를 구현해야 한다. 물론 가능한 일이고, 단계적으로 적용 가능한 자동 테스트도 있다.

암튼 이 예제는 현실과 거리가 먼 예제이지만 모형의 개념을 소개하기 위해 필요했다. 여기서 보여준 것과 같은 간단한 수준의 종속성 예제는 보기 드물다. 이제 곧 모형으로 전체 코드 모듈을 대체하는 더 실질적인 예제를 만날 수 있을 것이다.

8.5.11 지금까지 해낸 일

제스트를 사용한 테스트와 테스트할 코드를 격리하기 위한 모형을 어떻게 만드는지 간단한 예제로 살펴봤다. 이제 제스트로 테스트하기 위한 일반적인 레시피를 요약해보자.

제스트 테스트 만들기

1. 테스트할 코드를 파일로 만든다(예: math.js).
2. 제스트 명명 규칙에 맞도록 테스트 파일을 만든다(예: math.test.js).
3. 테스트 파일로 함수와 코드 모듈을 가져온다.
4. 전체 테스트 세트를 아우르는 `describe` 함수를 만들고 구체적인 이름을 부여한다.
5. `npx jest` 또는 `npm test`(package.json이 설정된 경우)를 사용해 테스트를 실행한다.

테스트 세트 템플릿

```
...     ◀──── 함수와 코드 모듈을 가져온다.

...     ◀──── 여러 테스트에 공유될 수 있는 전역적 모형은 여기에 위치한다.

                                              테스트 세트를 정의하는
describe("the name the test suite", () => {  ◀──── describe 함수가 호출한다.

    ...  ◀──── 테스트 세트 안에서 공유되는 모형은 여기에 위치한다.
```

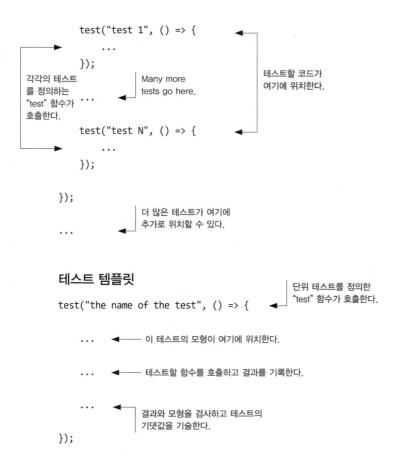

테스트 템플릿

```
test("the name of the test", () => {        ◄─┐  단위 테스트를 정의한
                                               └  "test" 함수가 호출한다.

    ...    ◄─── 이 테스트의 모형이 여기에 위치한다.

    ...    ◄─── 테스트할 함수를 호출하고 결과를 기록한다.

    ...    ◄─┐  결과와 모형을 검사하고 테스트의
             └  기댓값을 기술한다.
});
```

8.6 단위 테스트

마이크로서비스의 단위 테스트는 기본적으로 다른 아키텍처의 단위 테스트와 동일하다. 여기서는 나머지 코드와 격리된 단일 코드 단위로 테스트하는 것을 말한다. 그럼 단위는 무엇일까? 주로 하나의 함수나 단일 기능을 테스트하는 것을 의미한다.

단위 테스트에서 중요한 것은 격리^{isolation}이다. 즉 구분된 기능의 코드를 테스트해야 작은 코드 영역에 대한 테스트에 집중할 수 있다. 예를 들어 Express 라이브러리나 MongoDB 라이브러리와 관련된 코드와 상관없이 오직 메타데이터 마이크로서비스에 대한 코드를 테스트할 수도 있다. 이러한 종속성은 이미 테스트가 완료된 것으로 간주하고, 직접 작성한 코드만 테스트하고자 한다. 자신이 만든 코드에 집중하려면 나머지를 배제해야만 한다.

코드의 격리는 종속성의 모형화를 통해 가능하다. 메타데이터 마이크로서비스의 경우 실제 Express와 MongoDB 라이브러리에 대해서 제어 가능한 가상 인스턴스로 대체한다는 의미다.

격리는 또한 단위 테스트를 빠르게 만든다. 통합과 E2E 테스트는 코드를 격리하지 않는다. 이러한 유형의 테스트는 격리된 코드 영역보다는 코드 모듈들의 통합을 시험한다.

단위 테스트에서는 실제 HTTP 서버나 데이터베이스에 연결하지 않는다. 이러한 과정이 단위 테스트의 속도를 빠르게 하며, 이는 테스트 피라미드(그림 8.1)에서 하단을 담당하는 이유다. 단위 테스트는 백 번, 천 번 충분히 실행해볼 수 있어야 하고, 단위 테스트 세트가 끝나기를 오랜 시간 기다릴 일은 없어야 한다.

단위 테스트는 제스트로 실행할 것이다. 무엇을 할 것인지는 그림 8.7이 보여주고 있다. 제스트가 그림 왼쪽의 index.test.js에 테스트 코드를 불러온다. 테스트 대상인 그림 오른쪽에 index.js의 메타데이터 마이크로서비스 코드를 위의 테스트 코드가 불러온다.

실제 Express와 MongoDB를 쓰는 대신에 모형화한다. 테스트 코드로 마이크로서비스를 '시작'한다. 시작을 강조한 이유는 평상시처럼 시작하지 않기 때문이다. 정상적인 실행과 다르게 실제 HTTP 서버를 쓰지 않도록 Express를 모형화하고 마찬가지로 실제 데이터베이스에 연결하지 않도록 MongoDB 또한 모형화한다.

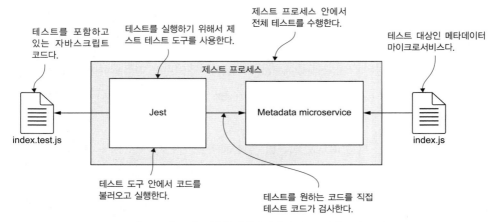

테스트를 포함하고 있는 자바스크립트 코드다.

테스트를 실행하기 위해서 제 스트 테스트 도구를 사용한다.

제스트 프로세스 안에서 전체 테스트를 수행한다.

테스트 대상인 메타데이터 마이크로서비스다.

제스트 프로세스

Jest

Metadata microservice

index.test.js

index.js

테스트 도구 안에서 코드를 불러오고 실행한다.

테스트를 원하는 코드를 직접 테스트 코드가 검사한다.

▲ **그림 8.7** 제스트를 사용한 메타데이터 마이크로서비스 단위 테스트

8.6.1 메타데이터 마이크로서비스

지금부터 8장의 example-2코드 리포지터리를 다뤄보자. 이를 위해서는 다음과 같이 종속성을 설치해야 한다.

```
cd chapter-8/example2
npm install
```

예제 8.6은 테스트할 코드를 나타낸다. 플릭스튜브의 메타데이터 마이크로서비스로 만들기 위한 기초적인 마이크로서비스다. 이는 각각의 비디오와 관련된 메타데이터를 수집, 저장, 검색하고 관리하기 위한 REST API다. 예제에 있는 기본 구성은 2장에서 다룬 첫 번째 마이크로서비스와 크게 다르지 않다.

예제 8.6 단위 테스트를 위한 메타데이터 마이크로서비스(chapter-8/example-2/src/index.js)

```javascript
const express = require("express");
const mongodb = require("mongodb");

function connectDb(dbhost, dbname) {
    return mongodb.MongoClient.connect(dbhost, { useUnifiedTopology: true })
        .then(client => {
            const db = client.db(dbname);
```

```
                return {
                    db: db,
                    close: () => {
                        return client.close();
                    },
                };
            });
        }


        function setupHandlers(microservice) {

            const videosCollection = microservice.db.collection("videos");

            microservice.app.get("/videos", (req, res) => {
                return videosCollection.find()
                    .toArray()
                    .then(videos => {
                        res.json({
                            videos: videos
                        });
                    })
                    .catch(err => {
                        console.error("Failed to get videos collection from database!");
                        console.error(err && err.stack || err);
                        res.sendStatus(500);
                    });
            });

            ...
        }


        function startHttpServer(dbConn) {

            return new Promise(resolve => {
                const app = express();
                const microservice = {
                    app: app,
                    db: dbConn.db,
                }
                setupHandlers(microservice);
```

경로가 /videos인
요청을 처리

테스트에서는
결과를 반환할
것을 기다린다.

데이터베이스에서 레코드를
가져온다.

여기에 나중에 다른 핸들러를
추가할 수 있다.

Express HTTP 서버를
시작한다.

서버를 시작하면 알림을
받을 것이다.

마이크로서
비스를 대표
하는 객체를
생성한다.

```
            const port = process.env
       ↪ .PORT && parseInt(process.env.PORT) || 3000;
            const server = app.listen(port, () => {
                microservice.close = () => {
                    return new Promise(resolve => {
                        server.close(() => {
                            resolve();
                        });
                    })
                    .then(() => {
                        return dbConn.close();
                    });
                };
                resolve(microservice);
            });
        });
    }

    function startMicroservice(dbhost, dbname) {
        return connectDb(dbhost, dbname)
            .then(dbConn => {
                return startHttpServer(dbConn);
            });
    }

    function main() {
        // 환경변수를 점검하는 부분이 생략됐다.
        const DBNAME = process.env.DBNAME;

        return startMicroservice(DBHOST, DBNAME);
    }

    if (require.main === module) {
        main()
        .then(() => console.log("Microservice online."))
        .catch(err => {
            console.error("Microservice failed to start.");
            console.error(err && err.stack || err);
        });
    }
```

마이크로서비스 종료에 사용할 함수를 생성한다.

Express 서버를 종료한다.

데이터베이스 연결을 해제한다.

마이크로서비스 시작 시 실행할 코드의 헬퍼함수

마이크로서비스의 시작점이다.

스크립트가 main 모듈인 경우 마이크로서비스를 정상 시작

마이크로서비스를 시작한다.

```
else {          ◀──── 그 이외의 경우에는 테스트 모드에서 마이크로서비스를 시작한다.
    module.exports = {  ◀─┐
        startMicroservice,  │  테스트에서 호출할 수
    };                      │  있도록 마이크로서비스
}                           │  시작함수를 노출했다.
```

예제 8.6을 보면 Express 라이브러리를 써서 HTTP 서버를 시작하고, MongoDB 라이브러리를 사용해 데이터베이스에 연결한다. 그리고 HTTP GET /videos 경로에 대한 핸들러 하나만 추가했다.

여기서 테스트하는 코드는 startMicroservice 함수를 호출해 실행해볼 것이다. 이는 테스트하기 더욱 편리하도록 마이크로서비스에 새로 추가한 함수다. startMicroservice 함수를 호출하면 마이크로서비스를 가리키는 객체를 반환한다. 아직은 반환된 객체를 저장하지 않고 있다. 단위 테스트에서는 필요 없지만, 나중에 통합 테스트를 할 때에는 저장할 필요가 있다.

우리가 마이크로서비스 구조에 변화를 준 것은 테스트하기 좋은 디자인을 위한 노력이며, 앞으로 이런 방식으로 테스트하기 적합하도록 코드를 만들고 있는 우리 자신을 발견할 수 있을 것이다. 또한 startMicroservice 호출만으로 국한되지 않고, 가능한 어느 모듈이라도 노출된 함수를 호출할 수도 있다는 것을 알아두자. 단위 테스트란 각각의 모든 함수를 개별적으로 테스트하는 것임을 유념한다. 이제 마이크로서비스가 시작되는지 확인하고 /video 경로를 통해 기대하는 데이터를 얻는지 알 수 있는 테스트를 만들어보자.

8.6.2 제스트로 단위 테스트 만들기

코드의 단위 테스트를 하기 전에 종속성에 대한 모형을 만들 필요가 있다. 이번 예제에서는 Express와 MongoDB가 종속성이다. 예를 들어 RabbitMQ와 연결해야 하는 또 다른 환경이라면 amqp 라이브러리와 같이 다른 종속성을 가질 것이다.

예제 8.7은 테스트를 위한 코드를 보여준다. 이 파일은 metadata microservice라고 설정한 하나의 테스트 세트를 정의한다. 핵심 소스 파일인 index.js에 들어 있는 코드를 테스트한다는 것을 나타내기 위해 파일은 index.test.js라는 이름을 사용한다. 마이크로서비

스를 개발하면서 마이크로서비스에 포함된 여러 코드를 다루는 더 많은 테스트 파일들을 갖게 된다.

테스트 세트의 첫 부분은 Express와 MongoDB 라이브러리에 대한 모형을 구성하고 있다. 여기서 jest.fn은 함수가 호출됐는지 감지하고, 호출됐다면 어떤 인수가 전달됐는지 확인하기 위한 모형 함수를 생성하기 위해 사용한다. 다음으로 jest.doMock는 전체 Node.js 모듈을 모형화한다. 이 강력한 도구는 Exprerss와 MongoDB를 테스트할 코드의 수정 없이 대체할 수 있게 해준다.

예제 8.7의 첫 번째 테스트는 HTTP 서버가 3000번 포트를 사용해 시작된 것인지 확인한다. 두 번째 테스트는 /videos 경로를 등록하기 위한 핸들러를 점검한다. 세 번째 테스트는 /videos 경로 핸들러 함수를 직접 호출하고 데이터베이스로부터 필요한 데이터를 가져오는지 확인한다.

이 예제는 고급 주제를 다루지만, 직관적으로 마이크로서비스와 관련된 단위 테스트를 보여주고자 한다. 이 코드를 이해하는 것이 어렵다고 너무 걱정할 필요는 없다. 그냥 한 번 읽어보고 핵심을 파악해 어느 부분이 모형을 다루는지 어떤 부분에서 테스트를 하는 것인지 정도만 이해하도록 노력해보자.

예제 8.7 제스트를 사용한 메타데이터 마이크로서비스 테스트(chapter-8/example-2/src/index.test.js)

```
                    metadata microservice
                    테스트 세트 정의
                describe("metadata microservice", () => {

                    const mockListenFn = jest.fn(
                        (port, callback) => callback());      listen함수 모형 생성
                    const mockGetFn = jest.fn();              get 함수 모형 생성

                    jest.doMock("express", () => {           Express 라이브러리에 대한
        Express          return () => {                      Express 앱 객체 생성
        라이브러리            return {                          Express 앱 객체의
        모형 생성                 listen: mockListenFn,            모형을 반환
                                get: mockGetFn,
                            };
                    };
```

```javascript
    });

    const mockVideosCollection = {        // MongoDB 비디오
    };                                     // 컬렉션에 대한 모형

    const mockDb = {                       // MongoDB 데이터
        collection: () => {                // 베이스에 대한 모형
            return mockVideosCollection;
        }
    };

    const mockMongoClient = {              // MongoDB 클라이언트
        db: () => {                        // 모듈에 대한 모형 생성
            return mockDb;
        }
    };
                                           // MongoDB 모듈에
    jest.doMock("mongodb", () => {         // 대한 모형 생성
        return {
            MongoClient: {                 // 연결함수에 대한
                connect: async () => {     // 모형
                    return mockMongoClient;
                }
            }
        };
    });

    const { startMicroservice } =          // 테스트할 코드를
    require("./index");                    // 가져온다.


    test("microservice starts web server  // 마이크로서비스가 HTTP 서버를 정상적으로
    on startup", async () => {             // 시작했는지 테스트한다.

        await startMicroservice();         // 테스트 모드에서 코드를 호출한다.

        expect(mockListenFn.mock           // listen 함수에서 1을 기대한다.
            .calls.length).toEqual(1);
        expect(mockListenFn.mock           // listen에 3000번
            .calls[0][0]).toEqual(3000);   // 포트 전달 확인
```

- `const mockVideosCollection = {` ← MongoDB 비디오 컬렉션에 대한 모형
- `const mockDb = {` ← MongoDB 데이터베이스에 대한 모형
- `const mockMongoClient = {` ← MongoDB 클라이언트 모듈에 대한 모형 생성
- `jest.doMock("mongodb", () => {` ← MongoDB 모듈에 대한 모형 생성
- MongoClient 모형 → `MongoClient: {`
- `connect: async () => {` ← 연결함수에 대한 모형
- `const { startMicroservice } = require("./index");` ← 테스트할 코드를 가져온다.
- `test("microservice starts web server on startup", async () => {` ← 마이크로서비스가 HTTP 서버를 정상적으로 시작했는지 테스트한다.
- `await startMicroservice();` ← 테스트 모드에서 코드를 호출한다.
- 1을 기대한다. → `expect(mockListenFn.mock.calls.length).toEqual(1);`
- `expect(mockListenFn.mock.calls[0][0]).toEqual(3000);` ← listen에 3000번 포트 전달 확인

```
});

test("/videos route is handled", async () => {

    await startMicroservice();

    expect(mockGetFn).toHaveBeenCalled();

    const videosRoute = mockGetFn.mock.calls[0][0];
    expect(videosRoute).toEqual("/videos");
});

test("/videos route retreives data via
➥ videos collection", async () => {

    await startMicroservice();

    const mockRequest = {};
    const mockJsonFn = jest.fn();
    const mockResponse = {
        json: mockJsonFn
    };

    const mockRecord1 = {};
    const mockRecord2 = {};

    mockVideosCollection.find = () => {
        return {
            toArray: async () => {
                return [ mockRecord1, mockRecord2 ];
            }
        };
    };

    const videosRouteHandler =
    ➥ mockGetFn.mock.calls[0][1];
    await videosRouteHandler(mockRequest,
    ➥ mockResponse);
    expect(mockJsonFn.mock
    ➥ .calls.length).toEqual(1);
```

Annotations:
- HTTP서버가 /videos 경로를 처리하는지 테스트
- Express의 get 함수가 호출됐는지 테스트
- get의 파라미터가 /videos인지 확인한다.
- 데이터베이스의 비디오 컬렉션에서 /videos 경로를 통해 데이터를 가져오는지 테스트
- 테스트 모드로 코드를 호출한다.
- Express 경로 핸들러에 전달할 request, response 객체 모형
- 일부 데이터베이스 레코드를 모형화하는 find 함수 모형
- MongoDB 라이브러리 구조체 모형
- 일부 데이터베이스 레코드를 모형화하는 find 함수 모형
- /videos 경로 handler 함수 추출
- handler 함수 호출
- json 함수가 호출됐는지 확인

368
```
```

```
    expect(mockJsonFn.mock.calls[0][0]).toEqual({        데이터베이스에서 가져온
        videos: [ mockRecord1, mockRecord2 ],    ◄──    모형 레코드 확인
    });
});

...    ◄──── 여기에 테스트를 추가할 수 있다.

});
```

예제 8.7을 보면 여기서 async와 await 키워드를 사용한 것을 알 수 있다. 나는 일상적으로 이 두 키워드를 많이 사용하지만, 이 책에서는 처음 사용했다. 여기서 키워드를 소개한 이유는 제스트를 사용하는 테스트에 가장 적합하고, 비동기 방식의 코드를 사용하면 훨씬 코드를 읽기가 쉽기 때문이다.

아마도 jest 변수가 어디서 등장하는지 궁금할 수 있는데, 예제 8.7은 그것을 가져오는 require문이 없다. 정상적인 표준 자바스크립트에서는 문제가 되겠지만, 이 코드는 제스트로 실행한다. 제스트는 jest 변수를 자동으로 가져온다. 코드를 줄일 수 있는 훌륭한 기능이다.

예제 8.7의 시작 부분은 Express와 MongoDB를 대체하는 모형을 생성하기 위한 영역이다. 여기서는 모형을 만들기 위해 jest.fn과 jest.doMock을 사용했다. 제스트는 모형을 만들고 test 기댓값을 지정하기 위해 쓸 만한 기능이 많다. 8장의 끝에 언급한 참고 자료를 보면 더 자세한 내용을 살펴볼 수 있다.

Express와 MongoDB는 테스트할 코드의 종속성을 대신하는 새로운 자바스크립트 객체를 써서 대체했다. 코드가 위와 관련한 함수를 호출하면, 실제 Express와 MongoDB 라이브러리를 대신하는 버전을 호출한다.

만약 Express와 MongoDB를 대체하지 않았다면, startMicroservice는 실제 HTTP 서버를 시작하고 실제 데이터베이스에 연결할 것이다. 바로 이것이 단위 테스트에서 피하려는 상황이다. 자동화 테스트 수행을 느리게 만드는 원인 중 하나다. 지금은 별 차이가 없어 보이지만 테스트 수가 워낙 작아서 그렇지 수백 또는 수천 개의 테스트를 실행하면 큰 차이를 만든다.

8.6.3 테스트 실행

코드와 테스트를 작성하고 나면, 제스트 실행 준비가 된 것이다. 명령창에서 example-1 디렉터리를 열고 다음과 같이 테스트를 실행한다.

```
npx jest
```

또는

```
npm test
```

출력은 세 개의 테스트를 통과한 하나의 테스트 세트를 보여준다.

8.6.4 지금까지 완료한 것

이제 제스트를 사용하는 단위 테스트의 기본을 배웠다. Express와 MongoDB 라이브러리의 모형을 만들었고, 우리가 테스트한 마이크로서비스가 시작되면 /videos 경로를 통해 데이터베이스에서 레코드를 가져온다.

특별한 내용이 없어 보일 수 있지만, 자신의 마이크로서비스 코드를 이와 같은 방법으로 대부분 테스트할 수 있다. 아마 TDD 방식이 필요할 수 있는데, 이는 실제 코드를 작성하기 전에 테스트 코드를 먼저 작성하는 일종의 **테스트 우선 개발**test-first development로도 알려져 있다.

이는 테스트가 100% 가능하도록 지원하는 강력한 기술이며, TDD를 쓰지 않고 증명하기 어렵다. 8장의 끝에서 테스트 중심의 개발 방법에 대한 참고 자료를 소개할 것이다.

8.7 통합 테스트

피라미드상의 다음 단계(그림 8.1)는 통합 테스트다. 통합 테스트라고 부르는 이유는 단위 테스트처럼 격리된 모듈을 테스트하는 대신 하나의 연결된 형태로 기능의 연계된 동작을 테스트한다는 점을 강조하는 것이다. 마이크로서비스의 통합 테스트는 보통 모든 코드 모듈과 함께, 관련된 코드 라이브러리까지 포함하는 전체적인 마이크로서비스를 테스트한다.

단위 테스트가 모든 문제들을 해결할 수 있다면 좋겠지만, 단위 테스트는 매우 빠르게 수행할 수 있어야 효과적이다. 단위 테스트의 속도는 더 자주 실행하기에 적합해서 문제점 또한 빠르게 잡을 수 있어야 한다. 하지만 불행하게도 여러 문제들이 단위 테스트에서는 감지되지 않으며, 코드 모듈이 상호 동작하도록 통합하는 과정에 숨어 있다.

한편으로는 모형을 만들어야 하는 고민이 필요 없기 때문에 실제로는 통합 테스트가 단위 테스트보다 쉽기도 하다. 사실 모형화가 너무 힘들다면 통합 테스트가 차라리 더 쉬울 때도 있다. 앞에서 단위 테스트를 할 때 Express와 MongoDB 종속성에 대해 모형을 만들었다. 통합 테스트에서는 이런 작업을 안 하는 대신에 테스트할 마이크로서비스가 실제 HTTP 서버와 데이터베이스에 연결하도록 한다.

통합 테스트가 단위 테스트보다 만들기 쉬운 건 사실이지만, 통합 테스트 환경을 설치하는 것은 더 어렵다. 실제 HTTP 서버는 테스트의 병렬화에 제한이 있는데, 이는 3000번 포트와 같이 동시에 한 개의 HTTP 서버에서만 실행 가능하기 때문이다. 또한 실제 MongoDB 데이터베이스를 사용한다는 것은 테스트할 코드에서 데이터베이스가 가용해야 한다는 것을 의미한다.

무엇보다도 HTTP 서버와 데이터베이스에 연결하는 것은 시간이 더 소요된다. 이 부분이 단위 테스트보다 통합 테스트가 더 느리게 만드는 대표적인 이유다. 모든 걸 고려해볼 때, 단위 테스트가 훨씬 더 쉽다고 누군가가 생각하더라도 전혀 당황스럽지 않다.

|노트| 테스트의 조합에 균형을 갖추는 것이 좋고, 통합 테스트는 코드의 연계 과정에서 발생할 수 있는 문제를 찾는 유일한 방법이기 때문에 꼭 필요하다.

특히 마이크로서비스에 대한 통합 테스트는 단위 테스트처럼 함수를 호출하는 대신에 실제 HTTP 인터페이스를 통해 동작하도록 만들 것이다. 이러한 상호작용을 구성하는 방법에는 마이크로서비스의 동작 방식에 따라 여러 가지가 있다. 예를 들어 RabbitMQ를 사

용한다면 수신할 메시지를 보내는 것으로 상호작용할 수 있다.

그림 8.8은 이번 절에서 수행할 통합 테스트를 보여준다. 메타데이터 마이크로서비스를 테스트하기 위해 제스트를 쓰지만, 이번에는 모형을 만드는 일은 하지 않는다. 마이크로 서비스를 테스트할 코드를 호출하는 대신에 HTTP 요청을 전송하고 그 응답을 확인할 것 이다.

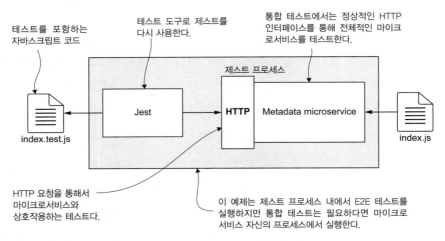

▲ **그림 8.8** 제스트를 사용한 마이크로서비스의 통합 테스트

8.7.1 테스트 코드

코드 리포지터리에서 8장의 example-3를 살펴볼 차례다. 코드 테스트를 따라 하면서 진행해볼 수 있다. example-2와 같은 코드를 테스트하지만, 코드를 다시 검토해보고 싶 다면 예제 8.6을 보자.

8.7.2 MongoDB 데이터베이스 실행

이번 통합 테스트에서는 데이터베이스를 모형으로 대체하지 않을 것이다. 실제 데이터베 이스를 사용하고, 현실과 가까운 테스트 데이터를 가져올 것이다.

example-3로 통합 테스트를 실행하려면 MongoDB가 실제로 실행해야 한다. MongoDB

를 다운로드하고 설치하는 것은 간단하다. 아직 설치하지 않았다면 자신의 개발용 워크 스테이션에 설치해보자. 자신의 플랫폼에 맞게 다음의 가이드를 따라한다.

https://docs.mongodb.com/manual/installation/

다른 방법으로 example-3에 MongoDB를 시작할 수 있는 도커 컨테이너를 도커 컴포즈 파일에 포함시켜뒀다. 다음과 같이 시작할 수 있다.

```
cd example-2
docker-compose up
```

8.7.3 데이터베이스 초기 데이터 가져오기

데이터베이스가 실행 중이면 초기 데이터(database fixture, 테스트 목적으로 사전에 정의한 데이터)를 가져올 수 있다. 초기 데이터는 이미 잘 알고 있는 특정 데이터 세트로 앱이 처음에 사용하기 좋은 데이터를 말한다.

MongoDB Node.js 라이브러리를 사용해 데이터를 직접 읽어서 데이터베이스에 넣어주는 자바스크립트 헬퍼함수helper function를 만드는 간단한 작업이므로 제스트를 사용해 쉽게 수행할 수 있다. MongoDB는 이미 example-3의 package.json에 포함돼 있고, 다음과 같이 example-2 종속성을 설치할 수 있다.

```
npm install
```

새 프로젝트에서 MongoDB는 다음과 같이 설치한다.

```
npm install --save mongodb
```

MongoDB는 단순한 테스트 코드가 아니라 여기서 운영 마이크로서비스에 대해 사용하므로 –save-dev 대신에 –save 인수를 사용한다. 목적은 테스트지만 개발 시스템의 종속성보다는 운영 시스템에 맞게 설치해야 한다.

예제 8.8은 테스트 데이터를 읽어 오는 간단한 함수다. 테스트 코드에서 이 함수를 호출할 것이고, 곧 예제 하나를 접할 것이다. 간단하게 읽어 올 데이터 레코드와 컬렉션 이름을 지정해주면 된다.

예제 8.8에서 microservice 객체(예제 8.6를 보면 변수에 저장됨)의 db 필드를 통해 어떻게 마이크로서비스 데이터베이스에 접근하는지 살펴보자. 이는 여러 개의 데이터베이스 연결을 만드는 것을 줄일 수 있다. 마이크로서비스가 이미 데이터베이스 연결을 갖고 있으므로 그 연결의 재사용이 가능하다.

예제 8.8 초기 데이터를 가져오는 헬퍼함수(chapter-8/ example-3/src/index.test.js 참조)

```
// ...

async function
loadDatabaseFixture(collectionName, records) {      ← 초기 데이터를 위한
                                                        헬퍼함수
    await microservice.db.dropDatabase();           ← 데이터베이스 리셋(운영에서
                                                        하면 안 된다)

    const collection = microservice.db.collection(collectionName);
    await collection.insertMany(records);           ← 데이터베이스에 테스트
}                                                     초기 데이터 넣기

// ...
```

처음부터 MongoDB를 사용하는 이유 중 하나는 테스트 데이터를 넣기가 쉽기 때문이다. 물론 이런 종류의 작업을 다른 데이터베이스에 대해서도 할 수 있다. 단지 조금 더 다루기 복잡할 수도 있는 기존 SQL 서버처럼 일종의 데이터베이스일 뿐이다.

예제 8.8의 헬퍼함수는 테스트 코드에서 인라인으로 테스트 데이터를 저장할 수 있고, 데이터베이스에 바로 가져올 수 있다. 이는 편리한 기능이지만, 테스트 데이터를 개별 데이터 파일에 저장하는 것 또한 가능하다. 이 방법도 아마 데이터를 정리하기에 더 편할 수 있다. 다음 절에서 다루는 E2E 테스트에서 초기 데이터를 가져오는 다른 방법도 볼 수 있을 것이다.

8.7.4 제스트로 통합 테스트 만들기

통합 테스트를 만드는 것은 제스트로 단위 테스트를 만드는 과정과 비슷하다. 모형을 사용하지 않기 때문에 실은 간단하게 테스트 코드를 작성할 수 있다.

마이크로서비스에서 코드를 직접 호출하는 대신에 테스트할 코드를 트리거해주는 HTTP 요청을 사용한다. HTTP 요청을 생성하기 위해서 5장에서 사용한 라이브러리 또는 npm 으로 설치한 Node.js의 로우 레벨 HTTP 라이브러리를 쓴다. 이번 예제에서는 async/ await를 바로 지원하고 제스트의 비동기 방식 코드 작성에 적합한 최신 라이브러리인 Axios(악시오스) 라이브러리를 사용한다.

example-3에서 이미 Axios를 package.json 파일에 추가했다. example-3의 종속성을 이미 설치했다면 이미 설치가 된 것이다. 아직 안 했다면 다음과 같이 Axios를 설치할 수 있다.

```
npm install --save-dev axios
```

여기서는 --save-dev 인수로 설치해서 Axios를 개발 환경에서만 사용하기 때문이다. 따라서 Axios는 개발 환경의 종속성이다. 운영에서 Axios를 사용하고자 한다면, --save-dev 대신에 –save를 사용해 종속성을 설치한다.

예제 8.9는 통합 테스트 코드를 나타낸다. 단위 테스트 코드와 비슷하지만 종속성을 모 형화하는 대신 테스트할 코드를 직접 호출하고 있으며, 메타데이터 마이크로서비스를 하 나의 실제 HTTP 서버로서 시작하고 있다. 그렇다면 HTTP 요청을 보내기 위해 Axios를 사용할 수 있다.

예제 8.9를 운영 환경의 데이터베이스에 대해 실행하지 않도록 주의해야 한다. 초기 데 이터를 가져오는 함수는 우선 전체 데이터베이스부터 비우고 시작하므로 반드시 테스트 데이터베이스를 대상으로만 실행한다. 그리고 항상 운영 데이터베이스는 백업을 만들어 서 항상 안전하게 유지하자.

예제 8.9 제스트를 사용한 메타데이터 마이크로서비스 통합 테스트 코드(chapter-8/example-3/src/index.test.js)

```
const axios = require("axios");
const mongodb = require("mongodb");

describe("metadata microservice", () => {

    const BASE_URL = "http://localhost:3000";
```

```javascript
const DBHOST = "mongodb:// localhost:27017";        ◀──── 데이터베이스 서버 베이스 URL 설정
const DBNAME = "testdb";

const { startMicroservice } = require("./index");

let microservice;

beforeAll(async () => {
    microservice =
        ➥ await startMicroservice(DBHOST, DBNAME);  ◀──  HTTP서버와 DB 연결을 포함한
});                                                      마이크로서비스 시작

afterAll(async () => {
    await microservice.close();     ◀────  마이크로서비스 종료
});

function httpGet(route) {
    const url = `${BASE_URL}${route}`;
    console.log(`Requesting ${url}`);
    return axios.get(url);
}

async function
➥ loadDatabaseFixture(collectionName, records) {

    await microservice.db.dropDatabase();

    const collection = microservice.db              테스트용 초기 데이터를
        ➥ .collection(collectionName);              가져오는 헬퍼함수. 예제
    await collection.insertMany(records);           8.8에서 정의했다.
}

test("/videos route retrieves data via
➥ videos collection", async () => {            ◀──  HTTP 요청을 /videos 경로를 사용해
    const id1 = new mongodb.ObjectId();              가져오는 비디오 예제 테스트
    const id2 = new mongodb.ObjectId();
DB에 넣을
테스트 데     const videoPath1 = "my-video-1.mp4";
이터 생성     const videoPath2 = "my-video-2.mp4";

    const testVideos = [
```

```
        {
            _id: id1,
            videoPath: videoPath1
        },
        {
            _id: id2,
            videoPath: videoPath2
        },
    ];

    await
    ➥ loadDatabaseFixture("videos", testVideos);       ◀——  초기 데이터를 DB의 비디오
                                                              컬렉션에 로딩

    const response = await httpGet("/videos");         ◀——  테스트할 경로에 대한
    expect(response.status).toEqual(200);                    HTTP 요청을 생성

    const videos = response.data.videos;               ◀┐
    expect(videos.length).toEqual(2);                   │
    expect(videos[0]._id).toEqual(id1.toString());      │    테스트 데이터와
    expect(videos[0].videoPath).toEqual(videoPath1);    ├——  일치하는지 가져온
    expect(videos[1]._id).toEqual(id2.toString());      │    데이터 검사
    expect(videos[1].videoPath).toEqual(videoPath2);   ◀┘
});

...   ◀——  여기에 테스트를 추가할 수 있다.

});
```

예제 8.9에는 한 개의 테스트만 있지만, 마이크로서비스를 개발하면서 쉽게 더 추가할 수 있다. 여기서 다시 /videos 경로를 테스트한다. 이번에는 물론 정상적으로 HTTP 인터페이스를 통해 테스트하고, 마이크로서비스는 모형 대신 실제 데이터베이스를 쓴다.

여기서 HTTP 서버의 시작은 단위 테스트가 아니기 때문에 테스트하지 않는다. 이전에는 모형으로 만든 Express 라이브러리를 사용했기에 간단했다. 하지만 이번에는 HTTP 서버가 올바르게 시작됐는지 명시적으로 확인하는 것이 간단한 문제가 아니다. 다만 HTTP 서버가 동작하는지 대략적으로 테스트하기 위한 HTTP 요청을 만들어볼 것이다.

예제 8.9에서 테스트 전에 마이크로서비스를 시작하기 위해 제스트의 `beforeAll` 함수를 사용하는 것과 마이크로서비스를 종료하기 위해 `afterAll` 함수를 어떻게 사용하는지 살펴보자. 또한 `microservice` 객체의 참조를 어떻게 저장하는지도 알아보자. 이는 데이터베이스 연결에 접근할 수도 있고, 마이크로서비스 작업이 끝나면 종료할 수 있다는 것을 의미한다. 마이크로서비스의 종료는 앞에서는 고려해본 적이 없지만 여기서는 테스트 세트가 여러 개일 수도 있고, 마이크로서비스를 불필요하게 계속 실행할 필요가 없기 때문에 중요한 의미를 가진다.

아마 이번 테스트 세트에 더 많은 테스트를 추가해 동일한 마이크로서비스에 대해 여러 개의 테스트를 실행한다는 사실을 눈치챘을 것이다. 여러 개의 테스트가 마이크로서비스 하나를 대상으로 하는 경우 개별 테스트가 다른 테스트에 대해 독립적인지 알기 어렵기 때문에 이상적인 방법은 아니다. 하지만 순서대로 각각의 테스트가 마이크로서비스를 시작하고 종료하는 것보다 매우 빠르다. 즉 테스트 세트를 더욱 더 신뢰할 수 있도록 만들지는 모르겠지만, 전부 끝날 때까지 오랜 시간을 기다려야 한다.

8.7.5 테스트 실행

통합 테스트를 제스트로 실행하는 방법은 단위 테스트와 다르지 않다.

```
npx jest
```

또는 package.json을 이미 구성했으므로 다음과 같이 실행할 수도 있다.

```
npm test
```

앞에서 다룬 단위 테스트와 같이 테스트를 분석할 수 있도록 코드를 변경하면서 이번 통합 테스트를 직접 실행해보자.

8.7.6 지금까지 완료한 것

이번 절에서는 제스트를 사용해 통합 테스트를 실행하기 위한 기본적인 내용을 배웠다. 단위 테스트와 매우 비슷하지만 모형을 사용하지 않고 제거했다. 결과적으로 종속성을 포함한 통합된 코드를 실행했다.

통합 테스트를 실행할 때에는 단위 테스트처럼 코드를 격리하고 종속성을 모형화하지 않는다. 대신에 통합된 상태의 코드를 테스트하는 것을 목적으로 한다. 다시 말해 여러 모듈과 외부 라이브러리와 연계된 조합의 코드를 테스트하는 것이다.

어떤 면에서는 코드의 격리와 모형이 필요 없기 때문에 통합 테스트가 단위 테스트보다 간단하다. 통합 테스트를 만드는 것은 단위 테스트 여러 개를 만들어 사용하는 것보다 효율적이다. 또한 테스트를 만드는 시간이 적게 필요하므로 통합 테스트는 더 넓은 영역의 코드를 다루려는 경향이 있다.

통합 테스트의 단점은 단위 테스트보다 느리다는 것이다. 그래서 테스트 피라미드의 상단에 위치한다. 8장에서 다룬 단위, 통합 테스트는 기본적으로 같은 코드를 테스트했다. 단지 통합 테스트는 실제 HTTP 서버를 실행하고 데이터베이스에 연결했다. 이러한 과정이 단위 테스트보다 시간이 많이 소요되는 이유다.

8.8 E2E 테스트

이제 테스트 피라미드(그림 8.1)의 마지막 단계를 알아보자. 드디어 E2E 테스트를 해볼 때가 됐다. 전체 앱 또는 앱의 특정 버전을 대상으로 한다는 점 이외에는 통합 테스트와 유사하다. 가능한 운영 환경에 보이는 그대로 앱 전체를 이번에 테스트하고자 한다.

E2E 테스트는 어쩌면 가장 쉬운 테스트일 수 있다. 단위 테스트에서의 모형은 필요 없다. 하지만 실제 테스트 데이터를 가진 데이터베이스가 필요하다.

기존의 방식에서는 분산 애플리케이션을 대상으로 E2E 테스트를 수행하기 어려웠다. 모든 서비스들을 시작하려면 많은 노력이 필요하기 때문이다. 다행스럽게도 이젠 4장과 5장에서 앱을 개발하면서 배운 도커 컴포즈를 갖고 있다. 이제 E2E 테스트를 위해 모든 마이크로서비스 앱을 편리하게 시작해줄 수 있는 도커 컴포즈를 사용할 것이다.

지금 이 시점에서 제스트는 이제 뒤로하고, 싸이프러스라는 새로운 웹 페이지 테스트 도구를 다뤄본다. 싸이프러스는 기능이 많은 강력한 도구다. 여기서는 기본적인 기능만 배우지만 처음 시작해보는 단계에 적당하고 어떤 일들을 할 수 있는지 맛보는 정도로도 충분하다. 게이트웨이 마이크로서비스를 통해 제공되는 앱의 프론트엔드를 대상으로 싸이프러스가 테스트를 실행할 것이다. 다음 그림 8.9로 어떤 내용인지 살펴보자.

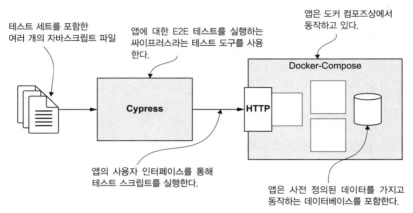

▲ **그림 8.9** 앱 전체에 대해 싸이프러스와 도커 컴포즈를 사용하는 E2E 테스트

E2E 테스트를 실행하려면 앱 모두를 먼저 시작해야 하고, 그다음에 웹 브라우저로 테스트한다. 이러한 점이 E2E 테스트를 가장 느리게 만들고, 따라서 테스트 피라미드의 최상단에 위치한다.

다시 말해 실행 가능한 E2E 테스트를 갖고 있다는 것은 테스트 계획에서 중요한 의미를 가진다. E2E 테스트가 다루는 범위가 넓은 만큼 시간이 많이 걸리더라도 중요한 성과를 낼 수 있다. 또한 고객의 관점에서 앱의 앞단부터 검사해 나갈 수 있다. 이는 앱을 테스트하는 과정에서 가장 중요한 부분이라는 것은 말할 것도 없고, E2E 테스트가 가장 중요한 의미를 갖는 이유다.

이제 8장의 마지막 예제인 example-4를 열어보자. 이 예제는 단순화된 플릭스튜브 버전에 대한 docker-compose.yaml 파일을 포함한다.

8.8.1 싸이프러스 소개

싸이프러스는 웹 페이지의 테스트를 위한 모든 것을 제공하는 환상적인 도구이고, 훌륭한 사용자 인터페이스로 시각화가 가능하다. 실제로 앱의 프론트엔드 테스트가 어떻게 돼가는지 관찰할 수도 있다. 그림 8.10을 보면 사용자 인터페이스가 어떻게 구성돼 있는지 알 수 있지만 얼마나 강력한 도구인지는 실제로 사용해봐야 알 수 있다.

싸이프러스는 테스트를 실행할 때 크롬을 기본적으로 사용하지만 자신의 컴퓨터에 설치된 다른 브라우저도 자동으로 감지한다. 여러 브라우저에서 테스트하도록 쉽게 변경할 수도 있다.

싸이프러스는 훌륭한 사용자 인터페이스를 갖고 있지만 터미널을 통해 사용자 인터페이스를 보여주지 않는 Headless 모드로도 실행 가능하다. 개발하는 과정에서 프론트엔드를 시각적으로 테스트하기 위해 싸이프러스 화면을 사용하는 데 많은 시간을 쓰게 된다. 최종적으로는 Headless 모드를 사용해 우리에게 필요한 CD 파이프라인에 적합하도록 실행할 것이다.

Headless 모드를 사용하면 싸이프러스가 프론트엔드와 상호작용하는 것을 직접 볼 수 없지만 싸이프러스에 또 다른 쓸 만한 기능이 있다. 이 기능은 자동 테스트를 위해 기본적으로 내장돼 있다. 싸이프러스가 테스트에 실패하면 CD 서버로부터 실패한 테스트의 비디오를 추출해서 무슨 문제가 발생했는지 볼 수도 있다.

싸이프러스 화면은 라이브 리로드^{live reload}를 자동으로 지원한다. 우리는 코드와 테스트를 업데이트만 하면 되고, 싸이프러스가 알아서 리로드하고 테스트를 다시 실행한다. 요즘 나온 여러 훌륭한 도구들과 마찬가지로 싸이프러스도 오픈소스다. 코드는 다음 깃허브에서 찾을 수 있다.

https://github.com/cypress-io/cypress

테스트한 웹페이지가
여기에 표시된다.

테스트와 결과는
여기에 표시된다.

▲ 그림 8.10 싸이프러스 화면

또한 싸이프러스는 확실하게 좋은 인상을 줄 수 있는 몇 가지 기능을 더 갖고 있다. 싸이프러스에 관한 자세한 내용을 더 알고자 하는 독자를 위해 8장의 끝부분에서 참고 자료를 소개하고 있다.

싸이프러스라고 장점만 있는 것은 아니어서 주요 단점도 지적해야 할 것 같다. 싸이프러스는 일렉트론Electron 프레임워크를 기반으로 한다. 이는 다운로드해서 설치하기에 많은 시간과 용량이 필요하다는 의미다. 또한 CD 파이프라인에서 동작하는 것이 가능하긴 하지만 효과적으로 동작하기 어려울 수도 있다.

이 책과 플릭스튜브에서는 싸이프러스와 E2E 테스트를 하나의 코드 리포지터리로 통합한다. 나중에 실제 프로젝트에서는 싸이프러스 테스트를 테스트 리포지터리에서 구분하길 원할 것이다. 하지만 일반적으로 싸이프러스로 테스트할 코드와 테스트를 함께 위치하도록 만드는 것도 괜찮고, 싸이프러스가 워낙 크기 때문에 리포지터리를 구분해두는 것도 합리적이다.

8.8.2 싸이프러스 설치

싸이프러스는 이미 Example-4의 package.json에 추가돼 있다. 종속성은 다음과 같이 설치한다.

```
cd chapter-8/example-4
npm install
```

새 프로젝트에는 다음과 같이 설치할 수 있다.

```
npm install --save-dev cypress
```

싸이프러스는 제스트와 같은 테스트 도구이므로 `--save-dev`를 선택해서 개발 종속성으로 저장해 사용한다. 앞에서 언급한 것 같이 싸이프러스는 용량이 크고 설치 시간이 오래 걸린다. 아마도 지금 커피 한 잔 마시기 좋은 시간일 것이다.

Example-4 프로젝트의 구조는 싸이프러스가 설치된 그림 8.11에서 살펴볼 수 있다. 앞에서 작업했던 프로젝트의 구조와 비슷하다. 앱을 빌드하고 실행할 docker-compose. yaml 파일이 있고, 하위 폴더들에 마이크로서비스 코드가 위치한다.

그림 8.11에서 보이는 일부 구성은 새 프로젝트에서 싸이프러스를 처음 실행할 때 자동으로 생성해주는 것도 있다. 특히 cypress/integration/examples 폴더에 여러 예제 테스트 파일을 싸이프러스가 생성한다. 8장 코드 리포지터리에는 위의 예제들을 포함하지 않았지만 싸이프러스를 새 프로젝트에 설치해서 실행하면 쉽게 생성할 수 있다. 예제 테스트를 사용해보는 것은 싸이프러스 기능을 더 익히는 좋은 방법이므로 직접 시도해보자.

그림 8.10은 싸이프러스 설정 파일이며, 직접 설정을 변경할 수 있는 JSON 파일이다. 이번 예제에서는 두 가지 옵션만 필요하다. 하나는 테스트할 기본 URL을 설정하는 `baseUrl` 이다. 도커 컴포저를 사용해 앱을 구동하고 있는 로컬에서 실행하므로 호스트 이름은 `localhost`를 사용한다.

게이트웨이 역할을 수행하는 컨테이너는 4000번 포트로 프론트엔드 기능을 제공하고, 기본 URL은 http://localhost:4000이다. 싸이프러스 설정 파일에서 기본 URL은 필수 항목이 아니다. 하지만 전체 싸이프러스 테스트 세트를 설정 파일에서 간단하게 새로운 주소로 변경할 수 있어 유용하다.

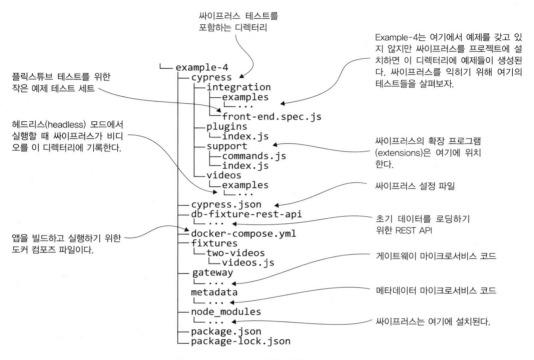

▲ **그림 8.11** 싸이프러스가 설치된 Example-4 프로젝트 구조

예제 8.10 싸이프러스 설정 파일(chapter-8/example-4/cypress.json)

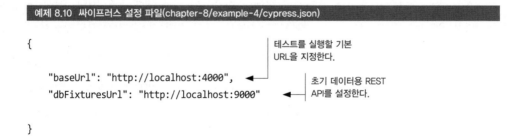

예제 8.10의 두 번째 설정은 싸이프러스의 표준 설정이 아니다. 데이터베이스에 초기 데이터를 올릴 방법이 필요하고, 이유에 대해서는 곧 설명하겠지만 여기서는 REST API를

384

사용한다. 설정 파일에서 `dbFixturesUrl` 항목이 REST API를 위한 URL이다.

8.8.3 싸이프러스 사용자 인터페이스 시작

이제 싸이프러스를 시작하고 테스트를 실행할 준비가 됐다. 명령창으로 chapter-8 코드 리포지터리의 example-4에서 다음의 명령을 실행한다.

```
npx cypress open
```

이 명령은 싸이프러스 화면의 첫 단계를 열어주며, 싸이프러스 테스트 세트의 목록을 보여준다. Example-4는 하나의 테스트 세트만을 포함한다. 이름이 front-end.spec.js 항목의 테스트 세트를 더블클릭해서 다음 단계로 진행한다.

지금 보이는 화면은 플릭스튜브에 대해서 실행할 단일 테스트다. 테스트는 자동으로 실행되지만, 지금 시점에서는 앱을 시작해두지 않았기 때문에 실패한다.

8.8.4 초기 데이터 설정

앱을 시작하기 전에 초기 데이터를 올려놓아야 한다. 앞에서 제스트를 사용할 때 테스트 코드로부터 직접 데이터베이스에 데이터를 올릴 수 있었다. 싸이프러스는 브라우저상에서 실행하는 것이므로 이번에는 그렇게 직접 데이터를 올리지 못하고(싸이프러스는 크롬 웹 브라우저 렌더링 엔진을 사용하는 Electron 프레임워크 기반의 앱이다), 일반적으로 MongoDB npm 라이브러리 또한 위와 같이 동작하지 않는다. 따라서 초기 데이터를 올리기 위한 해결책이 필요하다.

테스트 데이터를 데이터베이스에 올리기 위해 데이터베이스를 관리하는 별도의 REST API를 사용할 것이다. 이는 초기 데이터를 올리거나 제거하기 위해 HTTP 요청을 만들 수 있다는 의미다. 이미 도커 컴포즈를 사용하기 있기 때문에 앱에 별도의 컨테이너를 추가하더라도 어렵지 않다. 그림 8.12는 초기 데이터를 위한 REST API를 포함한 앱의 구조를 나타낸다.

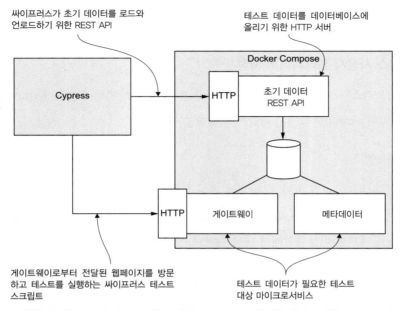

싸이프러스가 초기 데이터를 로드와
언로드하기 위한 REST API

테스트 데이터를 데이터베이스에
올리기 위한 HTTP 서버

Docker Compose

Cypress

HTTP

초기 데이터
REST API

HTTP

게이트웨이

메타데이터

게이트웨이로부터 전달된 웹페이지를 방문
하고 테스트를 실행하는 싸이프러스 테스트
스크립트

테스트 데이터가 필요한 테스트
대상 마이크로서비스

▲ **그림 8.12** 싸이프러스 테스트 실행 이전에 테스트 데이터를 처음 올리기 위한 REST API 사용

위와 같은 REST API를 만드는 것은 분명 수고스러운 부분이다. 하지만 예전에 테스트 프로젝트를 위해 만들어둔 것이 있다. example-4 폴더에서 코드 파일을 찾을 수 있다 (example-4/db-fixtures-rest-api). 물론 다음의 깃허브에서도 독립적인 코드 사본을 찾을 수 있다.

https://github.com/ashleydavis/db-fixture-rest-api

이 책에서는 초기 데이터를 위한 REST API의 자세한 내용은 다루지 않는다. 비록 제한적으로 다루고 있지만, 편하게 코드를 살펴보자. 다른 사람들의 코드를 읽어가면서 배우는 것도 소중한 경험이다. 특별히 새로운 점을 찾지 못할 수 있을 것 같은데, 결국은 Express를 기반으로 한 Node.js REST API에 불과하다.

예제 8.11은 example-4의 docker-compose.yaml 파일의 일부다. 다른 마이크로서비스와 같은 방식으로 초기 데이터 REST API를 앱과 통합한다.

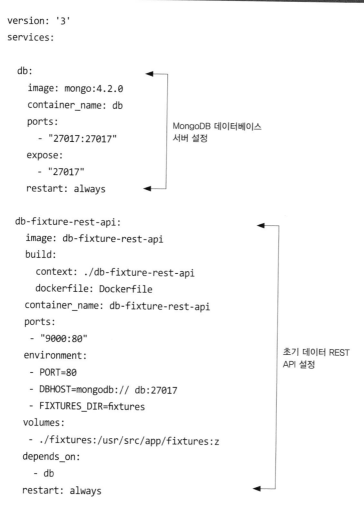

```
version: '3'
services:

  db:
    image: mongo:4.2.0
    container_name: db
    ports:
      - "27017:27017"
    expose:
      - "27017"
    restart: always


  db-fixture-rest-api:
    image: db-fixture-rest-api
    build:
      context: ./db-fixture-rest-api
      dockerfile: Dockerfile
    container_name: db-fixture-rest-api
    ports:
     - "9000:80"
    environment:
     - PORT=80
     - DBHOST=mongodb:// db:27017
     - FIXTURES_DIR=fixtures
    volumes:
     - ./fixtures:/usr/src/app/fixtures:z
    depends_on:
      - db
    restart: always
```

MongoDB 데이터베이스
서버 설정

초기 데이터 REST
API 설정

... ◀───── 여기에 게이트웨이와 메타데이터 마이크로서비스를 정의한다.

예제 8.11은 초기 데이터용 REST API를 앱에 추가하지만, 싸이프러스 테스트에서 사용하기 위한 방법이 여전히 필요하다. 이를 위해 테스트에서 초기 데이터를 로드하기 위해 사용할 싸이프러스의 확장extension을 만들 것이다.

예제 8.12는 싸이프러스에서 새로운 명령을 어떻게 추가하는지 보여주는 코드의 일부다. 또한 새로운 기능을 위해 싸이프러스를 어떻게 확장하는지 보여준다. 여기서는 `loadFixture`라는 명령이고 싸이프러스 테스트에서 초기 데이터를 로드하기 위해 사용한다.

REST API를 통해 초기 데이터를 로드할
싸이프러스 명령(싸이프러스 확장) 정의

```
Cypress.Commands.add('loadFixture',
    (databaseName, fixtureName) => {

        cy.unloadFixture(databaseName, fixtureName);          ◄── 이전 테스트의 테스트 데이터 언로드
                                                                   (다른 헬퍼함수를 호출한다)

        const dbFixturesUrl =
            Cypress.config("dbFixturesUrl");                  ◄── 싸이프러스 설정 파일에서
                                                                   REST API 주소를 읽는다.
        const route = "/load-fixture?db=" + databaseName +
            "&fix=" + fixtureName;
        cy.request("GET", dbFixturesUrl + route)              ◄── 초기 데이터를 로드할 REST API에
            .then(response => {                                    대한 HTTP GET 요청을 만든다.
                expect(response.status).to.eql(200);          ◄──
                                                                   데이터가 성공적으로 로드된 것을 검사
            });                                                    한다. 아니면 테스트는 실패한다.
    });
});
```

`loadFixture` 명령은 초기 데이터 REST API에 대한 HTTP GET 요청을 만들고, 파일(여기서는 example4/fixtures/two-videos/videos.js)로부터 데이터를 읽어온다. 잠시 후에 테스트 코드에서 어떻게 이 명령을 호출하는지 볼 수 있다.

8.8.5 앱 부팅하기

설치된 싸이프러스는 실행할 준비가 돼 있고, 초기 데이터를 올릴 기능도 준비됐다. 이제 앱을 테스트하기 전에 반드시 앱을 부팅해야 한다.

예제 8.11에서 example-4의 도커 컴포즈 파일을 일부 살펴봤다. 전체 파일은 단순화한 플릭스튜브 버전을 위한 게이트웨이와 메타데이터 마이크로서비스 설정도 포함하고 있다. 전체 앱의 실제와는 거리가 있지만, 데이터베이스에서 비디오 목록을 확인하고 프론

트엔드에 보여주는 테스트 만들기에 충분하다.

이번에는 플릭스튜브를 단순화한 간단한 예제를 준비했다. 일반적인 상황에서도 테스트하기 쉽게 단순화한 버전으로 만들어보는 선택이 하나 더 있다는 것을 알고 있으면 좋다. 앱이 점점 커지면서 결국 E2E 테스트를 한 대의 컴퓨터에서 수행하기 어려워질 것이다. 이런 경우에 앱을 더 작은 테스트 단위로 쪼개야 하는 상황이 생긴다. 이제 우리의 오랜 친구인 도커 컴포즈로 앱을 시작해보자.

```
docker-compose up --build
```

8.8.6 싸이프러스로 E2E 테스트 만들기

싸이프러스로 E2E 테스트를 만드는 것은 제스트를 사용하는 것과 약간 다르다. 예제 8.13에서는 제스트에서 사용한 describe와 test를 대신하는 describe와 it 함수의 조합을 갖고 있는 전반적으로 유사한 구조를 사용하고 있다. describe와 it는 모카^{Mocha} 스타일의 테스트에서 유래한다.

아마 이미 접해본 적이 있을 수 있는 모카는 여전히 인기 있는 자바스크립트를 위한 또 다른 프레임워크다. 싸이프러스는 모카를 기반으로 시작해서 테스트 스크립트가 매우 비슷하게 보인다. 실제로 제스트는 describe와 it 형식도 지원하며, 두 가지 도구 모두 같은 형식으로 사용할 수도 있다.

예제 8.13 싸이프러스를 사용한 플릭스튜브 E2E 테스트(chapter-8/example-4/cypress/integration/front-end.spec.js)

```
describe("flixtube front end", () => {          ◀──── 테스트 세트 정의

    it("can list videos", () => {

        cy.loadFixture("metadata", "two-videos");    ◀── two-videos 이름을 가진 초기 데이터를 메타데이터 데이터베이스의 비디오 컬렉션으로 로드한다.

        cy.visit("/");                               ◀── 싸이프러스가 플릭스튜브 홈페이지를 연다.

        cy.get("#video-list").find("div")
        ⇒ .should("have.length", 2);                 ◀── 초기 데이터로부터 two videos를 가져와서 화면에 표시하는지 검사한다.
```

플릭스튜브 화면에서 비디오 목록을 로드하는지 테스트

첫 번째 비디오 정보를 검사한다.

```
cy.get("#video-list div:nth-child(1) a")
    .should("have.text", "SampleVideo_1280x720_1mb.mp4")
    .should("have.attr", "href",
    ➥ "/video?id=5ea234a1c34230004592eb32");

cy.get("#video-list div:nth-child(2) a")
    .should("have.text", "Another video.mp4")
    .should("have.attr", "href",
    ➥ "/video?id=5ea234a5c34230004592eb33");
    });
});
```

두 번째 비디오 정보를 검사한다.

테스트의 첫 줄은 loadFixtures 명령어를 호출하기 위한 코드이고, 싸이프러스의 cy 객체를 사용해 접근한다. 싸이프러스 인터페이스는 또한 웹 페이지를 읽고, 상호작용하고, 테스트하기 위한 여러 기능들을 갖고 있다.

다음 줄의 코드는 cy.visit을 호출한다. 싸이프러스에 관해 알아야 할 가장 중요한 부분이다. 이 함수는 싸이프러스가 웹 페이지를 방문하도록 만드는 기능이다. 나머지 모든 싸이프러스 명령어는 이렇게 방문한 페이지와 관련한 동작을 한다.

여기서 '/'(루트) 웹 페이지를 방문하고 있다. 이는 앞서 싸이프러스 설정 파일에 지정한 기본 URL과 관련이 있다는 것을 유념하자. 플릭스튜브 홈페이지에 싸이프러스 브라우저를 안내한다.

다음으로 브라우저의 DOM 구조에서 요소를 가져오기 위해 cy.get을 사용하고, 그것을 테스트한다. 비디오 목록에 두 개의 비디오가 있는지 검사하고 각각의 이름과 링크를 검사한다. 이 테스트의 첫 줄에서 two-videos 초기 데이터에 대한 메타데이터 마이크로서비스 데이터베이스를 준비했기 때문에 프론트엔드에 위의 비디오들이 표시돼야 하는 것을 이미 알고 있다. 이 초기 데이터는 두 개의 비디오에 대한 정보와 함께 데이터베이스에 테스트 데이터(example-4/fixtures/two-videos/videos.js 참고)를 가져온 것이다.

싸이프러스를 열었다면, 테스트를 이미 실행한 것이다. 그림 8.10과 같은 결과를 보여준다. 이전 절에서 앱을 시작했다면 테스트를 실행하기 위해 싸이프러스 화면을 리프레시해야 할 수 있다. 지금 시점에서 단위 또는 통합 테스트처럼 코드를 자세히 검사하고 테스트 실패하는지 살펴볼 수 있다.

예제로 example-4/gateway/src/views/video-list.hbs를 열어보자. 플릭스튜브 홈페이지 용도로 생성된 HTML이다(Handlebars 템플릿 형식이다). HTML을 약간 변경해보면서 각각의 비디오에 대해 변경된 내용이 표시되는지 살펴보자. 테스트를 일단 중지하면 그림 8.10과 같이 녹색의 테스트 성공 표시 대신에 빨간색의 실패를 보게 된다.

운영 데이터베이스에 대해서 이 테스트를 절대로 실행하지 않도록 주의해야 한다. 초기 데이터를 올리면 관련된 데이터베이스 컬렉션을 지워버리는데, 이러한 운영 데이터의 손실을 결코 원하지 않을 것이다. 위의 초기 데이터를 운영 시스템에 올리는 상황이 어떠한 경우에도 발생할 수 있도록 만들면 안 된다. 초기 데이터를 올릴 수 있는 방법을 여기서 다뤘지만 오직 개발과 테스트 환경만을 위해 필요한 것이다.

> |**노트**| 운영 환경에서의 초기 데이터를 위한 REST API를 실행하는 것은 외부에서 데이터베이스를 접근할 수 있도록 해야 한다. 이는 장애를 만드는 하나의 요소이므로 운영 시스템을 절대 초기화하는 일이 없도록 주의해야 한다.

싸이프러스로 할 수 있는 일은 아직 많이 남아 있다. 버튼을 클릭하는 것도 가능하다.

```
cy.get(".some-button").click();
```

다음과 같이 입력 필드에 값을 넣을 수도 있다.

```
cy.get(".some-input").type("Hello world");
```

싸이프러스는 백엔드^{backend}의 REST API를 모형화하는 기능도 있다. 테스트 목적으로 사용자 인터페이스를 격리하기 위해 써 볼 수 있다. 이는 사용자 인터페이스에 대해서도 TDD가 가능하도록 해주므로 솔직히 이 기능을 발견하고 놀라웠다. 8장의 마지막 부분에서 싸이프러스의 더 많은 것들을 배울 수 있도록 참고 자료를 기술했다.

8.8.7 싸이프러스를 npm으로 호출하기

이제 npm으로 제스트와 마찬가지로 싸이프러스 테스트를 호출할 준비가 끝났다. Example-4는 나머지 예제와는 달리 제스트 대신 싸이프러스를 사용한다. 아무튼 싸이프러스를 다음과 같이 npm 테스트 스크립트를 실행하려고 한다.

```
npm test
```

예제 8.14는 이 테스트를 동작하도록 구성한 package.json을 보여준다. cypress run을 호출하는 테스트 스크립트이며, 싸이프러스를 Headless 모드로 실행한다. 싸이프러스 테스트를 명령창에서의 제스트 테스트처럼 실행하게 된다.

예제 8.14 싸이프러스를 실행하는 npm 스크립트인 package.json 파일(chapter-8/example-4/package.json)

```
{
  "name": "example-4",
  "version": "1.0.0",
  "scripts": {
    "test:watch": "cypress open",        ← npm run cypress 명령을 호출하고
                                           싸이프러스 화면을 연다.
    "test": "cypress run"    ←    명령창에서 싸이프러스 화면 없이
  },                              테스트를 실행하는 npm test를
  "dependencies": {},             호출한다.
  "devDependencies": {
    "cypress": "^4.4.1",
    "mongodb": "^3.5.6"
  }
}
```

싸이프러스 화면을 여는 cypress open을 호출하기 위해 npm run test:watch 스크립트를 사용한다. 싸이프러스 화면을 사용하면 자동으로 라이브 리로드 해주므로 이 옵션을 선호하는데, 제스트에서 라이브 리로드 모드를 위해 -watch/--watchAll 인수로 실행하는 것과 비슷하다. 이러한 기능이 필요하다면 간단하게 npm run test:watch를 사용해 호출하며, 제스트인지 싸이프러스 프로젝트인지 고민할 필요 없이 기대하는 결과만 얻을 수 있으면 된다.

8.8.8 지금까지 완료한 것

이제 테스트의 전체적인 모습을 둘러보는 마지막 단계에 거의 도달했다. 단위 테스트, 통합 테스트를 배웠고 이제 E2E 테스트를 다루고 있다.

여기서 테스트의 성능적인 면을 이해할 수 있었다. 통합 테스트는 단위 테스트보다 느리고, E2E 테스트는 통합 테스트보다 느리다. 또한 각각의 단위 테스트가 작은 범위의 격리된 코드를 대상으로 하는 것을 봤다. 통합과 E2E 테스트는 더 작은 수의 테스트로 더 넓은 범위의 코드를 효과적으로 테스트할 수 있었다.

지금 가질 수 있는 의문은 각 테스트 종류별로 몇 번 테스트를 실행해야 할 것인가. 정해진 답이 없다는 것이 답이다.

하지만 수백 또는 수천 번의 단위 테스트가 필요하다고 말해볼 수 있겠다. 그리고 훨씬 작은 수의 통합 테스트가 필요하고, 훨씬 더 작은 수의 E2E 테스트도 필요하다. 몇 번의 테스트가 필요한지 말하기 어려운 이유는 테스트가 끝날 때까지 얼마나 기꺼이 기다려줄 수 있는가에 달려 있다. 밤새도록 기다릴 수 있거나 주말에도 테스트 세트가 완료될 때까지 기다리는 것도 행복할 수 있다면, 수백 또는 수천 번의 E2E 테스트도 가능하지 않을까 싶다.

개발자로서 더 빠르고 이해할 수 있는 결과를 원하기 쉽다. 이와 같은 이유로 단위 테스트를 가볍게 여길 수 없다. 거대한 양의 코드와 범위를 감당할 수 있는 매우 빠르고 많은 단위 테스트가 있다면, 바로 필요한 것을 갖춘 것이다. 개발자들이 일상적으로 매번 자신의 코드를 작성하는 순간마다 필요한 것이기 때문이다. 테스트 세트가 느리다면 개발자들은 쓰지 않으려고 할 것이고 결과적으로 업데이트하지 않는다. 이는 모두가 원하지 않는 결과다.

테스트 종류에 관해서 프로젝트 마지막 순간에는 뭐가 맞는지 알 수 없다. 심지어 어떤 종류의 테스트인지조차도 구분하기 애매하다. 어디서 단위 테스트를 시작하고 통합 테스트를 시작할 것인지 묻게 된다. 모든 테스트가 그 구분이 모호한 상태에 도달한다.

8.9 CD 파이프라인 자동 테스트

이제 자동 테스트의 핵심에 이르렀다. 자동 테스트 세트를 알아볼 차례다. 테스트를 자동화해보자.

완전한 자동으로 만들려면 테스트를 코드 리포지터리에서 직접 다룰 수 있어야 한다. 개발자가 코드 리포지터리에 변경 사항을 반영하면, 자동으로 코드의 품질을 검사하기 위한 테스트 세트를 실행하고자 한다. 이를 위해서는 테스트를 운영 시스템 배포 이전의 자동 검사점checkpoint 위치에 CD 파이프라인에 추가해야 한다. 테스트를 통과한 경우 코드는 운영으로 넘어간다. 만약 실패하면 코드는 배포되지 않을 것이다. 간단한 얘기이고, 그림 8.13이 이 시나리오를 보여준다.

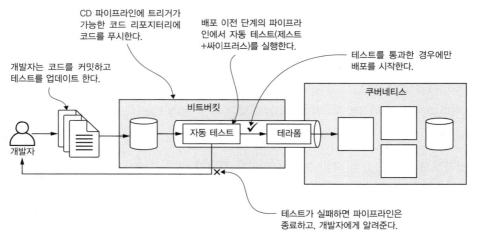

CD 파이프라인에 트리거가 가능한 코드 리포지터리에 코드를 푸시한다.

배포 이전 단계의 파이프라인에서 자동 테스트(제스트 +싸이프러스)를 실행한다.

테스트를 통과한 경우에만 배포를 시작한다.

개발자는 코드를 커밋하고 테스트를 업데이트 한다.

개발자

비트버킷

자동 테스트

테라폼

쿠버네티스

테스트가 실패하면 파이프라인은 종료하고, 개발자에게 알려준다.

▲ **그림 8.13** CD 파이프라인 내의 자동 테스트

앞에서 package.json의 npm 테스트 스크립트 구성을 다룬 이유는 CD 파이프라인에서의 자동 테스트를 통합하는 방법과 관련이 있다. 7장에서 배웠듯이 CD 파이프라인은 마치 쉘 스크립트를 실행하는 것처럼 단순하다(그래도 GUI를 제공하는 도구 역시 있다). 자동 테스트를 추가하는 것을 쉽게 한다. npm 테스트 스크립트가 구성돼 있다면, 배포 쉘 스크립트에서 다음 명령을 간단하게 호출하면 된다.

```
npm test
```

예제로 7장의 example-4에 대해서 자동 테스트를 추가해보자. 예제 8.15는 Bitbucket 파이프라인을 설정하는 YAML 파일을 나타낸다. 지금은 `npm test`를 배포 스크립트를 실행하기 전에 호출해야 한다.

자동 테스트가 실패하면 즉 `npm test`가 영이 아닌 종료 코드를 반환하면(싸이프러스, 제스트 모두 실패하면 이렇게 동작한다), 파이프라인 과정은 실패하고 취소된다. 결과적으로 실패한 테스트는 운영에 배포되는 것을 막을 수 있다.

예제 8.15 CD 파이프라인에서 테스트 실행(chapter-7/example-4/bitbucket-pipelines.yaml 파일 수정)

```
image: hashicorp/terraform:0.12.6

pipelines:
    default:
      - step:
          name: Build and deploy
          services:
             - docker
          script:
             - export VERSION=$BITBUCKET_BUILD_NUMBER
             - cd video-streaming && npm install
       ➡ && npm test
             - chmod +x ./scripts/deploy.sh
             - ./scripts/deploy.sh
```

7장의 비디오 스트리밍 마이크로서비스의 테스트 실행 ➡ `&& npm test`

CD 파이프라인에서 제스트를 실행하는 것은 확실히 쉽다. 예제 8.15에서 `npm install`로 설치한다.

싸이프러스 실행은 조금 더 복잡하다. 싸이프러스가 워낙 용량이 커서 CD 서버에 캐시를 설정할 필요가 있고 싸이프러스를 매번 파이프라인에서 호출할 때마다 다운로드하지 않도록 해야 한다. 이 부분은 세부적인 내용이 많고 CD 공급자에 따라 다르므로 이 책에서는 다루지 않는다.

싸이프러스 테스트를 실행하기 전에 앱을 실행해두는 배포 스크립트도 필요하다. 더 어려운 고급 주제다. 이 책에서 다루는 범위를 넘어서지만 배포 파이프라인에서 자동으로 E2E 테스트를 수행하기 위해 알아야 할 주제다.

8.10 테스트 검토

8장을 마치기 전에 다음과 같이 제스트와 싸이프러스로 테스트를 어떻게 실행했는지 살펴볼 수 있다.

▼ 표 8.2 테스트 명령어 검토

명령어	상세
npx jest -init	제스트 설정 파일을 초기화한다.
npx jest	제스트 내에서 테스트를 실행한다.
npx jest --watch	라이브 리로드가 활성화된 상태로 테스트를 실행해, 코드를 변경하면 다시 테스트를 실행한다. 어떤 파일이 변경된 건지 확인하기 위해 깃을 사용한다.
npx jest --watchAll	깃이 알려주는 변경 이외에도 모든 파일의 변경을 모니터하는 것을 제외하고 위와 동일하다.
npx cypress open	싸이프러스 화면을 열고 테스트를 실행한다. 기본적으로 라이브 리로드가 가능하다. 코드를 변경하면 테스트를 자동으로 다시 실행한다.
npx cypress run	싸이프러스 테스트를 Headless 모드로 실행해, 명령창이나 CD 파이프라인에서 사용자 인터페이스 없이 실행하도록 한다.
npm test	테스트를 실행하는 npm 스크립트다. Package.json 파일 설정에 따라 제스트나 싸이프러스, 또는 두 개 모두 실행한다. 테스트 세트를 CD 파이프라인에서 실행하기 위해 사용하는 명령어다.
npm run test:watch	라이브 리로드 모드로 테스트를 실행하기 위해 개인적으로 이름을 붙인 명령어다. Package.json 파일에서 설정해서 사용한다.

8.11 배움을 이어 가기

8장에서는 자동 테스트의 기본을 배웠다. 자신만의 테스트 체계를 만들어보기에 충분하지만 테스트는 광범위한 주제이며 분야에 따라 특수하다. 더 자세한 내용을 알아보기 위해 다음과 같은 책들을 참고할 수 있다.

- 『단위 테스트』(에이콘, 2021)
- *The Art of Unit Testing*, 2nd ed., by Roy Osherove(Manning, 2013)

- *Testing Java Microservices* by Alex Soto Bueno, Andy Gumbrecht, and Jason Porter(Manning, 2018)
- *Testing Microservices with Mountebank* by Brandon Byars(Manning, 2018)

또한 *Exploring JavaScript Testing* by Elyse Kolker Gordon(Manning, 2019)을 보면 매닝출판사의 여러 책의 테스트에 대한 무료 컬렉션을 제공한다.

- https://www.manning.com/books/exploring-javascript-testing

제스트에 대한 더 자세한 내용은 다음 제스트 웹페이지와 시작 가이드를 참고할 수 있다.

- https://jestjs.io/
- https://jestjs.io/docs/en/getting-started

싸이프러스에 대한 더 자세한 설명은 다음의 웹 페이지와 문서를 참고할 수 있다.

- https://www.cypress.io/
- https://docs.cypress.io/guides/getting-started/installing-cypress.html
- https://docs.cypress.io/guides/core-concepts/introduction-to-cypress.html

요약

- 자동 테스트는 여러 마이크로서비스에 대한 용량을 조정하는 데 필수적이다.
- 단위 테스트, 통합 테스트, E2E 테스트와 테스트 피라미드에서 어디에 적합한지 배웠다.
- 단위 테스트와 통합 테스트를 제스트를 사용해 만들고 실행했다.
- 도커 컴포즈와 싸이프러스를 사용해 E2E 테스트를 만들었다.
- 통합 테스트와 E2E 테스트를 위해서 테스트 데이터를 가진 데이터베이스를 구동하기 위해 초기 데이터를 어떻게 활용하는지 알아봤다.
- 자동 테스트를 자신의 CD 파이프라인에 어떻게 통합하는지 알아봤다.

9

플릭스튜브 탐색

9장에서 다루는 주제

- 지금까지 배운 도구 점검
- 플릭스튜브의 설계와 주요 코드 경로 이해
- 개발 환경에서 플릭스튜브 빌드, 실행 및 테스트
- 테라폼으로 운영 환경에 플릭스튜브 배포
- 플릭스튜브의 CD 파이프라인 만들기

9장에 도착하기까지 긴 여정이었다. 여기까지 오면서 마이크로서비스를 빌드하고, 테스트하고, 운영 환경에 배포하기 위해 많은 도구들을 사용했다. 9장에서는 완성된 버전의 플릭스튜브 예제 앱으로 그동안의 노력에 대한 열매를 얻을 것이다.

9장에서는 플릭스튜브가 전체적으로 어떻게 동작하는지 배우고, 새로운 마이크로서비스를 만나게 된다. 비록 간단한 마이크로서비스 앱이지만 그간 사용한 기술들을 점검하고, 다시 사용해볼 것이다.

먼저 개발 환경에서 플릭스튜브를 빌드하고 실행하는 것으로 시작한다. 다음으로 8장에서 배운 것처럼 테스트를 실행할 것이다. 결국에는 플릭스튜브를 운영 환경의 쿠버네티스 클러스터에 배포하고, 이를 위한 CD 파이프라인을 생성한다.

9.1 새로운 도구는 없다

마이크로서비스 앱을 만들기 위해 필요한 주요 도구들을 이미 모두 배운 것을 축하한다.
물론 우리가 알아야 할 더 깊이 있는 지식이 있다. 또한 우리가 배울 수 있는 많은 다른
도구들이 있으며, 앞으로도 새로운 도구들이 등장할 것이다.

하지만 이 책의 목적에 맞게 마이크로서비스를 기반으로 앱을 제작하는 최소한의 도구를
배웠다. 개발을 계속하면서 더 깊이 들어가면 특정 프로젝트에서 문제들을 만날 것이고,
위 도구들을 더 깊게 파고들어야 할 것이다. 지금은 플릭스튜브의 첫 버전을 완성할 도구
상자에 충분한 도구들을 갖고 있다. 그럼 이제 시작해보자.

9.2 코드 다운로드

9장을 따라 하기 위해서 코드를 다운로드하거나 리포지터리를 복사할 수 있다.

- 코드의 압축파일 다운로드는 다음 링크를 사용한다.

  https://github.com/bootstrapping-microservices/chapter-9

- 깃을 사용해 코드를 복사하려면 다음의 명령을 사용한다.

```
git clone https://github.com/bootstrapping-microservices/chapter-9.git
```

깃 설치에 도움이 필요하다면 2장을 참고한다. 코드에 문제가 있을 경우 깃허브 리포지
터리에 문제를 알려주길 바란다.

9.3 필수 기술 점검

완성된 버전의 플릭스튜브 예제로 작업하기 위해서 마이크로서비스를 빌드, 실행, 테스
트 및 배포하기 위한 필수 기술들을 연습할 것이다. 다음 목록을 보면 얼마나 많은 영역
을 다뤘는지 깨달을 수 있을 것이다.

- Node.js로 마이크로서비스 실행하기(2장)
- 도커로 마이크로서비스 패키징하고 게시하기(3장, 6장)

- 도커 컴포즈로 개발 환경에서 앱을 빌드하고 실행하기(4장, 5장)
- 데이터베이스를 사용해 데이터를 저장하고 가져오기(4장)
- 외부 파일 저장소를 사용해 파일을 저장하고 가져오기(4장)
- 마이크로서비스 간에 HTTP 요청과 래빗MQ 메시지로 통신하기(5장)
- 제스트로 마이크로서비스 테스트하기(8장)
- 싸이프러스로 전체 앱 테스트하기(8장)
- 테라폼으로 쿠버네티스 클러스터에 앱 배포하기(6장, 7장)
- 비트버킷 파이프라인으로 CD 파이프라인 만들기(7장)

그림 9.1은 다시 만날 기술과 관련 내용을 그림으로 표현하고 있다. 9장을 최대한 활용해서 예제들을 따라가보자. 플릭스튜브를 직접 실행해 어떻게 동작하는지 학습하고 이해해보자. 이해한 것이 맞는지 테스트하고 향상시키기 위해서 직접 수정해서 돌려보자. 이러한 기술들을 견고한 기억으로 만드는 최선의 길은 연습이다.

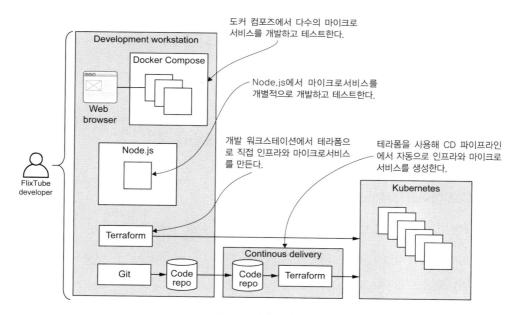

▲ **그림 9.1** 9장에서 점검할 필수 기술

9.4 플릭스튜브 개요

9장의 코드는 오직 한 개의 예제만 있다. 즉 완성된 플릭스튜브 프로젝트다. 9장 코드 리

포지터리의 example-1에서 찾을 수 있다. 일단 이 예제의 대략적인 구조부터 시작해보

자. 그림 9.2는 플릭스튜브의 최신 버전 모습을 보여준다.

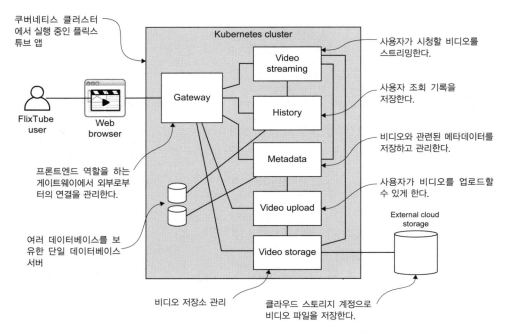

▲ **그림 9.2** 완성된 플릭스튜브 예제 앱의 개요

9.4.1 플릭스튜브 마이크로서비스

그림 9.2에 있는 마이크로서비스의 일부는 이미 알고 있을 것이다. 예를 들면

- 비디오 스트리밍(2장에서 소개)
- 비디오 스토리지(4장)
- 히스토리(5장)
- 메타데이터(8장)

게이트웨이^{gateway}와 비디오 업로드처럼 아직 보지 못한 마이크로서비스도 있다. 표 9.1
은 각각의 마이크로서비스의 용도를 보여준다.

▼ **표 9.1** 플릭스튜브 마이크로서비스

마이크로서비스	용도
게이트웨이	앱의 접근 지점. 프론트엔드 서비스이고, REST API를 제공한다.
비디오 스트리밍	사용자가 시청할 비디오를 스토리지로부터 스트리밍한다.
히스토리	사용자 조회 기록을 저장한다.
메타데이터	비디오의 세부 정보와 메타데이터를 저장한다.
비디오 업로드	비디오를 스토리지에 업로드하는 작업을 관리한다.
비디오 스토리지	외부 클라우드 스토리지에 비디오를 저장하거나 가져오는 역할을 한다.

9.4.2 마이크로서비스 프로젝트 구조

전체 앱에 대한 프로젝트 구조를 살펴보기 전에 먼저 개별 Node.js 마이크로서비스의 구조
부터 확인해보자. 9장 코드 리포지터리의 example-1에 있는 metadata 디렉터리를 연다.

메타데이터 마이크로서비스를 예로 들면, 그림 9.3과 같은 프로젝트의 구조를 보여준다.
전형적인 Node.js 프로젝트이고, 모든 플릭스튜브의 마이크로서비스가 같은 구조를 갖
고 있다.

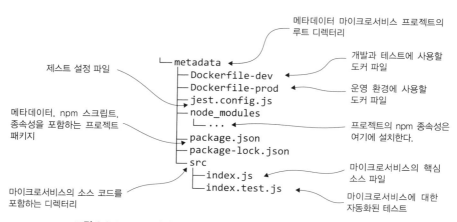

메타데이터 마이크로서비스 프로젝트의
루트 디렉터리

제스트 설정 파일

개발과 테스트에 사용할
도커 파일

운영 환경에 사용할
도커 파일

메타데이터, npm 스크립트,
종속성을 포함하는 프로젝트
패키지

프로젝트의 npm 종속성은
여기에 설치한다.

마이크로서비스의 핵심
소스 파일

마이크로서비스의 소스 코드를
포함하는 디렉터리

마이크로서비스에 대한
자동화된 테스트

```
metadata
  Dockerfile-dev
  Dockerfile-prod
  jest.config.js
  node_modules
    ...
  package.json
  package-lock.json
  src
    index.js
    index.test.js
```

▲ **그림 9.3** Node.js 마이크로서비스 프로젝트 구조(메타데이터 마이크로서비스)

9.4.3 플릭스튜브 프로젝트 구조

이제 전체적인 플릭스튜브 프로젝트 구조를 살펴보자. 그림 9.4는 하위 디렉터리에 있는 개별 마이크로서비스를 포함한 프로젝트의 구성을 보여준다. 9장 코드 리포지터리의 example-1 디렉터리를 열고 직접 살펴보자.

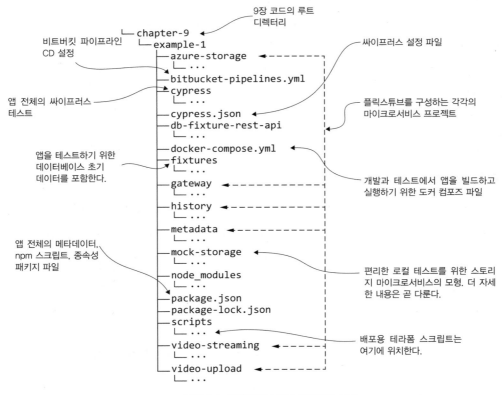

▲ **그림 9.4** 전체 플릭스튜브 프로젝트 구조

단순하게 만들기 위해 플릭스튜브는 단일 코드 리포지터리로 만들었다. 단일 리포지터리를 사용하는 것은 마이크로서비스 개발을 배우는 훌륭한 방법이고(독자도 간단해서 편하니까), 나중에 마이크로서비스 전문가가 돼서도 새로운 마이크로서비스 앱을 만들기 시작할 때 단순하고 편리한 방법이다. 물론 단일 리포지터리는 예제 코드를 내가 독자에게 공유하기에도 편리하다.

앞에서 언급했겠지만, 운영 환경의 마이크로서비스는 보통 단일 코드 리포지터리를 가질 일이 없다. 단일 리포지터리는 마이크로서비스를 사용할 때 얻을 수 있는 가장 큰 장점을 잃어버린다. 즉 독립적으로 배포할 수 있다는 점을 말이다. 모든 마이크로서비스가 하나의 리포지터리에 있다는 것은 (매우 똑똑한 CD 파이프라인이 없다면) 모두 함께 배포된다는 뜻이다.

실제 환경의 마이크로서비스는 대부분 여러 리포지터리로 나뉘어 있으며, 마이크로서비스마다 하나씩 구분된 리포지터리를 가진다. 지금은 단순하고 편리하게 플릭스튜브를 하나의 리포지터리로 진행할 것이다. 11장에서는 단일 리포지터리와 여러 개인 경우를 비교하고, 플릭스튜브의 코드 리포지터리를 어떻게 나눌 수 있는지 알아볼 것이다.

9.5 개발 환경에서 플릭스튜브 실행하기

플릭스튜브를 개발 워크스테이션이나 개인 컴퓨터에서 실행하는 것이 첫 단계다. 그림 9.5는 개발 환경이 어떻게 구성되는지 보여준다. video-storage 마이크로서비스는 모형 버전으로 대체했다는 점을 유의하자. 이런 방법과 이유는 곧 설명할 것이다.

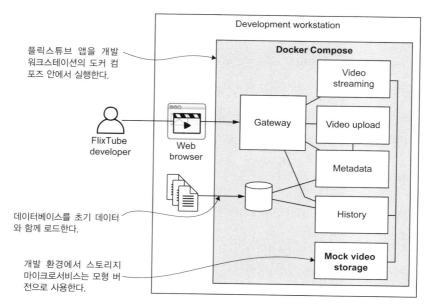

▲ **그림 9.5** 개발 환경의 플릭스튜브

9.5.1 마이크로서비스 부팅하기

전체 앱을 부팅하기 전에 개별 마이크로서비스를 어떻게 시작하는지 다시 알아볼 필요가 있다. 새로운 마이크로서비스를 개발하거나 기존의 마이크로서비스로 작업할 때, 가끔은 앱 밖에서 독립적으로 실행할 필요가 있다.

마이크로서비스를 위해 Node.js를 사용하고 있으므로, 개발 워크스테이션의 Node.js로 직접 마이크로서비스를 실행한다는 의미다. 2장과 8장을 따라서 작업했다면, Node.js는 이미 설치돼 있을 것이다. 아니면 2.5.4절을 보면 된다. Node.js 프로젝트를 실행하기 전에 먼저 종속성을 다음과 같이 설치해야 한다.

```
npm install
```

Node.js 프로젝트를 실행하기 위해 다음과 같이 npm start 스크립트를 사용한다.

```
npm start
```

위 명령은 프로젝트의 package.json 파일에 지정된 명령을 호출한다. 플릭스튜브의 모든 마이크로서비스는 이 Node.js 규칙을 따르고 있다. 즉 운영 모드에서 독립적으로 실행하기 위해서 플릭스튜브의 어떤 마이크로서비스도 시작할 수 있는 방법은 알고 있는 것이다.

개발 중일 때 더 바람직한 방법은 마이크로서비스를 개발 모드로 실행하는 것이다. 2.6.8절에서 다룬 라이브 리로드가 가능하도록 만들어서 코드를 편집하면, 변경 사항이 적용된 마이크로서비스가 자동으로 재시작될 수 있다. 개인적으로 만든 규칙인 start:dev 스크립트를 사용해 플릭스튜브의 모든 마이크로서비스를 개발 모드로 실행할 수 있다.

```
npm run start:dev
```

운영과 개발 모드, 라이브 리로드의 복습이 필요하다면 2.6.7절과 2.6.8절을 참고한다.

아마도 대부분의 플릭스튜브 마이크로서비스는 따로 시작하기 어렵게 만들 수 있는 종속성을 갖고 있다는 것을 알고 있을 것이다. 대부분 데이터베이스나 래빗MQ 서버가 필요하다. 이 문제는 다음 중 하나의 방법으로 다룰 수 있다.

- MongoDB와 래빗MQ를 개발 워크스테이션에 설치한다. 단기적으로 힘든 방법이지만 길게 보면 매우 유용하다.

- 도커나 도커 컴포즈를 사용해 MongoDB와 래빗MQ 서버 컨테이너 인스턴스를 만든다. 편리하고 효과적이며 간단한 방법이다.

- MongoDB, 래빗MQ 및 다른 종속성의 모형을 만든다. 8장에서 한 작업과 비슷하다. 아마도 자동화된 테스트를 위해서는 이 방법을 원할 수 있다.

9.5.2 앱 부팅하기

이제 4장에서 소개하고 지금까지 사용한 도커 컴포즈로 전체 앱을 부팅해보자. 일상적으로 개발하는 동안 앱을 자주 빌드하고 다시 시작하게 된다. 도커 컴포즈로 이런 작업을 간단하게 처리할 수 있다. 가끔은 개별 마이크로서비스 하나에 집중해서 시간을 쓰기도 하지만, 여전히 관련된 마이크로서비스를 개선하면서 더 큰 범위로 앱을 자주 테스트하길 원할 수도 있다.

4, 5, 8장의 예제를 따라 작업했다면, 도커 컴포즈가 이미 설치돼 있을 것이다. 아니면 4.3.2절로 돌아가서 내용을 참고해 설치하자. 이제 VS Code로 9장의 example-1 디렉터리를 열고 코드를 직접 살펴보자.

예제 9.1은 도커 컴포즈 파일(docker-compose.yaml)이 어떤 것인지 상기시켜준다. 이 파일의 플릭스튜브 버전은 이 책에서 가장 크므로 예제 9.1에서는 간단하게 줄였다. 대부분의 항목이 비슷하므로 생략해도 무방하다. 하나를 보면 기본적으로 모두를 본 것이나 다름없다.

예제 9.1 플릭스튜브를 개발 환경에서 부팅하기 위한 도커 컴포즈 파일(단순화한 chapter-9/example-1/docker-compose.yaml의 일부)

```
version: '3'
services:

  db:   ◀──── MongoDB 데이터베이스 컨테이너를 시작한다.
    image: mongo:4.2.0
    container_name: db
```

```
      # ... 코드 생략 ...
```
래빗MQ 서버 컨테이너를 시작한다.
```
  rabbit:
    image: rabbitmq:3.8.1-management
    container_name: rabbit
    # ... 코드 생략 ...
```
초기 데이터를 로드하기 위한 REST API를 시작한다.
```
  db-fixture-rest-api:
    image: db-fixture-rest-api
    build:
    context: ./db-fixture-rest-api
    dockerfile: Dockerfile
    container_name: db-fixture-rest-api
    # ... 코드 생략 ...
```
video-streaming 마이크로 서비스를 빌드하고 시작한다.
```
  video-streaming:
    image: video-streaming
    build:
    context: ./video-streaming
    dockerfile: Dockerfile-dev
    container_name: video-streaming
    # ... 코드 생략 ...

  # ... 다른 마이크로서비스 코드 생략
```
다른 플릭스튜브의 마이크로서비스는 여기서부터 위치한다.

대부분의 플릭스튜브 마이크로서비스에 대한 코드는 예제 9.1에서 생략했지만, 오래된 친구인 video-streaming 마이크로서비스는 볼 수 있다. 4장에서 다룬 데이터베이스와 5장에서 다룬 래빗MQ, 8장에서 다룬 자동 테스트로 사용할 초기 데이터를 위한 REST API를 구성하는 부분도 있다. 이제 도커 컴포즈를 사용해 플릭스튜브를 빌드하고 시작해보자.

```
cd example-1
docker-compose up --build
```

빌드해서 시작하는 데 시간이 조금 걸린다. 특히 예전에 이 작업을 해본 적이 없다면 더욱 그렇다. 도커는 기본 이미지를 다운로드해서 캐시해야 한다.

플릭스튜브 앱이 실행 중이라면 브라우저를 열고 플릭스튜브 메인 페이지를 보기 위해 http://localhost:4000 주소를 열자. 플릭스튜브가 반짝거리는 새로운 사용자 인터페이스를 갖고 있다는 사실을 알게 될 것이다. 곧 조금 더 이 이야기를 해볼 것이다. 지금은 플릭스튜브 화면을 탐색하는 데 시간을 조금 써 보자.

1. 업로드 페이지를 열어본다.
2. 비디오를 업로드한다.
3. 메인 페이지로 돌아가 업로드한 비디오를 목록에서 본다.
4. 비디오를 클릭해서 재생한다.

개발을 완료하면 개발 워크스테이션의 자원을 낭비하지 않도록 플릭스튜브를 종료하는 것을 잊지 말자. 도커 컴포즈가 실행 중인 터미널에서 Ctrl+C를 누르고, 다음 명령어를 실행한다.

```
docker-compose down
```

9.6 개발 환경에서 플릭스튜브 테스트하기

테스트는 개발 훈련에 필수 과정이다. 수동으로 테스트할 수 있어야 하지만 효율성, 신뢰성, 반복성 측면에서 자동 테스트를 능가할 수 없다.

8장에서 제스트와 싸이프러스를 사용한 여러 가지 테스트 방법을 알아봤다. 여기서 다시 점검해보자. 8장에서 본 다양한 테스트는 9장 코드 리포지터리에 대해서도 반복된다. 그것들을 완성된 플릭스튜브를 대상으로 수행할 것이다.

물론 실제 앱은 여기서 하는 몇 가지 테스트보다 더 많은 테스트가 필요하다. 여기서는 단지 시연일 뿐이고, 완벽한 테스트에 관한 주제는 여기서 다루지 않는다. 다음 절을 따라 하면서 직접 테스트를 시도해보자.

9.6.1 제스트로 마이크로서비스 테스트하기

플릭스튜브의 메타데이터 마이크로서비스는 8장의 제스트 단위 테스트를 포함하고 있다. 이 테스트를 실행하기 전에 다음과 같이 종속성을 설치하자.

```
cd chapter-9/example-1/metadata
npm install
```

이제 표준 npm test 스크립트 규칙에 맞게 다음과 같이 테스트를 실행하자.

```
npm test
```

위 명령은 8장에서 설정한 메타데이터 마이크로서비스의 package.json 파일에서 관련된 명령을 실행한다. 그림 9.6은 성공한 테스트 결과를 보여준다.

또한 이 테스트를 라이브 리로드 모드로 실행할 수 있다. 즉 코드를 편집하면 테스트가 자동으로 재시작할 것이다. 이 동작은 또 다른 npm 스크립트인 test:watch(개인적으로 사용하는 규칙)를 사용한다.

```
npm run test:watch
```

제스트의 더 자세한 내용을 다시 살펴보고 싶다면, 8.5절을 참고한다. 제스트 npm 설치와 라이브 리로드에 대해서는 8.5.8절을 참고한다.

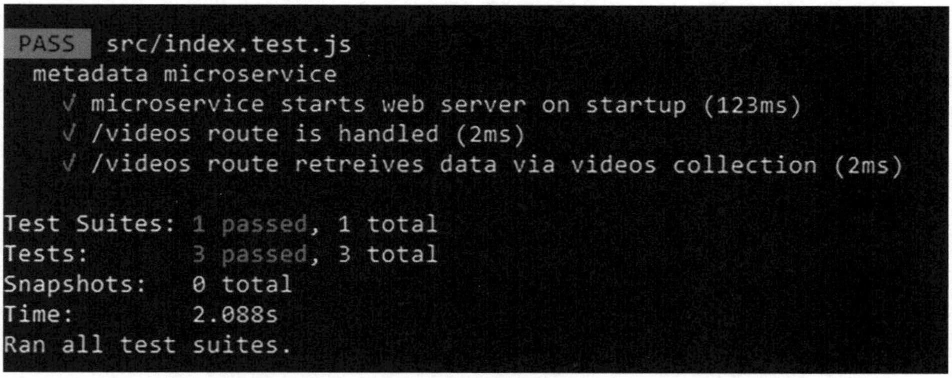

```
PASS  src/index.test.js
  metadata microservice
    √ microservice starts web server on startup (123ms)
    √ /videos route is handled (2ms)
    √ /videos route retreives data via videos collection (2ms)

Test Suites: 1 passed, 1 total
Tests:       3 passed, 3 total
Snapshots:   0 total
Time:        2.088s
Ran all test suites.
```

▲ **그림 9.6** 제스트를 사용한 메타데이터 마이크로서비스의 성공한 테스트 결과

9.6.2 싸이프러스로 앱 테스트하기

8장에서처럼 싸이프러스로 E2E$^{end-to-end}$ 테스트도 플릭스튜브 앱에 대해서 실행할 수 있다. 8장에서는 플릭스튜브를 단순화한 버전을 테스트했다. 하지만 여기서는 전체 앱을 대상으로 한다. 테스트를 실행하려면 먼저 플릭스튜브 프로젝트의 종속성을 설치해야 한다.

```
cd chapter-9/example-1
npm install
```

아직 앱을 시작하지 않았다면 다음과 같이 앱을 시작한다.

```
docker-compose up --build
```

이제 정식 npm 테스트 스크립트를 실행하자. 여기서는 싸이프러스를 호출하도록 설정돼 있다.

```
npm test
```

위 명령은 터미널에서 Headless 모드로 실행한다. 개발 과정에서 그림 9.7과 같이 싸이프러스 화면이 필요할 수 있다. 그렇다면 싸이프러스 화면을 시작하도록 설정한 test:watch 스크립트를 사용한다.

```
npm run test:watch
```

싸이프러스 화면이 있다면 프론트엔드에 영향을 주는 코드를 변경해 결과를 시각적으로 확인할 수 있다. 싸이프러스에 대한 더 자세한 내용을 다시 보고 싶다면 8.8절을 참고한다. 싸이프러스 npm 설치는 8.8.7절을 참고한다.

▲ **그림 9.7** 싸이프러스를 사용한 플릭스튜브 자동 테스트가 성공한 화면

9.7 플릭스튜브 심층 분석

지금까지는 플릭스튜브를 개괄적으로 이해할 수 있었다. 각각의 마이크로서비스와 용도
는 알고 있다. 개발 워크스테이션에서 앱을 어떻게 빌드, 실행, 테스트하는지도 알고 있
다. 운영 환경에 플릭스튜브를 배포하기 전에 먼저 세부적인 내용을 더 깊게 이해해보자.
이번 절을 통해서 플릭스튜브를 다방면으로 살펴볼 것이다.

- 초기 데이터
- 스토리지 마이크로서비스 모형화
- 게이트웨이
- 플릭스튜브 사용자 인터페이스
- 비디오 스트리밍
- 비디오 업로드

9.7.1 초기 데이터

먼저 자동 테스트를 실행하기 전에 실제 데이터 세트를 갖춘 데이터베이스를 로드해서 사용한 8장의 초기 데이터에 대해서 먼저 알아보자. 자동 테스트 때문에 사용하긴 했지만 수동 테스트와 운영을 시연할 때에도 유용하다. 앱을 부팅하면서 온전한 데이터를 함께 보여줄 준비가 돼 있다면 매우 큰 도움이 된다.

제스트로 단위 테스트를 할 때 MongoDB 데이터베이스 라이브러리를 모형으로 사용했고 모형이 제공하는 가짜 데이터로 대체했기 때문에 어떤 데이터도 필요 없었다. 제스트로 통합 테스트를 할 때에는 MongoDB 라이브러리로 직접 테스트 코드에서 MongoDB 데이터베이스와 상호작용이 가능했다. 테스트 코드 안에서 테스트 데이터를 사용할 수 있었지만, 별도의 데이터 파일을 생성할 필요가 없었기 때문에 편리했다.

싸이프러스로 E2E 테스트를 했을 때에는 다른 방법을 찾아야 했다. 싸이프러스 테스트는 브라우저(싸이프러스는 크롬을 기반으로 하는 일렉트론 프레임워크로 제작했다)에서 실행하기 때문에 오직 Node.js에서 실행하는 MongoDB 라이브러리에 접근하지 않았다. 이 경우 MongoDB 데이터베이스를 다루기 위해 직접 접근하는 일이 없었다.

이 문제를 해결하기 위해서 초기 데이터를 위한 REST API를 만들었다. 이 REST API는 이 책에서 지금까지 봤던 다른 마이크로서비스와 비슷하다. 여기서 코드를 직접 보여주지는 않지만, 직접 살펴보면 이미 익숙할 것이다. REST API 코드는 8장 코드 리포지터리와 이를 복사한 9장의 코드 리포지터리에 포함돼 있으므로, 플릭스튜브를 테스트할 때 사용할 수 있다. 참고로 원본 소스 코드는 깃허브의 https://github.com/ashleydavis/db-fixture-rest-api에서 찾을 수 있다. 앞의 예제 9.1의 도커 컴포즈 파일 안에서 REST API의 컨테이너 설정을 볼 수 있다.

초기 데이터가 어떤 형태인지 이해하려면 예제 9.2를 참고한다. 초기 데이터는 chapter-9/example-1 밑에 있는 fixtures 디렉터리에 저장돼 있다.

플릭스튜브는 예제 9.2와 같이 videos.js 파일 안에 오직 한 세트의 초기 데이터만 있다. 파일 이름은 데이터를 저장할 데이터베이스 컬렉션을 가리킨다. 이 데이터는 videos 컬렉션에 로드할 것이다.

위 파일을 포함하고 있는 디렉터리는 초기 데이터 이름을 나타낸다. 여기서는 디렉터리 이름이 two-videos이므로 초기 데이터 이름도 two-videos다. 데이터베이스에 두 개의 비디오에 대한 메타데이터를 로드하는 게 목적이기 때문에 그렇게 이름을 지었다. 일반적으로 의미 있는 이름을 부여해야 그 용도를 쉽게 기억할 수 있다.

각각의 초기 데이터는 여러 파일로 이뤄져 있다. 여기서는 two-videos에 대해서 파일이 한 개만 있지만 데이터베이스의 컬렉션 내용을 추가하기 위해서 더 많은 파일을 사용할 수도 있다.

예제 9.2 플릭스튜브 초기 데이터 예제(chapter-9/example-1/fixtures/two-videos/videos.js)

```
const mongodb = require("mongodb");    ◄──  MongoDB 라이브러리를 가져와 ID
                                             데이터베이스를 생성할 수 있다.

module.exports = [    ◄──  메타데이터 데이터베이스의 비디오
    {                       컬렉션에 추가할 데이터를 내보낸다.
        _id:
        ➡ mongodb.ObjectId("5ea234a1c34230004592eb32"),   ◄──
        name: "SampleVideo_1280x720_1mb.mp4"                      새로운 레코드를 위한
    },                                                            데이터베이스의 ID를
    {                                                             생성한다.
        _id:
        ➡ mongodb.ObjectId("5ea234a5c34230004592eb33"),   ◄──
        name: "Another video.mp4"
    }
];
```

비디오의 파일명을 설정한다.

9.6.2절에서 싸이프러스 테스트를 실행했다면, 이 초기 데이터를 이미 사용한 것이다. 예제 9.2의 데이터는 실제로 자바스크립트 파일이다. 이러한 용도로 JSON이나 자바스크립트를 사용할 수 있다. JSON은 정적인 데이터에 적합하지만, 자바스크립트는 동적인 데이터를 생성하기에 좋은 방법이다. 즉 테스트 데이터를 생성하기 좋은 유연성을 갖고 있다. 예제 9.2에서 테스트 데이터를 주기 위해서 데이터베이스의 ID들을 어떻게 MongoDB 라이브러리를 사용해 만드는지 살펴보자.

9.7.2 스토리지 모형화

개발의 편의를 위해 애저 버전의 비디오 스토리지 마이크로서비스를 모형 버전으로 대체

했다. 이는 8.5.10절에서 사용한 모형과 비슷하다. 함수, 객체, 라이브러리를 모형 버전으로 대체하는 것 이외에도 전체 마이크로서비스를 가짜로 대체하려고 한다. 그림 9.8은 애저 스토리지를 스토리지 마이크로서비스 모형으로 대체한 플릭스튜브의 구조를 보여준다.

이 스토리지 마이크로서비스 모형이 전부 가짜는 아니다. 여전히 스토리지 관련 작업을 하지만 클라우드 스토리지 대신에 비디오를 로컬 파일시스템에 저장한다. 단지 테스트 때문만은 아니고, 편의성과 함께 개발 워크스테이션에서 전체 앱의 성능에 제약이 생길 수 있기 때문이다.

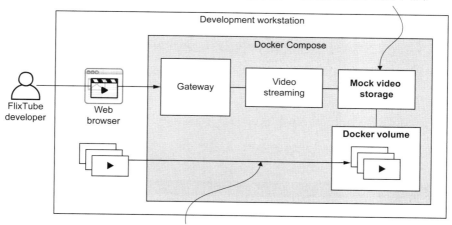

개발 환경에서 외부 파일 스토리지 마이크로서비스는 로컬 파일시스템을 사용하는 모형으로 대체한다. 즉 외부 종속성을 제거해서 전체 앱을 하나의 개발자 PC에서 동작하도록 설정하는 것이다. 이는 개발 작업을 더 쉽게 만들면서 개발자들이 실수로 서로 간섭하는 것을 예방할 수 있다.

개발 워크스테이션으로부터 공유된 도커 볼륨을 사용하는 모형의
비디오 스토리지 컨테이너로 비디오 파일을 공유한다.

▲ **그림 9.8** 클라우드 스토리지를 모형의 마이크로서비스로 대체하면 개발하는 동안 더 편리하고 효율적이다.

개발 환경에서 실행할 때에는 클라우드 스토리지 연결과 같은 외부적인 종속성을 배제하는 것을 선호한다. 위의 경우에도 스토리지를 로컬 파일시스템으로 제한해서 개발 환경 구성을 더 쉽게 만든다. 비디오를 로컬에 저장하고 클라우드에 전송하지 않으므로 성능도 향상된다. 이와 같은 변화에도 플릭스튜브는 정상적으로 동작하고, 다른 마이크로서비스들은 모형 버전으로 대체한 애저 스토리지 마이크로서비스가 사라진 것조차 알 수 없다.

복잡한 마이크로서비스를 간단한 모형 버전으로 대체하는 것은 편리한 것 이상으로 나중에도 필요한 경우가 생긴다. 지금은 플릭스튜브가 작은 앱이지만 세계를 지배하는 스트리밍 서비스가 됐다고 가정한다면, 컴퓨터 한 대에서 돌리기에 너무나 큰 앱으로 성장할 것이다.

그런 시점이 온다면 이 책의 모든 기술들을 적합하게 사용해야 한다. 이는 또한 필요 없는 마이크로서비스를 떼어내는 것도 포함한다. 예를 들어 테스트할 필요가 없다면 도커 컴포즈 파일에서 히스토리 마이크로서비스를 제거할 수도 있다.

> |**노트**| 크고 복잡한 마이크로서비스(필요하다면 마이크로서비스 그룹)를 제거 또는 대체하는 것은 앱의 규모를 줄이는 중요한 기술이다. 이를 통해 개발하는 동안에 한 대의 컴퓨터에서도 실행하기 적합하게 만들 수 있다.

예제 9.3은 플릭스튜브의 도커 컴포즈 파일에서 스토리지 마이크로서비스 모형의 설정을 보여준다. 애저 스토리지 마이크로서비스 설정과 비슷해보인다. 한 가지 다른 점은 호스트 운영체제와 컨테이너 간에 공유된 스토리지 디렉터리다. 이 디렉터리는 업로드한 비디오가 저장되는 곳이다. 이렇게 하면 마이크로서비스가 잘 동작하는지 테스트할 때 호스트 운영체제에서 비디오가 업로드됐는지 직접 확인할 수 있다.

예제 9.3 도커 컴포즈 파일의 스토리지 마이크로서비스 모형 설정(chapter-9/example-1/docker-compose.yaml)

```
video-storage:              ◀━━  video-storage로 DNS 이름을 설정한다(다른 마이
  image: mock-storage            크로서비스는 애저 스토리지 마이크로서비스가 모형
  build:                         버전으로 대체된 것을 모른다).
    context: ./mock-storage
    dockerfile: Dockerfile-dev  ◀━━ 모형 버전을 빌드할 때 azure-storage
  container_name: video-storage      에서 컨테이너를 빌드하는 대신에
  volumes:                           mock-storage 디렉터리를 사용한다.
    - /tmp/mock-storage/npm-cache:/root/.npm:z
    - ./mock-storage/src:/usr/src/app/src:z
    - ./mock-storage/storage:
    ⮕ /usr/src/app/storage:z   ◀━━ 호스트 운영체제와 컨테이너 간에 스토리지 이 경로의
  ports:                            디렉터리를 공유한다. 모형 버전이 잘 동작하는지 호스트
    - "4005:80"                     운영체제에서 확인할 수 있다.
```

```
    environment:
      - PORT=80
    restart: "no"
```

모형으로 마이크로서비스를 대체할 수 있는 것은 개발 과정에서 쓸 만한 옵션이다. 개발을 쉽게 만들지만 가끔은 모형이 아닌 실제 버전의 마이크로서비스에 집중해야 할 때도 있다. 모형이 아닌 상태로 테스트가 필요하다. 이런 경우에는 모형 버전을 실제 버전으로 도커 컴포즈 파일에서 단순히 교체하면 된다. 원한다면 직접 해볼 수 있다.

예제 9.4는 주석으로 처리한 실제 스토리지 마이크로서비스 설정을 보여준다. 간단하게 이 부분의 주석을 해제하고 모형 버전의 설정을 주석 처리하자. 그리고 앱을 다시 빌드하고 시작해보자. 이제 개발 환경에서 실제 스토리지 마이크로서비스를 테스트할 수 있다.

예제 9.4 주석 처리된 실제 스토리지 마이크로서비스(chapter-9/example-1/docker-compose.yaml)

```
# video-storage:
#   image: azure-storage
#   build:
#     context: ./azure-storage
#     dockerfile: Dockerfile-dev
#   container_name: video-storage
#   volumes:
#     - /tmp/azure-storage/npm-cache:/root/.npm:z
#     - ./azure-storage/src:/usr/src/app/src:z
#   ports:
#     - "4005:80"
#   environment:
#     - PORT=80
#     - STORAGE_ACCOUNT_NAME=<your-storage-account>
#     - STORAGE_ACCESS_KEY=<your-access-key>
#   restart: "no"
```

> 개발 과정에서 앱이 애저 스토리지 마이크로서비스를 포함하려면 이 부분의 주석을 해제하고, 모형 버전의 설정(예제 9.3)을 주석 처리한다. 효과적인 교체가 가능하다.

예제 9.5는 모형 버전의 스토리지 마이크로서비스를 보여준다. 모형 버전은 실제 마이크로서비스의 /video, /upload 경로를 로컬 파일시스템으로 대체한다. 실제 마이크로서비스의 인터페이스가 REST API를 따르고 있기 때문에 마이크로서비스 모형은 내용의 일부만 대체했다.

```javascript
const express = require("express");
const fs = require("fs");
const path = require("path");

const app = express();

const storagePath =
➡ path.join(__dirname, "../storage");

app.get("/video", (req, res) => {

    const videoId = req.query.id;
    const localFilePath = path.join(storagePath, videoId);
    res.sendFile(localFilePath);
});

app.post("/upload", (req, res) => {

    const videoId = req.headers.id;
    const localFilePath = path.join(storagePath, videoId);
    const fileWriteStream =
    ➡ fs.createWriteStream(localFilePath);
    req.pipe(fileWriteStream)
        .on("error", err => {
            console.error("Upload failed.");
            console.error(err && err.stack || err);
        })
        .on("finish", () => {
            res.sendStatus(200);
        });
});

const port = process.env.PORT && parseInt(process.env.PORT) || 3000;
app.listen(port, () => {
    console.log(`Microservice online`);
});
```

비디오를 저장할 로컬 파일시스템 경로를 설정한다.

스토리지에서 비디오를 스트리밍하기 위해 HTTP GET 경로 처리기

HTTP 요청의 응답으로 로컬 파일을 직접 전송한다.

비디오를 스토리지에 업로드하는 HTTP POST 경로 처리기

들어오는 HTTP 요청 body(업로드한 파일) 스트림을 로컬 파일로 저장한다.

418

9.7.3 게이트웨이

플릭스튜브는 게이트웨이 마이크로서비스가 하나 있다. 앱 안에서 사용자를 위한 게이트웨이 역할을 하기 때문이다. 현재 버전의 플릭스튜브는 전체 앱의 유일한 접근점이다. 게이트웨이는 프론트엔드 사용자 인터페이스를 제공하고, 사용자들이 웹 브라우저로 플릭스튜브와 상호작용을 할 수 있게 한다. 또한 REST API를 제공해서 프론트엔드가 백엔드와 상호작용도 가능하다.

플릭스튜브는 아직 어떠한 형태의 인증도 지원하지 않지만, 나중에는 게이트웨이를 업그레이드해서 사용자 인증을 지원할 수도 있을 것이다. 플릭스튜브 사용자는 게이트웨이를 통해 백엔드와 상호작용을 하기 전에 로그인을 해야 할 수도 있다.

그림 9.9는 하나 이상의 게이트웨이를 가진 플릭스튜브의 잠재적인 미래 모습이다. 잘 알려진 유형인 프론트엔드를 위한 백엔드^{backends for front ends}를 보여주고 있다. 각각의 프론트엔드는 자신만의 게이트웨이를 가진다. 웹 브라우저가 접근할 게이트웨이가 하나 있고, 모바일 앱이 접근하는 게이트웨이가 있다. 또 다른 게이트웨이는 플릭스튜브 관리 포털을 위한 것이다.

가능하다면 하나의 게이트웨이만 지원하도록 단순하게 관리하고 싶을 것이다. 물론 게이트웨이를 여러 형태의 프론트엔드와 공유하는 것은 나쁘지 않다. 하지만 프론트엔드에 대해서 다양한 요구 사항(예를 들어 모바일과 웹이 다른 인증 방식을 적용해야 하거나, 웹과 관리 포털이 서로 다른 보안 설정을 갖는 경우)을 만나게 된다면, 프론트엔드를 위한 백엔드 유형이 도움이 된다.

여러 개의 게이트웨이로 확장하면, 접근할 호스트명이나 하위 도메인을 구분해서 사용하고 싶을 것이다. 예를 들어 브라우저가 사용할 주 게이트웨이가 flixtube.com이고, 모바일은 mobile.flixtube.com 그리고 관리 포털은 admin.flixtube.com 등과 같이 사용할 수 있다. 앱에 도메인명을 할당하려면 도메인 이름을 구매하고 DNS 서비스 제공자를 통해 특정 게이트웨이 마이크로서비스의 IP 주소를 개별적으로 지정하도록 설정한다.

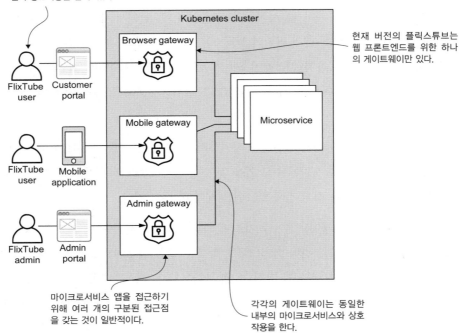

▲ **그림 9.9** 여러 게이트웨이를 가진 플릭스튜브

클러스터 안으로 HTTP 요청을 전달하는 것은 게이트웨이 마이크로서비스의 주된 역할이다. 이후의 절에서 예제 코드를 살펴볼 것이다. 조금 더 고급 게이트웨이(플릭스튜브는 아직 아니다)는 REST API 라우팅 기능을 갖추고, 요청을 내부의 여러 마이크로서비스에 전달한다. 그다음에 여러 응답을 통합해 하나의 응답을 프론트엔드에 반환한다.

예를 들어 개별 사용자 조회 기록을 가져오는 REST API를 상상해보자. 프론트엔드에 응답을 통합해 보내기 전에, 아마도 플릭스튜브에는 아직 없는 사용자 계정 마이크로서비스와 히스토리 마이크로서비스에 전달할 HTTP 요청이 필요할 것이다. 이론적으로 게이트웨이는 두 개의 HTTP 요청에 대한 응답을 합쳐야 한다.

9.7.4 사용자 인터페이스

아직 플릭스튜브 화면을 탐색해보지 못했다면, 지금 해보자. 9.5.2절과 같이 앱을 빌드해서 시작한다. 다음으로 웹 브라우저에서 http://localhost:4000를 연다.

그림 9.10은 몇 개의 비디오를 업로드하고 나서 플릭스튜브의 메인 페이지를 보여준다. 비디오를 보기 위해 목록에서 아무 비디오나 클릭해볼 수 있다. 메인 페이지 상단에 있는 Videos, Upload, History 등을 클릭해서 페이지를 이동할 수도 있다.

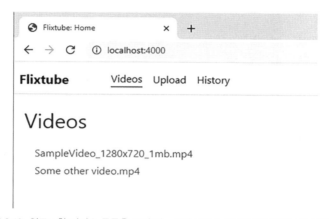

▲ **그림 9.10** 업로드한 비디오 목록을 보여주는 플릭스튜브 사용자 인터페이스의 메인 페이지

플릭스튜브는 오늘날의 단일 페이지 앱$^{Single-Page\ Application}$보다는, 서버에서 웹 페이지를 생성하는 예전의 방법으로 구현했다. 플릭스튜브가 정말로 상업적인 앱이라면, React, Angular, Vue와 같은 SPA를 사용해 코딩했을 것이다.

플릭스튜브는 프론트엔드에서 Express와 함께, 기본 자바스크립트를 사용하는 Handlebars 템플릿 엔진을 통해 서버에서 화면을 제공한다. 플릭스튜브 프론트엔드는 멋진 요즘 프레임워크를 사용하지 않는 예전의 평범한 HTML, CSS, 자바스크립트 화면이다.

왜 요즘 인기 있는 SPA 프레임워크를 사용하지 않았을까? 간단하게 이 책의 범위에서 다룰 내용이 아니기 때문이다. 이 책은 사용자 인터페이스에 관한 책이 아니므로 화면은 최대한 간단하게 만들었다(이 이유를 제외하고 나는 SPA 프레임워크 추종하도록 부추기거나, 어느 한쪽 편을 드는 것이 아니지만, 멋진 친구들은 다 React를 쓰고 있기는 하다).

예제 9.6은 게이트웨이 마이크로서비스 메인 코드 파일의 일부다. 메인 페이지를 제공하는 HTTP GET 경로를 보여준다. 메인 페이지는 업로드한 비디오 목록을 표시한다. 이 경로 처리기는 메타데이터 마이크로서비스에게 데이터를 요청하는 것으로 시작해서, video-list 템플릿과, 템플릿 데이터인 비디오 목록을 사용해 웹 페이지를 생성한다.

예제 9.6 비디오 목록 웹 페이지를 생성하는 게이트웨이 코드(chapter-9/example-1/gateway/src/index.js)

```
app.get("/", (req, res) => {
    http.request(
        {
            host: `metadata`,
            path: `/videos`,
            method: `GET`,
        },
        (response) => {
            let data = "";
            response.on("data", chunk => {
                data (대)= chunk;
            });

            response.on("end", () => {

                res.render("video-list", {
                ➥ videos: JSON.parse(data).videos });
            });

            response.on("error", err => {
                console.error("Failed to get video list.");
                console.error(err || `Status code:
                ➥ {response.statusCode}`);
                res.sendStatus(500);
            });
        }
    ).end();
});
```

메인 웹 페이지를 가져오고 업로드한 비디오 목록을 보여주는 HTTP GET 경로 처리기 선언

비디오 목록을 가져오기 위해서 메타데이터 서비스에 HTTP 요청을 보낸다.

video-list 템플릿으로 웹 페이지를 생성한다. (예제 9.8의 템플릿) 템플릿에 데이터로 비디오 배열을 전달한다.

예제 9.6에서 HTTP 요청을 만드는 코드는 Node.js가 갖고 있는 `http.request` 함수를 사용하고 있으므로 조금 장황하다. 8장에서 Axios를 이미 접했다면, 여기서 왜 그것을 쓰

지 않는지 의문이 생길 것이다.

Axios는 멋진 모던 라이브러리이고 사용할 것을 강력하게 추천한다. 사용하기도 간단하고, 매우 유연하며, 자바스크립트에서 async, await 키워드와도 함께 잘 동작한다. 아직 사용하지 않았지만 곧 등장할 Node.js 스트림과 같은 내장된 라이브러리가 더 제어하기 쉽기 때문에, 9장에서는 Axios를 사용하지 않았다.

플릭스튜브에서 자바스크립트 프레임워크도 사용하지 않았지만, CSS 프레임워크 (Tailwind CSS)는 사용했다. 그래서 CSS를 엉망으로 만들지 않고도 괜찮은 화면을 만들 수 있었다.

예제 9.7은 플릭스튜브의 메인 페이지다. Handlebars 템플릿을 포함하고 있는 HTML 문서다. Handlebars는 데이터를 가지고 웹 페이지를 생성할 때 사용할 수 있는 강력하면서 간단한 템플릿 라이브러리다. 예제 9.6을 다시 살펴보면 비디오 목록이 템플릿 데이터 형태로 전달된 것을 볼 수 있다. 예제 9.7에서는 템플릿 데이터로부터 일련의 HTML의 div 요소element로 나타내는 것을 볼 수 있다.

웹 브라우저로 메인 페이지를 요청하면, 게이트웨이 마이크로서비스는 메타데이터 마이크로서비스에게 데이터를 요청한다. 그 데이터로부터 웹 브라우저를 보는 사용자에게 표시할 HTML 페이지를 생성하는 것이다.

예제 9.7 비디오 목록 웹 페이지를 위한 Handlebars 템플릿(chapter-9/example-1/gateway/src/views/video-list.hbs)

```
<!doctype html>        ◀── HTML5 웹 페이지
<html lang="en">
    <head>
        <meta charset="utf-8">

        <title>FlixTube: Home</title>

        <link rel="stylesheet"                          Tailwind CSS를 사용한다.
        ➥ href="css/tailwind.min.css">   ◀──           CSS 프레임워크를 사용하면
                                                        CSS를 다루기가 훨씬 쉽다.
        <link rel="stylesheet" href="css/app.css">   ◀──
    </head>                                              플릭스튜브만을
    <body>                                              위한 CSS
```

```
                <div class="flex flex-col">
                    <div class="border-b-2 bg-gray-100">
                        <div class="nav flex flex-row items-center mt-1 p-2">
                            <div class="text-xl font-bold">
                                FlixTube
                            </div>
                            <div class="ml-16 border-b-2 border-blue-600">
                                <a href="/">Videos</a>
                            </div>
                            <div class="ml-4">
                                <a href="/upload">Upload</a>
                            </div>
                            <div class="ml-4">
                                <a href="/history">History</a>
                            </div>
                        </div>
                    </div>
```

페이지 상단에 네비게이션 바를 생성한다.

```
                    <div class="m-4">
```

웹 페이지의 핵심 내용이다.

```
                        <h1>Videos</h1>
                        <div id="video-list" class="m-4">
```

비디오 목록 컨테이너

```
                            {{#if videos}}
                                {{#each videos}}
```

데이터에서 템플릿을 생성하는 Handlebars 사용법

```
                                    <div class="mt-1">
                                        <a href="/video?id={{this._id}}">
                                    ➡   {{this.name}}</a>
                                    </div>
```

이 요소는 각각의 비디오마다 반복된다.

템플릿 데이터에서 비디오 링크를 표시한다.

```
                                {{/each}}
                            {{else}}
                                No videos uploaded yet.
                            {{/if}}
```

비디오를 업로드하기 전 메시지를 표시한다.

```
                        </div>
                    </div>
                </div>
            </body>
        </html>
```

9.7.5 비디오 스트리밍

플릭스튜브의 심장은 비디오 스트리밍이다. 2장에서 처음 만났고, 이 책의 전반적인 테마다. 이제 완성된 플릭스튜브 예제 앱에서 비디오 스트리밍이 잘 동작하는지 확인할 시간이다. 나중에 약간 수정하겠지만, 게이트웨이 마이크로서비스와 사용자 인터페이스를 갖춘 지금 큰 그림으로 어떻게 동작하는지 살펴보는 것이 중요하다.

그림 9.11은 왼쪽의 클라우드 스토리지에서 우측의 브라우저 화면에 표시하기까지의 스트리밍 비디오의 경로를 나타낸다. 스트리밍 비디오는 세 개의 마이크로서비스를 통과해서 사용자에게 전달된다. 코드를 따라서 이 여정을 살펴보자.

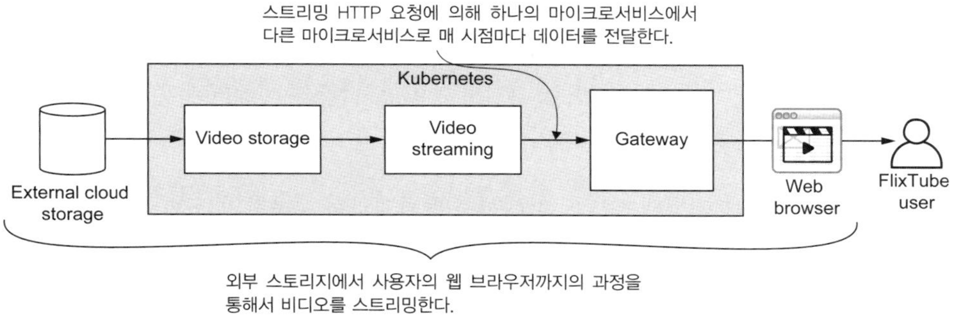

스트리밍 HTTP 요청에 의해 하나의 마이크로서비스에서
다른 마이크로서비스로 매 시점마다 데이터를 전달한다.

외부 스토리지에서 사용자의 웹 브라우저까지의 과정을
통해서 비디오를 스트리밍한다.

▲ **그림 9.11** 플릭스튜브를 통한 비디오 스트리밍 경로

예제 9.8은 애저 버전의 video-streaming 마이크로서비스에서 출발한 스트리밍 비디오의 여정을 만드는 코드의 일부다. HTTP GET /video 경로를 사용해 애저 스토리지에서 비디오를 가져오고, HTTP 응답 형태로 스트리밍한다. 지금은 세부적으로 어떻게 동작하는지가 중요하지 않지만, 필요하다면 4.4.1절을 참고한다.

예제 9.8 애저 스토리지에서의 비디오 스트리밍(chapter-9/example-1/azure-storage/src/index.js)

HTTP GET 경로 처리기가 video-storage 마이크로
서비스에서 스트리밍할 비디오를 가져온다.

HTTP 쿼리 파라미터로 가져올
비디오 ID가 입력으로 사용된다.

```
app.get("/video", (req, res) => {

    const videoId = req.query.id;

    console.log(`Streaming video ${videoId}.`);
```

```
                const blobService = createBlobService();
                streamVideoFromAzure(blobService, videoId, res)  ◄──── 애저 스토리지에서 HTTP 응답으로
                    .catch(err => {                                      비디오를 스트리밍한다.
      오류가    ┌─► // ... 오류 보고 기능은 생략 ...
      발생할    │        res.sendStatus(500);
       경우     │
      처리한다. └─► });
                });
```

video-streaming 마이크로서비스에 대해서 더 알아보자. 예제 9.9는 어떻게 HTTP GET /video 경로가 어떻게 비디오 저장소로부터, Node.js 스트림을 사용한 HTTP 응답으로 스트리밍할 비디오를 전달하는지 보여주는 코드의 일부다.

video-streaming 마이크로서비스는 또 다른 역할이 있다. "video viewed" 메시지를 앱의 다른 마이크로서비스에게 브로드캐스트한다. 이러한 이벤트 주도$^{event driven}$ 프로그래밍은 video-streaming 마이크로서비스를 수정하지 않고, 나중에 이벤트에 응답할 마이크로서비스를 결정할 수 있다는 의미를 가진다.

만약 5장의 5.8절 내용을 기억해보면 이런 메시지를 가져와서 사용자의 조회 기록을 저장하기 위해 사용했던 것이 히스토리 마이크로서비스다. 간접 메시징을 사용해 video-streaming과 히스토리 마이크로서비스 간에 연결이 없었다. 이것은 또한 마이크로서비스 앱이 유연하고 확장성이 좋은 중요한 이유 중 하나다.

예제 9.9 video-streaming 마이크로서비스로 스트리밍할 비디오 전달하기(chapter-9/example-1/video-streaming/src/index.js)

```
app.get("/video", (req, res) => {         ◄──── video-streaming 마이크로서비스
    const videoId = req.query.id;                 로부터 스트리밍 비디오를 가져오는
                                                  HTTP GET 경로 처리기를 정의한다.
  ┌─► const forwardRequest = http.request(
  │       {
HTTP GET        host: `video-storage`,
요청을           path: `/video?id=${videoId}`,
video-          method: 'GET',
storage 마이     headers: req.headers,
크로서비스에      },
전달한다.        forwardResponse => {
              res.writeHeader(forwardResponse.statusCode,
```

426

```
                    ⮡ forwardResponse.headers);
                    forwardResponse.pipe(res); ◀──
            }
        );
```

video-storage 마이크로서비스에서 이 요청에 대한 응답으로
Node.js 스트림을 사용해 응답을 계속 전송(pipe)한다.

```
    req.pipe(forwardRequest); ◀──
```

사용자가 시청한 비디오를 알기 위해
비디오 조회 메시지를 다른 마이크로
서비스에 브로드캐스트한다.

```
    broadcastViewedMessage(messageChannel, videoId); ◀──
});
```

이제 비디오 스트리밍에서 게이트웨이 마이크로서비스로 우리의 여정을 계속해보자. 사용자 인터페이스 이전의 마지막 정거장이다. 예제 9.10의 HTTP GET /video 경로 처리기는 video-streaming 마이크로서비스에서 HTTP 응답으로 스트리밍 비디오를 전송한다. 여기서 비디오는 클러스터를 떠나 프론트엔드에 비디오를 전달한다.

예제 9.10 게이트웨이 마이크로서비스를 통해 스트리밍 비디오 전달(chapter-9/example-1/gateway/src/index.js)

```
app.get("/api/video", (req, res) => { ◀──
```

게이트웨이 마이크로서비스에
서 스트리밍 비디오를 가져오는
HTTP GET 경로 처리기 정의

```
    const forwardRequest = http.request(
        {
            host: `video-streaming`,
            path: `/video?id=${req.query.id}`,
            method: 'GET',
        },
        forwardResponse => {
            res.writeHeader(forwardResponse.statusCode,
            ⮡ forwardResponse.headers);
            forwardResponse.pipe(res); ◀──
        }
    );
```

HTTP
GET 요청
을 video-
streaming
마이크로서
비스에 전달
한다.

video-streaming 마이크로서비스에서
해당 요청에 대한 응답으로 Node.js 스
트림을 사용해 응답을 전송한다.

```
    req.pipe(forwardRequest);
});
```

video-streaming의 여정은 사용자 인터페이스에서 끝난다. 예제 9.11에서 HTML의 video 요소를 볼 수 있다. 여기서 source 요소와 src 항목은 HTTP GET 요청을 게이트웨

이에 트리거한다. 게이트웨이는 비디오 스트리밍에 요청을 트리거하고, 비디오 스트리밍은 비디오 스토리지에 요청을 트리거한다. 다음으로 스트리밍할 비디오는 다시 video-storage, video-streaming, 게이트웨이를 거쳐서 전송돼 결국 웹 브라우저의 video 요소에 표시된다.

HTML video 요소를 사용해 프론트엔드에
스트리밍할 비디오를 표시한다.

```
<video controls autoplay muted>
```

video 요소에 표시할 비디오를 가져오는
게이트웨이 마이크로서비스의 /api/video
경로로 링크한다.

```
    <source src={{video.url}} type="video/mp4">
    Your browser does not support the video tag.

</video>
```

9.7.6 비디오 업로드

비디오 스트리밍은 단지 플릭스튜브 방정식의 한쪽 변이다. 다른 한쪽은 플릭스튜브에 비디오를 추가해주는 비디오 업로드다. 비디오 업로드는 이 책에서 완전히 처음 보는 것은 아니다. 비디오 스트리밍과 비슷하게 동작하므로 이해하는 데 아무런 문제가 없을 것이다.

그림 9.12는 앱의 비디오 업로드 경로를 나타낸다. 비디오 파일은 사용자가 선택해서 플릭스튜브 프론트엔드에서 업로드한다. 업로드한 비디오는 비디오 업로드 마이크로서비스 이전에 클러스터 안의 게이트웨이 마이크로서비스에 먼저 도착한다. 다음으로 외부 클라우드 스토리지에 위치할 것이다. 이 여정 또한 코드를 따라서 살펴볼 것이다.

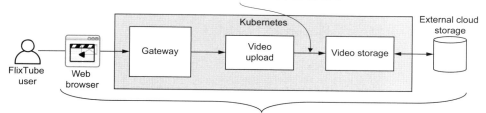

스트리밍 HTTP 요청에 의해 하나의 마이크로서비스에서
다른 마이크로서비스로 매 시점마다 데이터를 전달한다.

사용자의 웹 브라우저에서 외부 클라우드 스토리지까지의
과정을 통해서 비디오를 업로드한다.

▲ **그림 9.12** 플릭스튜브를 통한 비디오 업로드 경로

그림 9.13은 플릭스튜브의 업로드 웹 페이지 화면이다. 9.5.2절을 따라서 작업했다면 이 화면을 이미 보고 비디오를 업로드했을 것이다. 사용자는 **Choose file** 버튼을 클릭하고, 업로드할 파일을 선택한다. 일단 업로드가 완료되면 그림 9.13과 같이 화면에 업로드가 오류 없이 완료됐다는 메시지를 표시한다. 오류가 발생하면 오류 정보가 표시될 것이다.

예제 9.12는 비디오를 백엔드에 업로드하는 프론트엔드 코드의 일부다. 이 코드는 fetch 함수를 사용해 비디오를 HTTP POST 요청을 통해 업로드한다. 여기서 아마도 왜 다른 HTTP 요청 라이브러리를 사용하지 않는지 의문이 생길 수 있다.

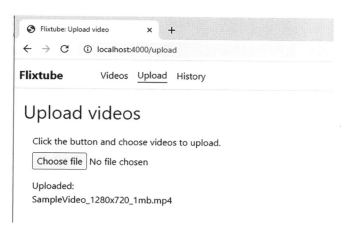

▲ **그림 9.13** 비디오 업로드를 위한 플릭스튜브 화면

보통은 Axios 라이브러리 같은 것을 프론트엔드에서 사용한다. 하지만 이 코드는 빌드 과정이 없는 기본 자바스크립트다. 즉 Axios와 같은 npm 패키지를 설치하고 프론트엔드 자바스크립트에서 사용하는 것이 어렵다. 프론트엔드에 함께 구성할 방법이 없다.

남아 있는 가장 간단한 접근 방법은 HTTP 요청을 생성할 수 있는 브라우저에 있는 기능을 사용하는 것이다. 예전의 XMLHttpRequest와 같은 좋은 방법도 있지만, 간단한 문제가 아니다. 요즘에 훨씬 더 간단하게 사용할 수 있는 fetch 함수를 대신 사용한다. 안타깝게도 fetch는 오래된 버전의 브라우저에서는 동작하지 않으므로 일부 사용자는 영향을 받을 수 있다. 오직 이 부분만 Axios 대신에 사용할 것이다.

예제 9.12 프론트엔드 코드에서 fetch를 사용해 비디오를 업로드하기(chapter-9/example-1/gateway/public/js/upload.js)

/api/video 경로로 HTTP 요청을 만들기 위해 브라우저가 지원하는 fetch 함수를 사용한다.

HTTP 요청의 body에 업로드할 파일을 설정한다.

HTTP 명령은 POST로 설정한다.

파일명과 마임 타입(mime type)을 요청 헤더에 저장한다.

```javascript
fetch("/api/upload", {
    body: file,
    method: "POST",
    headers: {
        "File-Name": file.name,
        "Content-Type": file.type,
    },
})
.then(() => {
    // ... 업로드 후에 화면을 업데이트 ...
})
.catch((err) => {
    // ... 업로드 오류를 처리 ...
});
```

요청이 성공하면 실행하는 부분이다.

요청이 실패하면 실행하는 부분이다.

웹 브라우저에서 업로드가 끝나면, 다음 예제와 같이 HTTP POST 요청은 /api/upload 경로를 처리하는 게이트웨이에 도달한다. 요청을 video-upload 마이크로서비스로 전달하는 것을 볼 수 있다.

```
app.post("/api/upload", (req, res) => {          ◄──  비디오를 게이트웨이 마이크로
                                                      서비스로 업로드할 HTTP POST
                                                      경로 처리기를 정의한다.
    ──►  const forwardRequest = http.request(
video-              {
upload 마이             host: `video-upload`,
크로서비스에            path: `/upload`,
요청을 전달             method: 'POST',
한다.                  headers: req.headers,
                    },
            forwardResponse => {
                res.writeHeader(forwardResponse.statusCode,
                ➥ forwardResponse.headers);
                forwardResponse.pipe(res);   ◄──  video-upload에서 해당 요청에 대한
            }                                      응답을 받아서 Node.js 스트림을 사용
        );                                         해 그 응답을 전송한다.

    req.pipe(forwardRequest);    ◄──  요청 자체(요청에서 body가 비디오임)를
});                                   또 다른 요청으로 보낸다.
```

예제 9.14는 video-upload 마이크로서비스가 전송 받고 있는 비디오를 어떻게 처리하는지 보여준다. 여기서는 MongoDB의 ObjectId 클래스 인스턴스를 만들어서 비디오에 대한 고유한 아이디를 생성한다. 그리고 해당 요청을 video-storage 마이크로서비스로 전달한다.

업로드를 성공하면 "video uploaded" 메시지를 다른 마이크로서비스에 브로드캐스트해서 시스템에 새로운 비디오가 있다는 사실을 알게 한다. 메타데이터 마이크로서비스가 이 메시지를 처리하고, 새로운 비디오를 데이터베이스에 저장한다.

```
비디오를 video-upload 마이크로서비스에 업로드
하는 HTTP POST 경로 처리기를 정의한다.
──► app.post("/upload", (req, res) => {
                                                  요청 헤더에서 원래 파일명을
                                                  추출한다.
        const fileName = req.headers["file-name"];  ◄──
        const videoId = new mongodb.ObjectId();  ◄───  새로운 비디오의 고유한 아이디를 생성한다.
```

```
            const newHeaders = Object.assign({}, req.headers,
        ➥ { id: videoId });
            streamToHttpPost(req, `video-storage`,          ◄──   비디오 아이디를 헤더에 추가한다.
        ➥ `/upload`, newHeaders)
                                                            video-storage 마이크로서비스로 성공적으로
                .then(() => {                               전송한 경우다. 사용자의 데이터를 손실하면
                    res.sendStatus(200);   ◄──────           안 되므로, 이 부분이 매우 중요하다.
                })
                .then(() => {
                    // Broadcast message to the world.
                    broadcastVideoUploadedMessage(messageChannel, {   ◄──   비디오를 업로드했다는 메시
                        // 파라미터는 생략했다.                             지를 브로드캐스트한다. 다른
                    });                                                   마이크로서비스들도 새 비디
                })                                                       오의 업로드를 알게 한다.
                .catch(err => {
                    console.error(`Failed to capture uploaded file ${fileName}.`);
                    console.error(err);
                    console.error(err.stack);
                });
    });
```

HTTP 요청
을 video-
storage 마이
크로서비스에
전달한다.

마지막으로 업로드한 비디오는 예제 9.15에서 볼 수 있듯이 video-storage 마이크로서
비스에 도달한다. 여기서 비디오는 애저 스토리지에 저장된다. 일단 일련의 작업이 완료
되면, 사용자가 업로드한 비디오의 사본을 성공적으로 저장한 것이다. 애저 스토리지에
어떻게 파일이 추가되는지 더 자세히 알고 싶다면, video-storage 마이크로서비스의
index.js 파일을 VS Code로 열어보자.

예제 9.15 HTTP POST에서 애저 스토리지로 비디오 스트리밍(chapter-9/example-1/azure-storage/src/index.js)

HTTP POST 경로 처리기가 비디오를
애저 스토리지에 업로드한다.

```
  ► app.post("/upload", (req, res) => {

        const videoId = req.headers.id;                          요청 헤더에서 비디오 세부 정보를
        const mimeType = req.headers["content-type"];            추출한다.

        const blobService = createBlobService();
        uploadStreamToAzure(req, mimeType,
        ➥ videoId, blobService)                  ◄──   HTTP 요청에서 애저 스토리지로
            .then(() => {                               비디오를 스트리밍한다.
```

432

```
                         res.sendStatus(200);
업로드가               })
성공했음을               .catch(err => {
나타낸다.                    // ... 오류 보고는 생략 ...            업로드가 실패했다는
                          res.sendStatus(500);            ◀——  것을 나타낸다.
                      });
                  });
```

9.8 테라폼으로 운영 환경에 플릭스튜브를 수동으로 배포하기

개발 환경에서 이미 플릭스튜브를 실행하고 있다면, 커다란 성과를 거둔 것이다. 플릭스튜브를 일반인이 사용할 수 있게 하려면, 6장과 7장에서 사용한 도구와 기술을 똑같이 사용해 운영 환경에 배포해야 한다.

이후의 두 절은 9장에서 가장 어려운 부분이지만, 예제를 잘 따라 해볼 수 있다면 좋은 경험이 될 것이다. 너무 어려워 보이는 순간이 오면 자세한 안내를 참고하기 위해 6장과 7장을 다시 한 번 편하게 살펴보자.

최종적으로는 플릭스튜브를 운영 환경에 변경한 코드를 호스트하고 있는 코드 리포지터리에 푸시할 때마다 자동으로 배포할 CD 파이프라인을 갖추는 것을 목표로 하고 있다. 이를 위한 작업을 시작하기 전에 먼저 수동으로 플릭스튜브를 배포할 수 있어야 한다. 이유는 다음과 같다.

- 배포 스크립트를 처음 배포할 때에는 점진적으로 진행하게 된다. 배포 스크립트를 개선하면서, 테스트하고, 피드백을 보고, 문제가 있다면 수정할 필요가 있다.
- 앞으로는 CD 파이프라인에서 문제를 발견하면 배포 스크립트를 개발 환경에서 실행할 수 있는 기술을 알고 있어야 한다. 언제라도 문제를 찾고 고치기 위해서 필요하다.

그림 9.14는 여기서 수행할 작업을 요약해서 보여준다. 테라폼을 사용해 인프라를 클라우드에 생성한다. 그리고 도커를 사용해 이미지를 패키징하고 게시할 것이며, 테라폼으로 컨테이너를 쿠버네티스 클러스터에 배포한다.

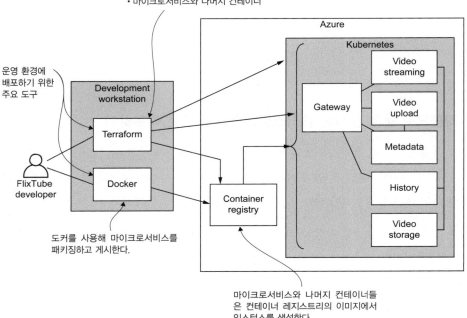

테라폼으로 모든 클라우드 자원을 빌드한다.

- 컨테이너 레지스트리
- 쿠버네티스 클러스터
- 마이크로서비스와 나머지 컨테이너

운영 환경에
배포하기 위한
주요 도구

마이크로서비스와 나머지 컨테이너들
은 컨테이너 레지스트리의 이미지에서
인스턴스를 생성한다.

도커를 사용해 마이크로서비스를
패키징하고 게시한다.

▲ **그림 9.14** 개발 워크스테이션에서 운영 환경으로 테라폼을 사용해 수동으로 플릭스튜브 배포하기

9.8.1 테라폼 스크립트 구조

그림 9.15는 플릭스튜브의 스크립트 디렉터리 구조를 보여준다. 6장과 7장에서 본 몇 가지 코드 파일들은 알아볼 수 있겠지만, 새로운 파일도 있다.

이제 테라폼 모듈을 사용하는 것을 처음 볼 것이다. modules/microservice 디렉터리에 있는 main.tf 파일은 재사용이 가능한 테라폼 코드 모듈이다. 여러 번 반복할 필요 없이 모든 마이크로서비스를 제거할 수 있다. 이 모듈의 코드는 곧 살펴볼 것이다.

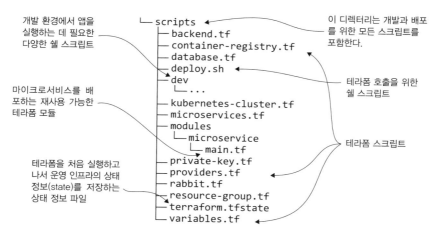

개발 환경에서 앱을
실행하는 데 필요한
다양한 쉘 스크립트

이 디렉터리는 개발과 배포
를 위한 모든 스크립트를
포함한다.

```
└── scripts
    ├── backend.tf
    ├── container-registry.tf
    ├── database.tf
    ├── deploy.sh
    ├── dev
    │   └── ...
    ├── kubernetes-cluster.tf
    ├── microservices.tf
    ├── modules
    │   └── microservice
    │       └── main.tf
    ├── private-key.tf
    ├── providers.tf
    ├── rabbit.tf
    ├── resource-group.tf
    ├── terraform.tfstate
    └── variables.tf
```

마이크로서비스를 배
포하는 재사용 가능한
테라폼 모듈

테라폼 호출을 위한
쉘 스크립트

테라폼 스크립트

테라폼을 처음 실행하고
나서 운영 인프라의 상태
정보(state)를 저장하는
상태 정보 파일

▲ **그림 9.15** 스크립트 디렉터리는 플릭스튜브를 운영 환경에 배포하기 위한 테라폼 스크립트를 포함한다.

9.8.2 사전 준비 사항

플릭스튜브를 배포하려면 몇 가지 도구를 설치해야 한다. 6장과 7장 예제를 따라 했다면, 이미 설치돼 있을 것이다. 아니면 지금 설치할 수 있다. 먼저 애저 CLI 도구가 필요하다. 다음과 같이 설치 여부를 확인한다.

```
az --version
```

애저 CLI 도구를 아직 설치하지 않았다면, 다음의 안내를 따라 설치하자.

https://docs.microsoft.com/en-us/cli/azure/install-azure-cli

테라폼 또한 설치돼 있어야 한다. 확인 방법은 다음과 같다.

```
terraform --version
```

설치가 안 돼 있으면, 다음 링크에서 최신 버전을 설치한다.

https://www.terraform.io/downloads.html

9.8.3 애저 인증

애저에 인프라를 배포하기 전에 자신의 계정으로 인증이 필요하다. 6장과 7장을 따라 했다면, 이미 완료했을 것이다. 아니면 6.6.2절에서 세부 내용을 다시 참고한다. 애저 CLI 도구를 사용해 사용 중인 계정을 확인하려면 다음과 같이 입력한다.

```
az account show
```

출력을 복사해두면, 곧 id(자신의 애저 구독 아이디)와 tenantID 항목의 값들을 사용할 필요가 있다.

> |**노트**| 올바른 계정을 사용하고 있는지 확인해야 한다. 실수로 업무용 계정을 사용해 인프라를 삭제하면 많이 당황스러울 것이다.

애저 계정으로 쿠버네티스 클러스터를 다루기 위한 서비스 주체principal도 만들 필요가 있다. 예를 들어 애저 로드 밸런스를 만드는 경우를 말한다. 6장에서 이미 서비스 주체를 만들었다면 지금 다시 사용할 수 있다. 아니면 다음과 같이 새로 만들어야 한다.

```
az ad sp create-for-rbac --role="Contributor"
 --scopes="/subscriptions/<subscription-id>"
```

위에서 <subscription-id>는 반드시 자신의 실제 구독 아이디로 대체해야 한다. 그리고 잠시 후 사용할 위 명령의 출력을 복사해두자. 출력에서 필요한 값은 appId(테라폼 스크립트에서 client_id 항목이다)와 password(마찬가지로 client_script 항목이다) 등이다. 서비스 주체에 대한 더 자세한 내용은 6.11.2절을 참고한다.

9.8.4 스토리지 설정

플릭스튜브를 운영 환경에 배포하려면 또한 애저 스토리지 계정도 필요하다. 애저 스토리지 마이크로서비스는 비디오를 저장하거나 가져오기 위해서 이 계정을 사용한다. 4장의 예제를 따라 했다면 이미 계정 하나가 있을 것이고, 여기서 다시 사용해도 좋다. 아니면 4.4.1절을 참고해 스토리지 계정을 하나 생성한다.

스토리지 계정으로 비디오 컨테이너를 만들 필요가 있다. 이는 도커 컨테이너가 아니다. 애저 스토리지가 제공하는 일종의 컨테이너 개념이며, 임의로 파일을 저장할 수 있는 컨테이너를 말한다. 잠시 후 사용할 필요가 있는 스토리지 계정 이름과 액세스 키를 기록해 두자.

9.8.5 앱의 배포

테라폼을 호출해 우리의 스크립트를 평가하고, 운영 환경에 플릭스튜브를 배포할 시간이 왔다. 먼저 테라폼을 초기화하자. 이를 위해 테라폼을 초기화하면서 필요한 여러 제공자provider를 설치해야 한다.

```
cd chapter-9/example-1/scripts
terraform init
```

이제 인프라를 배포하기 위해 테라폼을 호출하자.

```
terraform apply
```

위 명령을 시작하기 전에 다음의 입력변숫값을 제공해야 한다.

- app_version: 처음에는 1을 입력할 수 있다. 다음부터는 terraform apply를 호출할 때마다 이 숫자를 증가시킨다.
- client_id: 9.8.3절에서 기록해둔 애저 서비스 주체의 아이디다.
- client_secret: 서비스 주체의 암호다.
- storage_account_name: 9.8.4절에서 기록해둔 비디오를 저장하기 위한 애저 스토리지 계정 이름이다.
- storage_access_key: 스토리지 계정의 액세스 키다.

플릭스튜브를 배포하는 데 시간이 다소 걸린다. 차 한 잔 (또는 여러 잔) 해도 좋을 것 같다.

9.8.6 정상 동작 확인하기

플릭스튜브를 잘 배포했고, 동작하고 있는지 확인하기 위해서 웹 브라우저로 프론트엔드
화면을 열어볼 수 있다. 이를 위해 IP 주소를 알아야만 한다. 9장부터 여러 번 해본 것처
럼 쿠버네티스 CLI 도구를 사용할 수 있다.

```
kubectl get services
```

Kubectl 설치와 사용 방법은 6.12절을 다시 참고한다. 그림 9.16과 같이 표로 정리된 출
력을 볼 수 있을 것이다. EXTERNAL_IP 칼럼에서 게이트웨이 컨테이너의 IP 주소를 찾
아보자. 그리고 IP 주소를 웹 브라우저에 복사한다.

여기서는 특정 포트 번호가 필요 없다. 플릭스튜브의 개발 버전은 4000번 포트를 사용했
지만, 운영 버전은 80번 포트를 사용하도록 설정했다. HTTP의 기본 포트이므로 지정할
필요가 없다.

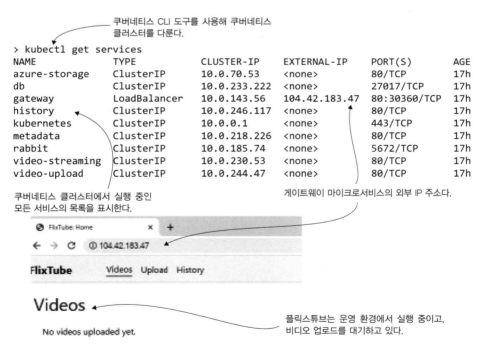

▲ **그림 9.16** 게이트웨이 IP 주소를 얻기 위해서 쿠버네티스 명령줄(command line) 도구를 사용한다. 이제 브라
우저에서 플릭스튜브를 테스트할 수 있다.

지금 HTTP 프로토콜을 사용하고 있다는 것을 알았을 것이다. 그래서 "안전하지 않음" 메시지를 플릭스튜브 IP 주소 옆에 표시하고 있다. 보안을 위해 실제로는 HTTPS라고 부르는 보안이 강화된 HTTP를 사용해야 한다. HTTPS는 Hypertext Transfer Protocol Secure의 약자이며, 11장에서 다시 언급할 것이다. 지금까지 계획대로 잘 진행됐다면 플릭스튜브 화면에서 비디오를 업로드하고 재생할 수 있을 것이다.

지금이 마음껏 플릭스튜브와 테라폼을 시험해보기 좋은 시점이다. 플릭스튜브나 테라폼 코드를 약간 변경하고, `terraform apply` 명령을 사용해 변경 사항을 적용해보자. 가능한 한 많이 시도해보자.

9.8.7 해체 작업

플릭스튜브를 다 사용해봤다면 모두 청소할 시간이다. 클라우드에서 이 인프라를 계속 두면 비용이 발생한다. 방금 만든 애저 계정의 무료 크레딧을 사용하고 있을지도 모르지만 낭비할 필요는 없다. 작업이 끝나면 인프라를 다음의 명령으로 제거하자.

```
terraform destroy
```

9.8.8 테라폼 모듈

9장 코드 리포지터리의 테라폼 코드 대부분은 6장과 7장에서 이미 본 것이다. 하지만 설명이 필요한 코드가 하나 있다.

마이크로서비스를 배포하는 테라폼 코드를 기억할지 모르겠다. 다시 한 번 상기해보고 싶다면 7.6절을 간략하게 살펴보자. 플릭스튜브의 마이크로서비스마다 같은 코드를 단순히 반복할 수 있다. 하지만 코드 대부분이 같으므로, 효율적인 작업이 아니다. 이 문제를 해결하기 위해서 테라폼의 고급 기능을 사용해보려고 한다. 이것이 테라폼 모듈이다.

테라폼 모듈은 다른 입력 변수를 전달해서 다른 환경에서 사용할 수 있는 재사용이 가능한 코드 모듈을 작성하는 것이다. 예제 9.16은 플릭스튜브의 여섯 개 모듈을 각각 배포할 수 있다. 다른 테라폼 코드 파일과 거의 비슷하다.

예제는 쿠버네티스 배포부터 시작해서 마이크로서비스의 인스턴스를 쿠버네티스 클러스터에 생성한다. DNS를 통해 클러스터 안의 마이크로서비스를 접근할 수 있게 만드는 쿠버네티스 서비스로 마무리한다. 쿠버네티스 서비스의 type 항목을 파라미터로 사용해, 마이크로서비스에 대한 애저 로드 밸런서를 활성화 또는 비활성화한다. 로드 밸런서로 할 수 있는 일들은 10장에서 더 알아볼 것이다. 여기서는 게이트웨이 마이크로서비스에 IP 주소를 할당해서, 외부에서도 접근이 가능하게 만드는 역할을 한다(고객이 앱을 다룰 수 있게 만드는 방법이다).

예제 9.16의 테라폼 코드에는 modules/microservice 디렉터리에 위치한다는 것 이외에 특별한 것이 없다. 예제의 시작 부분에 많은 입력 변수들을 정의하고 있다는 것을 기억해 두자. 일반적인 테라폼 변수들이지만, 해당 인스턴스 안에서는 모듈의 동작을 원하는 대로 설정하는 것이다. 예를 들어 service_name 변수로 마이크로서비스의 이름을 설정할 수 있다. 또한 마이크로서비스에 대한 이미지를 호스트하고 있는 컨테이너 레지스트리의 세부 정보도 전달해야 한다. 또 다른 중요한 변수는 env다. 각각의 마이크로서비스에 대해서 환경변수를 설정할 수 있게 해준다.

예제 9.16 재사용이 가능한 모듈로 마이크로서비스를 쿠버네티스에 배포한다(chapter-9/example-1/scripts/modules/microservice/main.tf).

```
variable "app_version" {}
variable "service_name" {}

variable "dns_name" {
    default = ""
}

variable "login_server" {}
variable "username" {}
variable "password" {}

variable "service_type" {
    default = "ClusterIP"
}
```

테라폼 모듈의 입력으로 사용할 변수들을 정의한다.

```
variable "session_affinity" {
    default = ""
}

variable "env" {
    default = {}
    type = map(string)
}

locals {
    image_tag = "${var.login_server}/${var.service_name}:${var.app_version}"
}
```

이 모듈에서 사용하는 지역
변수를 정의한다.

```
# ...간단하게 볼 수 있도록 코드를 많이 생략한다...

resource "kubernetes_deployment"
➡ "service_deployment" {
```

컨테이너를 쿠버네티스
클러스터에 배포한다.

```
    depends_on = [ null_resource.docker_push ]

    metadata {
        name = var.service_name
```

마이크로서비스마다 모듈의 설정을 커스터마이즈
(customize)하기 위해 사용하는 변수다.

```
    labels = {
            pod = var.service_name
        }
    }

    spec {
        replicas = 1

        selector {
            match_labels = {
                pod = var.service_name
            }
        }

        template {
            metadata {
                labels = {
```

```
                    pod = var.service_name
                }
            }

        spec {
            container {
                image = local.image_tag
                name  = var.service_name

                env {
                    name = "PORT"
                    value = "80"
                }

                dynamic "env" {
                    for_each = var.env
                    content {
                      name = env.key
                      value = env.value
                    }
                }
            }

            image_pull_secrets {
                name =
                ➥ kubernetes_secret.docker_credentials.metadata[0].name
            }
        }
    }
  }
}

resource "kubernetes_service" "service" {
    metadata {
        name = var.dns_name != ""
        ➥ ? var.dns_name : var.service_name
    }

    spec {
        selector = {
```

마이크로서비스마다 모듈의
설정을 커스터마이즈하기
위해 사용하는 변수다.

마이크로서비스마다 특정한
환경변수를 구성하기 위해
사용하는 변수다.

DNS를 통해 컨테이너에
접근할 수 있도록 만드는
서비스를 배포한다.

마이크로서비스마다 모듈
의 설정을 커스터마이즈하
기 위해 사용하는 변수다.

442

```
        pod =
kubernetes_deployment.service_deployment.metadata[0].labels.pod
    }

    session_affinity = var.session_affinity

    port {
        port        = 80
        target_port = 80
    }

    type                = var.service_type
```

마이크로서비스마다 모듈의 설정을 커스터마이즈하기 위해 사용하는 변수다.

예제 9.17은 마이크로서비스를 배포하기 위한 테라폼 모듈을 사용하는 방법을 보여준다. 여기서는 게이트웨이 마이크로서비스만 예로 들었다. 다른 마이크로서비스들은 환경변수를 위한 설정만 조금 다르고, 나머지는 거의 같기 때문에 생략했다. 다음 예제에서 모듈을 어떻게 가져오고 소스 파일은 어떻게 지정하며 환경변수는 어떻게 설정하는지 살펴보자.

예제 9.17 테라폼 마이크로서비스 모듈이 쿠버네티스에 게이트웨이 마이크로서비스를 배포한다(chapter-9/example-1/scripts/microservices.tf).

게이트웨이 마이크로서비스를 배포하는 테라폼 모듈(예제 9.16)을 가져온다.

```
locals {
    login_server = azurerm_container_registry.container_registry.login_server
    username = azurerm_container_registry.container_registry.admin_username
    password = azurerm_container_registry.container_registry.admin_password
    rabbit = "amqp:// guest:guest@rabbit:5672"
    database = "mongodb:// db:27017"
}

module "gateway-microservice" {

    source ="./modules/microservice"

    service_name = "gateway"
    service_type = "LoadBalancer"
    session_affinity = "ClientIP"
```

스크립트에서 사용할 지역변수를 설정한다.

main.tf(예제 9.16) 파일을 포함하고 있는 하위 디렉터리(./modules/microservice)에서 로드할 모듈 소스를 지정한다.

```
    login_server = local.login_server
    username = local.username
    password = local.password
    app_version = var.app_version
```
게이트웨이 마이크로서비스에 대한 마이크로서
비스 모듈을 설정하기 위한 입력 변수들이다.

```
    env = {
        RABBIT: local.rabbit
    }
}
```
마이크로서비스 개별적으로 특정한
환경변수를 설정한다.

`# ... 다른 마이크로서비스는 간단하게 생략한다 ...`

테라폼 모듈은 테라폼의 고급 기능이며, 아직도 테라폼에 대해 탐험할 것이 많이 남아 있다. 9장의 끝 부분에서 테라폼을 더 깊이 있게 살펴볼 수 있는 참고 자료를 소개한다.

9.9 운영 환경 지속적 배포

플릭스튜브를 운영 환경에 수동으로 배포해봤고, 지금은 CD 파이프라인을 장착할 준비가 됐다. 예제를 따라 작업해보면 되지만, 이번에는 이전 절보다 문제가 생기면 더 어려울 수 있다. 문제를 찾기 위해 9.7절에서 해본 것과 같이 수동 배포로 다시 돌아가야만 할 수도 있다.

7장에서 해본 작업인 비트버킷 파이프라인으로 CD 파이프라인을 만들 것이다. 이것을 다른 CD 플랫폼에도 적용하는 것은 분명 쉬운 작업일 것이다. 7장에서도 언급했지만, 아무리 여러 기업들이 멋진 사용자 인터페이스를 제공하더라도 CD 파이프라인은 정말 찬양받을 만한 쉘 스크립트다.

배포 쉘 스크립트를 어느 제공자에서 다른 제공자의 플랫폼으로 가져오는 것은 어렵지 않다. 비트버킷은 무료 사용 조건이 있기 때문에 쓸 만하다. 여기서 작업하면서 다른 CD 제공자를 찾아서 시도해보기 전에, 여기서 작업해볼 연습들을 가지고 예제와 안내를 따라 해볼 가치가 있다. 그림 9.17은 플릭스튜브의 CD 파이프라인 구조를 나타낸다.

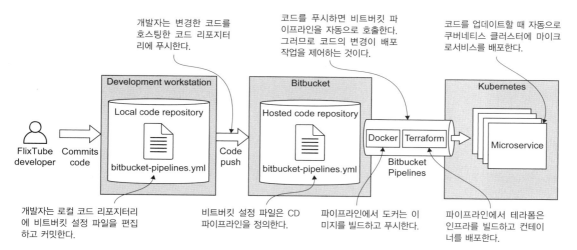

개발자는 변경한 코드를 호스팅한 코드 리포지터리에 푸시한다.

코드를 푸시하면 비트버킷 파이프라인을 자동으로 호출한다. 그러므로 코드의 변경이 배포 작업을 제어하는 것이다.

코드를 업데이트할 때 자동으로 쿠버네티스 클러스터에 마이크로서비스를 배포한다.

개발자는 로컬 코드 리포지터리에 비트버킷 설정 파일을 편집하고 커밋한다.

비트버킷 설정 파일은 CD 파이프라인을 정의한다.

파이프라인에서 도커는 이미지를 빌드하고 푸시한다.

파이프라인에서 테라폼은 인프라를 빌드하고 컨테이너를 배포한다.

▲ **그림 9.17** 플릭스튜브 CD 파이프라인

9.9.1 사전 준비 사항

비트버킷 계정이 필요하다. 7장 예제를 따라 했다면 이미 가지고 있을 것이다. 아니면 htts://bitbucket.org에서 무료 계정을 생성한다.

9.9.2 코드 리포지터리 구성

다음 단계는 플릭스튜브의 코드를 가져와서 비트버킷 코드 리포지터리에 넣는 것이다. 9장 코드 리포지터리의 example-1 디렉터리 전체를 새로운 위치에 복사한다. 여기서 새로운 깃 리포지터리를 만들고 호스팅 하고 있는 비트버킷 리포지터리에 코드를 푸시한다. 다음으로 리포지터리의 비트버킷 파이프라인을 활성화한다. 비트버킷 리포지터리 설정과 자세한 설명은 7.7.2절을 참고한다.

이제 리포지터리 환경변수를 설정한다. 7.7.6절에서 했던 것처럼 애저 인증을 위한 변수를 추가할 필요가 있다. 보안을 위해서 코드에 민감한 정보를 저장하는 대신에 리포지터리 변수를 사용할 것이다. ARM_CLIENT_ID, ARM_CLIENT_SECRET, ARM_TENANT_ID, ARM_SUBSCRIPTION_ID 변수를 7장에서처럼 추가한다. 이 변수에 필요한 값들은 9.8.3절에서 기록해뒀다.

아울러 비디오를 저장하는 위치에 video-storage 마이크로서비스가 애저 스토리지 계정으로 인증해서 접근하기 위한 새로운 변수를 추가해야 한다. 이를 위해 STORAGE_ACCOUNT_NAME, STORAGE_ACCESS_KEY 변수를 추가하고, 9.8.4절에서 기록해둔 값을 설정한다.

9.9.3 백엔드 준비하기

CD 파이프라인을 처음 호출해보기 전에 이후 계속되는 호출에서도 테라폼의 상태 정보 파일을 유지할 수 있도록 백엔드를 설정해야 한다. 테라폼의 상태 정보를 다시 알아보려면, 6.8.7절과 7.7.4절을 참고한다.

테라폼이 사용할 또다른 애저 스토리지 컨테이너를 생성한다. 7장에서 이 목적으로 만든 것을 사용해도 좋고, 새로 만들 수도 있다. 이를 위해 videos 컨테이너는 다시 사용하지 않는다. 용도가 다르기 때문이다. 또한 이러한 이유로 앱이 점차 이해하기 어려워진다.

테라폼 스크립트인 backend.tf 파일은 애저 스토리지 계정으로 테라폼 상태 정보를 저장할 수 있도록 이미 설정돼 있다. 그 파일에서 주석만 다시 해제하면 된다(주석 처리는 플릭스튜브를 수동으로 배포할 때 했다). 자신의 스토리지 계정과 컨테이너에 맞게 세부 정보를 설정해야 한다는 것을 잊지 말자.

예제 9.18은 주석을 해제한 이후의 backend.tf 코드를 보여준다. 자신의 애저 계정에 대한 리소스 그룹과 스토리지 계정으로 이름을 변경해야 한다. 또한 이름이 terraform인 애저 스토리지 컨테이너를 하나 만들어야 한다. 테라폼은 이 컨테이너의 terraform.tfstate 파일로 상태 정보를 유지할 것이다.

예제 9.18 테라폼 백엔드 설정(chapter-9/example-1/scripts/backend.tf)

스토리지 계정을 포함하는 리소스 그룹의 이름을 설정한다. 자신의
애저 계정에 해당하는 리소스 그룹 이름으로 변경한다.
```
► terraform {
      backend "azurerm" {
          resource_group_name  =
          ➡ "<your-resource-group>"
```

```
            storage_account_name =
         ➡ "<your-storage-acount>"
```
테라폼 상태 정보를 저장할 스토리지 계정의 이름을 설정한다.
자신의 애저 계정에 해당하는 스토리지 계정으로 이름을 설정한다.

```
            container_name = "terraform"
            key = "terraform.tfstate"
        }
    }
```
테라폼 상태 정보를 저장하는 컨테이너 이름이다. 이름을 바꿀
필요는 없지만 자신의 애저 계정으로 이 컨테이너가 있어야 한다.

테라폼 상태 정보를 저장하는 파일 이름이다. 어떤 이름으로
설정해도 상관없지만, 의미를 쉽게 기억할 수 있도록 기본
테라폼 상태 정보 파일 이름을 사용하고 있다.

9.9.4 배포 쉘 스크립트

앞에서 언급한 것처럼 쉘 스크립트는 CD 파이프라인의 심장이다. 예제 9.19는 플릭스튜
브의 배포용 쉘 스크립트다. 7장의 배포 스크립트와 아주 조금 다르다. 예제 9.19 코드의
일부는 간단하게 보여주기 위해서 생략했으며, 테라폼에 전달할 몇 개의 추가 환경변수
를 갖고 있다.

배포용 코드의 대부분은 테라폼 코드다. 그래서 쉘 스크립트가 짧은 것이다. 필요하다면
도커 이미지를 빌드하고 게시하는 등의 쉘 스크립트 안에서 직접 할 수 있는 일은 매우
많지만, 최소한 플랙스튜브에서는 테라폼 코드로 전체 배포 과정을 관리하고 있다. 배포
스크립트의 자세한 내용을 다시 살펴보고 싶다면 7.7.3절을 참고한다.

예제 9.19 테라폼을 사용한 배포용 쉘 스크립트(chapter-9/example-1/scripts/deploy.sh)

테라폼 스크립트가 있는
디렉터리로 이동한다.
```
cd ./scripts
```

자동 승인 옵션을 사용해 Terraform apply를
호출하고, 테라폼 스크립트를 실행해 인프라와
마이크로서비스를 배포한다.

```
terraform init
terraform apply -auto-approve \
```
테라폼
초기화를
실행한다.
```
    -var "app_version=$VERSION" \
    -var "client_id=$ARM_CLIENT_ID" \
    -var "client_secret=$ARM_CLIENT_SECRET" \
    -var "storage_account_name=$STORAGE_ACCOUNT_NAME" \
    -var "storage_access_key=$STORAGE_ACCESS_KEY"
```
테라폼 스크립트에 환경변수를
전달한다.

9.9.5 플릭스튜브 CD 설정

CD 파이프라인 퍼즐의 마지막 조각은 바로 설정 파일이다. 비트버킷 파이프라인은 코드 리포지터리의 루트에 있는 YAML 파일을 사용한다. 파일명은 bitbucket-pipelines. yaml이다. 다른 CD 제공자들도 비슷한 YAML 형식을 사용한다.

예제 9.20은 플릭스튜브의 간단한 CD 파이프라인 설정을 보여준다. 여기서 하는 모든 작업이 예제 9.19에서 본 배포 쉘 스크립트를 호출하기 때문에 단순하다. 비트버킷 파이프라인 설정에 관한 더 자세한 내용은 7.7.5절을 참고한다.

예제 9.20 비트버킷 파이프라인 CD 설정(chapter-9/example-1/bitbucket-pipelines.yaml)

```
image: hashicorp/terraform:0.12.6

pipelines:
    default:
      - step:
          name: Build and deploy
          services:
            - docker
          script:
            - export VERSION=$BITBUCKET_BUILD_NUMBER
            -  chmod +x ./scripts/deploy.sh
            - ./scripts/deploy.sh
```

배포 쉘 스크립트를 호출한다.

9.9.6 CD 파이프라인 테스트

이제 CD 파이프라인을 테스트할 준비가 됐다. 리포지터리 설정은 끝났고, 업데이트한 코드를 푸시할 비트버킷 파이프라인(9.9.2절 참고)은 활성화돼 있다고 가정한다. CD 파이프라인을 비트버킷 파이프라인 대시보드에서 수동으로 트리거할 수도 있지만, 보통은 코드를 약간 변경하고 호스팅하고 있는 리포지터리에 푸시하는 방법을 사용한다. 잘 동작하는지 이제 테스트해보자.

코드 변경 사항을 푸시해보자. 조금만 변경해도 된다. 화면에 글씨 정도를 바꿔도 좋다. 그러고 나서 파일을 저장하고 커밋한 후 비트버킷에 푸시한다. 이제 비트버킷 파이프라인 대시보드에서 파이프라인을 트리거한 것을 볼 수 있다.

> |**노트**| 파이프라인을 처음 호출하면, 인프라와 마이크로서비스의 인스턴스를 처음 배포하기 때문
> 에 시간이 다소 걸린다.

위의 작업이 끝났으면 Kubectl get services(9.8.6절 참고) 명령을 사용해 게이트웨이의 IP 주소를 확인하고, 브라우저로 열어서 테스트해보자. 지금 CD를 직접 만들어낸 것이다. 비트버킷에 변경 사항을 푸시할 때마다 자동으로 운영에 배포할 것이다.

9.9.7 자동 테스트 추가

CD 파이프라인을 마무리하는 마지막 단계는 자동 테스트를 추가하는 것이다. 9장의 예제 코드는 9.6절에서 시도한 자동 테스트를 포함한다. 앱에 자동 테스트를 추가하는 것은 올바른 명령어를 올바른 위치에서 사용하는 것 정도의 간단한 작업이다.

우리의 작업은 규칙을 따르고 있기 때문에 단순화가 가능한 것이다. 즉 우리가 알아야 할 명령어 하나는 npm test다. 제스트를 쓰는지 또는 싸이프러스나 자바스크립트 테스트 프레임워크를 쓰는지 기억할 필요가 없다. 무엇을 사용하든지 npm test를 호출하도록 설정 돼 있는지 확인하면 된다.

전체 앱을 하나의 리포지터리에 두고 단일 CD 파이프라인으로 구성했기 때문에 이 명령을 실행할 올바른 위치는 조금 어려운 문제다. 예제 9.21의 배포 셸 스크립트에서 npm test를 할 수도 있고, 예제 9.22의 비트버킷 파이프라인 설정 파일에서 직접 할 수도 있다. 예제 9.21과 9.22는 메타데이터 마이크로서비스에 대해서 두 가지가 가능하다는 것을 보여준다.

생각해보면 위의 작업은 빙산의 일각이다. 마이크로서비스를 위해 더 많은 자동 테스트를 만들어가면서 npm test를 마이크로서비스마다 반복적으로 호출해야 할 것이다. 그렇지만 이런 식의 작업은 고상함과 거리가 멀다. 하지만 여러 리포지터리를 가진 확장성이 있는 배포 구조를 만든다면 문제가 해결된다. 이 문제에 대해서는 11장까지 잠시 보류해두자.

쉘 스크립트에서 오류가
발생하면 실행을 멈춘다.

```
set -e
cd ./metadata
```
메타데이터 마이크로서비스
디렉터리로 이동한다.

```
npm install
```
종속성(여기서는 제스트)을 설치한다.

```
npm test
cd ...
```
테스트를 실행한다. 오류가 발생하면 쉘은
오류 코드를 표시하고 중단한다. 다음으로
CD 파이프라인도 오류와 함께 중단한다.

```
cd ./scripts
terraform init
terraform apply -auto-approve \
    -var "app_version=$VERSION" \
    -var "client_id=$ARM_CLIENT_ID" \
    -var "client_secret=$ARM_CLIENT_SECRET"
```
메인 프로젝트 디렉터리로 다시 이동한다.

```
image: hashicorp/terraform:0.12.6

pipelines:
    default:
        - step:
            name: Build and deploy
            services:
                - docker
            script:
                - cd metadata && npm install && npm test
                - export VERSION=$BITBUCKET_BUILD_NUMBER
                - chmod +x ./scripts/deploy.sh
                - ./scripts/deploy.sh
```
비트버킷 파이프라인의 설정 파일에서
직접 자동 테스트를 호출한다.
테스트가 실패하면, CD 파이프라인을
오류와 함께 중단한다.

테라폼 코드로도 직접 자동 테스트를 호출할 수 있다. 논쟁의 여지가 있지만, 도커 이미지를 빌드하고 게시하느라 이미 테라폼에서 많은 일을 하고 있다. 마이크로서비스를 시작하기에 편리한 방법이지만, 이미 클라우드 인프라를 준비하기 위한 원래 목표를 넘어서고 있다. 11장에서는 플릭스튜브의 확장을 위해 우리의 개발과 배포 과정을 재구성하는 방법을 알아볼 것이다.

8장에서 언급한 것처럼 싸이프러스를 CD 파이프라인 안에서 실행하는 것도 조금 더 어려움이 있을 수 있지만 기본적으로 동일하다. 다시 npm test를 호출하고 제스트 대신 싸이프러스를 호출하도록 설정한다.

싸이프러스의 문제는 너무 크다는 데 있다. CD 파이프라인에 매번 파이프라인을 호출할 때마다 설치한다면 느리고 비효율적이다(특히 파이프라인을 실행하는 시간만큼 비용을 지불한다면 더욱 그렇다). 싸이프러스를 CD 파이프라인에서 사용하고 싶다면 CD 제공자가 어떻게 필요한 것들을 캐시할 수 있는지 알아야 한다. 하지만 이 책의 내용이 이미 너무 길어지고 있어서 직접 알아보는 것이 좋겠다. 비트버킷 파이프라인의 캐시에 대한 내용은 다음 링크를 참고할 수 있다.

https://support.atlassian.com/bitbucket-cloud/docs/cache-dependencies/

9.10 다시 보기

축하할 일이 생겼다. 9장을 잘 따라왔다면 지금은 운영 환경에서 플릭스튜브를 실행 중이고, 플릭스튜브의 개선해나가는 과정을 마쳤다. 코드를 변경하고, 개발에서 테스트하고, 업데이트를 CD를 통해 배포할 수 있다. 표 9.2로 9장에서 사용한 명령어를 다시 보자.

▼ **표 9.2** 9장 명령어 다시 보기

명령어	상세
npm start	스크립트 파일 이름이나 명령 파라미터와 상관없이 Node.js 앱을 시작하는 npm 스크립트 이름의 규칙이다. 특히 package.json 파일에서 node index.js를 의미하지만 프로젝트 개발자나 어떻게 설정하는지에 따라 다르다. 프로젝트를 어떻게 구성하든지 npm start만 기억하면 된다는 것이 장점이다.
npm run start:dev	개발 환경에서 Node.js 프로젝트를 시작할 때 개인적으로 사용하는 규칙이다. package.json 파일에 추가해둔다. 특히 코딩할 때 Nodemon으로 라이브 리로드를 활성화한 상태에서 실행할 때 사용한다.
docker-compose up ➡ --build	현재 작업 디렉터리의 도커 컴포즈 파일(docker-compose.yaml)에 정의한 다수의 컨테이너로 구성된 앱을 빌드하고 초기화한다.

docker-compose down	앱을 중지하고 제거한다. 개발 워크스테이션을 깔끔하게 유지할 수 있다.
npm test	테스트를 실행하기 위한 npm 스크립트 명명 규칙이다. package.json을 어떻게 설정하는지에 따라서 제스트나 싸이프러스, 또는 둘 다 실행할 수 있다. CD 파이프라인에서 테스트 세트를 실행하기 위해 사용하는 명령이다.
npm run test:watch	테스트를 라이브 리로드 모드로 실행할 때 사용하는 개인적인 규칙이다. package.json에서 이 스크립트를 설정해서 사용해야 한다.
terraform init	테라폼 프로젝트를 초기화하고, 제공자의 플러그인을 다운로드한다.
terraform apply	현재 작업 디렉터리에서 인프라에 변경 사항을 단계적으로 적용하기 위해 테라폼 스크립트를 실행한다.
terraform destroy	테라폼 프로젝트로 생성한 모든 인프라를 제거한다.

9.11 미래의 플릭스튜브

플릭스튜브는 이제 어디로 나아가야 할까? 독자가 한번 상상해보자. 11장에서는 플릭스튜브의 미래에 대해 기술적인 관점에서 논의해볼 것이다.

- 증가하는 사용자에 맞게 확장할 수 있는 방법은?
- 앱의 기능이 많아지고, 개발 팀의 규모가 커짐에 따라서 개발과 배포 프로세스를 확장할 방법은?

지금은 미래에 플릭스튜브에 추가할 만한 마이크로서비스 유형을 상상해보자. 그림 9.18은 점차 성장하면서 어떤 모습을 가질지 영감을 주는 그림이다.

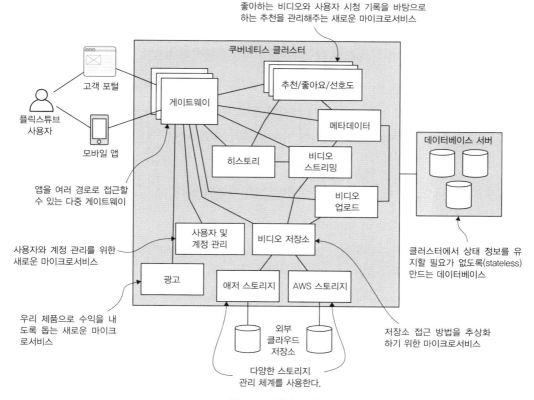

▲ **그림 9.18** 미래의 플릭스튜브 모습

9.12 배움을 이어 가기

9장에서는 플릭스튜브 예제 앱의 구조를 학습했다. 개발 환경에서 먼저 빌드, 실행 테스트를 완료했다. 다음으로 운영 환경에 CD 파이프라인을 통해 배포했다.

이제 플릭스튜브가 실행 중이다. 그럼 이제 무엇이 남았을까? 책을 읽는 것은 오직 여기까지 안내해주는 것이다. 이러한 기술을 유지하기 위해 중요한 것은 첫 째도, 두 번째도, 세 번째도 연습이다. 코드를 시험해보고, 기능을 추가해보자. 새로운 마이크로서비스도 추가해보자. 플릭스튜브에 문제를 만들고, 어떤 일이 일어나는지 살펴보자. 연습은 개발 능력을 한 수준 높여주는 방법이다.

개발은 도전 없이 할 수 없다. 사실 문제와 해결책이 끝없이 나타나는 롤러코스터다. 어느 도구나 기술을 사용하면서 문제를 만날 때 이 책의 적당한 장으로 돌아가 살펴보자. 필요한 답을 찾을 수도 있다. 아니면 더 깊이 있는 지식을 탐험할 필요도 있다.

이 책의 마지막 장에서는 마이크로서비스를 사용한 미래의 개발 방향을 탐험할 수 있게 돕는 가이드를 포함하고 있다. 각 장마다 제시된 참고 자료는 이러한 배움의 여정을 계속 할 수 있게 돕는다. 하지만 성공과 이러한 기술을 자기 것으로 만드는 핵심은 꾸준한 연습이라는 점을 기억하자.

사용자 인터페이스 개발에 관해서 배울 수 있는 책은 다음과 같다.

- *Angular in Action* by Jeremy Wilken(Manning, 2018)
- *Getting MEAN with Mongo, Express, Angular, and Node*, 2nd ed., by Simon D. Holmes and Clive Harber(Manning, 2019)
- *Micro Frontends in Action* by Michael Geers(Manning, 2020)

마이크로서비스 개발에 관해서는 다음 책들을 참고할 수 있다.

- 『마이크로서비스 인 액션』(위키북스, 2019)
- 『마이크로서비스 패턴』(길벗, 2020)
- *The Tao of Microservices* by Richard Rodger(Manning, 2017)
- *Microservices in .NET Core*, 2nd ed., by Christian Horsdal Gammelgaard (Manning, 2020)
- *Developing Microservice APIs with Python* by José Haro Peralta(Manning, est Spring 2021)

테라폼을 더 깊이 파 보고 싶다면 다음의 책을 참고한다.

- *Terraform in Action* by Scott Winkler(Manning, est Spring, 2021)

요약

- 전체적으로 플릭스튜브가 어떻게 동작하는지 배웠고, 새로운 마이크로서비스도 접했다.

- 빌드, 실행, 테스트, 배포 작업을 위한 필수적인 도구들을 다시 살펴봤다.

- 개발과 운영 환경의 플릭스튜브 앱에 있는 마이크로서비스를 개발적으로 실행했고, 개발 환경에서는 전체 앱을 부팅하기 전에 라이브 리로드를 활용했다.

- 플릭스튜브를 테스트하기 위해 제스트와 싸이프러스를 사용했다.

- 일반 사용자들도 플릭스튜브를 사용할 수 있도록 운영 환경에 배포했고, CD 파이프라인은 온라인에 만들었다.

10

튼튼한 마이크로서비스

10장에서 다루는 주제

- 마이크로서비스를 튼튼하게 유지하는 기술
- 마이크로서비스 로깅과 모니터링
- 마이크로서비스 디버깅
- 신뢰성과 내결함성 기술 패턴

오류는 발생한다. 코드에는 버그가 있다. 하드웨어, 소프트웨어, 네트워크는 신뢰할 수 없다. 장애는 마이크로서비스뿐만 아니라 모든 형태의 앱에서 발생한다. 하지만 마이크로서비스 앱은 더욱 복잡하고 앱이 크면 클수록 문제 상황은 더 나빠진다. 마이크로서비스를 더 많이 관리할수록 일부 마이크로서비스가 언제라도 잘못 동작할 가능성은 더 크다.

우리는 위와 같은 문제에서 완전히 벗어날 수 없다. 이런 문제를 사람이 발생시켰는지, 아니면 신뢰할 수 없는 인프라가 문제인지는 중요하지 않다. 확실한 것은 문제가 발생한다는 것이다. 하지만 문제를 피할 수 없다는 것 때문에 이런 문제의 충격을 덜어주지 않아도 된다는 뜻은 아니다. 잘 만들어진 앱은 예상하기 힘든 특수한 문제조차도 예측하고 책임을 진다.

앱은 복잡해지는 방향으로 진화한다. 문제와 싸우고 튼튼하게 마이크로서비스를 유지할 수 있는 기술이 필요하다. 이 분야에서 많은 모범 사례와 설계 유형이 개발돼 있다. 10장에서는 그중에서 가장 유용한 몇 가지를 다룰 것이다. 이런 사례를 따라 해보면서 앱을 더 매끄럽게 실행하고, 신뢰할 수 있으며, 스트레스는 적고, 장애가 발생하면 더 쉽게 회복할 수 있는 앱을 만들어 갈 것이다.

10장의 내용은 바로 적용할 수 있을 만큼 실용적이지 않다. 깃허브에 예제 코드도 없고, 직접 따라 하는 것도 어렵다. 마이크로서비스 앱을 계속 개발하면서 나중에 언젠가 시도해볼 수 있는 기술 도구 상자라고 생각해보자.

10.1 튼튼한 마이크로서비스 유지하기

튼튼한 앱은 튼튼한 마이크로서비스로 이뤄진다. 이런 마이크로서비스는 버그, CPU 과부하, 메모리 소진과 같은 문제를 경험하지 않는 것이다. 견고한 앱을 이해하려면 다음의 항목이 필요하다.

- 현재 상태를 이해하기 위한 마이크로서비스 모니터링
- 고객을 보호하기 위해 문제가 발생하면 취하는 행동
- 문제가 생길 때 디버깅하고 해결책 적용

플릭스튜브 메타데이터 마이크로서비스를 예로 들어서 운영 환경에서의 튼튼한 마이크로서비스를 위한 인프라가 어떤 구성을 갖는지 그림 10.1로 보여주고 있다. 마이크로서비스가 다수의 복제^{replicas}를 갖고 있으며, 로드 밸런서를 사용해 요청을 인스턴스에게 균등하게 분배하고 있는 것을 볼 수 있다. 어느 마이크로서비스에 장애가 발생하더라도 복제들이 그 인스턴스를 재시작하는 동안 버틸 수 있다.

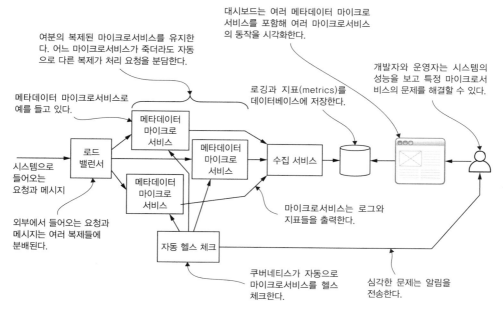

여분의 복제된 마이크로서비스를 유지한
다. 어느 마이크로서비스가 죽더라도 자동
으로 다른 복제가 처리 요청을 분담한다.

대시보드는 여러 메타데이터 마이크로
서비스를 포함해 여러 마이크로서비스
의 동작을 시각화한다.

개발자와 운영자는 시스템의
성능을 보고 특정 마이크로서
비스의 문제를 해결할 수 있다.

메타데이터 마이크로서비스로
예를 들고 있다.

로깅과 지표(metrics)를
데이터베이스에 저장한다.

시스템으로
들어오는
요청과 메시지

외부에서 들어오는 요청과
메시지는 여러 복제들에
분배된다.

마이크로서비스는 로그와
지표들을 출력한다.

쿠버네티스가 자동으로
마이크로서비스를 헬스
체크한다.

심각한 문제는 알림을
전송한다.

▲ **그림 10.1** 운영 환경의 튼튼한 마이크로서비스를 위한 인프라

다중화^{redundancy1}는 마이크로서비스와 앱의 신뢰성을 유지한다. 10장에서 쿠버네티스의
마이크로서비스를 복제하고, 내결함성을 가지고 장애를 복구하는 구성을 위한 기술을 배
운다.

마이크로서비스는 완전한 장애 상태는 아니더라도 여러 문제로 어려움을 만날 수 있다.
마이크로서비스 안에서 무슨 일이 일어나는지 어떻게 알 수 있을까? 마이크로서비스가
반드시 블랙박스일 필요는 없다. 그림 10.1과 같이 모든 마이크로서비스에서 이해할 수
있는 로그를 생성하고, 그것을 합쳐주는 일종의 로그수집 서비스가 필요하다.

어떻게 마이크로서비스가 건강한 상태를 유지할 수 있도록 만들 수 있을까? 우선 실제
의사처럼 환자의 체온을 재는 법을 알아야 한다. 마이크로서비스의 상태를 진단할 수 있
는 많은 기술이 우리 손에 있다. 표 10.1은 10장에서 마이크로서비스의 체온을 측정할
수 있는 주요 기술의 목록이다.

---

1   중복을 뜻하며 복제로 생성한 여분의 인스턴스 – 옮긴이

기술	상세
로깅	마이크로서비스에서 무슨 일이 언제 일어났는지 보여주기 위한 출력 정보다.
오류 처리	어떤 문제가 언제 발생했는지 기록해 오류를 관리하는 전략이다.
수집	마이크로서비스마다 필요한 정보를 일일이 찾아다니지 않고 하나의 스트림으로 모든 마이크로서비스의 정보를 취합한다.
자동 헬스 체크	쿠버네티스가 자동으로 마이크로서비스의 문제를 찾도록 설정한다.

무언가 잘못되면 어떤 일이 발생하고, 어떻게 고칠 수 있을까? 문제에 대처하기 위해서는 디버깅이 필요하다. 10장에서 문제 원인을 찾아 해결하기 위한 기술을 배울 것이다.

10.2 마이크로서비스 모니터링

첫 단계로 앱을 운영 환경에서 실행하자. 그리고 지속적으로 앱이 잘 동작하는지, 특히 업데이트를 적용했을 때에도 알 수 있어야 한다.

앱이 무엇을 하고 있는지 투명하게 볼 수 있어야 한다. 아니면 무슨 일이 벌어지고 있는지 알 수가 없고, 문제를 고칠 수도 없다. 이번 절에서는 마이크로서비스의 동작을 모니터링하는 기술을 배운다.

- 로깅
- 오류 처리
- 로그 수집
- 자동 헬스 체크

10.2.1 개발 환경의 로깅

콘솔에 로깅하는 것은 마이크로서비스의 동작을 이해하기 위한 기본적인 도구다. 로깅을 통해서 앱 안에서 발생하는 중요한 이벤트, 동작 등을 문자열 출력으로 볼 수 있다.

앱이 출력하는 로그 스트림은 앱을 시작해서 끝날 때까지의 모든 관련 정보를 보여주는 앱의 히스토리라고 생각할 수 있다. 콘솔 로깅은 개발과 운영 환경 모두 가능하다. 그림

10.2는 개발 환경에서 어떻게 동작하는지 보여준다.

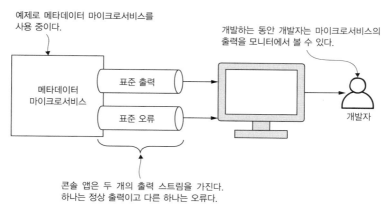

▲ **그림 10.2** 개발 과정의 콘솔 로깅

프로세스 형태를 포함해서 모든 마이크로서비스의 로깅은 두 개의 출력 스트림을 가진다.

1. 표준 출력
2. 표준 오류

자바스크립트의 경우 표준 출력 채널을 사용하는 로깅은 다음과 같다.

```
console.log("필요한 정보를 여기에 출력한다.");
```

표준 오류 채널은 다음과 같다.

```
console.error("필요한 정보를 여기에 출력한다.");
```

> |**노트**| 자바스크립트 이외의 언어를 사용한다면, 표준 출력과 오류를 위한 자신만의 기능이 있을 것이다.

이것이 콘솔에 출력할 전부다. 실제로 복잡한 로깅 시스템은 필요 없다. 오늘날의 로그 수집 시스템은 보통 자동으로 표준 출력과 오류를 컨테이너에서 가져온다. 이런 동작도 곧 알아볼 것이다.

무엇을 로깅할 것인가?

로깅은 개발자가 추가하는 것이고, 항상 선택적이므로 무엇을 로깅하고 어떻게 선택해야 하는지 의문이 생길 수 있다. 다음 예시들을 살펴보자.

- 무엇을 로깅할까?
  - 앱에서 계속 발생하는 이벤트와 그 상세 정보
  - 중요한 동작의 성공/실패 여부

- 무엇을 하면 안 될까?
  - 다른 소스로부터 쉽게 확인할 수 있는 정보
  - 공개할 수 없는 민감한 정보
  - 사용자의 개인 정보

만약 로깅을 위한 세부 사항에 허우적대고 있다면, 불필요한 로깅을 제거해도 좋다. 콘솔의 로그마다 "이런 세부 정보가 없어도 괜찮을까?"라고 질문하고, 필요 없다면 지운다.

일반적으로 더 많은 로그가 부족한 로그보다 낫다. 운영 환경에서 디버깅할 일이 생기면 문제가 왜 발생했는지 이해할 수 있는 모든 도움이 필요하다. 로그를 살펴보는 것은 문제가 야기한 일련의 이벤트를 이해하기 위한 중요한 과정이다.

문제가 발생한 이후에는 로깅을 추가할 수 없다. 물론 문제를 격리해서 다시 발생시킬 수 있다면 가능하다. 하지만 거기까지 가기가 어렵다. 문제를 만났을 때 문제 해결에 도움이 될 만한 정보가 많을수록 좋기 때문에 정보가 부족한 것보다는 더 많은 것이 유리하다.

10.2.2 오류 처리

오류는 발생한다. 사용자는 문제를 겪는다. 이것이 컴퓨터 프로그래밍의 기본 법칙이다. 다음은 오류의 몇 가지 사례다.

- 런타임 에러. 마이크로서비스의 치명적인 오류crash에 의한 예외exception 발생throw을 말한다.
- 잘못된 입력 데이터(잘못된 검증이나 사용자의 입력 데이터 오류)
- 예상하지 못한 조합으로 코드가 사용되는 경우
- 제3사third party 종속성 오류(예를 들어 래빗MQ)
- 외부 종속성의 오류(예를 들어 애저 스토리지)

오류들을 어떻게 다뤄야 할까? 어떻게 처리할지 계획을 세우고 사용자와 업무에 영향을 최소화할 수 있도록 오류 상태에서 순조롭게 회복할 수 있어야 한다. 오류가 발생하면 무슨 일이 일어날까? 앱이 이 문제를 어떻게 다룰 것인가? 이런 질문들에 대해서 반드시 생각해보고 앱의 오류 처리 전략을 개발해야 한다.

가끔은 자바스크립트 코드에서 오류를 예상하고 이를 코드에서 예외, 콜백^{callbacks}, 프로미스^{promise} 등을 사용해 처리한다. 이 경우는 무엇을 해야 할지 아는 경우다. 실패한 동작을 다시 시도해볼 수 있고, 자동으로 문제를 보완할 수 있는 동작이 없다면 문제를 고쳐서 다시 시작할 수도 있다. 심지어 사용자에게 오류를 보고하거나, 운영자에게 알림을 전송하기도 한다.

가끔은 오류를 예상할 수 있고, 그 이외의 경우에는 예상할 수 없다. 오류가 발생할 수 있다는 사실을 몰랐거나, 극히 드물게 발생하는 경우라서 대비하지 않은 특정한 형태의 오류(하드디스크 장애) 때문에 놓칠 수도 있다. 안전을 위해서는 상상할 수 없는 오류도 책임질 수 있어야 한다.

우리에게 필요한 것은 예상하지 못한 오류를 처리하기 위한 일반적인 전략이다. 마이크로서비스를 포함한 어떠한 프로세스도 두 가지 선택으로 요약할 수 있다. 즉 중지와 재시작^{abort and restart} 또는 동작 재개^{resume}를 말한다.

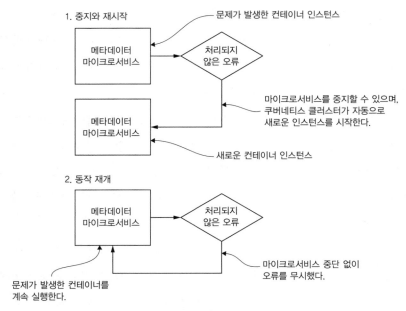

▲ **그림 10.3** 예상하지 못한 오류 처리 전략

중지와 재시작

중지와 재시작 전략은 예상하지 못한 오류를 잡아내서 프로세스를 재시작하는 것으로 대응한다. 이 전략을 사용하는 가장 간단한 방법은 걱정할 필요가 없는 오류를 무시하는 것이다. try/catch 구문으로 코드에서 명시적으로 처리하지 않은 예외는 프로세스가 중단되게 만든다.

이것이 가장 간단한 이유는 말 그대로 아무것도 안 하기 때문이다. 예상치 못한 오류가 발생하게 두고, 결과적으로 Node.js가 프로그램을 중단한다. 운영 중인 마이크로서비스가 중단되면, 자동으로 쿠버네티스가 재시작하는 기능에 의지하는 것이다. 또한 이것이 기본으로 설정된 동작이다(쿠버네티스에서 이 기본 동작은 설정이 가능하다).

동작 재개

동작을 재개하는 전략은 예상치 못한 오류를 잡고, 프로세스를 지속시키는 것으로 대응하는 것이다. Node.js에서 process 객체의 uncaughtException 이벤트를 처리하는 방법으로 다음과 같이 구현할 수 있다.

```
process.on("uncaughtException", err => {
    console.error("Uncaught exception:");
    console.error(err && err.stack || err);
});
```

이런 방법으로 이벤트를 처리하면, 예상치 못한 오류에 대해서도 명시적인 제어를 가진다. 이 경우에는 Node.js가 프로세스를 중단하는 동작을 취하지 않는다. 단순하게 프로세스를 최선의 상태로 지속시키고, 오류는 프로세스에 문제를 일으킨 상태로 남아 있지 않기를 바라는 것이다.

곧 논의할 예정이지만 표준 오류 채널로 오류를 출력하는 것은 운영 환경의 로깅 시스템이 가져갈 수 있다는 의미다. 이러한 오류는 운영 팀에 보고될 수 있으며 알려지지 않은 채로 사라질 필요가 없다.

중지와 재시작, 두 번째 버전

Node.js에서 처리되지 않은 예외가 어떻게 처리되는지 이해했기 때문에 중지와 재시작 전략을 더 좋은 버전으로 구현할 수 있다.

```
process.on("uncaughtException", err => {
    console.error("Uncaught exception:");
    console.error(err && err.stack || err);
    process.exit(1);
});
```

위 코드에서 예상치 못한 오류의 처리기로 명시적인 제어를 한다. 앞의 코드와 같이 오류를 출력해 운영 팀에 알리도록 했다. 다음으로 process.exit을 호출한다.

exit 함수에서는 영이 아닌 exit 코드를 전달한다. 이는 프로세스가 오류에 의해 종료된 것을 가리키는 표준 규칙이다. 다른 유형의 오류를 나타내기 위해 영이 아닌 양수 값을 오류 코드로 사용할 수 있다.

어떤 오류 처리 전략을 사용해야 할까?

재시작을 하느냐 마느냐, 이것이 문제다. 많은 개발자들이 중지와 재시작 옵션을 깊이 신뢰하고, 대부분의 경우 프로세스가 종료되게 두는 것이 좋은 생각일 수 있다. 치명적인 오류가 발생한 이후에도 마이크로서비스를 회복시키려고 시도하는 것은 손상된 상태로 내버려 두는 것일 수도 있다.

중지와 재시작을 사용하면 해결해야 할 문제를 가진 마이크로서비스가 어느 것인지 모니터할 수 있다. 이것을 쓸 만한 오류 보고와 함께 구현한다면 일반적으로 적용이 가능한 좋은 전략이다.

가끔은 동작 재개 전략이 필요할 때도 있다. 일부 마이크로서비스(예를 들어 고객 데이터를 처리하는 마이크로서비스)는 반드시 프로세스를 중단한 경우의 영향을 고민해야 한다.

예를 들어 플릭스튜브의 비디오 업로드 마이크로서비스를 생각해보자. 아무 때나 이 마이크로서비스가 중단돼도 괜찮을까? 여러 사용자로부터 다수의 비디오를 업로드하고 있었다면 어떨까? 마이크로서비스 중단으로 사용자의 업로드를 잃어버려도 받아들일 수 있는 결과인가? 나는 아니라고 생각하지만 이 마이크로서비스를 독자가 운영한다면 아마 다른 의견도 있을 수 있다. 정답은 없다.

> |**노트**| 사용하고 싶은 전략을 선택할 때 중지와 재시작을 기본으로 하고 일부는 적절하게 동작 재개로 설정하는 것이 최선일 수 있다.

10.2.3 도커 컴포즈로 로깅하기

도커 컴포즈를 개발 환경에서 사용할 때, 모든 마이크로서비스로부터 하나의 스트림으로 출력되는 로깅을 터미널에서 볼 수 있다. 도커는 그림 10.4와 같이 자동으로 로그를 수집하고 하나의 스트림으로 취합한다. 어느 때라도 앱이 무엇을 하고 있는지 전반적으로 파악하기에 확실히 좋은 방법이다.

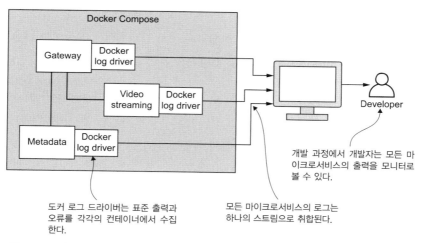

Docker Compose

Gateway | Docker log driver

Video streaming | Docker log driver

Metadata | Docker log driver

Developer

개발 과정에서 개발자는 모든 마
이크로서비스의 출력을 모니터로
볼 수 있다.

도커 로그 드라이버는 표준 출력과
오류를 각각의 컨테이너에서 수집
한다.

모든 마이크로서비스의 로그는
하나의 스트림으로 취합된다.

▲ **그림 10.4** 도커 컴포즈를 사용할 때 도커는 모든 마이크로서비스의 로그를 하나의 스트림으로 취합한다.

로그를 파일로 보내기

아주 유용한 팁이 있다. 도커 컴포즈를 사용할 때 그 출력을 로그 파일로 보내서 저장할 수 있다.
tee 명령어는 출력을 터미널에 표시하면서 파일로 저장할 수 있는 명령이다.

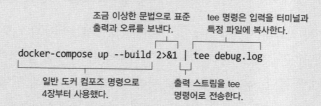

조금 이상한 문법으로 표준
출력과 오류를 보낸다.

tee 명령은 입력을 터미널과
특정 파일에 복사한다.

```
docker-compose up --build 2>&1 | tee debug.log
```

일반 도커 컴포즈 명령으로
4장부터 사용했다.

출력 스트림을 tee
명령어로 전송한다.

이제 로그 파일(여기서는 debug.log)을 VS Code로 열고, 시간 날 때 살펴볼 수 있다. 그리고 특정
문자열을 검색할 수 있다. 예를 들어 데이터베이스 관련 문제를 찾고 싶으면 로그에서 database를
포함하는 부분을 찾으면 된다. 관심 있는 부분의 로그를 쉽게 찾거나 걸러낼 수 있다.

10.2.4 쿠버네티스의 기본 로깅

도커 컴포즈로 개발 환경에서 마이크로서비스를 실행하는 것은 개발 워크스테이션에서
로컬에 앱을 실행하는 것이다. 앱의 로그를 보기 쉽고 코드에서 무슨 일이 발생하는지 이
해하기 쉽다.

운영 환경의 쿠버네티스상에서 실행 중인 마이크로서비스에 대한 로그를 원격으로 가져오는 것은 훨씬 더 어렵다. 로그를 보기 위해서는 먼저 클러스터에서 가지고 나와서, 분석을 위해 다시 개발 워크스테이션에 둬야 한다.

쿠버네티스 클러스터에 인증을 할 수 있다고 가정한다면, Kubectl이나 쿠버네티스 대시보드를 사용해 개별 마이크로서비스로부터 별도의 로그를 가져오는 것이 쉬워진다. 6.12절을 참고해 이 도구들을 사용하기 위해 어떻게 인증할 수 있는지 기억을 되살려보자.

KUBECTL

6장에서 처음 만난 Kubectl을 다시 사용해 쿠버네티스에서 실행 중인 특정 컨테이너로부터 로그를 가져올 것이다. 9장에서 마무리한 그대로 플릭스튜브를 실행하고 있다고 가정해보자. 그리고 로그를 메타데이터 마이크로서비스의 인스턴스에서 가져와야 한다고 생각해보자.

메타데이터 마이크로서비스의 인스턴스가 여러 개일 경우(아직은 하나다. 복제를 만드는 것은 나중에 10장에서 알아본다), 우리가 찾고자 하는 마이크로서비스에 대해서 쿠버네티스가 특정 마이크로서비스에 할당한 고유한 이름을 찾아야 한다.

여기서 우리가 찾으려는 것이 바로 팟^{pod}이다. 6장에서 쿠버네티스 팟은 컨테이너를 포함하는 그 무엇이다. 팟은 실제로 여러 개의 컨테이너를 실행할 수 있다. 아직은 단일 컨테이너뿐이지만 플릭스튜브에 대해서도 마찬가지다. 6.12.1절과 같이 Kubectl 인증을 하면, get pods 명령어를 사용해 클러스터 안의 모든 팟 목록을 다음과 같이 볼 수 있다.

```
> kubectl get pods
NAME                                 READY   STATUS    RESTARTS   AGE
azure-storage-57bd889b85-sf985       1/1     Running   0          33m
database-7d565d7488-2v7ks            1/1     Running   0          33m
gateway-585cc67b67-9cxvh             1/1     Running   0          33m
history-dbf77b7d5-qw529              1/1     Running   0          33m
metadata-55bb6bdf58-7pjn2    ◀       1/1     Running   0          33m
rabbit-f4854787f-nt2ht               1/1     Running   0          33m
video-streaming-68bfcd94bc-wvp2v     1/1     Running   0          33m
video-upload-86957d9c47-vs9lz        1/1     Running   0          33m
```

메타데이터 마이크로서비스의 단일 인스턴스를
포함하고 있는 팟의 고유한 이름

목록을 살펴보고 메타데이터 마이크로서비스에 대한 팟의 이름을 선택해서 고유한 이름을 찾아보자. 이 경우에는 metadata-55bb6bdf58-7pjn2가 그 이름이다. 이제 logs 명령을 사용해 메타데이터 마이크로서비스의 로그를 가져올 수 있다. 이 인스턴스는 볼 내용이 많지 않지만, 방법을 아는 것이 중요하다.

```
> kubectl logs metadata-55bb6bdf58-7pjn2          ← 로그를 가져올 팟의
Waiting for rabbit:5672.                             고유한 이름
Connected!

> metadata@1.0.0 start /usr/src/app          ⎫
> node ./src/index.js                        ⎬  마이크로서비스에서
                                             ⎭  가져온 콘솔 로그
Microservice online.
```

자신의 클러스터에서는 위의 팟 이름을 대체해서 사용해야 한다. 이 고유한 이름은 쿠버네티스가 생성한 것이고, 여기서 생성된 이름과 절대로 같지 않을 것이다. 다음은 위 명령의 일반적인 형식이다.

```
kubectl logs <pod-name>
```

로그를 가져오고 싶은 팟의 특정 이름만 넣어서 사용하면 된다.

쿠버네티스 대시보드

클러스터 내의 개별 컨테이너로부터 로그를 보는 다른 방법은 쿠버네티스 대시보드를 사용하는 것이다. 클러스터를 시각적으로 검사하고, 탐색하기 좋은 방법이고, 수정도 할 수 있다. 물론 수동으로 운영 클러스터를 건드리는 것을 추천하지 않는다.

쿠버네티스 대시보드는 6장에서 처음 만났다. 아직 처음이라면 6.12절에서 대시보드를 설치, 인증, 연결하는 방법을 참고한다. 일단 연결하면 로그를 보기 위해 어느 팟이라도 빨리 탐색할 수 있다. 그림 10.5, 10.6, 10.7에서 이 과정을 보여준다. 그림 10.5와 10.6에는 마이크로서비스의 상태를 이해하는 데 도움이 되는 유용한 정보도 있다.

전반적인 클러스터 상태

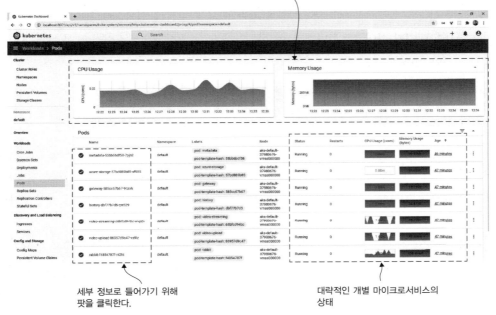

세부 정보로 들어가기 위해
팟을 클릭한다.

대략적인 개별 마이크로서비스의
상태

▲ **그림 10.5** 클러스터 안의 모든 팟을 보여주는 쿠버네티스 클러스터

보고 있는 팟의 이름

팟에 대한 로그를
열기 위해 클릭한다.

팟의 쉘을 열기 위해
클릭한다.

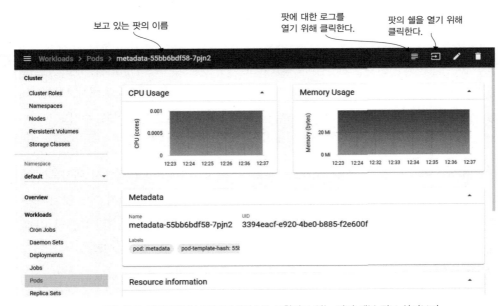

▲ **그림 10.6** 메타데이터 마이크로서비스를 포함하고 있는 팟의 세부 정보 살펴보기

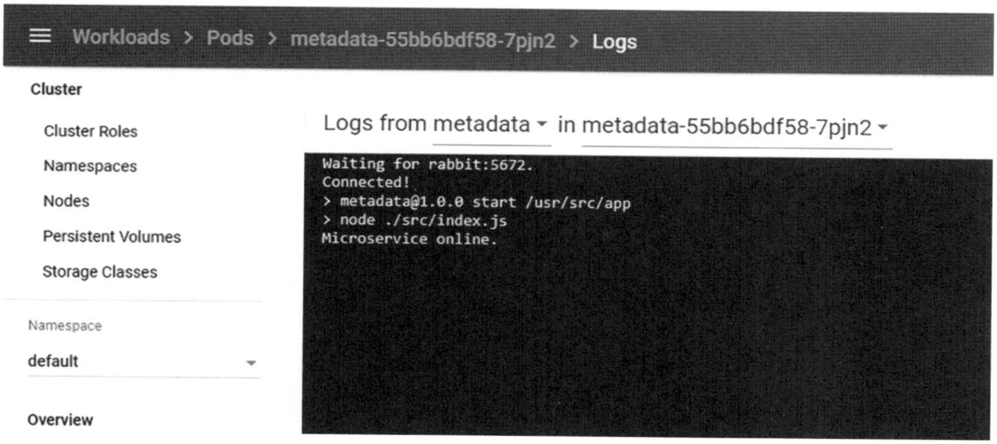
Workloads > Pods > metadata-55bb6bdf58-7pjn2 > Logs
Cluster
Cluster Roles
Namespaces
Nodes
Persistent Volumes
Storage Classes
Namespace
default
Overview
Logs from metadata in metadata-55bb6bdf58-7pjn2
Waiting for rabbit:5672.
Connected!
> metadata@1.0.0 start /usr/src/app
> node ./src/index.js
Microservice online.

▲ **그림 10.7** 메타데이터 마이크로서비스의 로그 보기

10.2.5 쿠버네티스에 대한 자신만의 로그 수집

앞의 절에서 봤듯이 각각의 마이크로서비스에 대한 로그를 추적하면서 문제를 찾아갈 수 있다. 가능하다면 이 작업을 직접 해보는 것을 권하고 싶은 이유는 쿠버네티스에 대한 로그 수집을 구현하는 것이 어렵기 때문이다.

언젠가는 앱이 커지고, 마이크로서비스마다 별도로 로그를 추적하는 일에 지칠 것이다. 안타깝게도 클러스터 안의 컨테이너에서 로그를 모아주는 기능은 쿠버네티스에 없다. 언젠가는 쿠버네티스 개발자들이 간단한 해결책을 주기를 정말 바란다. 만약 전체 앱의 동작을 모니터하기 위해 사용할 수 있도록 클러스터로부터 하나의 스트림으로 된 로그를 간단하게 활용할 수 있다면 좋을 것이다.

이를 위한 기업용 솔루션은 있다. 다음 절에서 살펴볼 것이다. 이 기업용 솔루션은 무겁고 비싸며, 더 쉽지도 않다. 또한 어려워서 설치와 설정하는 데 시간도 걸린다. 조금 더 가벼운 솔루션을 찾는다면 그림 10.8과 같이 자신만의 쿠버네티스 수집기를 만들어보는 것이다.

그림 10.8의 로그를 취합하는 서비스는 단위 클러스터 노드에서 실행하는 가벼운 마이크로서비스다. 구현할 때 어려운 점이 있다면 데몬셋[DaemonSet]으로 배포해야 하는 것이다.

데몬셋은 클러스터 안의 모든 노드에서 각각 실행하도록 쿠버네티스가 배포하는 것이다. 이것이 필요한 이유는 로그 파일이 저장되는 각각의 노드에 대한 파일시스템에 접근할 수 있어야 하기 때문이다. 쿠버네티스는 로그 파일의 표준 출력과 오류를 자동으로 저장하지만 이 파일은 노드 안에서만 접근할 수 있다.

로그를 취합하는 서비스^{aggregation service}는 노드에서 실행 중인 컨테이너로부터의 모든 로그를 외부의 수집 서비스^{collection service}에 전달한다. 수집 서비스는 또 다른 가벼운 마이크로서비스를 말한다. HTTP 요청의 형태로 들어오는 로그를 받아서 데이터베이스에 저장하는 것이 유일한 역할이다. 로그 데이터베이스는 개발자와 운영자에게 웹 기반의 대시보드로 보여줄 수 있다.

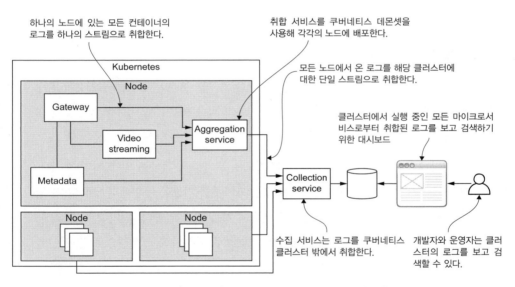

▲ **그림 10.8** 쿠버네티스에 대한 자신만의 로그 수집기 운영

수집 서비스 자신은 클러스터 바깥에 위치하는 것을 주목하자. 클러스터 안에 놓을 수도 있지만, 클러스터(우리가 문제를 감지하려고 하는 그 클러스터)에 문제가 생기면 로그 수집도 문제가 생길 수 있다. 로그 수집 서비스가 문제가 발생한 클러스터 안에 있다면 클러스터 안의 문제를 디버깅하기가 어려워질 수 있다.

앱이 초기 단계에 있을 때는 위와 같은 로깅 시스템이 잘 동작할 것이다. 쿠버네티스의 내부 동작을 더 깊게 알아보고 싶다면, 위와 같은 시스템을 구현해보는 것은 좋은 학습 방법이다. 직접 만드는 방법을 알고 싶다면 나의 쿠버네티스 로그 취합에 관한 블로그를 참고할 수 있다.

http://www.the-data-wrangler.com/kubernetes-log-aggregation/

10.2.6 기업용 로깅, 모니터링과 알림

대규모의 기업용 마이크로서비스 모니터링을 위한 일반적인 솔루션은 플루언트디Fluentd, 엘라스틱서치Elasticsearch, 키바나Kibana를 조합해서 사용한다. 다른 옵션으로는 특히 모니터링 지표들을 위한 프로미티어스Prometheus2와 그라파나Grafana가 있다. 이들은 모니터링과 알림을 위한 전문적인 기업 규모의 솔루션이다. 하지만 이들은 무겁고 자원을 많이 사용하므로 우리의 앱을 위해서 서둘러 도입할 필요는 없다.

이 책에서 다룰 주제에서 벗어나기 때문에 여기서는 위의 기술들을 더 자세히 다루지 않을 것이다. 각각의 기술에 대한 대략적인 개요를 보는 것으로 충분할 것이다.

플루언트디

플루언트디는 루비Ruby로 만든 오픈소스의 로깅 및 데이터 수집 서비스다. 클러스터 안에서 플루언트디 컨테이너 인스턴스를 만들고 로그를 외부 로그 수집기에 전달할 수 있다.

플루언트디는 유연하고 많은 플러그인을 통해 확장이 가능하다. 엘라스틱서치로 로그를 전달하는 것도 플러그인 중 하나다. 플루언트디는 다음 웹사이트에서 더 자세히 배울 수 있다.

https://www.fluentd.org/

https://docs.fluentd.org/

2　발음은 프로미띠어스에 가깝고, 프로메테우스로 우리에게 알려져 있다. 해리포터 책의 '허마이오니'를 우리만 '헤르미온느'로 발음하는 것과 같은 상황이다. - 옮긴이

엘라스틱서치

엘라스틱서치는 자바로 만든 오픈소스 검색엔진이다. 엘라스틱서치로 로그, 지표, 기타 유용한 데이터를 저장하고 가져올 수 있다. 엘라스틱서치에 관한 자세한 내용은 다음 웹 사이트를 참고한다.

https://www.elastic.co/elasticsearch/

키바나

키바나는 여기서 소개한 것 중 가장 흥미롭다. 오픈소스이며, 엘라스틱서치를 기반으로 시각화한 대시보드를 제공한다.

키바나로 로그와 여러 지표들을 보고, 검색하고, 시각화할 수 있다. 키바나로 자신만의 환상적인 대시보드를 만들 수도 있다. 그림 10.9는 쿠버네티스 클러스터로부터의 지표를 가지고 대시보드를 구성한 사례다.

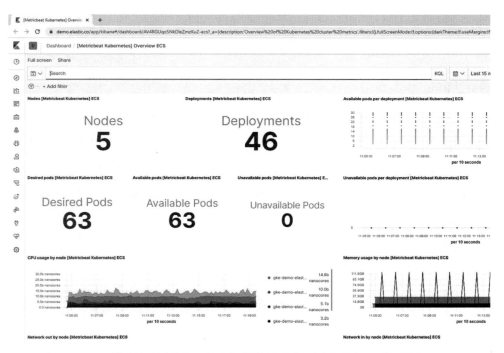

▲ **그림 10.9** 쿠버네티스로부터의 지표를 보여주는 키바나 대시보드 데모 화면

키바나의 훌륭한 특징은 진정한 우리 삶의 구원자라는 것이다. 즉 클러스터에 문제가 생기면 자동으로 알려주도록 설정할 수 있다. 어떤 알림을 통지하고 어떤 행동을 취할지 조건을 지정할 수 있다.

키바나의 유료 버전은 이메일과 자신만의 필요한 응답을 호출하는 웹훅webhook 트리거를 포함한 여러 다른 옵션을 지원한다. 다음 웹사이트에서 더 자세한 내용을 배울 수 있다.

https://www.elastic.co/what-is/kibana

https://www.elastic.co/kibana

키바나 데모 대시보드는 다음 웹사이트에 있다.

https://www.elastic.co/demos

지원 가능한 알림은 다음을 참고한다.

https://www.elastic.co/guide/en/kibana/master/action-types.html

프로미티어스

프로미티어스는 오픈소스 모니터링 시스템이고, 시계열time series 데이터베이스다. 쿠버네티스와 마찬가지로 CNCF^Cloud Native Computing Foundation를 나와서 매우 평판이 좋은 회사로 들어갔다.

일정한 간격으로 마이크로서비스에서 지표 데이터를 가져오고, 문제가 생기면 자동으로 알려주도록 설정할 수 있다. 프로미티어스에 관한 자세한 내용은 다음을 참고한다.

https://prometheus.io/

그라파나

프로미티어스가 데이터 수집, 쿼리, 알림 기능이 좋지만 시각화는 그렇지 못하다. 프로미티어스로 간단한 그래프는 가능하지만 매우 제한적이다.

다행히도 그라파나가 있어서 시각적으로 훌륭하고 상호작용이 가능한 대시보드를 쉽게 만들 수 있다. 그라파나에 관한 내용은 다음 링크를 참고한다.

https://grafana.com/

10.2.7 쿠버네티스 헬스 체크를 사용한 자동 재시작

쿠버네티스는 자동으로 문제가 있는 마이크로서비스를 감지해서 재시작할 수 있는 자동화된 헬스 체크 기능을 가지고 있다. 쿠버네티스가 이미 중단된 마이크로서비스에 대해 정의된 동작이 있기 때문에 이 기능이 필요 없을 수도 있다. 기본적으로 쿠버네티스는 자동으로 동작에 문제가 있는 컨테이너를 재시작한다.

이런 기본 동작이 마음에 들지 않는다면, 상황별로 문제가 있다고 생각되는 조건을 쿠버네티스에서 정의할 수 있다. 쿠버네티스에서 마이크로서비스의 상태를 질의할 수 있도록 각각의 마이크로서비스에 대한 준비 상태 점검readiness probe과 동작 상태 점검liveness probe을 정의할 수 있다. 준비 상태의 점검은 마이크로서비스를 시작했고, 요청을 받을 수 있는지 보여준다. 동작 상태 점검은 마이크로서비스가 여전히 살아 있고, 요청을 받을 수 있는지 보여준다. 이 두 가지를 그림 10.10에서 보여준다.

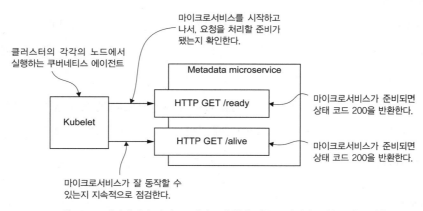

▲ **그림 10.10** 메타데이터 마이크로서비스에 대해 자동 쿠버네티스 헬스 체크 적용

5.8.5절에서 히스토리 마이크로서비스가 래빗MQ 서버에 처음 연결했을 때 5장에서 발견한 문제도 위와 같이 두 가지 쿠버네티스 기능으로 매끄럽게 해결하는 데 사용할 수 있다. 히스토리 마이크로서비스(또는 데이터를 안으로 전달하는 종속성을 가진 어느 마이크로서비스라도)는 연결해서 사용할 종속성(이 경우 래빗MQ)이 시작돼 있을 때까지 기다려야 하는

문제가 있다.

마이크로서비스가 너무 일찍 연결을 시도하면 예외가 발생하고 프로세스가 중단될 수도 있다. 만약이 래빗MQ를 사용할 수 있을 때까지 기다릴 수 있다면 더 좋을 것이다. 그래서 `wait-port` npm 모듈을 5장에서 사용한 것이다. 하지만 불편한 방법이었다. 쿠버네티스를 사용한다면 조금 더 매끄럽게 해결할 수 있는 도구들이 있다.

위에서 설명한 문제는 오직 마이크로서비스 앱을 처음 시작할 때에만 발생한다. 일단 운영 환경에서 앱을 실행하고 래빗MQ 서버가 이미 시작돼 있다면 기다릴 필요 없이 쉽고 안전하게 래빗MQ를 종속성을 가진 새로운 마이크로서비스를 도입할 수 있다. 하지만 이 경우에도 다른 문제가 더 있을 수 있으니 아직 끝난 것이 아니다.

- 래빗MQ가 죽고, 쿠버네티스가 자동으로 재시작한다면?
- 업그레이드나 유지 보수를 위해서 래빗MQ를 일시적으로 내린다면?

두 가지 상황 모두 래빗MQ는 오프라인이 되고, 여기에 종속된 모든 마이크로서비스의 연결은 끊어진다. 특별한 설정이 없다면 마이크로서비스의 기본 동작은 처리되지 않은 예외를 발생시키고 마이크로서비스를 종료하는 것이다. 그렇다면 래빗MQ에 의존하는 마이크로서비스는 래빗MQ가 다운돼 있는 동안 계속 종료되고, 재시작할 것이다.

래빗MQ 이외의 다른 종속성도 마찬가지다. 일반적으로 어느 서비스가 오프라인이 되면 서비스가 가용해질 때까지 기다려야 한다. 서비스가 다시 온라인이 되면 관련 서비스가 다시 정상적으로 동작할 수 있다.

지금부터는 준비 상태와 동작 상태를 점검해서 이 문제들을 해결해볼 수 있다. 다음 예제는 마이크로서비스를 점검하도록 정의하는 9장의 테라폼 코드를 업데이트한 것이다.

예제 10.1 마이크로서비스에 대해 쿠버네티스 준비, 동작 상태 점검 구현하기(chapter-9/example-1/scripts/modules/ microservice/main.tf)

```
container {
    image = local.image_tag
    name  = var.service_name

    env {
```

```
            name = "PORT"
            value = "80"
        }

        dynamic "env" {
            for_each = var.env
            content {
                name = env.key
                value = env.value
            }
        }

        readiness_probe {
            http_get {
                path = "/ready"
                port = 80
            }
        }

        liveness_probe {
            http_get {
                path = "/alive"
                port = 80
            }
        }
    }
```

마이크로서 비스 준비 상태 점검을 정의한다.

쿠버네티스는 마이크로서비스가 요청을 받을 수 있는 준비가 됐는지 확인하도록 /ready 경로에 HTTP 요청을 전송한다.

마이크로서 비스 동작 상태 점검을 정의한다.

쿠버네티스는 마이크로서비스가 여전히 요청을 받을 수 있는 준비가 됐는지 확인하도록 /alive 경로에 HTTP 요청을 전송한다.

예제 10.1 코드를 직접 실행해보고 싶다면, chapter-9/example-1/scripts/modules/ microservice/main.tf 파일에 업데이트 코드를 추가한다. 다음으로 terraform apply를 실행해 9장에서 배포한 현재 버전에 대해 변경 사항을 적용한다. 아직 플릭스튜브의 운영 버전을 아직 올리지 않았다면, terraform apply 명령이 플릭스튜브의 새 버전을 배포할 것이다.

위와 같은 변경을 적용하려면 /ready, /alive 경로에 대해서 HTTP GET 경로 처리기를 추가해야 한다. 하지만 이 경로에 대해서 무엇을 처리할 것인가?

가장 간단한 사례는 성공적인 처리를 의미하는 HTTP 상태 코드인 200을 반환하는 것이다. 두 가지 점검을 통과하기에 충분하고, 쿠버네티스에게 마이크로서비스가 준비돼 있고, 살아 있다는 것을 알리는 것이다. 특정 환경(예를 들면 히스토리 마이크로서비스)에서는 추가로 준비와 동작 상태에 대한 사용자 정의 코드를 추가할 수 있다. 래빗MQ 종속성을 가진 마이크로서비스에서 다음과 같은 코드를 추가할 수 있을 것이다.

- 오직 래빗MQ가 가용한 경우에만 /ready 경로는 상태 코드 200을 반환한다. 쿠버네티스에게 마이크로서비스가 준비된 상태인지 알리는 것이다.
- 래빗MQ가 가용하지 않은 경우에 /alive 경로는 오류 코드를 반환한다. 이렇게 하면 해당 마이크로서비스를 재시작할 수 있지만 새로운 마이크로서비스(/ready 경로 때문에)는 래빗MQ가 다시 온라인으로 돌아올 때까지 준비 상태 점검을 통과하지 못한다.

위의 전략은 두 가지 문제를 해결한다. 첫 번째 문제는 준비와 동작 상태 점검을 사용하지 않았을 경우 히스토리 마이크로서비스는 시작, 종료, 재시작을 래빗MQ가 다운돼 있는 동안 계속 반복하는 것이다. 계속되는 재시작은 자원을 효율적으로 사용하지 못하는 것이고, (정말 꼭 분석해야 할 오류가 그 안에 함께 파묻혀 있다면) 분석해야 할 엄청난 양의 오류 로그를 생성한다.

두 번째로 래빗MQ 연결이 끊기고 다시 연결할 수 있는지 계속 반복할 때를 감지해서 마이크로서비스 내에서 명시적으로 이 오류를 처리하는 것이다. 이 또한 마이크로서비스가 계속 종료와 재시작을 반복하는 것을 막을 수 있다. 하지만 이는 래빗MQ에 대한 연결 종료와 다시 연결을 시도하는 것을 처리할 수 있는 세련된 코드가 더 필요하다. 팟의 수명lifecycle과 다양한 점검에 대해 더 배우고 싶다면 다음 쿠버네티스 문서를 참고한다.

https://kubernetes.io/docs/concepts/workloads/pods/pod-lifecycle/

10.2.8 여러 개의 마이크로서비스 추적하기

로깅과 마이크로서비스에 대해서 마지막으로 언급할 것이 있다. 클러스터에서 요청 문자열의 연관성을 파악하는 것은 매우 유용하다. 이를 위해 서로 관련이 있다는 표시로 요청에 덧붙일 수 있는 고유한 연관성 아이디CID, Correlation ID를 생성할 수 있다.

그림 10.11을 보면 어떻게 동작하는 것인지 알 수 있다. HTTP 요청이 처음 게이트웨이 마이크로서비스에 도착하면, 고유한 CID를 생성해서 요청 문자열에 덧붙인다. 요청이 시스템(HTTP요청 또는 래빗MQ 메시지)에 전달될 때에도 ID는 여전히 남아 있고, 앱에서 처리하는 과정에 연관된 경로를 추적하기 위해서 사용할 수 있다.

CID는 전체 요청 처리 과정에 대한 모든 로깅, 오류, 지표, 기타 정보들에 연관성을 만들 수 있다. 앱의 동작을 모니터링하거나 조사할 때 유용한 정보다. 이 정보가 없다면 어디서 어떻게 앱에서 처리 과정을 밟아 나갔는지 확실하지가 않다.

고유한 아이디는 npm의 uuid 라이브러리를 사용해 만들 수 있다. 설치한 다음에 고유 아이디는 다음과 같이 생성한다.

```
const { v4: uuid } = require("uuid");
const cid = uuid();
```

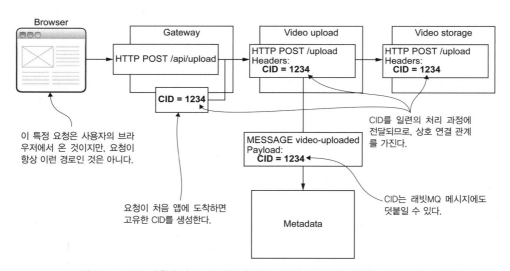

▲ **그림 10.11** CID를 사용해 클러스터 안에서 처리 과정에 대해 요청 문자열로 연관성을 설정한다.

고유한 아이디를 HTTP 요청 헤더(http.request나 Axios로 쉽게 할 수 있다), 또는 래빗MQ 메시지에 덧붙일 수 있다. 더 진지하게 요청을 추적하고자 한다면, 집킨Zipkin이 필요하다. 집킨은 앱 전반에 걸쳐서 시각적으로 요청을 추적할 수 있는 도구다. 집킨에 관한 더 자세한 내용은 다음 링크를 참고할 수 있다.

https://zipkin.io/

집킨의 코드는 다음 깃허브에서 찾을 수 있다.

https://github.com/openzipkin/zipkin

10.3 마이크로서비스 디버깅

모니터링이 가능한 상태라면 앱의 로그와 지표들을 살펴볼 수 있다. 앱의 현재 상태와 시간 순서로 동작들을 이해하기 위해 사용할 것이다. 이러한 정보는 문제가 발생했을 때 아주 유용하게 사용할 수 있을 것이다.

일단 문제가 드러나면, 범인에 대한 본격적인 수사를 시작해야 한다. 무엇이 잘못된 것인지 이해해야 하는 정보들을 분석할 필요가 있다. 다음으로 단서를 추적해서 왜 발생한 것인지 찾을 수 있는 근본적인 원인에 도달한다. 이러한 과정에서 여러 실험을 하면서 범인을 잡는 더 향상된 능력을 갖출 것이다.

보통은 원인을 찾기 전까지 문제를 해결할 수 없다. 물론 원인을 모르고 우연히 해결책을 발견하기도 한다. 하지만 근본적인 문제를 어쨌든 찾아낼 수 있다. 결과적으로 해결책이라는 것이 정말로 문제를 해결한 것인지, 아니면 그냥 숨긴 것인지 확인할 수 있어야 한다.

디버깅은 문제를 유발한 지점을 추적해 들어가는 과정과 적합한 해결책을 적용하는 것을 말한다. 어떤 형태의 앱이라도 마이크로서비스 디버깅 역시 비슷한 의미다. 일부는 기술이고, 일부는 과학인 문제 해결의 한 형태다. 단일 프로세스 안에 있는 문제도 나름대로 어렵지만, 상호작용 중인 여러 프로세스로 구성된 앱에서 문제를 찾는 것은 훨씬 더 큰 문제다.

문제를 의심하고 소스에서 찾는 것은 실제로 디버깅의 가장 어려운 부분이다. 속담처럼 건초에서 바늘 찾기와 같다. 문제를 어디서 찾아야 할지 떠오르는 부분이 있다면 빨리 찾을 가능성이 아주 커진다. 이는 특정한 코드베이스를 사용하는 경험 많은 개발자가 훨씬 더 빨리 버그를 찾을 수 있는 이유다.

문제를 야기한 소스를 찾은 다음에는 고쳐야 한다. 항상 그럴 수 없지만 가끔은 다행스럽게도 처음 살펴본 위치에서 문제를 찾아낸다면 더 빠르게 버그를 고치기도 한다.

10.3.1 디버깅 프로세스

이상적인 조건에서는 개발과 테스트 과정에서 모든 문제를 찾아내서 고친다. 철저한 테스트 훈련과 이해하기 쉬운 자동 테스트 세트가 있다면, 운영 환경에 가기 전에 많은 버그를 찾을 것이다. 가능하다면 이미 데이터 센터의 여러 서버에 배포된 운영 환경보다는 개발 워크스테이션의 개발 환경에서 디버깅하는 것이 더 쉽기 때문에 가장 좋은 방법이다. 코드를 디버깅하려면 다음과 같은 절차를 따라 해볼 수 있다.

1. 증거 수집
2. 고객에게 주는 영향 최소화
3. 문제 격리
4. 문제 재현
5. 문제 해결
6. 심사숙고

일부는 기술, 일부는 과학이기 때문에 실제로 엄격하게 정의된 절차는 아니다. 가끔은 예상치 못하게 단계들을 반복해서 추적하기도 한다. 하지만 이해를 돕기 위해 위와 같은 일련의 과정을 통해 문제를 해결할 수 있다고 생각해본다.

증거 수집

디버깅 프로세스의 시작은 항상 문제에 대한 증거를 가능한 많이 수집하는 것이다. 버그의 실제 위치를 더 빨리 알아내는 데 도움이 된다. 문제가 있는 실제 위치 근처에 가까운 곳에서 시작할 수 있다면, 더 빨리 좁혀 나갈 수 있다. 가능한 빠르게 문제가 있는 위치로 가는 방법을 배울 필요가 있다. 다음의 항목들을 보자.

- 로그와 오류 리포트
- 시스템에서 처리한 관련 요청 경로 추적(10.2.8절에서 언급)

- 사용자의 버그 리포트
- 쿠버네티스 CLI 도구나 대시보드에서 얻은 정보
- 오류가 발생한 콜 스택^call stack
- 문제로 생각되는 버전이나 코드 브랜치^branch
- 최근에 배포한 코드나 마이크로서비스

위와 같이 즉각적으로 정보를 수집해야 하는 이유는 고객에게 최선을 다하기 위한 다음 단계 작업이 바로 최대한 빨리 문제가 사라지도록 만드는 것이기 때문이다.

고객에게 주는 영향 최소화

문제의 원인을 찾거나 해결하기 전에 고객에게 나쁜 영향을 주고 있는지 확인해야 한다. 고객이 나쁜 영향을 받고 있다면 상황을 바로잡기 위해서 바로 행동을 취해야 한다.

이 시점에서는 무엇이 문제를 유발했는지, 장기적인 관점에서 진정한 해결책이 무엇인지 상관하지 않는다. 단순하게 고객이 사용할 수 있도록 기능을 복구하기 위한 가장 빠른 방법이 필요하다. 고객들이 앱을 계속 사용할 수 있도록 대안을 찾아 조치하는 것을 더 고마워할 수도 있다. 이런 방법은 다음과 같이 여러 개가 있다.

- 문제가 최근에 업데이트한 코드에 있다면, 업데이트를 이전으로 되돌리고 다시 운영 환경에 코드를 배포한다. 가끔은 업데이트한 마이크로서비스가 문제를 유발했다는 사실을 알기 때문에 더 쉽다. 단일 마이크로서비스를 되돌리고, 예전에 잘 동작하던 버전으로 복구하는 것은 말하자면 컨테이너 레지스트리에서 이전 이미지를 활용하는 것이다.
- 문제를 유발한 업데이트나 새로운 기능이 고객 입장에서 급하게 필요한 것이 아니라면, 앱을 잘 동작하는 상태로 복구하기 위해 그 기능을 비활성화한다.
- 문제를 유발한 마이크로서비스가 당장 필요한 것이 아니라면, 임시로 그 마이크로서비스를 중지시킬 수 있다.

이 단계의 중요성을 과장하는 것이 아니다. 문제를 해결하는 작업은 몇 시간, 며칠, 심지어 몇 주가 걸리기도 한다. 실제로 해보기 전에 시간이 얼마나 필요한지 알 수 없고, 다

해결될 때까지 고객이 기다릴 것이라고 기대할 수도 없다. 다른 경쟁사 서비스로 고개를 돌릴 가능성이 더 높다.

고객이 기다리고 있기 때문에 느끼는 압박 속에서 문제를 해결하고 있으면 매우 큰 스트레스를 받게 되고 결과적으로 한심한 결정을 하기도 한다. 이런 스트레스 속에서 고친 것은 더 많은 버그의 조합을 만들어낸다.

고객과 우리 자신을 위해 문제를 잠시만 무시하고, 앱을 잘 동작하는 상태(그림 10.12에서 설명)로 복구할 가장 빠른 방법을 찾아보자. 고객은 방해를 받지 않고 계속 사용할 수 있으며, 우리는 압박에서 벗어나 문제를 해결하는 데 필요한 시간을 벌 수 있다.

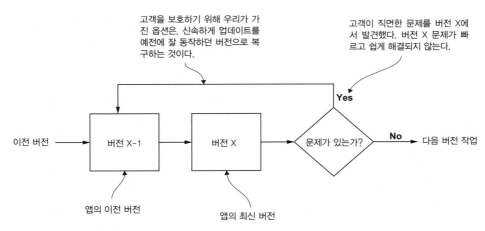

▲ **그림 10.12** 문제가 발견된 버전을 이전 버전으로 복구해 고객의 위험을 줄인다.

문제 재현

고객들이 앱을 다시 사용할 수 있도록 만들었다면, 지금부터 문제의 위치를 찾아 해결하는 단계로 나아갈 수 있다. 이를 위해 문제를 재현할 수 있어야 한다. 문제를 정확하고 일관성 있게 재현할 수 없다면, 문제를 해결했는지 확신할 수 없다. 버그를 시연할 수 있는 테스트 예를 만드는 것이 목표다. 이는 단계적으로 과정을 문서화하는 것이고, 버그를 보여줄 수 있도록 재현하는 것이다.

이상적인 방법은 버그를 개발 워크스테이션에서 재현하는 것이다. 버그를 추적할 수 있도록 시험해보기가 쉽다. 어떤 문제는 많은 마이크로서비스를 보유한 경우와 같이 컴퓨터한 대에서 시도해보기에 앱이 크면 너무 복잡해서 개발 환경에서 쉽게 재현할 수 없다.

이런 상황에서는 테스트 환경에서 문제를 재현할 수 있어야 한다. 운영 환경과 비슷하면서 고객이 사용할 수는 없는 온전히 테스트를 위한 것이다. 테스트 환경에서의 디버깅은 운영 환경의 디버깅과 같이 여전히 어렵지만 결국에는 문제를 재현할 수도 있다.

테스트 환경에서는 어느 구성 요소가 문제와 관련이 있는지 더 이해할 수 있도록 시험해 볼 수 있고, 관련이 없는 것은 안전하게 제거할 수도 있다. 이렇게 제거해 나가면, 앱을 특정 지점까지 충분히 줄여서 개발 환경에서도 실행할 수 있다. 이 시점에는 테스트 환경에서 개발 워크스테이션으로 옮긴다. 테스트 환경을 만드는 것은 11장에서 더 언급할 것이다.

자동 테스트를 사용하고 있다면, 이 시점에서 버그를 고칠 수 있는지 확인하기 위한 자동 테스트를 만들어야 한다. 물론 처음에는 테스트가 실패하겠지만 이것이 중요하다. 문제가 해결된 것인지 알기 위한 확실한 방법으로 나중에 사용할 수도 있다.

자동 테스트를 만드는 것은 또한 문제를 반복해서 재현할 수 있는지 확인하는 것이다. 매번 테스트를 실행할 때마다 문제가 발생해야 하고, 버그를 재현하기 위한 확실한 방법인지 확인한다.

문제 격리

개발 환경에서 일단 문제를 재현한다면 격리하는 과정을 시작하자. 반복적으로 시험해보면서 범위를 좁혀 가면서 버그의 정확한 위치까지 향해 간다.

효과적으로 문제가 숨어 있는 위치까지 제거해 나가면서, 원인이 분명해질 때까지 문제가 발생한 영역을 줄인다. 그림 10.13으로 나타냈듯이 마치 분할 통치divide and conquer 과정을 사용하는 것이다.

그런데 마이크로서비스는 위와 같은 접근 방법에 적합하다. 앱은 이미 쉽게 구성 요소를 격리할 수 있도록 잘 제작돼 있다. 앱을 여러 조각으로 나누기가 훨씬 쉽다. 일반적으로 개별 마이크로서비스를 앱에서 제거하는 것은 매우 쉬운 일이다(단지 도커 컴포즈 파일에서 주석 처리하면 된다). 마이크로서비스를 제거할 때 질문을 하자. 여전히 문제를 재현할 수 있는가?

- 그렇다: 잘됐다. 하나의 마이크로서비스를 문제 영역problem space에서 줄인 것이다.

- 아니다: 역시 잘됐다. 이 마이크로서비스가 문제와 관련이 있다고 암시하는 것이다.

어느 쪽이든 반복하면서 문제의 원인을 향해 나아가고 있다.

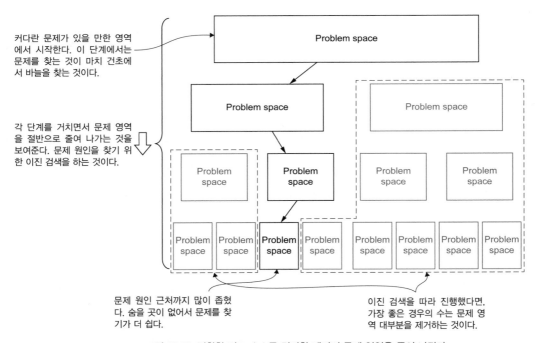

▲ **그림 10.13** 정확한 버그 소스를 격리할 때까지 문제 영역을 줄여 나간다.

가끔은 문제 소스를 빨리 찾아낸다. 나머지 경우에는 힘들고, 시간이 많이 걸리고, 좌절감을 주는 과정이다. 이는 우리가 가진 경험의 수준과, 코드 베이스에 대한 익숙함, 예전에 비슷한 문제를 본 적이 있는지, 문제가 얼마나 복잡한지 등에 많이 의존적이다.

> |**노트**| 최악의 경우 디버깅은 일관성, 인내, 책임감을 필요로 한다. 도움을 부탁하는 것을 두려워하지 말자. 해결하지 못하는 문제에서 헤어나오지 못하는 것보다 나쁜 것은 없다.

문제를 어디서부터 찾아야 할지 안다면 엄청나게 앞서 출발한 것과 같다. 문제의 원인에 대해 잘 훈련된 추측도 가능할 수도 있다. 이런 것들이 가능하다면 프로세스 대부분을 건너뛰고, 바로 버그의 원인에 집중할 수 있다. 하지만 어디서 시작할지 모르고 잘못 추측한 것으로 판단되면 더 과학적인 디버깅 과정을 수행하고 전체 프로세스를 적용해야 할 것이다.

문제 해결

문제의 근본적인 원인을 찾았다면, 이제 해결해야 한다.

다행히도 문제를 해결하는 것은 처음 시도로 문제를 찾는 것보다 훨씬 쉽다. 보통 문제 코드를 확인하면, 그것만으로 무엇이 해결 방법인지 상상하기에 충분하다. 가끔은 더 어려울 때도 있는데, 해결책을 완성하기 위해 창의적인 생각을 시도해야 하는 경우도 있다. 가장 어려운 부분은 이미 끝났다. 건초더미에서 바늘을 찾은 것이다. 지금은 문제를 제거하기 위한 최선의 방법을 실행할 수 있다.

자동 테스트를 하고 있다면, 문제를 재현할 수 있는 테스트를 갖고 있을 것이다. 그렇다면 언제 버그가 해결됐는지 볼 수 있는 편리하고 확실한 지표를 가진 것이다. 해결이 어렵더라도, 문제가 해결된 것인지 확인하는 방법은 가진 것이다. 이는 해결 방법을 향해 가면서 반복해 시험할 수 있기 때문에 유용하다.

심사숙고

문제를 해결할 때마다 잠시 작업을 멈추고 앞으로 문제가 다시 발생하지 않도록 무엇을 한 것인지, 또는 문제를 더 빨리 찾고 해결하기 위해서 무엇을 할 수 있었는지 깊이 생각해볼 시간을 가져보자. 이러한 깊은 고민은 개인과 팀이 지속적으로 개발 과정을 개선하기 위해서 중요하다.

아마도 특정 문제가 나중에 다시 발생하지 않도록 자동 테스트를 만들 것이다. 하지만 아직 더 많은 것들이 필요하다. 단순히 그 특정 문제만이 아니라, 그러한 종류의 문제를 만드는 유형이나 습관을 고민해야 한다.

심사숙고에 쓰는 시간과 개발 프로세스를 개선하는 데 투자한 시간의 양은 해당 문제와 중요도에 따라 다르다. 우리는 다음과 같은 질문을 해야 한다.

- 우리가 사전에 막을 수 있는 종류의 문제가 발생하는 것인가?
- 사전에 막아야 할 정도로 충분히 심각한 영향을 주는 문제인가?

위 질문에 대한 답은 앞으로 그러한 유형의 문제에 대응하기 위해 얼마나 많은 노력을 기울여야 하는지 이해하는 데 도움이 된다.

10.3.2 운영 환경 마이크로서비스 디버깅

가끔은 여기서 도망칠 수 없다. 말 그대로 운영 환경의 마이크로서비스를 디버깅해야 한다. 문제를 테스트나 개발 환경에서 재현할 수 없다면, 운영 환경에서 발생하는 문제를 그대로 이해하기 위한 유일한 방법이다.

로그보다 더 자세한 검사가 필요하다면, 쉘을 설치한 컨테이너의 터미널을 열고 쿠버네티스 CLI(Kubectl) 도구를 사용할 수 있다. 일단 팟의 이름을 확인(10.2.4절을 참고한다)하고, 예를 들어 팟이 메타데이터 마이크로서비스를 포함하는 경우에 다음과 같이 쉘을 열어서 사용할 수 있다.

```
kubectl exec --stdin --tty metadata-55bb6bdf58-7pjn2 -- sh
```

그림 10.6에서 알 수 있듯이 쿠버네티스 대시보드를 사용하기 위해 팟의 터미널을 열 수도 있다. 그리고 운영 중인 마이크로서비스 안에서 쉘 명령어를 호출할 수 있다.

이미 느낄 수 있겠지만 지금 우리는 매우 위험한 지역에 있는 것이다. 마이크로서비스 안에 들어가면 손상을 줄 가능성이 있고 문제를 더 악화시킬 수 있는 실수를 할 수도 있다. 즉흥적으로 운영 마이크로서비스의 쉘을 사용하지 말자. 만약 그래야만 한다면, 아무것도 바꾸지 말자. 문제를 진단할 수 있는 더 좋은 방법이 있다.

위와 같은 문제는 오직 고객에게 영향을 줄 때 문제가 된다. 자신만의 클러스터나 테스트 환경에서 마이크로서비스를 디버깅한다면, 어떤 고객도 영향을 받지 않는다. 마이크로서비스를 마음껏 푸시하고, 만들고, 찔러봐도 좋다. 이는 훌륭한 경험적 학습이 되겠지만,

운영 중인 마이크로서비스에 대해서는 하지 말자.

10.4 신뢰성과 복원

문제를 피할 수는 없지만, 문제를 만났을 때 앱이 서비스를 유지할 수 있도록 문제를 다룰 수 있는 방법은 많다. 운영 환경의 앱은 특정 수준의 신뢰성을 갖추도록 기대치가 있으며, 견고하고 신뢰할 수 있는 시스템의 설계를 위해 선택 가능한 대책들도 많다. 이번 절에서는 장애에서 빠르게 회복할 수 있는 내결함성을 가진 시스템을 만드는 데 도움이 되는 선택 사례와 기술들을 대략적으로 살펴본다.

10.4.1 방어적 프로그래밍 실행

첫 단계는 방어적 프로그래밍으로 코딩하는 것이다. 이런 작업은 예상할 수 없는 오류조차도 발생할 수 있다고 준비하는 것이다. 항상 다음과 같은 기대를 해야 한다.

- 코드는 잘못된 입력을 받을 수 있다.
- 코드는 아직 드러나지 않은 버그를 갖고 있다.
- 종속성(예를 들어 래빗MQ)은 100% 신뢰할 수 없고, 가끔은 그 안에서도 문제가 생긴다.

방어적인 자세를 가지면 코드를 예상치 못한 상황에서도 더 매끄럽게 동작하도록 만들 방법을 자연스럽게 찾기 시작할 것이다. 내결함성은 코딩 레벨에서 시작된다. 또한 개별 마이크로서비스 안에서 시작된다.

10.4.2 방어적 테스트 실행

아마도 이미 알고 있겠지만 테스트는 회복력이 있고 신뢰할 수 있는 시스템을 만들 때 커다란 역할을 한다. 8장에서 테스트를 다뤘으니 여기서 언급하고 싶은 것은 테스트는 단지 정상 코드 경로만으로 부족하다는 점이다. 소프트웨어가 오류를 처리할 수 있는지도 테스트해야 한다. 이것은 방어적인 프로그래밍의 다음 단계다.

자신의 코드를 적극적으로 공격하도록 테스트를 만들어야 한다. 조금 더 관심을 가져야 할 코드의 약점을 확인하는 데 도움이 된다. 코드가 매끄럽게 복구되는지, 오류를 보고하는지, 비정상적인 상황을 처리하는지 확인할 필요가 있다.

10.4.3 데이터 보호

모든 앱은 사용자의 데이터를 다루고, 장애가 발생한 경우에 데이터를 보호하기 위한 필요한 조치를 취해야 한다. 예상치 못한 장애가 발생하면 대부분의 중요한 데이터가 손상되거나, 손실하는 일이 없는지 확신할 수 있어야 한다. 버그는 발생한다. 데이터 손실은 발생하면 안 된다.

모든 데이터가 동등하지 않다. 시스템 안에서 생성되는 데이터는 고객으로부터 수집한 데이터보다 덜 중요하다. 모든 데이터가 중요할지라도 원본 데이터는 우리가 반드시 최선을 다해 보호해야 한다.

데이터를 보호하기 위한 첫 번째 단계는 백업을 만드는 것이다. 백업은 자동으로 만들어야 한다. 대부분의 클라우드 서비스는 이를 위한 기능을 제공하고 있다.

> |**노트**| 백업에서 복구하는 연습을 해보는 것을 잊지 말자. 백업은 복구할 수 없다면, 완전히 쓸데없는 것이다.

최소한 지금은 최악의 상황이 발생하면 손실되거나 손상된 데이터를 백업에서 복구할 수 있다. 업계에는 이런 말이 있다. – 최소 세 군데 데이터가 존재하지 않는다면, 데이터는 존재하지 않는 것이다. 다음과 같이 데이터를 보호하기 위해서 따라야 할 가이드가 더 있다.

- 데이터를 받자마자 안전하게 저장한다.
- 원본 데이터를 덮어쓰는 코드를 만들지 않는다.
- 원본 데이터를 지우는 코드를 만들지 않는다.

입력 데이터를 수집하는 코드는 앱에서 가장 중요한 코드이며, 올바른 수준으로 중요하게 다뤄야 한다. 또한 아주 잘 테스트해야 한다. 간단한 코드일수록 버그나 보안 문제가 숨을 공간이 작기 때문에 가능한 최소한으로 단순해야 한다.

데이터를 덮어쓰거나 삭제해서는 안 되는 이유는 코드의 버그로 인해 쉽게 손상되거나 망가질 수 있기 때문이다. 우리는 버그가 발생한다는 사실을 알고 있지 않은가? 방어적인 자세로 보이지 않은 문제가 발생하는 것을 준비해야 한다. 데이터를 보호하는 작업에 대해 더 자세히 알고 싶다면 나의 책 『Data Wrangling with JavaScript』(Manning, 2018)를 참고할 수 있다.

10.4.4 복제와 다중화

마이크로서비스의 장애를 막을 최선의 방법은 다중화redundancy하는 것이다. 이는 그림 10.4와 같이 로드 밸런서 아래로 각각의 마이크로서비스에 대해서 여러 개(보통은 최소 3개)의 인스턴스를 갖는 것이다. 로드 밸런서는 들어오는 요청을 여러 마이크로서비스에 분배해서 부하를 공평하게 나누는 것이다.

마이크로서비스 장애가 발생하면 로드 밸런스는 즉시 들어오는 요청을 다른 인스턴스에 전달한다. 이 과정에서 문제의 인스턴스는 쿠버네티스가 재시작한다. 이런 다중화는 장애가 가끔 발생하더라도 서비스의 지속성 수준을 유지할 수 있다는 것을 의미한다.

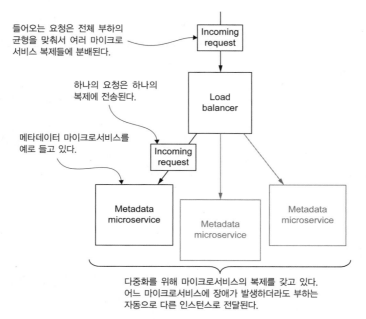

들어오는 요청은 전체 부하의 균형을 맞춰서 여러 마이크로 서비스 복제들에 분배된다.

Incoming request

하나의 요청은 하나의 복제에 전송된다.

Load balancer

메타데이터 마이크로서비스를 예로 들고 있다.

Incoming request

Metadata microservice

Metadata microservice

Metadata microservice

다중화를 위해 마이크로서비스의 복제를 갖고 있다.
어느 마이크로서비스에 장애가 발생하더라도 부하는
자동으로 다른 인스턴스로 전달된다.

▲ **그림 10.14** 로드 밸런서는 들어오는 요청을 마이크로서비스 여러 인스턴스에게 분배한다.

다중화는 복제로 구현한다. 복제는 또한 성능을 향상시키기 위해 사용한다. 이는 11장에서 다룰 내용이다.

시스템이 장애를 처리할 수 있다는 것만으로 끝이 아니다. 모든 장애는 로그로 남기고, 나중에 조사해야 한다. 10.3절의 디버깅 프로세스를 사용해 장애 원인을 찾아서 해결할 수 있다.

쿠버네티스에서 복제 구현

지금까지 플릭스튜브를 위해 배포한(7장, 9장) 각각의 마이크로서비스는 하나의 인스턴스만 가진다. 앱을 만드는 학습이나 자신만의 마이크로서비스 개발을 시작하는 단계에서는 충분하다. 단지 내결함성을 가질 수는 없을 것이다.

이는 쿠버네티스가 복제 생성이 간단하기 때문에 쉽게 해결할 수 있다. 놀라운 사실이 하나 있다면, 이미 만들었던 테라폼 코드의 항목 하나의 값을 바꾸는 것 정도다. 이것이 코드형 인프라의 힘이다.

쿠버네티스 배포에서 replicas 속성값을 복제수로 설정해서 쉽게 적용할 수 있다. 9장의 테라폼 코드를 업데이트한 10.2의 예제를 살펴보자.

복제 수를 1에서 3으로 변경했다. 적용은 terraform apply를 실행하면 된다. 일단 완료되면 마이크로서비스는 모두 합쳐 3개의 중복된 인스턴스를 가질 것이다. 이렇게 조그만 수정으로 앱의 신뢰성과 내결함성이 엄청나게 향상된다.

복제를 위한 로드 밸런스는 예제 10.2 끝부분에 정의된 쿠버네티스 서비스가 생성된다. 7장과 9장에서 마이크로서비스를 위한 로드 밸런서를 만들었다. 하지만 부하를 겨우 하나의 마이크로서비스에 분배했다. 예제와 같이 변경해서 부하는 세 개의 인스턴스에 분배되고 있다.

예제 10.2 쿠버네티스에서 마이크로서비스의 부하가 분산되는 복제를 만든다(chapter-9/example-1/scripts/modules/microservice/main.tf 업데이트)

```
resource "kubernetes_deployment"        각각의 마이크로서비스에 대해서 쿠버네티스
➡ "service_deployment" {                배포를 설정한다.


    depends_on = [ null_resource.docker_push ]


    metadata {
        name = var.service_name

        labels = {
            pod = var.service_name
        }
    }
                                    복제 개수를 3으로 설정한다. "terraform
    spec {                          apply"를 다시 실행해, 세 개의 복제를
        replicas = 3               생성한다.

        selector {
            match_labels = {
                pod = var.service_name
            }
        }

        template {
```

```
        metadata {
            labels = {
                pod = var.service_name
            }
        }

        spec {
            container {
                image = local.image_tag
                name  = var.service_name

                env {
                    name = "PORT"
                    value = "80"
                }
            }
        }
    }
}
}

resource "kubernetes_service" "service" {
    metadata {
        name = var.dns_name
    }

    spec {
        selector = {
            pod = kubernetes_deployment.service_deployment
            ⇒ .metadata[0].labels.pod
        }

        session_affinity = var.session_affinity

        port {
            port        = 80
            target_port = 80
        }

        type            = var.service_type
```

```
    }
}
```

10.4.5 문제 격리와 원활한 기능 축소

마이크로서비스의 장점 중 하나는 문제를 격리하기 정말 좋다는 것이다. 조금 주의할 것이 있지만, 이런 장점을 잘 활용할 수 있다. 우리의 목적은 문제를 클러스터 안에서 격리되도록 만들어 사용자에 주는 영향을 최소화하는 것이다.

올바른 체계가 잡혀 있다면, 앱은 오류를 매끄럽게 처리하고, 프론트엔드에 문제가 드러나는 것을 막을 수 있다. 필요한 도구는 다음 절에서 설명할 시간 초과timeout, 재시도retries, 차단기circuit breaker, 칸막이bulkheads다.

video-upload 마이크로서비스를 생각해보자. 무슨 문제가 생겨서 더 이상 동작하지 않는다고 가정해보자. 그 순간에 상황을 바로잡기 위해 열심히 일할 것이고, 동작 가능한 상태로 신속하게 복구할 것이다. 그 와중에 고객은 계속 사용할 수 있기를 바랄 수 있다. 이를 막을 방법이 없다면 오류는 프론트엔드에도 나타날 것이고, 서비스가 다운되거나 사용자를 방해할 것이다.

대신 우리는 보호 장치safeguards를 구현해 사용자에게 큰 지장을 주는 것을 멈춰야 한다. 이를 그림 10.5가 보여준다. 그림의 상단은 오류가 사용자에게 전달돼 문제들이 생기고 있는 것을 보여주고, 하단에는 보호 장치가 어떻게 동작하는지 보여준다. 게이트웨이가 오류를 클러스터 안에서 머물도록 멈추고 있다.

다음으로 video-upload 기능이 현재 사용할 수 없다고 오류 메시지를 사용자에게 보여주도록 이 문제를 처리하는 것이다. 비디오 업로드는 실패할 수 있지만, 사용자는 앱의 다른 기능을 계속 사용할 수 있다.

이는 마이크로서비스가 가진 커다란 이점이다. 모놀리스monolith를 사용하고 있고, 그 구성 요소(예를 들어 비디오 업로드 구성 요소) 중 하나에 문제가 생기면 보통은 고객에게 아무 조치도 없이 전체 모놀리스 앱을 중지하기도 한다. 하지만 마이크로서비스는 문제를 격리할 수 있고, 비록 기능은 축소시켰지만 전체 앱은 계속 동작한다.

문제 격리는 칸막이bulkhead 패턴으로 불린다. 거대한 배에서 사용하는 실제 칸막이와 비슷한 개념을 갖고 있기 때문이다. 배에서 물이 새면 결국 가라앉게 만들 수 있는 배의 다른 부분으로 새는 것을 막는다. 이것이 실제 문제 격리이며, 마이크로서비스 앱에서는 어떠한 유사점을 갖고 있는지 볼 수 있다.

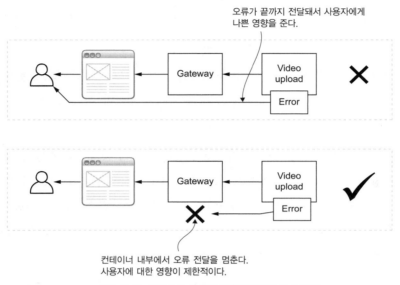

▲ **그림 10.15** 클러스터 안에서 사용자로부터 문제 격리

10.4.6 내결함성을 위한 간단한 기술

내결함성fault tolerance과 문제 격리를 자신만의 마이크로서비스 앱에서 바로 구현하기 위해서 바로 사용할 수 있는 몇 가지 간단한 기술을 소개한다.

시간 초과

이 책에서는 마이크로서비스 간에 내부적으로 HTTP 요청을 만들기 위해서, Node.js의 `http.request` 함수와 Axios 코드 라이브러리를 사용했다. 마이크로서비스를 제어하면서 대부분 클러스터 내부 요청에 대해서 금방 응답을 받을 것으로 알고 있다. 하지만 문제가 발생해 내부 마이크로서비스가 응답을 멈추는 경우도 있다.

나중에는 외부 서비스로 요청을 보내야 할 수도 있다. 플릭스튜브를 드롭박스^{Dropbox}와 통합해 새로운 비디오를 가져온다고 생각해보자. 드롭박스와 같은 외부 서비스에 요청을 보내면, 응답을 빨리 받기 위해 제어할 수 있는 것이 아무것도 없다. 이러한 외부 서비스는 가끔 유지보수를 위해서 서비스를 내리기도 하므로, 드롭박스와 같은 외부 서비스는 가끔씩 보낸 요청에 응답하지 않는다.

응답이 없는 서비스 요청을 어떻게 처리해야 할지 고려해야 한다. 언제라도 요청이 바로 완료되지 않으면, 어떤 최대 시간 후에는 중단하는 것이 바람직하다. 그렇지 않으면 완료할 때까지 시간이 오래 걸리거나 끝나지 않을 것이다. 고객이 언제까지라도 기다리길 바랄 수 없다. 신속하게 요청을 중단하고 고객이 한없이 기다리기 전에 무언가 알려주는 것이 좋다.

이는 시간 초과^{timeout} 설정을 사용해 다룰 수 있다. 이는 요청이 자동으로 오류 코드와 함께 종료되기 까지의 최대 소요 시간이다. 요청에 대한 시간 초과 설정은 앱이 실패에 대해서 얼마나 빠르게 응답해야 하는지 제어한다. 빠르게 중단하는 것은 시간을 오래 소비하고 중단하는 것의 대안이다. 중단되고 나면 고객의 시간을 낭비하지 않도록 가능한 빠르게 처리할 수 있다.

Axios 시간 초과 설정

Axios 문서를 보면 기본 시간 초과 설정이 무한이다. 즉 기본값으로 Axios 요청은 중단 없이 문자 그대로 영원히 지속될 수 있다는 것이다. 물론 Axios에 대한 요청의 시간 초과 설정이 필요하다.

각각의 요청에 대해서 시간 초과 설정을 할 수 있지만, 반복적인 작업이 필요하다. 다행히도 Axios에서 시간 초과 기본값을 다음과 같이 모든 요청에 대해 설정할 수 있다.

예제 10.3 HTTP 요청에 대한 Axios 시간 초과 기본값 설정

```
const axios = require("axios");
axios.defaults.timeout = 2500;
```

요청에 대한 시간 초과 기본값을 2500밀리초 (2.5초)로 설정한다.

재시도

이미 알고 있듯이 HTTP 요청은 가끔 실패할 수 있다. 외부 서비스를 우리가 제어할 수 없고, 그 코드도 볼 수 없다. 그런 서비스가 얼마나 신뢰할 수 있는지 결정하기 어렵고, 심지어 가장 신뢰할 수 있는 서비스도 가끔은 중단되기도 한다.

이런 문제를 다루는 간단한 방법 중 하나는 정해진 숫자만큼 재시도를 하고, 시도하는 중에 연결에 한 번은 성공하는 것이다. 이 과정을 그림 10.16으로 보여준다. 이 그림에서 플릭 스튜브의 비디오 스토리지 마이크로서비스는 애저 스토리지로부터 비디오를 가져올 것을 요청하고 있다고 생각해보자. 가끔 이런 요청이 알 수 없는 이유로 실패할 수 있다. 그림 10.16에서 두 개의 요청이 간헐적인 연결 오류로 실패했지만 세 번째 요청은 성공한다.

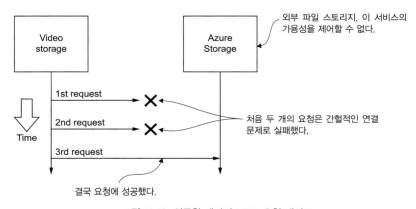

▲ **그림 10.16** 성공할 때까지 HTTP 요청 재시도

네트워크를 신뢰할 수 있다고 가정하는 것은 분산 컴퓨팅에 대한 잘못된 인식의 하나다. 요청 실패 문제를 최소화할 수 있는 방법을 적용해야 한다. 이를 자바스크립트에서 구현하는 것은 별로 어렵지 않다. 예제 10.4에서 내가 여러 프로젝트에서 사용한 retry 함수를 가지고 구현한 것을 볼 수 있다. retry 함수는 HTTP 요청과 같은 여러 차례 시도할 수 있도록 비동기식 동작을 감싸고 있다.

예제 10.4는 또한 sleep 함수를 포함해서 시도할 때마다 잠시 멈추도록 한다. 요청을 실패하자마자 다시 보내는 것은 의미가 없다. 아마도 너무 빨리 재시도하면 다시 실패할 뿐이다. 여기서는 다음 시도를 하기 전에 약간의 시간을 두고 있다.

예제 10.5는 retry 함수를 호출하는 방법을 보여준다. HTTP GET 요청을 감싸고 있다. 이 예제에서는 5밀리초 간격으로 3번 재시도한다.

예제 10.4 자바스크립트에서 retry 함수 구현

재시도 사이에 잠시 멈추기 위한
"sleep" 함수를 정의한다.

```
async function sleep(timeMS) {
    return new Promise((resolve, reject) => {
```

일정 시간이 지나면
콜백을 호출한다.

멈추는 시간
동안 기다리는
"setTimeout"을
Promise 안에서
호출한다.

```
        setTimeout(
            () => { resolve(); },
            timeMS
        );
    });
}
```

이 콜백으로 Promise에서 나온다.

멈춰 있는 시간을 설정한다.

```
async function retry(operation, maxAttempts,
    waitTimeMS) {
```

비동기 동작을 여러 번 시도하기
위한 "retry" 함수를 정의한다.

최대 재시도
수에 도달할
때까지 시도를
반복한다.

```
    while (maxAttempts-- > 0) {
        try {

            const result = await operation();
            return result;
        }
```

실제 비동기 동작을
시도한다.

실행한 동작이 성공했다. 루프를
빠져나와서 비동기 동작의 결과를
반환한다.

비동기 동작에서
발생한 오류를
처리한다.

```
        catch (err) {
            lastError = err;
```

마지막으로 시도한 것에 대한 오류를 기록한다.

```
            if (maxAttempts >= 1) {
                await sleep(waitTimeMS);
            }
        }
    }
```

다음 시도까지 잠시 멈춘다
(마지막 재시도가 아닌 경우)

```
    throw lastError;
}
```

마지막 시도에서 오류를 발생시킨다. 더 이상의
재시도가 없으므로 호출자에게 오류를 전달한다.

```
await retry(            ◀──┐ retry 함수를 호출한다.
    () => axios.get("https://something/something"), ◀────
    3,  ◀──┐ 최대 시도 회수를 3으로 설정한다.           재시도할 동작이다. 이 예제에서는
    5  ◀──                                             Axios를 사용한 HTTP GET이다.
);      └── 재시도 간격 시간을 5밀리초로 설정한다.
```

10.4.7 내결함성을 위한 고급 기술

앱의 신뢰성과 회복성을 향상시키는 간단한 기술들을 몇 가지 살펴봤다. 물론 내결함성과 장애 상태에서 회복하는 많은 고급 기술들이 있다.

이 책에서 다루는 범위를 벗어나지만, 고급 기술들을 몇 가지 더 간단하게 공유하고자 한다. 나중에 더욱 견고한 앱의 설계가 필요하다면 유용할 것이다.

작업 큐

작업 큐^{JOB QUEUE}는 많은 앱의 구성에서 찾아볼 수 있는 마이크로서비스의 한 형태다. 앞에서 본 래빗MQ의 메시지 큐와 다른 종류다. 비슷한 면이 있지만 더 세련된 방법이다.

작업 큐는 무거운 처리 작업을 관리하기 위해 사용한다. 플릭스튜브의 미래 버전에서 어떻게 동작할 것인지 상상해보자. 단위 비디오는 업로드 이후에 처리할 것이 많다. 예를 들면 섬네일^{thumbnail}을 추출하는 것이다. 또는 비디오를 낮은 해상도로 변환해서 모바일 장치에서 재생하는 성능을 높이는 것이다. 이런 작업들이 비디오 업로드 이후에 필요하다.

대략적으로 동시에 1,000명의 사용자가 각각 비디오를 업로드한다고 생각해보자. 지금은 우리가 탄력적인 확장성(11장에서 알아볼 것이다)을 갖고 있지 않다. 그렇다면 동시에 너무 많은 비디오를 받아서 생긴 엄청난 처리 작업을 어떻게 관리할 수 있을까? 이것이 작업 큐의 역할이다. 어떻게 동작하는지는 그림 10.17이 보여준다.

작업 큐는 데이터베이스에 수행할 작업 순서를 기록하므로 실패하더라도 회복할 수 있다. 전체 앱이 종료되고 재시작하더라도 데이터베이스만 살아 있다면 작업 큐를 다시 로

드해서 남아 있는 작업을 계속 처리한다. 개별 작업 또한 실패할 수 있다. 예를 들어 마이크로서비스가 비정상 종료되면, 실패한 작업은 완료된 상태로 표시되지 않기 때문에 나중에 다시 시도할 것이다.

작업 큐는 또한 처리 성능을 제어할 수 있다. 한 번에 1,000개의 업로드한 비디오를 앱에서 처리하려고 하는 대신에, 더 긴 시간의 일정으로 조정해 부하를 분산시킬 수 있다. 사용량이 낮은 시간에 실행하도록 조정도 가능하다. 즉 엄청나게 용량을 증가시켜서 한꺼번에 처리하려고, 추가 자원에 대한 비용을 지불하지 않아도 된다는 의미다.

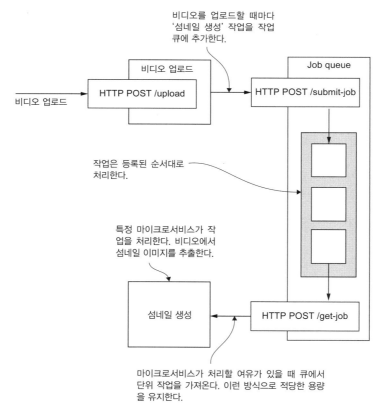

▲ **그림 10.17** 작업 큐 마이크로서비스는 비디오 섬네일 생성 작업을 관리한다.

차단기

차단기^{circuit breaker}는 시간 초과 설정의 향상된 버전이다. 문제가 언제 발생하는지 알 수 있는 똑똑한 기능을 갖고 있어서, 더 지능적으로 대처할 수 있다. 그림 10.18은 차단기가 어떻게 동작하는지 보여준다.

평상시에는 차단기 상태가 켜져 있고, HTTP 요청이 평소대로 통과한다. (1) 요청이 문제가 발생한 (2) 특정 리소스로 향하면, 차단기는 꺼진다. (3) 차단기가 켜진 상태에서는 모든 요청이 바로 실패한다.

차단기를 초강력 시간 초과라고 생각해보자. 차단기는 처리 진행 방향의 시스템이 현재 장애라는 것을 알고 있으므로 확인하느라 방해할 필요가 없다. 들어오는 요청을 즉각 중지한다.

이러한 신속한 중단이 시간 초과 설정을 사용하는 이유다. 한참 걸려서 실패하는 것보다 빨리 하는 것이 낫다. 차단기는 이미 실패할 것을 알고 동작하는 것이므로, 신속하게 중단하는 대신에 바로 중단할 수 있다.

주기적으로 설정된 시간에 맞게 차단기는 해당 서비스가 동작을 재개했는지 확인한다. 다시 정상으로 돌아오면 차단기를 켠다. (4) 이후에 들어오는 요청은 이제 평소처럼 통과한다. 차단기 기능을 구현하는 것은 시간 초과나 재시도보다 훨씬 더 어렵지만 언젠가 특히 더 세련된 기술이 필요할 때 사용할 수 있도록 기억해둘 만하다.

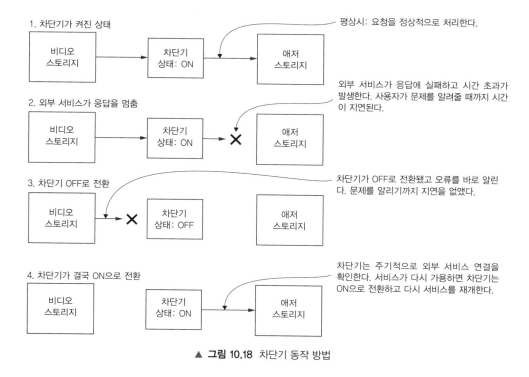

1. 차단기가 켜진 상태

비디오
스토리지 → 차단기
상태: ON → 애저
스토리지

평상시: 요청을 정상적으로 처리한다.

2. 외부 서비스가 응답을 멈춤

비디오
스토리지 → 차단기
상태: ON ✕ 애저
스토리지

외부 서비스가 응답에 실패하고 시간 초과가 발생한다. 사용자가 문제를 알려줄 때까지 시간이 지연된다.

3. 차단기 OFF로 전환

비디오
스토리지 ✕ 차단기
상태: OFF 애저
스토리지

차단기가 OFF로 전환됐고 오류를 바로 알린다. 문제를 알리기까지 지연을 없앴다.

4. 차단기가 결국 ON으로 전환

비디오
스토리지 차단기
상태: ON → 애저
스토리지

차단기는 주기적으로 외부 서비스 연결을 확인한다. 서비스가 다시 가용하면 차단기는 ON으로 전환하고 다시 서비스를 재개한다.

▲ **그림 10.18** 차단기 동작 방법

10.5 배움을 이어 가기

이제 자신의 도구 상자에 마이크로서비스를 튼튼하고 믿을 수 있게 관리해주는 기술들을 많이 넣어 두었다. 신뢰성 있는 마이크로서비스 개발에 대해 더 배우고자 한다면 매닝출판사에서 출간한 다음의 책에서 마이크로서비스 안정성에 관련된 몇 개의 무료로 볼 수 있는 단원들을 제공한다.

- 『마이크로서비스 인 액션』(위키북스, 2019)
- *The Tao of Microservices*(Richard Rodger, 2017)

다음 링크에서 이 책들을 찾을 수 있다.

- https://www.manning.com/books/microservices-stability

또한 앱의 crash testing에 관한 좋은 책이 있다.

- *Chaos Engineering*(Mikolaj Pawlikowski, Manning, 2020)

운영 환경의 로깅과 모니터링에 대해 더 알아보려면, 다음 책들을 읽어보자.

- *Unified Logging with Fluentd* by Phil Wilkins(Manning, est Summer 2020)
- 『ElasticSearch in Action』(에이콘, 2016)

요약

- 로깅과 오류 처리는 마이크로서비스의 동작과 상태를 이해하기 위한 중요한 정보를 준다.
- 모니터링은 마이크로서비스의 상태를 진단하고 문제를 감지하는 핵심 요소다.
- 취합이란 모든 마이크로서비스의 출력을 쉽게 접근할 수 있는 하나의 정보 스트림으로 합치는 것이다.
- 쿠버네티스 헬스 체크는 마이크로서비스의 문제를 자동으로 감지하기 위해 사용한다.
- 문제를 감지하면 문제의 원인을 찾고, 적합한 해결책을 결정하기 위한 디버깅 프로세스를 거쳐야 한다.
- 복제, 로드 밸런싱, 자동 재시작, 시간 초과, 재시도, 작업 큐, 차단기와 같이 마이크로서비스의 신뢰성과 내결함성을 확보하기 위한 많은 기술이 있다.

11

확장성으로 가는 길

마이크로서비스 앱의 운영까지 이 책의 모든 페이지를 사용했는데, 이제 무엇이 남았을까? 지금은 마이크로서비스가 미래에 우리에게 제공할 것들을 살펴볼 시점이다.

이 책을 통해서 더 빠르고 경제적으로 마이크로서비스를 시작하는 데 도움이 되는 지름길을 살펴봤다. 이 지름길은 마이크로서비스를 더 단순하게 배우고 기초적인 앱을 시작해보는 것이다. 비록 플릭스튜브는 단순한 프로세스로 구성된 앱이지만, 엄연히 마이크로서비스를 사용하는 것이고 이후 확장성을 지원할 수 있는 여러 경로를 열어주고 있다.

11장에서는 규모가 성장하는 마이크로서비스 앱을 관리하는 방법을 알아볼 것이다. 개발 팀이 커지면 어떻게 확장해야 할까? 사용자 요구가 많아지면 어떻게 맞춰 나갈 것인가? 또한 마이크로서비스와 관련된 기본적인 보안의 위험성에 대해서도 논의해야 한다.

그리고 기존의 모놀리스 앱을 어떻게 마이크로서비스로 전환할 것인지 간단하게 설명할 것이다.

11.1 확장성은 미래다

마이크로서비스는 확장성을 지원하는 많은 방법을 제공한다. 11장에서는 앱과 워크플로workflow의 확장을 위한 다음 단계로 나아가, 커지는 개발 팀과 앱을 지원할 수 있을 것이다. 더 큰 용량과 처리 능력을 위해서 앱의 성능을 조정하는 방법도 살펴볼 것이다.

아마도 위의 기술이 아직 필요하지 않을 수 있다. 개발 팀을 키우고 앱이 충분히 커졌을 때 필요한 것이다. 또는 고객이 늘어나 더 좋은 성능을 위해 확장할 때 필요하다.

지금부터는 고급 주제들을 다루며, 11장에서 대부분 앱을 나중에 확장할 수 있는 방법을 조금 알아볼 것이다. 이 내용은 단지 빙산의 일각이다. 하지만 앞에 어떤 경로들이 있는 지는 충분히 알아볼 수 있다.

11장에 들어서서 접근할 문제는 우리가 좋은 고민들을 갖고 있어야 한다는 것이다. 만약 지금 확장해야 하는 시점에 있다면, 그것은 좋은 고민이다. 사업이 잘되고 있다는 의미일 수 있다. 고객이 늘고 있다는 것이기도 하다. 확장은 매우 직관적으로 할 수 있는 일이기 때문에, 지금 시점에서 마이크로서비스 아키텍처를 선택하는 것은 행복한 일이다.

11장은 직접 연습해보는 것이 목적이 아니다. 마이크로서비스를 탐험하는 여정이 앞으로 어디를 향하는지 조금 살펴보는 것이라고 생각하자. 이러한 종류의 기술이 분명히 시도해보기 쉽지만, 실제로 해보면 무심코 앱의 클러스터를 망가뜨릴 수 있다.

고객이나 직원들이 사용 중인 운영 상태의 인프라에 대해서 여기서 다루는 어떤 기술도 시도하면 안 된다. 하지만 9장으로 돌아가서 안내를 따라 새로운 플릭스튜브의 인스턴스를 시작하는 것은 마음대로 해봐도 좋다. 여러 가지를 시험해보는 용도로 사용하자. 이런 식으로 11장의 흥미로운 내용을 위험 부담 없이 시도해볼 수 있다.

11.2 개발 프로세스 확장

먼저 개발 프로세스부터 따져보자. 이 책에서는 지금까지 작은 규모의 마이크로서비스 앱을 혼자 개발하는 입장에서 개발 프로세스와 운영 환경에서의 작업 흐름^{workflow}을 경험했다. 이제 개인이 아닌 팀 수준으로 높여서 살펴보자. 우리가 가진 간단한 프로세스는 실제로 소규모 팀에도 어느 정도 적용할 수 있다.

- 개발자들은 개발 워크스테이션에서 하나의 코드 베이스로 코드의 작성과 테스트 작업을 한다.
- 개발자들은 호스팅된 코드 리포지터리에 코드 변경 사항을 푸시해서 앱을 운영 환경에 배포하기 위한 CD 파이프라인을 트리거한다.

이 간단한 프로세스는 새로운 앱을 개발할 때 빠르게 시작하기 좋다. 하지만 거기까지다. 초보 단계의 개발 프로세스는 다음과 같은 문제를 만나게 된다.

- 코드가 개발자에서 고객 시스템으로 바로 가는 것은 바람직하지 않다. 개발자가 운영 환경과 비슷한 환경에서 코드를 테스트할 수 있어야 한다. 반면 고객에게 영향을 주기 전에 잘 동작하는지 확인할 수 있도록 진행 중인 작업을 고객으로부터 보호할 수 있어야 한다.
- 개발자들이 서로 방해받지 않는 것을 원한다. 개발 팀이 커지면 하나의 코드 베이스로 작업하는 개발자들은 서로의 발가락을 더 자주 밟을 것이다(이를테면 충돌이 발생한 merge와 빌드 관리 실패 등을 말한다).
- 하나의 코드 리포지터리와 CD 파이프라인은 확장성이 없다. 커져 가는 앱이 복잡해지는 것을 관리하기 위해서는 앱이 아무리 크고 복잡하더라도 그리고 개별 마이크로서비스는 작고, 간단하고, 관리가 잘 되고 있더라도 쪼개야 한다.

확장할 수 있는 개발 프로세스를 만들고, 여러 팀에 적용하고, 마이크로서비스도 잘 활용하려면 구조를 변경해야만 한다.

11.2.1 여러 팀

앱을 개선하면서 기능을 구현하고, 앱의 능력을 확장하기 위해 더 많은 마이크로서비스를 추가하게 된다. 할 일이 많아지면 일을 처리할 팀도 커진다. 어느 시점에서는 팀 하나가 너무 커지면 여러 팀으로 나누게 된다. 팀을 작게 유지해서 작은 팀에서 가능한 소통과 조직 관리의 이점을 활용할 수 있다.

마이크로서비스 기반의 앱은 여러 팀에서 개발하기 위한 좋게 분할할 수 있는 자연스러운 경계를 가진다. 그림 11.1은 개발 초기 단계에서 간단한 개발 프로세스를 사용하고 있는 팀의 구조를 보여준다.

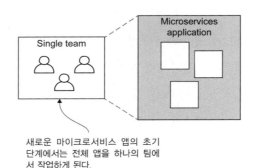

새로운 마이크로서비스 앱의 초기
단계에서는 전체 앱을 하나의 팀에
서 작업하게 된다.

▲ **그림 11.1** 새로운 앱을 시작할 때에는 하나의 팀이 모든 마이크로서비스를 직접 관리할 수 있도록 작아야 한다.

그림 11.2는 팀이 성장해서 여러 팀으로 분리했을 때 구조를 보여준다. 앱을 분할해 각각의 팀이 다른 마이크로서비스 집합을 서로 겹치지 않게 책임을 지고 있다. 이는 팀들이 서로 방해받지 않게 만드는 데 도움이 된다. 지금부터는 마이크로서비스의 경계에 따라서 앱을 분리하므로, 어느 팀이라도 팀의 크기를 필요한 만큼 키울 수 있다.

각 팀은 하나 이상의 마이크로서비스를 소유한다. 보통은 코딩부터 테스트를 거쳐 운영 환경까지 팀의 마이크로서비스에 책임을 진다. 이 팀은 보통 마이크로서비스 운영에 필요한 것과 온라인 연결성, 가용성, 성능을 유지하는 것도 책임을 진다.

물론 구현 방법은 여러 가지가 있으므로, 세부적인 팀의 구조와 개발 프로세스는 회사마다 다를 것이다. 하지만 이렇게 팀을 독립적으로 조직하는 방법은 확장성이 좋다. 회사와 앱이 커지더라도 여전히 개발 프로세스는 효과적을 만들 수 있다.

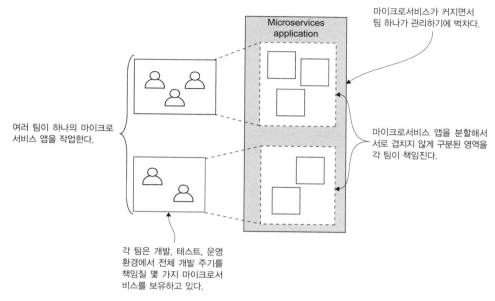

여러 팀이 하나의 마이크로서비스 앱을 작업한다.

Microservices application

마이크로서비스가 커지면서 팀 하나가 관리하기에 벅차다.

마이크로서비스 앱을 분할해서 서로 겹치지 않게 구분된 영역을 각 팀이 책임진다.

각 팀은 개발, 테스트, 운영 환경에서 전체 개발 주기를 책임질 몇 가지 마이크로서비스를 보유하고 있다.

▲ **그림 11.2** 앱이 커짐에 따라 개발을 구분함으로써 각 팀이 독립적인 마이크로서비스 그룹을 관리하도록 한다.

11.2.2 독립적인 마이크로서비스

우리가 개발한 플릭스튜브 앱은 지금 단일 코드 리포지터리와 단일 CD 파이프라인을 가지고 있다. 이 구조는 그림 11.3에서 볼 수 있다.

모놀리스 리포지터리를 사용하는 것은 새로운 마이크로서비스를 시작하기 좋은 방법이다. 프로세스를 간단하고 쉽게 시작할 수 있으며 개발 프로세스를 지원하는 인프라를 만들고 운영하는 데 시간도 훨씬 적게 소비한다.

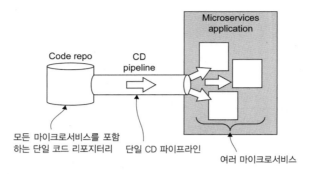

▲ **그림 11.3** 새로운 마이크로서비스 앱을 시작할 때에는 전체 앱에 대한 단일 코드 리포지터리와 CD 파이프라인이 더 간단하다.

단일 리포지터리^{monorepo}와 CD 파이프라인은 쉽게 시작하기 좋지만, 안타깝게도 마이크로서비스의 중요한 장점을 놓친다. 즉 모든 마이크로서비스를 같은 속도로 출시해야 한다. 이는 배포를 할 때마다 전체 앱이 망가질 수 있는 위험을 감수한다는 의미다. 이렇게 되면 모놀리스와 다를 것이 없다. 개발 프로세스로 보면 모놀리스인 것이다.

1장에서 언급한 마이크로서비스의 정의를 상기해보면 자신만의 독립적인 배포 일정을 가진 작은 소프트웨어 프로세스(1.5절 참고)다. 실제로 마이크로서비스 활용의 가장 큰 장점인 위와 같은 정의를 실현하지 못했다. 독립적인 배포가 가능하도록 만들어야 한다. 이는 그림 11.4에서 보여준다.

분리된 코드 리포지터리와 여러 CD 파이프라인을 가지면 배포를 더 세밀하게 제어할 수 있다. 한 번에 하나의 마이크로서비스를 독립적으로 업데이트할 수 있다면, 배포의 위험이 크게 줄어든다. 한번 배포할 때 전체 앱을 망가트리는 것보다는 하나의 마이크로서비스에 대한 위험만 감수하면 된다.

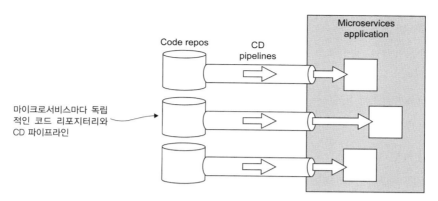

▲ **그림 11.4** 앱이 커지면 코드 리포지터리 및 CD 파이프라인을 분리하기 위해 마이크로서비스들을 나눌 필요가 있다. 그래서 독립적으로 배포가 가능한 마이크로서비스의 장점을 얻는다.

여러 리포지터리와 CD 파이프라인으로 바꾸는 것이 어마어마한 일이고 더 복잡하게 느끼면 나도 공감한다. 이러한 사실이 마이크로서비스에 대해 복잡하다는 인식을 일으키는 원인이라고 말하고 싶다.

이 시점에서 하나의 모놀리스 형태의 리포지터리와 CD 파이프라인을 갖는 것은 여전히 새로운 마이크로서비스 앱을 시작하기 위한 좋은 방법이라고 다시 강조하고 싶다. 개발 초기 단계의 작업을 간단하게 유지해준다. 일단 여러 코드 리포지터리와 CD 파이프라인으로 전환하면, 최소 앱의 관리는 더 복잡해질 것이다. 단지 관리할 영역이 늘어나는 것이다.

전체적으로 앱이 엄청나게 복잡해도(요즘 기업용 앱이라면 확실하다) 우리의 관점을 하나의 마이크로서비스로 전환하면 매우 다르게 보인다. 모든 것이 갑자기 더 단순하게 보인다. 복잡성이란 것은 천천히 증가하기 때문에 관리할 수 있다. 전체 앱보다는 단순한 개별 마이크로서비스에 집중해본다면, 전반적인 앱의 복잡성에 덜 영향을 받는다.

이를 통해 마이크로서비스 앱의 복잡함에서 구원을 받을 수 있다. 하나의 마이크로서비스는 작은 코드 베이스를 가진 작고 이해하기 쉬운 앱이다. 상대적으로 간단한 배포 프로세스를 가진다. 단위 마이크로서비스는 심지어 강력하고 복잡한 앱을 만들기 위해 협업할 때에도 여전히 단순하고 관리하기 쉽다. 복잡성을 관리하기 위해서 위와 같이 복잡한 앱에서 간단한 마이크로서비스로 관점을 바꿔서 보는 것이 중요하다.

마이크로서비스 정도의 규모로 배포 프로세스를 분리하는 것은 약간 더 복잡하지만, 앱이 복잡해지는 것에 비하면 별것 아니다. 우리의 초점을 전체 앱의 복잡성으로부터 개별 마이크로서비스로 바꿔서 각각의 모든 마이크로서비스가 여전히 간단한 작업으로 남아 있다면 앱을 규모에 맞게 확장해야 하는 고민에서 자유로울 수 있다.

하지만 독립적으로 배포 가능한 마이크로서비스로 만드는 것에 지나치게 열중하지 말자. 너무 일찍 이렇게 바꾸면 미처 위와 같은 장점을 누리기도 전에 그 비용을 지불하게 될 수도 있다. 장점을 활용해보지도 못하고 비용을 지불하는 것을 바라지는 않을 것이다.

좋은 소프트웨어 개발은 균형을 잡는 것이다. 단일 리포지터리와 CD 파이프라인이 합리적이라면 바꾸지 말자. 하지만 꼭 이 방법이어야 하는 것은 아니라는 것도 인식해야 한다. 앱의 복잡성과 팀이 커지면 이런 단순한 접근은 결국 못쓰게 된다. 배포 파이프라인을 분리할 때에는 개발 프로세스의 생산성을 유지하면서 확장이 필요할 때 쓰는 것이 핵심이다.

11.2.3 코드 리포지터리 분리

첫 번째 작업은 단일 리포지터리를 여러 코드 리포지터리로 분리해서, 마이크로서비스마다 구분된 리포지터리를 갖는 것이다. 새로운 리포지터리는 하나의 마이크로서비스 코드와 그 코드를 운영 환경에 배포하는 코드를 포함한다.

또한 인프라를 생성하는 테라폼 코드를 위한 리포지터리도 필요하다. 이는 컨테이너 레지스트리와 쿠버네티스 클러스터를 생성하는 코드다. 이 코드는 어느 특정 마이크로서비스에 속하지 않으므로 자신만의 코드 리포지터리가 필요하다.

그림 11.5는 9장의 플릭스튜브를 가지고 여러 코드 리포지터리로 분리하는 것을 보여준다. 새로운 리포지터리를 만들려면 `git init`을 호출해서 비어 있는 리포지터리를 생성하고, 코드를 새 리포지터리에 복사한 다음 커밋한다. 아니면 현재 버전 히스토리를 유지하기 위해 추가 작업이 필요할 수도 있다.

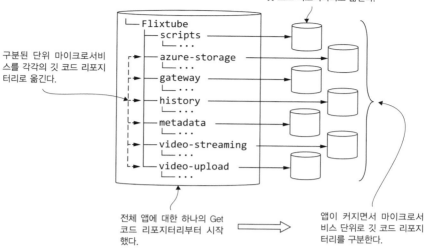

인프라를 제공하는 테라폼 코드를 자신만의
깃 코드 리포지터리로 옮긴다.

구분된 단위 마이크로서비
스를 각각의 깃 코드 리포지
터리로 옮긴다.

전체 앱에 대한 하나의 Get
코드 리포지터리부터 시작
했다.

앱이 커지면서 마이크로서
비스 단위로 깃 코드 리포지
터리를 구분한다.

▲ **그림 11.5** 리포지터리를 분리할 때에는 각각의 마이크로서비스 디렉터리가 구분된 깃 리포지터리를 가진다.

버전 히스토리 보존하기

예전 코드에서 새로운 코드 리포지터리를 생성할 때 `git filter-branch` 명령을 `--subdirectory-`
`filter` 인수와 함께 사용해 기존의 버전을 저장할 수 있다. 더 자세한 내용은 다음 링크의 문서를
참고한다.

https://git-scm.com/docs/git-filter-branch

웹에서 예제를 더 찾아보려면 "filter-branch"를 검색어로 사용한다.

11.2.4 CD 파이프라인 분리

단일 리포지터리를 여러 개로 분리하는 것은 확실히 쉽다. 단일 CD 파이프라인도 분리
해야 하는데 이건 약간 더 어렵다. 지금부터 마이크로서비스마다 구분된 배포 파이프라
인을 만들어야 한다.

다행히도 하나의 마이크로서비스 배포 파이프라인을 만든 후 모든 마이크로서비스에 대
해서 재사용할 수 있다. 필요하다면 마이크로서비스마다 특정한 요구 조건에 맞게 조금

바꿀 수 있다. 마이크로서비스당 하나의 CD 파이프라인은 단일 마이크로서비스를 독립적으로 배포할 수 있고, 업데이트한 코드를 마이크로서비스를 호스트하는 코드 리포지터리에 푸시하면 자동으로 트리거된다. 그림 11.6은 이 과정을 보여준다.

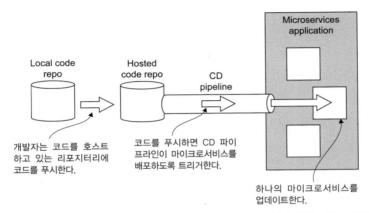

▲ **그림 11.6** 마이크로서비스를 호스트하고 있는 리포지터리에 코드를 푸시하면, 단일 마이크로서비스를 배포하는 CD 파이프라인을 트리거한다.

하나의 마이크로서비스 배포를 위한 테라폼 코드는 9장에서 본 코드와 같다. 그 코드를 더 줄인 버전이다. 테라폼 코드는 6장과 7장에서 해본 반복적인 프로세스를 사용해 개발할 수 있다. 일단 하나의 마이크로서비스 배포 파이프라인이 잘 동작하면, 모든 마이크로서비스의 코드 리포지터리에 대해서 마이크로서비스 이름만 파라미터로 처리하도록 만든 채로 복사해서 사용한다.

각각의 코드 리포지터리는 이제 자신의 파이프라인의 활성화와 설정이 필요하다. 7장과 9장에서 해본 것처럼 비트버킷 파이프라인을 CD로 사용하고 있다면, 7.7.2절에서 본 방법으로 리포지터리를 활성화할 수 있다. 다음으로 개별 설정 파일을 그림 11.7과 같이 리포지터리마다 추가한다.

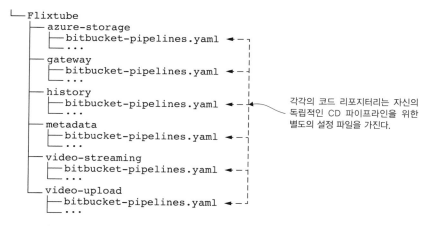

```
└─ Flixtube
   ├─ azure-storage
   │  ├─ bitbucket-pipelines.yaml ◄─┐
   │  └─ ...                        │
   ├─ gateway                       │
   │  ├─ bitbucket-pipelines.yaml ◄─┤
   │  └─ ...                        │
   ├─ history                       │
   │  ├─ bitbucket-pipelines.yaml ◄─┤
   │  └─ ...                        │
   ├─ metadata                      │
   │  ├─ bitbucket-pipelines.yaml ◄─┤
   │  └─ ...                        │
   ├─ video-streaming               │
   │  ├─ bitbucket-pipelines.yaml ◄─┤
   │  └─ ...                        │
   └─ video-upload                  │
      ├─ bitbucket-pipelines.yaml ◄─┘
      └─ ...
```

각각의 코드 리포지터리는 자신의 독립적인 CD 파이프라인을 위한 별도의 설정 파일을 가진다.

▲ **그림 11.7** 마이크로서비스의 코드 리포지터리마다 CD를 위한 별도의 설정 파일을 가진다.

테라폼에서 도커 빌드 추출하기

도커 빌드를 어떻게 사용하는지 다시 점검해보자. 도커 빌드를 테라폼 코드에서 추출할 수 있다. 7장 내용에서 테라폼에서 수행하는 전체 배포 프로세스로 작업을 간단하게 만들었다.

사실은 100% 그렇지는 못하다. 그때는 언급하지 않았지만, 테라폼으로 모든 일을 처리하는 것은 테라폼을 처음 사용하면서 인프라를 생성하는 방법 때문에 필요한 예시였다. 그때는 컨테이너 레지스트리 생성을 포함했다. 도커를 테라폼에서 추출하려고 했다면, 아직 이미지를 생성하지 않았기 때문에, 처음 배포할 때에는 컨테이너 레지스트리에 이미지를 푸시할 수 없다는 사실을 발견했을 것이다.

이렇게 답이 없는 상황이지만, 테라폼을 위한 도커 제공자는 도커 이미지를 빌드하고 푸시하는 것을 지원하지 않는 것이 현실이다(정말로 이 문제는 업그레이드를 지원해야 한다). 그래서 테라폼에서 local-exec와 null_resource를 어쩔 수 없는 대안으로 사용했다(7.6.2절 참고).

지금은 상황이 다르다. 테라폼 코드를 다수의 리포지터리로 분리했고, 인프라 코드는 마이크로서비스 코드와 구분했다. 인프라를 생성하고 마이크로서비스를 배포하는 중간에 도커 이미지를 단순히 도커를 직접 CD 파이프라인 안에서 호출해서 빌드하고 게시할 수 있다(3장에서 배운 build, push 명령어를 사용한다).

설정을 하나 만들고, 템플릿처럼 다른 마이크로서비스에도 재사용할 수 있다. 예제 11.1
은 비트버킷 파이프라인을 위한 하나의 마이크로서비스 설정이다. 배포 프로세스는 두
단계를 가지고 있다. 첫 단계는 도커를 사용해 마이크로서비스 이미지를 빌드하고 게시
하는 것이다. 두번째 단계는 테라폼으로 마이크로서비스를 쿠버네티스 클러스터에 배포
한다.

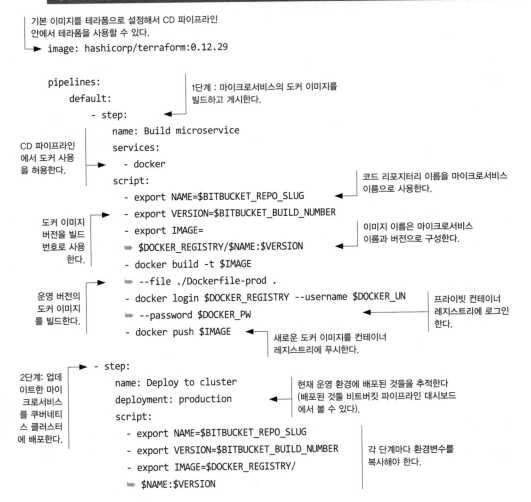

기본 이미지를 테라폼으로 설정해서 CD 파이프라인
안에서 테라폼을 사용할 수 있다.

```
image: hashicorp/terraform:0.12.29

pipelines:
    default:
        - step:
            name: Build microservice
            services:
              - docker
            script:
              - export NAME=$BITBUCKET_REPO_SLUG
              - export VERSION=$BITBUCKET_BUILD_NUMBER
              - export IMAGE=
                $DOCKER_REGISTRY/$NAME:$VERSION
              - docker build -t $IMAGE
                --file ./Dockerfile-prod .
              - docker login $DOCKER_REGISTRY --username $DOCKER_UN
                --password $DOCKER_PW
              - docker push $IMAGE
        - step:
            name: Deploy to cluster
            deployment: production
            script:
              - export NAME=$BITBUCKET_REPO_SLUG
              - export VERSION=$BITBUCKET_BUILD_NUMBER
              - export IMAGE=$DOCKER_REGISTRY/
                $NAME:$VERSION
```

1단계 : 마이크로서비스의 도커 이미지를
빌드하고 게시한다.

CD 파이프라인
에서 도커 사용
을 허용한다.

코드 리포지터리 이름을 마이크로서비스
이름으로 사용한다.

도커 이미지
버전을 빌드
번호로 사용
한다.

이미지 이름은 마이크로서비스
이름과 버전으로 구성한다.

운영 버전의
도커 이미지
를 빌드한다.

프라이빗 컨테이너
레지스트리에 로그인
한다.

새로운 도커 이미지를 컨테이너
레지스트리에 푸시한다.

2단계: 업데
이트한 마이
크로서비스
를 쿠버네티
스 클러스터
에 배포한다.

현재 운영 환경에 배포된 것들을 추적한다
(배포된 것들 비트버킷 파이프라인 대시보드
에서 볼 수 있다).

각 단계마다 환경변수를
복사해야 한다.

516

```
    - chmod +x ./scripts/deploy.sh
    - ./scripts/deploy.sh  ◀──── 배포 쉘 스크립트를 실행하고, 테라폼으로
                                  마이크로서비스를 배포한다.
```

11.2.5 메타리포

코드 리포지터리를 분리하는 것이 어렵다고 생각하거나, 단일 코드 리포지터리에서 앱을 더 간단하게 관리했던 시절이 그립다면, 좋은 소식이 있다.

구분해놓은 모든 리포지터리를 하나의 코드 리포지터리 집합으로 묶어주는 메타리포를 만들 수 있다. 메타리포는 일종의 가상 코드 리포지터리라고 생각하면 된다. 즉 단일 코드 리포지터리^{monorepo}의 단순함과 편리함을 되찾으면서 유연성과 구분된 리포지터리의 독립성은 희생하지 않을 수 있다는 뜻이다. 메타리포를 생성하려면, 다음 링크에서 제공하는 메타 도구가 필요하다.

https://github.com/mateodelnorte/meta

메타리포^{meta-repo}는 구분된 리포지터리들을 모아둔 목록인 .meta 설정 파일을 만들어 구성한다. 그림 11.8은 플릭스튜브 프로젝트와 관련된 .meta 파일의 예를 보여준다. 예제 11.2는 이 파일의 구조를 나타낸다.

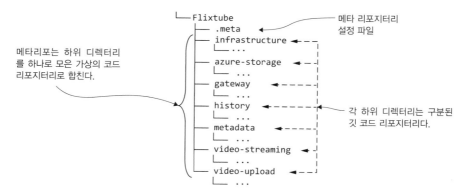

▲ **그림 11.8** .meta 설정 파일은 구분된 리포지터리를 하나의 메타리포로 모은다.

```
{
  "projects": {
    "gateway": "git@bitbucket.org:bootstrappingmicroservices/gateway.git",
    "azure-storage": "git@bitbucket.org:bootstrappingmicroservices/
    ➥ azure-storage.git",
    "video-streaming": "git@bitbucket.org:bootstrappingmicroservices/
    ➥ video-streaming.git",
    "video-upload": "git@bitbucket.org:bootstrappingmicroservices/
    ➥ video-upload.git",
    "history": "git@bitbucket.org:bootstrappingmicroservices/history.git"
    "metadata": "git@bitbucket.org:bootstrappingmicroservices/
    ➥ metadata.git",
  }

}
```
메타리포를 구성하는 각각의 코드 리포지터리 목록

|**노트**| 예제에서 코드 리포지터리는 비트버킷 코드 리포지터리를 가리킨다. 간단하게 깃허브 (GitHub) 리포지터리를 연결하거나, 다른 어딘가의 코드 리포지터리를 연결할 수도 있다.

메타를 사용하면 하나의 깃 명령으로 전체 리포지터리 컬렉션에 적용할 수 있다. 예를 들어 코드 변경 사항을 플릭스튜브 프로젝트의 모든 마이크로서비스에 대해서 한 번에 가져온다고 가정해보자. meta 명령어 하나로 해낼 수 있다.

```
meta git pull
```

여전히 코드 리포지터리는 분리돼 있지만 메타 명령으로 동시에 여러 코드 리포지터리에 대해서 실행하므로, 하나의 리포지터리를 사용하는 것처럼 느껴진다.

메타는 더 많은 유연성을 제공한다. 이를 사용해 자신만의 마이크로서비스 세트를 만들 수도 있다. 큰 팀의 개발자 중 한 명으로, 자신이 평소에 작업하는 마이크로서비스 세트만의 메타리포를 만들 수도 있다. 다른 개발자들 또한 자신만의 별도 메타리포를 가질 수 있을 것이다. 심지어 여러 개의 메타리포를 만들어서 지금 해야 할 작업에 맞게 마이크로 서비스 세트를 전환할 수도 있다.

팀장으로서는 도커 컴포즈 파일에 따라 앱의 다양한 설정에 맞게 메타리포를 구분해서 만들 수도 있다. 팀원들이 마이크로서비스 전체에 대한 코드를 쉽게 복제할 수 있을 것이 다. 결과적으로 팀원들은 도커 컴포즈를 사용해 앱 설정대로 부팅할 수 있다. 이는 팀원 들이 바로 사용 가능하고, 관리가 잘 되는 개발 환경을 제공하는 훌륭한 방법이다.

11.2.6 다중 환경 만들기

앱을 사용하는 고객이 늘어나면, 작업 중일 때 생기는 문제의 충격을 완화시키는 것이 중 요하다. 부분적으로 테스트 또는 완성한 기능으로부터 고객을 보호하는 것도 중요하다. 개발 팀은 고객에게 전달하기 전에 코드를 테스트할 수 있는, 운영 환경과 비슷한 환경이 필요하다.

개발자는 각자 개발 워크스테이션에서 코드를 테스트하지만, 그것만으로 충분하지 않다. 다른 개발자들의 변경 사항과 통합해 코드를 테스트해야만 한다. 최대한 실제 환경에 가 깝게 만들기 위해서는 고객이 사용 중인 운영 환경이 아니라 운영에 가까운 환경에서 해 야만 한다.

코드 변경이 개발 워크스테이션에서 통합 환경을 거쳐서 테스트 환경으로, 결국에는 모 든 테스트를 통화하면 고객이 사용하는 환경으로의 여정에 개발자를 위한 워크플로가 필 요하다. 어느 회사도 똑같은 워크플로를 사용하지 않지만, 전형적인 워크플로는 그림 11.9와 같다.

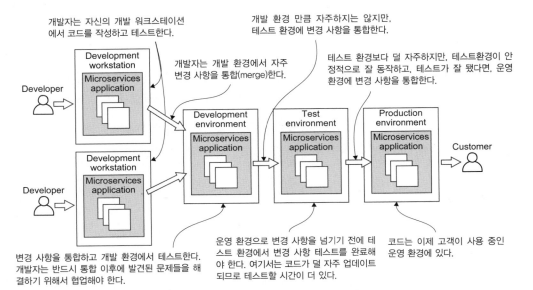

개발자는 자신의 개발 워크스테이션
에서 코드를 작성하고 테스트한다.

개발 환경 만큼 자주하지는 않지만,
테스트 환경에 변경 사항을 통합한다.

개발자는 개발 환경에서 자주
변경 사항을 통합(merge)한다.

테스트 환경보다 덜 자주하지만, 테스트환경이 안
정적으로 잘 동작하고, 테스트가 잘 됐다면, 운영
환경에 변경 사항을 통합한다.

변경 사항을 통합하고 개발 환경에서 테스트한다.
개발자는 반드시 통합 이후에 발견된 문제들을 해
결하기 위해서 협업해야 한다.

운영 환경으로 변경 사항을 넘기기 전에 테
스트 환경에서 변경 사항 테스트를 완료해
야 한다. 여기서는 코드가 덜 자주 업데이트
되므로 테스트할 시간이 더 있다.

코드는 이제 고객이 사용 중인
운영 환경에 있다.

▲ **그림 11.9** 운영 환경에 도달하기 전까지 개발, 테스트 환경을 거치는 코드 변경 사항의 진행

다중 환경을 구성하는 것은 실제로 간단하고, 필요한 기능은 이미 9장에서 제공된 테라
폼 코드로 가지고 있다. 코드도 할당할 이름에 따라서 앱의 자원을 구분해 생성할 때 사용
하는 app_name 변수를 사용하는 파라미터를 이미 가지고 있다(처음 이 변수를 추가한 6.10절
참고).

테스트와 운영 환경을 위해 플릭스튜브의 다양한 인스턴스를 생성하기 위해 사용하는 테
라폼을 호출할 때 app_name을 사용할 수 있다. (명령줄에서 설정) 각각의 인스턴스에 대해
다른 이름만 제공하면 된다. 예를 들어 app_name을 flixtube-development, flixtube-test,
flixtube-production와 같이 설정해서 구분된 다중 환경을 생성한다.

예제 11.3과 같이 더 개선해볼 수 있다. 새로운 환경을 만들 때 environment란 이름의 변
수를 도입해서 더 간단하게 만드는 것이다. app_name은 environment 값에 따라 설정하는
지역변수로 바꾼다.

```
variable "environment" {}
```
◄ 현재 환경을 지정하는 새로운 테라폼 변수를 추가한다.
명령줄에서 테라폼을 실행할 때 development, test,
production과 같은 값을 제공해야 한다.

```
locals {

    app_name = "flixtube-${var.environment}"

}
```
◄ 지역변수인 app_name을 만들어서 각각의
환경에 맞게 버전을 구분해서 빌드한다(예:
flixtube-development, flixtube-test, or
flixtube-production).

여기서 소개하는 새로운 변수인 environment는 현재 환경을 명령줄에서 설정할 수 있다. 예제 11.4는 또 다른 변수인 ENVIRONMENT로부터 값을 어떻게 입력을 받는지 보여준다.

동일한 테라폼 프로젝트를 재사용해 필요한 만큼 여러 구분된 환경을 만들 수 있다. 같은 클라우드 계정으로 호스팅하고 있지만 이름은 다른 것이다(예: flixtubedevelopment, flixtube-test, or flixtube-production). 또한 그림 11.9와 같은 워크플로, 또는 필요에 따라 더 세련된 뭔가를 만들 때에도 사용할 수 있다.

예제 11.4 환경을 구성하는 배포 스크립트의 업데이트(chapter-9/example-1/scripts/deploy.sh 수정)

```
cd ./scripts
terraform init
terraform apply -auto-approve \
    -var "app_version=$VERSION" \
    -var "client_id=$ARM_CLIENT_ID" \
    -var "client_secret=$ARM_CLIENT_SECRET" \
    -var "environment=$ENVIRONMENT" \
    -var "storage_account_name=$STORAGE_ACCOUNT_NAME" \
    -var "storage_access_key=$STORAGE_ACCESS_KEY" \
```
◄ 테라폼 코드를 파라미터로 환경 이름을
사용해 실행하도록 만든다. OS 환경변수
를 통해 해당 이름의 환경으로 배포되도
록 전달한다.

11.2.7 운영 워크플로

이제 다중 환경을 만들어서 잘못된 코드로부터 고객을 보호하기 위한 테스트 워크플로를 꾸릴 수 있다. 지금 남은 질문은 특정 환경에서의 배포를 어떻게 트리거할 것인가다. 이는 생각보다 간단하다.

여러 환경에 맞는 배포 대상에 대한 코드 리포지터리 안에 브랜치^{branch}로 구분해서 사용할 수 있다. 그림 11.10은 이러한 구성의 예를 보여준다. 아주 간단한 브랜치 사용 전략이지만, 세상에는 더 세련된 방법도 있다.

개발 팀은 해당 개발 브랜치에서 작업한다. 코드를 브랜치에 푸시하면 개발 환경에 배포하는 CD 파이프라인을 트리거한다. 이런 식으로 전체 팀이 코드 변경 사항을 운영과 비슷한 환경에서 자주 통합하고 테스트할 수 있다.

얼마나 자주 개발자들이 코드를 푸시하면 좋을까? 가능한 한 자주 하는 것이 좋다. 하루에도 몇 번씩 안 한다면 하루에 한 번이라도. 코드를 합치는^{merge} 간격이 짧을수록 변경 사항의 충돌이나 통합 때문에 발생하는 오류를 줄일 수 있다. 이것이 CI^{Continuous Integration}의 개념이고, CD를 뒷받침하는 중요한 실천이다.

일주일에 한 번과 같이 자주 하지 않으면, 개발 브랜치에서 테스트 브랜치로 합칠 것이다. 이는 테스트 환경으로의 배포를 트리거한다. 코드는 개발에서 테스트로 덜 자주 합치므로 고객에게 넘기기 전에 코드를 테스트하고, 문제를 해결하고, 안정화시킬 시간이 생긴다.

결국 테스트 브랜치에 코드가 있으면, 예를 들어 1, 2주마다 한 번은 진행해도 좋다. 그리고 운영 브랜치에 합친다. 이렇게 마이크로서비스 업데이트를 운영에 배포해서 새로운 쓸 만한 기능이나 해결한 버그가 무엇이든 상관없이 고객에게 전달된다.

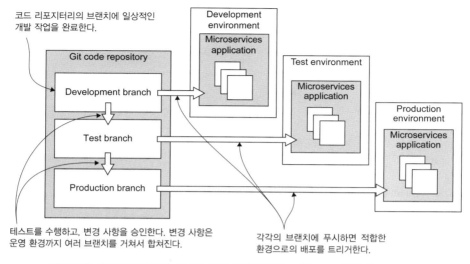

코드 리포지터리의 브랜치에 일상적인
개발 작업을 완료한다.

Git code repository

Development branch

Test branch

Production branch

Development
environment

Microservices
application

Test environment

Microservices
application

Production
environment

Microservices
application

테스트를 수행하고, 변경 사항을 승인한다. 변경 사항은
운영 환경까지 여러 브랜치를 거쳐서 합쳐진다.

각각의 브랜치에 푸시하면 적합한
환경으로의 배포를 트리거한다.

▲ **그림 11.10** 개발 환경의 코드, 테스트, 운영 환경 브랜치는 자동으로 적합한 환경에 배포된다.

이러한 워크플로는 자동 테스트 보유 여부와 상관없이 적용할 수 있다. 테스트하고 나서
관리자가 운영에 배포할지의 여부를 주의 깊게 결정할 여지가 많다. 물론 자동 테스트로
이 과정을 더 좋게 만들 수 있다. 자동 테스트가 어느 부분에서 실패하면, 배포를 자동으
로 허용하지 않을 것이다. 이런 문제가 발생할 때 팀은 문제를 해결하기 위해서 협업해야
한다. 좋은 자동 테스트는 배포 주기를 오늘날의 많은 기업들이 운영 환경에 하루 간격으
로 배포하듯이 안전하게 개선할 수 있다.

비트버킷 파이프라인을 사용하는 경우 예제 11.5와 같이 브랜치마다 구분된 파이프라인
을 쉽게 구성할 수 있다. 이 버전의 bitbucket-pipelines.yaml 설정 파일은 브랜치마다
구분된 섹션을 가지고 있다. 각 섹션은 기본적으로 동일하지만 어느 운영 환경에 브랜치
를 배포할 것인지 설정하는 환경변수를 연계해서 사용하고 있다.

예제 11.5 브랜치마다 구분된 CD 파이프라인 구성(bitbucket-pipelines.yaml)

```
image: hashicorp/terraform:0.12.6

pipelines:
  branches:            ◀───┐  깃 리포지터리의 각 브랜치마다 구분된 CD 파이프라인을 생성한다.
```

```
                      development:
┌──────►                 - step:
│                           name: Build microservice
개발 브랜치                  script:
를 위한 파이                    # ... 마이크로서비스를 빌드하고 게시하는 명령어...
프라인을 설
정한다.                   - step:                    ◄──┐ 개발 환경에 배포한다.
                            name: Deploy cluster
                            script:
                               # ... 개발 환경에 마이크로서비스를 배포하는 명령어...

┌──────►              test:
│                        - step:
테스트 브랜                  name: Build microservice
치를 위한 파                 script:
이프라인을                      # ... 마이크로서비스를 빌드하고 게시하는 명령어...
설정한다.
                         - step:                    ◄──┐ 테스트 환경에 배포한다.
                            name: Deploy cluster
                            script:
                               # ... 테스트 환경에 마이크로서비스를 배포하는 명령어 ..
                      production:              ◄──┐ 운영 브랜치를 위한 파이프라인을 설정한다.
                         - step:
                            name: Build microservice
                            script:
                               # ... 마이크로서비스를 빌드하고 게시하는 명령어...

                         - step:                    ◄──┐ 운영 환경에 배포한다.
                            name: Deploy cluster
                            script:
                               # ...운영 환경에 마이크로서비스를 배포하는 명령어 ...
```

한 가지 주목할 것은 다중 브랜치 또는 환경 전략을 구현할 때 각각의 환경은 자신만의 구분된 테라폼 상태 정보^{state}가 필요한 점이다. 7.7.4절에서 CD를 위한 테라폼 백엔드를 처음 설정한 적이 있다. backend.tf 테라폼 파일에 애저 스토리지 연결을 직접 코딩했다. 이제 이 설정을 바꿔야 한다. 명령줄에서 스토리지 설정을 구성할 수 있다. 그리고 각각의 환경에 대해 변경할 것이다.

이 작업을 시작하려면, 백엔드 설정에서 다음 예제와 같이 key 항목을 제거해야 한다. 이 값은 환경에 따라 여러 개가 필요하다. 직접 코드에 넣는 대신에 명령줄 인수를 사용해 설정한다.

```
terraform {
    backend "azurerm" {

        resource_group_name = "terraform"
        storage_account_name = "terraform"
        container_name = "terraform"


    }
}
```

애저 스토리지 계정은 다른 이름을 선택해야 한다. 전역적으로 고유한 이름이므로 여기의 terraform을 그대로 사용할 수 없다.

7장과 같이 백엔드를 설정하지만, key 항목은 제거해서 각각의 환경을 구분한다.

이제 예제 11.7과 같이 명령줄에서 테라폼 백엔드에 대한 key 항목을 설정한다. 기본적으로 여기서 하는 일은 테라폼에게 상태 정보 설정을 배포할 대상 환경에 따라 다른 이름의 파일에 저장하도록 알려주는 것이다. 예를 들어 이름이 terraform-development.tfstate 파일이라면 개발 환경의 상태 정보를 추적하는 것이고 terraform-test.tfstate와 terraform-production.tfstate는 나머지 두 환경을 위한 것이다.

```
cd ./scripts
terraform init \
    -backend-config=
    ➡ "key=terraform-${ENVIRONMENT}.tfstate"
terraform apply -auto-approve \
    -var "app_version=$VERSION" \
    -var "client_id=$ARM_CLIENT_ID" \
    -var "client_secret=$ARM_CLIENT_SECRET" \
    -var "environment=$ENVIRONMENT" \
    -var "storage_account_name=$STORAGE_ACCOUNT_NAME" \
    -var "storage_access_key=$STORAGE_ACCESS_KEY" \
```

배포할 대상 환경에 따라 백엔드 설정의 key 항목을 초기화한다.

11.3 성능 확장성

더 규모가 큰 개발 팀을 위한 마이크로서비스 앱의 확장만이 아니라, 더 나은 성능을 위해서도 확장해볼 수 있다. 앱이 더 큰 용량을 가지면, 더 많은 부하를 처리할 수 있다.

마이크로서비스를 사용한다는 것은 앱의 성능에 대해서 섬세한 제어가 가능하다는 것이다. 성능이 떨어지는 부분, 사용량이 최대일 때 과부하가 걸린 위치 등을 찾는 등의 마이크로서비스의 성능을 그림 11.11의 예와 같이 쉽게 측정할 수 있다.

모놀리스를 사용한다면 성능의 제어가 제한적이다. 성능을 수직 확장[1]할 수 있는 있지만, 그것이 전부다. 모놀리스 성능의 수평 확장[2]은 훨씬 더 어렵다. 단순히 모놀리스의 독립적인 부분을 확장하는 것도 불가능하다. 모놀리스의 아주 작은 부분이 성능 문제를 야기할 수 있기 때문에 바람직하지 못한 상황이다. 이 문제를 해결하기 위해 수직으로 확장해야 한다. 또한 규모가 큰 모놀리스의 수직 확장은 비용도 따라서 증가한다.

마이크로서비스를 사용하면 확장성을 지원할 방법이 다양하다. 성능의 병목을 제거하고 균형 잡힌 성능을 얻기 위해서 시스템의 일부만 독립적으로 성능 조정을 해볼 수 있다. 성능 문제를 잡기 위한 여러 고급 기술들이 있지만 이번 절에서는 마이크로서비스의 확장을 위한 다음의 간단한 기술들을 대략적으로 살펴본다.

- 전체 클러스터의 수직 확장
- 전체 클러스터의 수평 확장
- 개별 마이크로서비스의 수직 확장
- 전체 클러스터의 탄력적인 확장
- 개별 마이크로서비스의 탄력적인 확장
- 데이터베이스 확장

확장성은 클러스터에 가끔은 위험이 따르는 설정 변경이 필요하다. 지금 고객이나 팀의 운영 환경에 이러한 변경 사항을 적용하려고 하면 안 된다. 이번 절의 마지막 부분에 위

---

1 시스템 안에서 더 빠른 CPU나 RAM을 추가하는 방법 – 옮긴이
2 서버나 서비스의 인스턴스를 추가하는 방법 – 옮긴이

험이 더 적은 방법으로 대규모 인프라 변경을 관리하기 좋은 기술인 블루-그린 배포를 대략적으로 살펴볼 것이다.

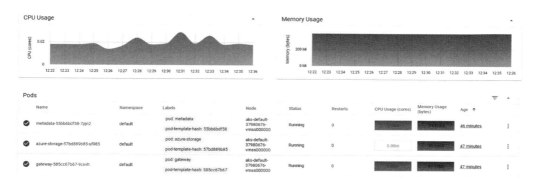

▲ **그림 11.11** 쿠버네티스 대시보드에서 마이크로서비스의 CPU, 메모리 사용량 보기

11.3.1 클러스터의 수직 확장

앱이 커지면서 일반적으로 클러스터가 앱을 실행하는 데 충분한 연산 능력, 메모리, 저장소 등을 보유하지 못할 수 있다. 새로운 마이크로서비스를 추가하거나 기존의 마이크로서비스를 복제하다 보면, 결국 클러스터 노드들의 최대 용량에 도달할 것이다. 이 시점에는 클러스터에 가용한 자원을 더 증가시켜야 한다. 쿠버네티스 클러스터의 마이크로서비스를 확장하려면 거기에 맞게 수직 또는 수평 확장도 쉽게 활용할 수 있어야 한다.

그림 11.12는 쿠버네티스에 대한 수직 확장을 보여준다. 노드 풀pool의 VM 크기를 증가시켜서 클러스터를 수직 확장하고 있다. 일단 세 개의 작은 VM으로 시작해서 세 개의 큰 VM을 만든 것이다. VM의 수는 바꾸지 않고, 단지 각각의 크기만 증가시켰다.

예제 11.8은 vm_size 항목의 Standard_B2ms를 Standard_B4ms로 변경한다. 즉 쿠버네티스 노드 풀의 개별 VM 크기를 업그레이드한다. 두 개의 CPU 대신에 이제 4개를 각각 보유한다. 메모리와 하드디스크 또한 늘렸다. 애저 VM 크기를 직접 비교해보려면 다음 링크를 참고할 수 있다.

- https://docs.microsoft.com/en-us/azure/virtual-machines/sizes-b-series-burstable

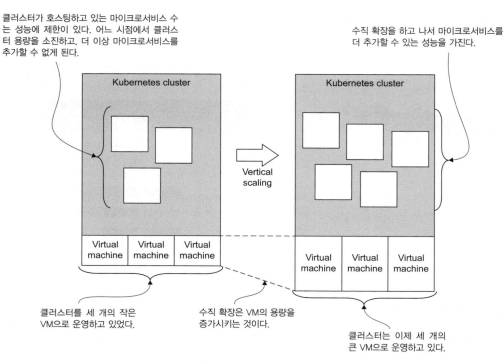

클러스터가 호스팅하고 있는 마이크로서비스 수는 성능에 제한이 있다. 어느 시점에서 클러스터 용량을 소진하고, 더 이상 마이크로서비스를 추가할 수 없게 된다.

수직 확장을 하고 나서 마이크로서비스를 더 추가할 수 있는 성능을 가진다.

Kubernetes cluster

Vertical scaling

Kubernetes cluster

Virtual machine | Virtual machine | Virtual machine

Virtual machine | Virtual machine | Virtual machine

클러스터를 세 개의 작은 VM으로 운영하고 있었다.

수직 확장은 VM의 용량을 증가시키는 것이다.

클러스터는 이제 세 개의 큰 VM으로 운영하고 있다.

▲ **그림 11.12** VM의 용량을 증가시키는 방법으로 클러스터를 수직 확장한다.

아직 우리는 클러스터에 VM이 하나만 있지만, 크기를 증가시킬 수 있다. 클러스터를 확장하는 것은 코드를 바꾸는 정도로 간단한 일이다. 다시 언급하지만, 이것이 인프라 설정을 코드로 저장하고 코드를 커밋하면 CD 파이프라인을 트리거해서 인프라에 적용하는 코드형 인프라의 힘이다.

예제 11.8 테라폼으로 클러스터 수직 확장(chapter-9/example-1/scripts/kubernetes-cluster.tf 수정)

```
default_node_pool {
    name = "default"
    node_count = 1
    vm_size = "Standard_B4ms"
}
```

각각의 클러스터 노드에 더 큰 VM을 설정한다.

11.3.2 클러스터의 수평 확장

수평 확장에 더해서 수직 확장도 가능하다. VM은 같은 크기로 남아 있으면서 단순히 개수만 늘리는 것이다. 더 많은 VM을 클러스터에 추가해 더 많은 컴퓨터로 앱의 부하를 분산시키는 것이다.

그림 11.13은 VM을 3개에서 6개로 늘린 것을 보여준다. 개별 VM의 크기는 동일하고, 더 많은 VM으로부터 더 강력한 연산 능력을 얻는 것이다.

예제 11.9는 VM을 노드 풀에 추가하기 위해 필요한 코드 변경 사항을 보여준다. 예제 11.8에서는 node_count을 1로 설정했지만, 여기서는 6으로 변경한다. vm_size 항목은 더 작은 크기인 Standard_B2ms를 사용하는 것도 주목하자.

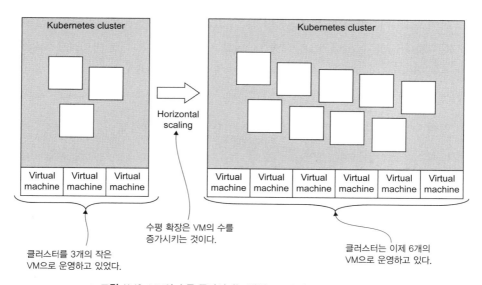

▲ **그림 11.13** VM의 수를 증가시키는 방법으로 클러스터를 수평 확장한다.

다음 예제는 VM 수를 증가시키지만 크기는 그대로다. 물론 둘 다 증가시킬 수도 있다. 일반적으로 수직 확장보다 비용이 덜 소요되기 때문에 수평 확장을 선호한다. 작은 수의 크고 비싼 VM보다는 많은 VM이 더 싸기 때문이다.

```
default_node_pool {
    name = "default"
    node_count = 6          노드 풀의 크기를 6으로 증가시킨다. 클러스터는
                            이제 6개의 VM을 구동한다.
    vm_size = "Standard_B2ms"
}
```

11.3.3 개별 마이크로서비스의 수직 확장

클러스터의 규모가 모든 마이크로서비스를 괜찮은 성능으로 호스팅하기에 적합한 크기인 경우에 개별 마이크로서비스에 부하가 걸리면 무엇을 할 수 있을까?(이는 쿠버네티스 대시보드로 모니터할 수 있다)

어느 마이크로서비스라도 성능의 병목이 될 수 있고, 부하를 여러 인스턴스로 분배할 수 있도록 수평 확장할 수 있다. 이는 그림 11.14로 보여주고 있다. 해당 마이크로서비스에 대한 추가 연산 능력, 메모리, 스토리지를 효과적으로 제공해서 더 많은 부하를 처리할 수 있다.

다시 말해 코드를 사용해 바꿀 수 있다. 사실 10장의 예제 10.2에서 이미 시도했다. 예제 11.10 코드 일부가 여기서도 반복된다.

여기서 replicas 항목을 3으로 설정할 것이다. 10장에서는 다중화를 위해 사용했다. 여러 개의 인스턴스는 어느 인스턴스에 문제가 생겨서 재시작하더라도 나머지가 부하를 일시적으로 처리하는 것이다. 여기서 같은 방법으로 replicas 항목을 변경하지만, 이번에는 성능 때문이다. 다중화 및 더 나은 성능 목표를 필요한 만큼 마이크로서비스 복제를 만들어서 해결한다.

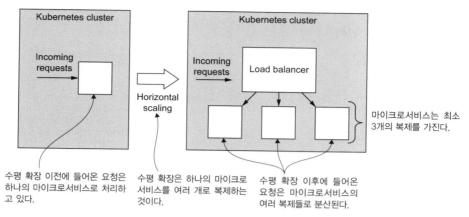

Incoming
requests

Kubernetes cluster

Horizontal
scaling

Kubernetes cluster

Incoming
requests

Load balancer

마이크로서비스는 최소
3개의 복제를 가진다.

수평 확장 이전에 들어온 요청은
하나의 마이크로서비스로 처리하
고 있다.

수평 확장은 하나의 마이크로
서비스를 여러 개로 복제하는
것이다.

수평 확장 이후에 들어온
요청은 마이크로서비스의
여러 복제들로 분산된다.

▲ **그림 11.14** 복제를 사용한 마이크로서비스 수평 확장

예제 11.10 테라폼을 사용한 마이크로서비스 수평 확장(chapter-9/example-1/scripts/modules/microservice/main.tf 수정)

```
spec {
    replicas = 3                      ◄── 마이크로서비스 복제 수를 3으로 설정한다.
                                          이제 마이크로서비스의 인스턴스들에게 부하
    selector {                            를 공평하게 분산시킬 수 있다.
        match_labels = {
            pod = var.service_name
        }
    }

    template {
        metadata {
            labels = {
                pod = var.service_name
            }
        }

        pec {
            container {
                image = local.image_tag
                name = var.service_name

                env {
```

```
                    name = "PORT"
                    value = "80"
                }
            }
        }
    }
}
```

11.3.4 클러스터의 탄력적인 확장

이번에는 심지어 더 고급 주제를 다루는 영역에 들어왔다. 탄력적 확장은 요청 수준에 맞게 자동으로 그리고 동적으로 클러스터를 확장하는 기술이다. 요청이 적을 때는 쿠버네티스가 자동으로 필요 없는 자원을 해제하고, 많을 때는 새로운 자원을 증가한 부하에 맞게 할당한다. 어느 시점에서도 부하를 처리할 때 필요한 자원만큼만 지불하기 때문에 상당한 비용을 절약할 수 있다.

클러스터의 탄력적 확장은 가용 자원의 한계에 도달할 때 클러스터를 자동으로 확장하기 위해서 사용할 수 있다. 다시 말해 이 또한 코드 작업이다. 예제 11.11은 쿠버네티스의 자동 확장을 사용과 노드 풀의 최소 및 최대 크기를 설정하는 방법을 보여준다.

9장의 example-1에 있는 scripts/kubernetes-cluster.tf 테라폼 코드를 업데이트해서 플릭스튜브 쿠버네티스 클러스터를 수평 확장할 수 있다. 확장이 기본 동작이지만, 우리가 지정할 수 있는 것도 많다. 다음 링크의 테라폼 문제에서 `auto_scaler_profile` 항목을 검색해서 더 알아보자.

https://www.terraform.io/docs/providers/azurerm/r/kubernetes_cluster.html

예제 11.11 테라폼으로 클러스터의 탄력적 확장 사용하기(chapter-9/example-1/scripts/kubernetes-cluster.tf 수정)

```
default_node_pool {
    name = "default"
    vm_size = "Standard_B2ms"

    enable_auto_scaling = true        ←── 쿠버네티스 클러스터의
                                          자동 확장 활성화
```

```
    min_count = 3      ◄——— 최소 노드 수를 3으로 설정한다. 클러스터는 3개의 VM으로 시작한다.

    max_count = 20     ◄——┤ 최대 노드 수를 20으로 설정한다. 클러스터는
}                          │ 자동으로 사용량에 맞게 20개까지 확장한다.
```

11.3.5 개별 마이크로서비스를 탄력적으로 확장하기

개별 마이크로서비스 수준에서도 탄력적인 확장을 사용할 수 있다. 예제 11.12는 마이크로서비스 용량을 대폭 키울 수 있는 테라폼 코드 예제다. 마이크로서비스의 복제 수는 변화하는 마이크로서비스 부하에 맞게 동적으로 확장하거나 줄어든다.

9장의 example-1의 scripts/modules/microservice/main.tf 파일로부터 예제 11.12와 같이 테라폼 코드 끝부분에 코드를 추가할 수 있다. 다음으로 플릭스튜브 마이크로서비스에 대한 탄력적 확장 기능을 사용하기 위해서 terraform apply를 호출한다. 확장이 기본 동작이지만 다른 지표를 사용하도록 사용자 지정 설정이 가능하다. 더 자세한 내용은 테라폼 문서를 참고한다.

www.terraform.io/docs/providers/kubernetes/r/horizontal_pod_autoscaler.html

쿠버네티스 팟의 자동 확장은 다음의 쿠버네티스 문서를 참고한다.

https://kubernetes.io/docs/tasks/run-application/horizontal-pod-autoscale/

예제 11.12 테라폼으로 마이크로서비스의 탄력적 확장 기능 사용하기(chapter-9/example-1/scripts/modules/microservice/main.tf에 코드 추가)

```
resource "kubernetes_horizontal_pod_autoscaler" "service_autoscaler" {
  metadata {
    name = var.service_name
  }

  spec {                           마이크로서비스 인스턴스의 범위를
    min_replicas = 3               설정한다. 3개의 인스턴스로 시작
                                   해서 20개까지 사용량 수준에 맞게
    max_replicas = 20              증가시킨다.
    scale_target_ref {
      kind = "Deployment"
      name = var.service_name
```

```
        }
      }
    }
}
```

11.3.6 데이터베이스 확장

확장성 주제의 마지막으로 데이터베이스 확장을 알아보자. 4장에서 언급한 규칙은 하나의 마이크로서비스는 자신만의 데이터베이스를 하나를 갖는다는 것이다(4.5.4절 참고).

데이터베이스를 여러 마이크로서비스가 공유하면 여러 문제가 있다. 그림 11.15로 표현한 상황을 생각해보자. 하나의 데이터베이스를 공유하는 여러 마이크로서비스가 있다. 나중에 확장할 경우 끔찍한 상황이 될 것이다.

마이크로서비스는 서로 독립적이지 않다. 공유된 데이터베이스는 이들 간에 고정된 통합 자원이고, 심각한 병목이 될 수도 있다. 마이크로서비스가 데이터를 공유하면 서로 매우 밀접한 연결성을 가진 것이다. 이는 나중에 서비스 구조나 코드를 재설계하기 위한 방법을 심각하게 제한한다. 데이터베이스를 공유하면 언젠가 발생할 수 있는 성능 문제에 접근을 가로막는 것이다.

이런 시나리오는 지금까지 알아봤던 쉬운 확장성을 완전히 없애는 것이다. 이런 식으로 앱의 구조를 설계하려면 마이크로서비스도 사용하지 말자.

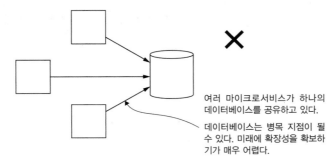

여러 마이크로서비스가 하나의 데이터베이스를 공유하고 있다.

데이터베이스는 병목 지점이 될 수 있다. 미래에 확장성을 확보하기가 매우 어렵다.

▲ **그림 11.15** 마이크로서비스 간에 데이터베이스를 공유하지 말자(마이크로서비스의 동일한 복제는 예외다).

대신 앱은 그림 11.16과 같은 구조를 가질 수 있다. 각각의 마이크로서비스는 구분된 데이터베이스를 가진다. 마이크로서비스들은 서로 독립적이고, 필요하다면 수평 확장이 가능하다.

지금 시점에서 확실히 언급하고 싶은 것이 있다. 단지 구분된 데이터베이스를 가져야 한다는 이유 때문에 데이터베이스 서버도 따로 둬야 한다는 뜻은 아니다. 데이터베이스 서버를 여러 개 관리하는 것은 비용 부담이 생기고, 보통은 비용을 줄이고 싶어 한다. 그림 11.17과 같이 하나의 데이터베이스 서버가 구분된 여러 데이터베이스를 갖는 것은 문제가 아니다. 전체 앱에 대해서 하나의 데이터베이스 서버를 가지면 더 간단하고 경제적이며 마이크로서비스 개발을 쉽게 시작할 수 있다.

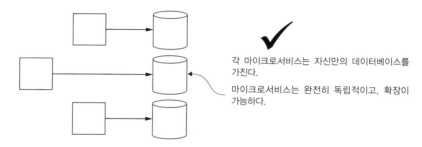

각 마이크로서비스는 자신만의 데이터베이스를 가진다.

마이크로서비스는 완전히 독립적이고, 확장이 가능하다.

▲ **그림 11.16** 각각의 마이크로서비스는 자신만의 데이터베이스를 가져야 한다.

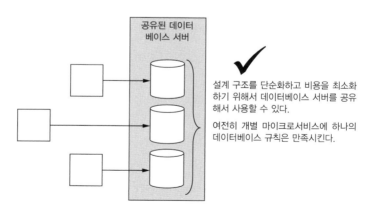

공유된 데이터베이스 서버

설계 구조를 단순화하고 비용을 최소화하기 위해서 데이터베이스 서버를 공유해서 사용할 수 있다.

여전히 개별 마이크로서비스에 하나의 데이터베이스 규칙은 만족시킨다.

▲ **그림 11.17** 공유된 데이터베이스 서버에 구분된 여러 데이터베이스로 실행하는 것은 아무 문제가 없다(시작하기에 가장 간단한 방법이다).

만약 나중에 특정 데이터베이스가 너무 커져서 부하가 생긴다면, 새로운 데이터베이스 서버를 만들고 그림 11.18과 같이 데이터베이스를 옮길 수 있다. 필요하다면 더 많은 연산이나 메모리, 저장소를 위해 어느 데이터베이스를 위해서라도 전용 서버를 추가할 수도 있다.

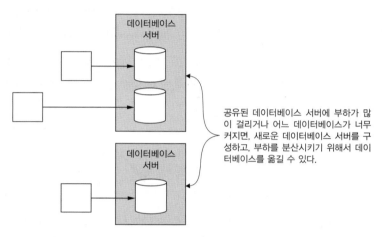

공유된 데이터베이스 서버에 부하가 많이 걸리거나 어느 데이터베이스가 너무 커지면, 새로운 데이터베이스 서버를 구성하고, 부하를 분산시키기 위해서 데이터베이스를 옮길 수 있다.

▲ **그림 11.18** 앱이 더 커지면 규모가 큰 데이터베이스는 여러 독립적인 데이터베이스 서버로 분리해서 확장할 수 있다.

심지어 더 확장해야 할 데이터베이스가 있다면 어떨까? 이 책에서는 MongoDB를 사용했고, 그림 11.19와 같이 데이터베이스 공유 기능을 제공한다. 즉 하나의 커다란 데이터베이스를 여러 개의 VM으로 분산시킬 수 있다. 아마 이 정도까지의 확장성은 필요 없을 것이다. 이는 극단적으로 큰 데이터베이스에만 필요하며, 언젠가 필요할 수도 있으니 이런 옵션도 있다는 것을 알아두면 좋다.

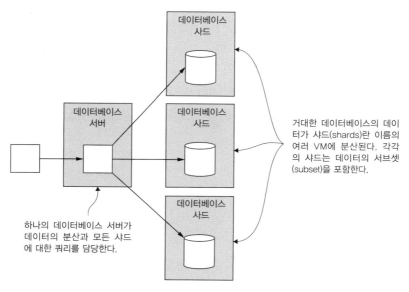

거대한 데이터베이스의 데이터가 샤드(shards)란 이름의 여러 VM에 분산된다. 각각의 샤드는 데이터의 서브셋(subset)을 포함한다.

하나의 데이터베이스 서버가 데이터의 분산과 모든 샤드에 대한 쿼리를 담당한다.

▲ **그림 11.19** 극단적으로 큰 데이터베이스의 경우, MongoDB의 샤딩(Sharding) 기능을 사용해 여러 VM으로 데이터베이스를 분산시켜 사용할 수 있다.

11.3.7 인프라 변경 관리

인프라를 변경하는 것은 위험한 업무이고, 따라서 잘 관리해야 한다. 여기서 방금 읽어본 확장 기술을 사용하면서 실수를 하게 되면, 전체 클러스터가 망가질 수 있다. 고객이 사용하는 인프라에서 이런 작업을 하지 않는 것이 최선이다. 이번 절에서는 위와 같은 위험한 변경을 고객으로부터 멀리하게 만드는 기술을 알아보자.

위에 언급한 기술의 이름은 **블루-그린 배포**blue-green deployment다. 두 개의 운영 환경을 만들고 하나는 블루, 하나는 그린이라고 표시한다. 11.2.6절에서 여러 환경을 이름으로 구분해서 생성하도록 파라미터를 사용하는 테라폼 코드가 있기 때문에 쉽게 이 작업을 해볼 수 있다.

첫 번째로 생성할 환경은 블루라는 이름을 가진다. 고객들은 www.company.com과 같이 도메인 이름으로 앱을 접근해서 사용한다. 이를 DNS 레코드를 통해 블루 환경으로 보낸다. 이제 고객들을 보호하기 위해서 위험한 변경을 블루 환경에서 작업하지 않을 것이다(개별 마이크로서비스에 대한 정기 또는 잦은 업데이트는 인프라에 영향을 주지 않으므로 괜찮다).

위험한 또는 (확장성의 시험 등과 같은) 시험적인 변경을 하기 위해서는 그린 환경이라는 이름의 완전히 새로운 인프라를 생성한다. 개발자들은 이제 그린 환경에서 작업하므로 어떤 작업도 고객들이 사용 중인 블루 환경과는 그림 11.20과 같이 격리돼 있다.

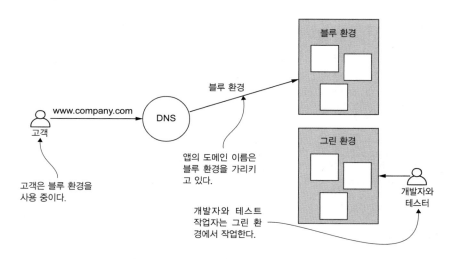

▲ **그림 11.20** 고객은 블루 환경을 사용한다. 반면 개발자와 테스트는 그린 환경에서 작업한다.

그린 환경에서 작업과 테스트가 끝나면 단순하게 DNS 레코드를 블루에서 그린 환경으로 바꾸면 된다. 사용자는 이제 그린 환경을 사용할 수 있다. 개발자와 테스터는 이제 그림 11.21과 같이 블루 환경을 변경할 수 있다.

새로운 그린 환경에서 어떤 문제가 발견되면, 단순하게 DNS를 다시 블루 환경을 가리키도록 바꿔서 고객을 위한 기능을 다시 복구한다. 앞으로 계속 블루와 그린 환경을 전환해가면서 잠재적인 위험을 가진 인프라 변경으로부터 고객을 보호할 수 있다.

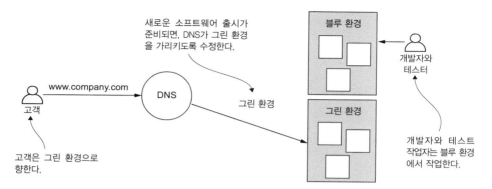

새로운 소프트웨어 출시가
준비되면, DNS가 그린 환경
을 가리키도록 수정한다.

블루 환경

개발자와
테스터

www.company.com

DNS

그린 환경

고객

그린 환경

개발자와 테스트
작업자는 블루 환경
에서 작업한다.

고객은 그린 환경으로
향한다.

▲ **그림 11.21** 그린 환경이 준비돼 테스트가 끝났으면 고객들이 그린 환경으로 가도록 전환한다. 개발자와 테스트 작업자는 이제 블루 환경에서 작업한다. 블루 환경이 완료되면 고객은 다시 블루를 사용하고, 이러한 순환이 반복된다.

11.4 보안

보안에 관해서는 이 책의 여러 지점에서 간단하게 언급했었다. 아직 구현해본 것은 없지만, 개발 단계에서도 보안은 매우 중요하다. 보안만을 주제로 한 책이 별도로 있어야 한다.

고맙게도 마이크로서비스의 보안을 위한 훌륭한 책이 따로 있다.

- *Microservices Security in Action* by Prabath Siriwardena and Nuwan Dias (Manning, 2020)

지금은 몇 가지 기본적인 내용을 이해하도록 해보자.

모든 앱은 보안이 어느 정도는 필요하다. 민감한 데이터가 없더라도 누군가가 거짓으로 그 데이터를 수정하길 바라지는 않을 것이다. 중요한 시스템이 아니더라도, 공격자가 자신의 시스템 프로세스를 방해하는 것을 바라지 않을 것이다.

인증, 권한, 암호화 등과 같은 앱이나 데이터를 취약점을 악용하는 것을 막는 보안 기술들을 효과적으로 사용해야만 한다. 특정 지역에서는 규정에 의해 고객의 익명성이나 개인 정보를 보호하도록 데이터 구조를 가져야 한다. 플릭스튜브는 다음 몇 가지 사항을 따르고 있지만, 아직 위의 기술들을 적용하지 않았다.

- 외부로 노출된(따라서 공격에 노출된) 마이크로서비스는 오직 게이트웨이 마이크로서비스다. 이것은 기본 설계다. 내부의 마이크로서비스는 클러스터 외부에서 직접 접근할 수 없다.
- 초기에는 래빗MQ 서버와 MongoDB 데이터베이스를 시험을 위해 외부에 노출했지만 바로 막았다. 중요한 자원의 외부 접근을 막기 위해서다. 이는 중요하다. 공격에서 100% 보호할 수 있다는 자신이 없으면, 중요한 자원을 외부에 노출하지 말자.

앞으로는 플릭스튜브가 최소한 다음의 보안 기능을 갖도록 업그레이드할 것이다.

- 게이트웨이의 인증 시스템
- 고객의 연결에 HTTPs 사용. 이는 암호화된 통신을 위해서고, 클라우드플래어 Cloudflare와 같은 외부 서비스를 사용하면 빠르게 온라인에 적용할 수 있다.

물론 앱에 필요한 보안 수준은 오직 보호하려는 시스템과 데이터만큼 중요하다. 플릭스튜브에 추가하려는 보안 요구 사항은 은행이나 정부의 웹사이트에서 필요한 것보다 훨씬 적다.

보안은 제공자와 사용자 양쪽의 요구에서 시작한다. 기업은 사업 분야와 고객의 요구 사항에 준하는 보안 정책과 전략을 가져야 한다. 그리고 모든 개발자는 회사의 표준에 맞는 보안을 구현할 수 있는지 생각하면서 자신의 역할을 해야 한다. 코드는 단순하고 안전해야 한다. 방어적 프로그래밍(10.4.2절 참고)과 같이 보안에 관해서라면 방어적인 자세를 가져야 한다.

무엇보다도 코드를 작성하고 마이크로서비스를 만들 때에는 누군가가 이 시스템을 어떻게 공격할 수 있는지 질문해야 한다. 이는 공격이 실제로 발생하기 전에 예방할 수 있도록 접근하는 형태, 즉 보안 문제에 대해 가장 큰 차이를 만들 수 있는 마음가짐을 갖게 한다.

11.4.1 신뢰 모델

플릭스튜브의 요구 수준은 그림 11.22와 같이 **네트워크 신뢰**trust the network로 알려진 **내부 신뢰**internal trust 모델을 적용한다. 이 모델은 시스템의 진입점entry point, gateway microservice에서 모두 인증하는 것이다. 클러스터 내부의 마이크로서비스 간에는 외부 공격으로부터 보호받고 있는 신뢰할 수 있는 네트워크라고 암시적으로 믿는 것이다.

내부 신뢰 모델은 마이크로서비스를 시작하기 좋은 간단한 방법이다. 단순한 기능은 숨어 있는 보안 문제들이 숨어 있을 여지가 적기 때문에 보안에 관해서는 복잡한 것보다 낫다. 더 증가한 복잡성은 보안 취약점을 가져올 수 있기 때문에, 더 복잡한 보안을 도입할 때에는 반드시 주의해야 한다.

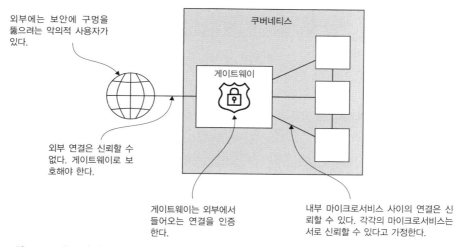

▲ **그림 11.22** 내부 신뢰 모델. 인증은 게이트웨이에서 외부 요청에 대해 적용한다. 내부의 마이크로서비스들은 서로 신뢰하고 인증 없이 통신한다.

플릭스튜브보다 높은 수준의 보안이 필요하다면 내부 신뢰 모델은 충분하지 않을 수 있다. 예를 들어 클러스터가 여럿이고 클러스터 간에 통신이 필요한 마이크로서비스가 있는 경우다.

더 강화된 보안 모델은 그림 11.23과 같은 제로 트러스트(zero trust 또는 trust nothing) 모델이다. 제로 트러스트 모델에서는 모든 내부 및 외부 마이크로서비스의 연결이 인증돼야 한다. 마이크로서비스는 서로 자동으로 신뢰하지 않는다. 특히 마이크로서비스를 외부에서 호스팅하는 경우 특정 마이크로서비스가 제어권을 빼앗기거나 감염됐을 수도 있다고 가정한다.

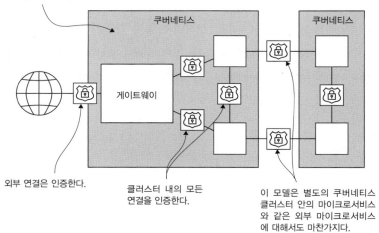

외부와 내부의 어느 연결도 신뢰하지 않는다. 모든 접근 지점을 잠재적 보안 위협으로 본다.

쿠버네티스

쿠버네티스

게이트웨이

외부 연결은 인증한다.

클러스터 내의 모든 연결을 인증한다.

이 모델은 별도의 쿠버네티스 클러스터 안의 마이크로서비스와 같은 외부 마이크로서비스에 대해서도 마찬가지다.

▲ **그림 11.23** 제로 트러스트 모델. 모든 내부 및 외부 연결을 인증한다. 이 모델은 외부 마이크로서비스 연결도 지원한다.

11.4.2 민감한 설정

민감한 설정 데이터를 가진 앱을 보호해야 한다. 7장에서 비트버킷 리포지터리 변수(7.7.6절 참고)로 애저 인증 정보(credential)를 저장했다. 11장을 시작할 때 인프라와 마이크로서비스 배포를 위한 코드를 분리(11.2.3절)하고 나서, 프라이빗 컨테이너 레지스트리에 대한 인증 정보를 저장할 위치가 필요했다.

앱을 만들 때에는 안전하게 저장할 필요가 있는 암호, 토큰, API 키 등이 있다. 이러한 민감한 정보를 코드에도 저장할 수 있으며, 확실히 편리하다. 하지만 누군가가 코드에 접근할 수 있다면, 앱을 뒤엎어 버리거나 해체할 수도 있는 운영 정보도 접근할 수 있는 것이다.

비트버킷 리포지터리(또는 비슷한 서비스 제공자)나 계정 변수들은 위 정보를 저장하기 좋은 위치다. 하지만 소스 제어나 CD 서비스 제공자와 관계없는 방법을 선호할 수도 있다. 이를 위해 쿠버네티스는 보안 설정을 위한 스토리지 솔루션을 가지고 있다. 다음 링크에서 참고한다.

- https://kubernetes.io/docs/concepts/configuration/secret/

위 내용이 필요한 방법이 아니라면, 도움이 될 만한 다른 방법도 많다. 예를 들어 볼트 Vault나 다른 해시코프 Hashicorp의 오픈소스 제품들에 대해 더 알아볼 수 있다. 더 자세한 내용은 다음 링크를 참고한다.

- https://www.vaultproject.io/

11.5 마이크로서비스 리팩토링

1장의 1.1절에서 약속했듯이 마이크로서비스 앱을 처음부터 배우고 나서 기존의 모놀리스를 어떻게 마이크로서비스로 리팩토링할 수 있는지 더 알아보자. 어떻게 모놀리스를 세부적으로 매우 다르게 개조할 수 있을까? 여러 방법이 있지만 이번 절에서 누구나 사용해볼 만한 기본적인 전략을 소개하고자 한다.

기본적인 생각은 다른 개발 프로세스와 동일하다. 2장의 2.4절에서 소개한 것처럼 결국 단계적인 반복 작업 iteration이고, 그림 11.24와 같이 작고 간단하게 변경하고, 계속 잘 동작하도록 유지하는 것이다.

모놀리스를 전환하는 것은 그 규모나 복잡성에 따라서 매우 큰 작업이다. 그리고 빅 뱅 big bang 형태의 전환은 좀처럼 성공하지 못한다. 유일하게 안전한 방법은 항상 철저하게 테스트해 가면서 만드는 작고 관리 가능한 만큼의 작업 진행이다.

앱이 동작하는 것을 멈추게 만들면 안 된다. 여전히 기능에 책임을 지고 업무적으로 요청받은 문제는 해결해야 한다. 앱이 지속적으로 동작하는 것은 기본이다. 문제를 그냥 둘 수 없다.

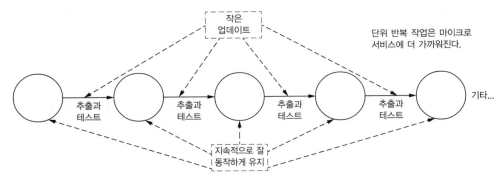

▲ **그림 11.24** 마이크로서비스로 전환하기 위한 모놀리스 리팩토링은 일련의 작은 변경과 테스트의 반복으로 완성될 수 있다.

마이크로서비스가 정말 필요한가?

모놀리스를 마이크로서비스로 전환하기 전에 꼭 필요한 질문이다. 정말 마이크로서비스가 필요한가? 마이크로서비스로 전환하는 것은 시간이 많이 걸리고 어려울 수 있다. 상당히 복잡해지고 인내심을 테스트하고 개발 팀을 해체하기도 한다.

- 전환 비용을 투입할 가치가 있는가?
- 확정성이 정말 필요한가?
- 마이크로서비스의 유연성이 정말 필요한가?

이들은 모두 중요한 질문이다. 좋은 답을 확실하게 갖고 있어야 한다.

전환 계획과 모든 사람의 참여

어둠 속에서 마이크로서비스로 직진할 수 없다. 성공을 위한 가능성을 높이기 위해서는 우리가 도달했을 때 어떤 모습을 가질 것인지 잘 보여주는 문서화가 필요하다.

마이크로서비스 위주로 업무를 설계할 때 **도메인 주도 설계**domain driven design를 사용하자 (이 책의 마지막에 참고서를 소개한다). 단순한 설계를 지향하자. 바로 앞의 미래를 계획하고 불확실한 미래까지 멀리 가지 말자. 지금 이미 갖고 있는 것에 대한 설계도로 돌아가자. 이는 마이크로서비스로 전환해야 하는 일련의 절차다. 세부적으로 만들 필요는 없지만 어디로 향해 가는지 일반적인 생각들이 필요하다.

무엇을 만들 것인지에 대한 비전, 거기까지 어떻게 도달할 것인지에 대한 고민, 왜 중요한지에 대한 이해가 필요하다. 항상 변경을 계획하자. 사람들은 이렇게 말한다. "전투 계획은 적과 만나면 사라진다(Helmuth von Moltke, the Elder)." 하지만 계획이 필요 없다는 말이 아니다. 오히려 앱의 구조를 어떻게 만들어야 하는지 배우는 과정에서 자연스럽게 발생하는 변화를 허용할 수 있도록 계획해야 한다. 그리고 계획을 점검하고 수정해서 우리가 계획을 따르기에 적합하도록 유지하는 것이다.

전환을 실제로 구현하는 것은 공유해야 하면서 어려운 작업이기 때문에 전환 계획은 팀이나 대표들과 함께 만들어야 한다. 개발자들이 그들에게 무엇을 기대하는지 확실히 알아야 한다. 업무 담당 부서와 그들에게 의미 있는 언어로 소통해야 한다. 그래야 그들이 왜 이 일을 하고 있으며 어떤 이점을 가져오는지 알 수 있다. 모든 사람이 이 작업의 위험을 반드시 이해해야 한다.

레거시 코드를 알자

변환 전 그리고 그 과정에서도 상당한 시간을 모놀리스를 이해하는 데 투자해야 한다. 테스트 계획을 만들고, 시험을 해봐야 한다. 실패하는 경우들을 이해해야 한다. 변환하는 각 단계를 어떻게 돌파할 것인지 생각해야 한다.

자동화 개선

좋은 자동화는 어느 마이크로서비스 프로젝트라도 중요하다. 변환 전에 그리고 그 과정에서 지속적으로 자동화에 투자하고 개선해야 한다. 인프라와 자동화의 기반이 아직 없다면, 전환하기 전이더라도 지금 바로 시작할 필요가 있다. 자동화에 대한 회사의 인식을 바꾸는 것이 이 과정에서 가장 어려운 부분이다.

6, 7장에서 다룬 신뢰할 수 있고 빠른 자동 배포가 필요하다 전환시킬 어떤 기능이라도 자동 테스트가 이미 갖고 있거나, 전환하는 기능을 확인할 수 있는 자동 테스트를 구현해야 한다(8장 참고).

마이크로서비스를 사용한다면 자동화를 빼놓을 수 없다. 자동화를 위한 여유가 없다면 마이크로서비스로 전환할 여유도 없을 것이다.

마이크로서비스 플랫폼 구성

전환을 시작하기 전에 새로 만들 마이크로서비스를 호스트할 수 있는 플랫폼이 필요하다. 그림 11.25와 같이 모놀리스로부터 단계적으로 추출한 마이크로서비스를 호스트하는 운영 환경이 필요하다.

이 책은 그러한 플랫폼을 만들 수 있는 레시피를 포함하고 있다. 프라이빗 컨테이너 레지스트리를 생성하고, 6장과 7장 내용에 맞게 쿠버네티스 클러스터를 생성한다. 첫 마이크로서비스를 만들면, 팀을 위한 공유 템플릿을 생성하자. 비어 있는 마이크로서비스는 다른 마이크로서비스를 위한 시작점이다. 다른 형태의 마이크로서비스가 있다면 템플릿을 여러 개 만들면 된다.

자동 테스트 파이프라인을 만들 때 개발자들이 사용하기 쉽게 만든다. 문서화, 예제, 교재 등을 만들어서 개발자들이 새로운 마이크로서비스를 플랫폼에 어떻게 생성해서 배포하는지 빨리 이해할 수 있도록 하자.

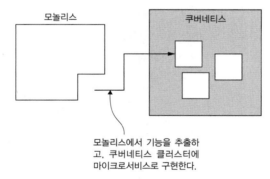

모놀리스에서 기능을 추출하고, 쿠버네티스 클러스터에 마이크로서비스로 구현한다.

▲ **그림 11.25** 모놀리스에서 작은 부분을 가져다가 쿠버네티스 클러스터에 조금씩 더해 나간다.

자연스러운 경계로 분할하기

이제 모놀리스의 기존 구성 요소들과 거기에 대응하는 마이크로서비스의 설계도를 살펴보자. 이는 그림 11.26과 같이 마이크로서비스로 전환할 한 묶음의 구성 요소를 모놀리스로부터 추출하기 좋은 방법이다.

자연스러운 경계를 찾기가 어렵다면, 작업이 점점 더 어려워질 것이다. 모놀리스가 거대한 찰흙 한덩어리 같거나 스파게티 코드[3]라면 리팩토링을 먼저 하거나 추출하는 동안 리팩토링을 해야 한다. 어느 방법이더라도 까다로운 건 마찬가지다. 안전한 진행을 위해서는 자동 테스트를 지원하는 리팩토링이어야 한다. 쉽지 않을 것이니 마음의 준비를 하자.

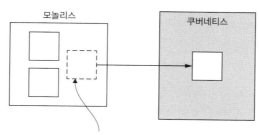

모놀리스는 자연스런 경계가 보이는 구성 요소들을 포함한다. 별도의 마이크로서비스로 조각내기 좋은 구성 요소를 찾아보자.

▲ **그림 11.26** 모놀리스는 보통 자연스런 경계가 있다. 이를 활용해 확인된 개별 구성 요소를 조금씩 추출해서 마이크로서비스로 만든다.

가장 자주 변경하는 부분을 추출하자

마이크로서비스로 전환할 순서를 정할 때에는 가장 많이 변경하는 순서로 정한다. 이런 부분을 먼저 모놀리스에서 추출하면 마이크로서비스가 주는 장점을 바로 누릴 수 있고, 그 결과를 바로 느낄 수 있다. 빠르게 본전을 뽑는다면, 개발 속도를 눈에 보이게 향상할 수 있다. 배포의 위험도 줄일 수 있고, 다른 전환도 잘 될 것으로 확신하는 데 도움이 된다.

그리고 반복…

반복해서 작은 부분을 추출하고 마이크로서비스로 만들어 테스트해 나가면, 안전하게 모놀리스를 마이크로서비스에 기반한 앱으로 전환할 것이다(그림 11.27). 쉽지도 않고, 모놀리스의 크기나 복잡성에 따라 아마도 오랜 시간이 걸릴 것이다. 하지만 어디까지나 할 만하다. 계속 조금씩 모놀리스에서 빼내서, 한 조각 씩 끝날 때까지 가는 것이다.

3　짬뽕 – 옮긴이

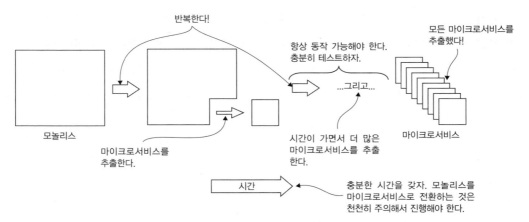

▲ **그림 11.27** 반복해서 작은 부분들을 모놀리스에서 추출해 마이크로서비스로 전환한다. 항상 테스트해서 지속적으로 잘 동작하게 유지한다. 결국 앱은 마이크로서비스로 분해될 것이다.

완벽할 필요는 없다

설계도가 완성되면 개발자의 유토피아가 무엇으로 봐야 하는 지를 목표로 삼아 보자. 이 것은 우리 모두가 살고 싶은 장소일 것이다. 비록 마이크로서비스가 완벽하게 동작하는 것을 목표로 삼는 것이 아닐지라도 우리가 인식하고 있어야 한다. 물론 그런 목표도 좋지만 솔직히 꼭 그렇게 가야할 필요가 없을 수도 있다.

완벽함은 투자의 효과를 줄이는 것이고, 거의 시도하거나, 그 과정 내내 압박할 가치가 없다. 완벽함은 불가능하다는 것 이외에도, 그 의미에 대해서 아무도 완벽하게 동의하지 않기 때문이다. 하지만 일반적인 방향성으로서 더 나은 결과를 만들기 위해서라면 여전히 가능하다.

마이크로서비스로 가는 여정의 각 단계는 고객과, 앱, 개발 프로세스, 업무에 긍정적인 영향을 주도록 선택해야 한다. 전환을 계속하는 것이 아무런 값어치가 없다는 것을 알게 된다면, 언제라도 중지해서 지금 하는 일을 다시 평가해야 한다.

아마도 지금 방향이 잘못된 길인가? 또는 이미 가능한 모든 이점을 이미 다 추출했고, 더 이상 나아질 것이 없는 상황은 아닌지. 이는 아마도 부분적으로 모놀리스를 전환하는 결과를 남긴다. 하지만 그래서 무엇이 문제인가? 그것이 좋은 결과라면 문제될 것이 없다.

업무적으로 좋은 성과를 목표로 하는 것이고, 실제로 달성한 것이 무엇인지에 당황스럽지 않아야 한다. 이미 보고 있다면 말이다. 일이 끝났으면, 끝난 것이다. 끝이다.

가능성의 스펙트럼

그림 11.28과 같이 모놀리스와 마이크로서비스 개발자의 유토피아 사이에는 무한한 가능성의 스펙트럼이 있다. 누가 이 연속제에서 앱이 위치해야 한다고 말할 수 있을까? 나는 아니다. 독자가 결정할 몫이다.

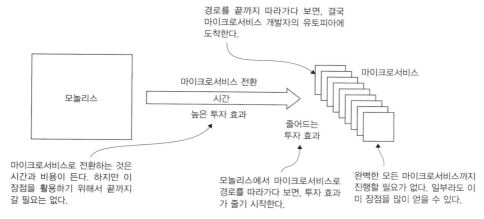

▲ **그림 11.28** 마이크로서비스 전환 일정. 초기에는 투자 효과(ROI)가 높다. 더 나아가다 보면 ROI가 줄어들고, 마이크로서비스의 개발자 유토피아까지 가는 것이 의미가 사라질 수 있다.

11.6 마이크로서비스 예산

분산 아키텍처는 복잡한 앱이 필요할 때 언제나 유용하고 강력한 방법이다. 마이크로서비스는 현재의 클라우드 기술과 최신 도구, 자동화 등이 만나는 지점이기 때문에 인기가 있다. 이로 인해 마이크로서비스는 예전보다 더 목표를 달성하기 쉽고, 비용에 대해 효율성이 좋다.

하지만 마이크로서비스 앱은 여전히 제작하기에 복잡하다. 각각의 마이크로서비스는 단순하지만, 특히 팀이 작거나, 혼자 개발하거나, 스타트-업인 경우에는 전체 앱의 관점에서는 복잡하기 때문에 어려움을 겪는다.

이 책을 통해 마이크로서비스를 배우고 시작하기 위한 여러 가지 팁과 기술들을 배웠다. 앞으로도 도움이 될 것이고, 또한 필요할 것이다. 여기에 다시 한 번 요약해서 정리했다.

- 최신 도구들과 활용법을 배우자. 자신만의 도구를 쓰는 것은 시간이 걸리고, 어렵고, 고객에게 기능을 제공하는 것과 같이 정말로 해야 할 일에 집중할 수 없다.
- 하나의 코드 리포지터리와 CD 파이프라인에서 시작하자. 나중에 구분된 여러 코드 리포지터리를 갖게 되면, 하나 이상의 메타리포를 만들어 다시 모은다(11.2.5절 참고).
- 마이크로서비스마다 하나의 데이터베이스를 가진 단일 데이터베이스 서버를 사용한다.
- 하나의 VM으로 된 쿠버네티스 클러스터를 생성하자. 마이크로서비스마다 오직 하나의 인스턴스를 복제없이 생성한다. 처음에는 다중화나 성능이 필요 없을 수도 있다. 비용을 줄이는데 도움이 된다.
- 외부 파일 스토리지와 외부 데이터베이스 서버를 사용해 클러스터를 효과적으로 스테이트리스^{stateless}로 만든다. 이는 클러스터로 뭔가 시험하는 위험을 줄여준다. 클러스터에 장애가 발생해도, 데이터를 손실하지 않을 것이다. 또한 블루-그린 배포 기술을 지원한다(11.3.7절)
- 개발과 테스트를 위해 도커 컴포즈를 사용해 앱을 자신의 컴퓨터에서 시뮬레이션하자. 빠른 개발 작업을 위해 라이브 리로드를 적용하자.
- 초기에는 자동 테스트가 필요 없지만, 규모가 큰 마이크로서비스 앱을 만들 때는 필수다. 스타트-업에서 최소한으로 실행 가능한 앱을 만들 때에는 필요 없다. 앱의 수명에 비해 인프라에 적용하기에 너무 큰 목표다. 더 향상된 인프라에 투자할 수 있을 때까지 앱의 가치를 증명해야 한다.
- 자동 테스트가 없을 수도 있지만, 여전히 테스트는 필요하다. 효율적이고 신뢰할 수 있는 수동 테스트를 구성하자. 앱을 개발 워크스테이션에서 빠르게 시작할 수 있는 스크립트가 필요하다. 이를 위해 도커 컴포즈와 초기 데이터를 사용한다.

- 도커를 사용하면 제3사 이미지를 컨테이너로 클러스터에 배포하기 쉽다. 5장에서 래빗MQ를 배포할 때 사용한 방법이다. 다음 도커허브 링크에서 유용한 이미지를 많이 찾을 수 있다. https://hub.docker.com/

- 자동화는 초기에 투자하자. 특히 CD를 사용한 자동 배포가 그렇다. 매일 이것에 의지하게 될 것이다. 그러니 확실하게 잘 동작해야 한다.

11.7 단순하게 출발하기

우리가 얼마나 멀리 왔는지 보자. 하나의 마이크로서비스를 만들어보는 것부터 시작했다. 그리고 도커를 사용해 패키징하고 게시하는 방법을 배웠다. 여러 마이크로서비스를 개발 워크스테이션에서 도커 컴포즈를 사용해 개발하고 테스트하는 방법을 배웠다. 최종적으로 쿠버네티스의 클라우드에 운영 환경을 생성했고, 테라폼을 사용해 마이크로서비스 기반의 앱을 배포했다.

복잡성의 관리는 오늘날 개발의 심장과 같다. 이것이 마이크로서비스와 같은 고급 설계 패턴을 배우는 데 우리가 시간을 투자한 이유다.

멋진 여정이었다. 하지만 이제 함께할 시간이 끝났다는 것이 슬프다. 독자의 여정은 계속될 것이며, 물론 마이크로서비스로 복잡한 앱을 만들 때 최선의 결과가 있기를 바란다.

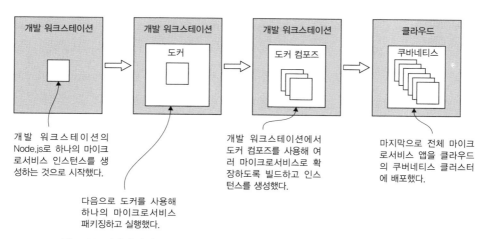

▲ **그림 11.29** 하나의 마이크로서비스에서 여러 마이크로서비스를 운영에서 실행하기까지의 여정

11.8 배움을 이어 가기

마지막으로 독자가 앞으로 더 많은 것을 배우고 이해하는데 도움이 되는 참고서를 소개한다. 도메인 주도 설계^{DDD}에 대해 더 배우려면 다음 책을 참고한다.

- *Domain Driven Design* by Eric Evans(Addison-Wesley, 2004)

시간 여유가 별로 없다면, 무료 전자책에 있는 요약을 참고할 수 있다.

- *Domain Driven Design Quickly* by Abel Avram and Floyd Marinescu(InfoQ, 2018)

링크는 다음과 같다.

- https://www.infoq.com/minibooks/domain-driven-design-quickly/

마이크로서비스 보안에 더 알아보려면 다음 책을 참고한다.

- *Microservices Security in Action* by Prabath Siriwardena and Nuwan Dias (Manning, 2020)

마이크로서비스 개발의 이론에 대해 더 자세한 내용을 알아보려면, 다음 책 중에서 선택할 수 있다.

- *The Tao of Microservices* by Richard Rodger(Manning, 2017)
- *Microservices Patterns* by Chris Richardson(Manning, 2018)
- *Microservices in Action* by Morgan Bruce and Paulo A. Pereira(Manning, 2018)
- *Microservices in .NET Core*, 2nd ed., by Christian Horsdal Gammelgaard (Manning, 2020)
- *Developing Microservice APIs with Python* by José Haro Peralta(Manning, 2020)

요약

- 마이크로서비스의 장점을 최대한 활용하려면 코드 리포지터리와 CD 파이프라인을 분리한다. 각각의 마이크로서비스를 독립적으로 배포할 수 있다. 또한 별도의 팀들이 구분된 마이크로서비스에 대해 나누어 책임을 질 수 있다.

- 메타리포를 사용하면, 코드 리포지터리를 분리한 이후에도 단일 리포지터리의 편리함을 다시 얻을 수 있다.

- 독립적인 CD 파이프라인이란 확장성 있는 배포 파이프라인을 가질 수 있다는 의미다.

- 다중 환경(개발, 테스트, 운영)을 생성할 수 있으며, 테라폼 배포 코드를 파라미터로 실행할 수 있도록 해서 구현한다.

- 코드 리포지터리의 각 브랜치마다 구분된(개발, 테스트, 운영) CD 파이프라인을 구성할 수 있다. 코드를 브랜치에 푸시하면, 파이프라인을 트리거해서 적합한 환경에 배포한다.

- 다음과 같이 성능 향상을 위한 옵션은 많다.
  - 클러스터를 수직 또는 수평 확장한다.
  - 마이크로서비스를 수평 확장한다.
  - 특정 마이크로서비스에 대해서 지정된 리소스를 할당할 수 있다.
  - 탄력적 확장을 사용해 자동으로 클러스터와 마이크로서비스를 최대 사용량에 맞게 확장할 수 있다.

- 마이크로서비스마다 하나의 데이터베이스를 갖도록 해서 데이터베이스 스토리지도 확장할 수 있다.

- 블루-그린 배포는 고객이 사용할 환경을 전환할 수 있고, 인프라 업그레이드의 잠재적인 위험을 관리하기 위한 안전한 방법이다.

- 마이크로서비스 앱은 여러 게이트웨이를 가질 수 있기 때문에, 마이크로서비스 보안은 앱만큼이나 중요하다.

- 인증, 권한 설정과 같은 시스템 접근을 제어하기 위한 보안 기술을 도입할 수 있다.

- 데이터를 보호하고 고객의 개인정보, 비밀에 대한 보안을 강화하기 위해서 전문 보안 기술을 도입할 수 있다.
- 모놀리스에서 마이크로서비스로의 리팩토링은 일련의 조그만 코드와 테스트 단계를 거쳐서 성취할 수 있다.
- 마이크로서비스 비용을 감당할 수 있게 만들고, 시작할 때 덜 복잡하게 만들 수 있는 방법은 많다. 이는 또한 스타트-업, 작은 팀, 또는 혼자 개발하는 개발자를 위한 효과적이고 효율적인 출발점이다.

부록 A

베이그런트를 사용한 개발 환경 만들기

베이그런트^{Vagrant}는 VM^{Virtual Machine}(가상머신)을 생성하는 스크립트를 만들 수 있게 해주는 도구다. 클라우드에서 VM을 만들어 실행하는 것보다는 로컬 컴퓨터에 VM을 만들어 사용하는 경우가 전형적이다.

베이그런트는 리눅스 기반의 개발 환경을 만드는 좋은 방법이다. 도커와 테라폼 같은 새로운 소프트웨어를 시험하기 좋다. 즉 자신의 개발용 컴퓨터를 새로운 소프트웨어들로 지저분하게 채우지 않을 수 있다.

최근에는 개발할 때 베이그런트를 일상적으로 많이 사용하고 있다. 윈도우10 홈 에디션을 사용하는 컴퓨터에서 도커를 가져오는 편리한 방법이 있어서 아주 유용하게 사용하고 있다. 지금은 WSL2^{Windows Subsystem for Linux 2}를 쓴다. 윈도우용 도커는 3장에서 언급한 것처럼 WSL2와 통합해서 도커를 실행하기 위해 베이그런트가 필요하지 않다.

하지만 베이그런트는 개발, 테스트, 시험 등을 할 때 바로 쓰고 버릴 환경에는 여전히 유용하다. 베이그런트 설치 예제는 다음 깃허브 링크에서 찾을 수 있다.

- https://github.com/bootstrapping-microservices/example-vagrant-vm

베이그런트 구성 예제는 도커, 도커 컴포즈, 테라폼을 자동으로 설치할 것이다. 이 책의 코드 예제(A.6 참고)를 시험할 때 사용할 개발 환경을 즉시 제공하는 것이다. 이 책의 예제 코드 리포지터리는 각 단원에 코드를 실행할 때 사용할 수 있도록 미리 준비한 베이그런트 스크립트를 포함한다.

A.1 버추얼박스 설치

베이그런트를 사용하기 전에 먼저 버추얼박스^{VirtualBox}를 설치해야 한다. 보통의 컴퓨터(호스트)에 VM을 실제로 실행하는 소프트웨어다. 다음 버추얼박스 다운로드 페이지에서 다운로드할 수 있다.

- https://www.virtualbox.org/wiki/Downloads

자신의 운영체제에 맞는 패키지를 다운로드해서 설치한다. 버추얼박스 페이지의 안내를 따르도록 한다.

> |**노트**| 베이그런트는 VMWare 같은 다른 VM 제공자도 지원한다. 하지만 버추얼박스가 무료이고 설치하기 쉽기 때문에 추천한다.

A.2 베이그런트 설치

이제 베이그런트를 설치하자. 베이그런트는 코드(실제로는 루비 코드)로 VM 설치를 관리할 수 있게 해주는 버추얼박스 상단에 위치한 스크립트 영역이다. 베이그런트는 다음 다운로드 페이지에서 다운로드한다.

- https://www.vagrantup.com/downloads.html

자신의 운영체제에 맞는 패키지를 다운로드해서 설치한다. 베이그런트 웹 페이지의 안내를 따른다.

A.3 VM 생성하기

버추얼박스와 베이그런트를 설치했다면, 이제 VM을 만들 준비가 끝났다. 우선 사용할 운영체제를 선택하자. 운영시스템을 이미 갖고 있다면, 같은 운영체제를 선택하면 된다. 아니면 장기적으로 지원하게 될 버전^{LTS, Long-Term Support}를 선택해서 주로 사용하면 된다. 운영체제는 다음 웹 페이에서 검색할 수 있다.

- https://vagrantcloud.com/search

나는 우분투^{Ubuntu} 리눅스의 팬이다. 그래서 이번 예제에서는 우분투 20.04 LTS를 사용해볼 것이다. 베이그런트 박스^{Vagrant box} 이름은 ubuntu/xenial64다.

베이그런트 박스를 생성하기 전에 명령창을 열고 저장할 디렉터리를 생성하자. 그리고 그 디렉터리로 이동해서 `vagrant init` 명령을 다음과 같이 실행한다.

- vagrant init ubuntu/xenial64

이렇게 뼈대만 있는 베이그런트 파일을 현재 디렉터리에 생성한다. 이 파일을 편집해서 설정을 바꾸고 VM을 구성한다. 베이그런트 설정은 다음 자료를 참고할 수 있다.

- https://docs.vagrantup.com

이제 VM을 구동하자.

```
vagrant up
```

위 명령은 베이그런트 파일을 포함하고 있는 디렉터리에서 실행해야 한다. 특히 로컬에 캐시된 운영체제가 없다면 아마 시간이 걸릴 것이다. 완료될 때까지 충분한 시간을 주자. 일단 완료되면 작업하기 좋은 깨끗한 우분투 VM을 갖게 될 것이다.

A.4 VM에 연결하기

VM을 부팅하면 다음과 같이 연결할 수 있다.

```
vagrant ssh
```

베이그런트는 자동으로 SSH 키를 생성하고 연결을 관리한다. 이제 VM의 명령줄 쉘을 가진 것이다. 쉘에서 호출하는 명령은 VM 안에서 실행된다.

A.5 VM 안에서 소프트웨어 설치하기

VM이 실행 중이고, 베이그런트 ssh 연결이 있다면, 이제 설치하고 싶은 소프트웨어가 있을 것이다. 새로운 VM에서 처음 할 일은 운영체제를 업데이트하는 것이다. 다음과 같이 우분투에서 실행한다.

```
sudo apt-get update
```

필요한 소프트웨어가 무엇이든 다음과 같이 소프트웨어 제공자의 안내에 따라 설치할 수 있다. 도커 설치는 다음과 같다.

- https://docs.docker.com/install/linux/docker-ce/ubuntu

도커 컴포즈는 다음 링크를 참고한다.

- https://docs.docker.com/compose/install/

테라폼을 설치하려면 단순히 다운로드해서 압축을 풀고 패스path에 추가하면 된다. 테라폼 다운로드는 다음과 같다.

- https://www.terraform.io/downloads.html

다음 절의 베이그런트 설치 예제는 위의 모든 도구를 자동으로 설치한다. 즉 이 책의 예제들을 시험할 때 사용할 수 있는 개발 환경을 "즉시" 제공하는 것이다.

A.6 예제 설치 사용하기

다음 깃허브에 올려놓은 예제 설치 파일로 VM을 시작할 수 있다.

- https://github.com/bootstrapping-microservices/example-vagrant-vm

깃을 사용해 리포지터리를 복제한다.

```
git clone https://github.com/bootstrapping-microservices/example-vagrant-vm
```

다음으로 리포지터리 디렉터리로 이동한다.

```
cd example-vagrant-vm
```

이제 VM을 부팅하자.

```
vagrant up
```

VM의 명령줄 쉘에 연결하자.

```
vagrant ssh
```

베이그런트 스크립트는 자동으로 도커, 도커 컴포즈, 테라폼을 설치하는 쉘 스크립트를 실행한다. VM이 일단 시작되면, 이 모든 도구들을 사용할 수 있도록 연결하면 된다.

A.7 VM 끄기

VM으로 작업을 끝내면 다음의 명령으로 제거할 수 있다.

```
vagrant destroy
```

만약 VM에서 임시로 작업을 끝내고 나중에 다시 사용하고 싶다면 다음과 같이 중지만 시킨다.

```
vagrant suspend
```

중지된 VM은 vagrant up을 호출해서 다시 재개할 수 있다. VM을 사용하지 않으면 제거나 중지 명령을 실행해 불필요하게 시스템 자원을 낭비하지 않도록 한다.

부록 B

마이크로서비스 치트키

이번 부록은 이 책에서 배운 가장 유용한 명령어들을 요약했다.

B1 Node.js 명령어

마이크로서비스를 만들기 위한 Node.js 설치와 사용법은 2장을 참고한다.

▼ **표 B.1** Node.js 명령어

명령어	상세
`node --version`	Node.js가 설치돼 있는지 확인하고, 버전을 출력한다.
`npm init -y`	기본 Node.js 프로젝트를 생성한다. 메타데이터와 Node.js 종속성을 검토할 수 있는 package.json 파일이 생긴다.
`npm install --save` `⮡ <package-name>`	npm 패키지를 설치한다. npm은 설치 가능한 패키지가 많다. 여기에 특정 패키지 이름을 넣어서 설치할 수 있다.
`npm install`	Node.js 프로젝트의 모든 종속성을 설치한다. 앞에서 생성한 package.json 파일에 포함된 모든 패키지를 설치하는 것이다.
`node <script-file>`	Node.js 스크립트 파일을 실행한다. node 명령어를 호출하면서, 인수로 스크립트 파일명을 지정하는 것이다. 자신의 원하는 main.js나 server.js 등의 스크립트를 호출할 수 있지만, 표준 규칙을 따라서 index.js를 호출하도록 한다.

npm start	명명 규칙을 따르는 이 스크립트는 메인 스크립트 이름이나 명령줄 인수에 상관없이 Node.js 앱을 시작한다.
	보통 이 명령은 package.json 파일 안에 있는 node index.js를 의미한다. 하지만 프로젝트에서 어떻게 설정하는지에 따라 다르다.
	특정 프로젝트 구조와 상관없이 npm start만 기억하면 된다는 장점이 있다.
npm run start:dev	Node.js 프로젝트를 개발 환경에서 시작하기 위해 개인적으로 사용한 규칙이다. package.json에 이 스크립트를 추가하고, 보통은 라이브 리로드를 활성화해서 작업하기 위해 nodemon을 실행하는 경우다.

B.2 도커 명령어

도커를 사용해 어떻게 마이크로서비스를 패키징, 게시, 실행할 수 있는지 알아보려면 3장을 참고한다.

▼ 표 B.2 도커 명령어

명령어	상세
docker --version	도커가 설치돼 있는지 확인하고, 버전을 출력한다.
docker container list	실행 중인 컨테이너 목록을 보여준다.
docker ps	실행 중이거나 중지된 모든 컨테이너 목록을 보여준다.
docker image list	로컬 이미지 목록을 보여준다.
docker build -t <tag> --file ➡ <docker-file>	현재 디렉터리에서 도커파일의 명령에 맞게 이미지를 빌드한다. -t 인수는 사용자가 지정한 이름의 태그를 붙인다.
docker run -d -p ➡ <host-port>:<container-port> ➡ <tag>	이미지에서 컨테이너 인스턴스를 생성한다. 이미지가 로컬에 없다면 원격 레지스트리(태그가 레지스트리 URL인 경우)에서 가져올 수 있다.
	-d 인수는 컨테이너를 분리 모드로 실행한다. 즉 터미널 안에서 제약받지 않고, 해당 출력을 볼 수도 없다. 해당 출력을 바로 보려면 -d를 사용하지 않는다. 하지만 터미널을 다른 일로 사용할 수 없게 된다.
	-p 인수는 호스트와 컨테이너의 포트를 바인딩한다.
docker logs <container-id>	특정 컨테이너의 출력을 가져온다. 분리 모드로 실행 중인 컨테이너의 출력을 보기 위해서 사용한다.

`docker login <url>` ➡ `--username <username>` ➡ `--password <password>`	대상 프라이빗 도커 레지스트리에 대해 인증해서, 그 대상에 대해 명령어를 실행할 수 있다.
`docker tag <existing-tag>` ➡ `<new-tag>`	기존의 이미지에 새로운 태그를 붙인다. 이미지를 프라이빗 컨테이너 레지스트리에 푸시하려면 레지스트리의 URL을 먼저 태그해야 한다.
`docker push <tag>`	프라이빗 컨테이너 레지스트리에 올바르게 태그한 이미지를 푸시한다. 이미지는 레지스트리 URL로 태그해야 한다.
`docker kill <container-id>`	특정 컨테이너를 로컬에서 중지한다.
`docker rm <container-id>`	특정 로컬 컨테이너를 제거한다(먼저 중지해둬야 한다).
`docker rmi <image-id>` ➡ `--force`	특정 이미지를 로컬에서 제거한다(컨테이너를 먼저 제거해둬야 한다). `--force` 인수는 여러 번 태그한 이미지도 제거할 수 있다.

B.3 도커 컴포즈 명령어

도커 컴포즈로 자신의 개발 워크스테이션에서 개발과 테스트를 위해 마이크로서비스 앱을 시뮬레이션 하는 방법은 4장과 5장을 참고한다.

▼ **표 B.3** 도커 컴포즈 명령어

명령어	상세
`docker-compose --version`	도커 컴포즈가 설치돼 있는지 확인하고, 버전을 출력한다.
`docker-compose up --build`	도커 컴포즈 파일(docker-compose.yaml)에 정의된 대로 현재 디렉터리에서 여러 컨테이너로 구성된 앱을 빌드하고 인스턴스를 생성한다.
`docker-compose ps`	도커 컴포즈 파일에 지정된 앱에 해당하는 실행 중인 컨테이너 목록을 출력한다.
`docker-compose stop`	앱의 모든 컨테이너를 중지하지만, 중지된 컨테이너는 검사하기 위해 유지한다.
`docker-compose down`	앱을 중지하고 제거한다. 개발 워크스테이션을 깔끔한 상태로 남겨둔다.

B.4 테라폼 명령어

쿠버네티스 클러스터를 생성하고 마이크로서비스를 배포할 수 있는 코드형 인프라를 테라폼을 사용해 구현하는 방법은 6장과 7장을 참고한다.

▼ 표 B.4 테라폼 명령어

명령어	상세
`terraform init`	테라폼 프로젝트를 초기화하고, 제공자 플러그인을 다운로드한다.
`terraform apply` `➥ -auto-approve`	인프라 변경 사항을 점진적으로 적용하기 위해서 현재 디렉터리에 있는 테라폼 코드 파일을 실행한다.
`terraform destroy`	테라폼 프로젝트로 생성한 모든 인프라를 제거한다.

B.5 테스트 명령어

제스트와 싸이프러스를 사용한 마이크로서비스의 자동 테스트를 알아보려면 8장을 참고한다.

▼ 표 B.5 테스트 명령어

명령어	상세
`npx jest --init`	제스트 설정 파일을 초기화한다.
`npx jest`	제스트상에서 테스트를 실행한다.
`npx jest --watch`	코드가 변경되면 테스트를 다시 실행할 수 있도록 라이브 리로드를 활성화한 상태에서 테스트를 실행한다. 제스트는 어느 파일이 변경됐는지 알기 위해 깃을 사용한다.
`npx jest --watchAll`	깃에서 변경된 파일뿐만 아니라 모든 파일을 모니터한다는 점을 제외하고는 위와 동일하다.
`npx cypress open`	싸이프러스 사용자 인터페이스를 열고 테스트를 실행한다. 라이브 리로드는 기본으로 동작한다. 코드를 업데이트하면 테스트도 자동으로 다시 실행한다.
`npx cypress run`	싸이프러스 테스트를 헤드리스 모드로 실행한다. 사용자 인터페이스 없이 명령줄이나 CD 파이프라인에서 싸이프러스로 테스트하는 것이다.
`npm test`	테스트를 위한 npm 스크립트 규칙이다. package.json 파일 설정에 따라 제스트나 싸이프러스(또는 둘 다)를 실행할 수 있다. 이 명령은 테스트 세트를 실행하기 위해 CD 파이프라인 안에서 호출해야 한다.
`npm run test:watch`	테스트를 라이브 리로드 모드에서 실행하기 위해 개인적으로 사용하는 이름 규칙이다. 이 스크립트는 package.json 파일에서 설정해야 한다.

찾아보기

도커, 쿠버네티스, 테라폼으로 구현하는 마이크로서비스

발 행 | 2022년 3월 31일

옮긴이 | 최   준
지은이 | 애슐리 데이비스

펴낸이 | 권 성 준
편집장 | 황 영 주
편   집 | 김 다 예
디자인 | 윤 서 빈

에이콘출판주식회사
서울특별시 양천구 국회대로 287 (목동)
전화 02-2653-7600, 팩스 02-2653-0433
www.acornpub.co.kr / editor@acornpub.co.kr

한국어판 ⓒ 에이콘출판주식회사, 2022, Printed in Korea.
ISBN 979-11-6175-631-8
http://www.acornpub.co.kr/book/bootstrapping-ms

책값은 뒤표지에 있습니다.

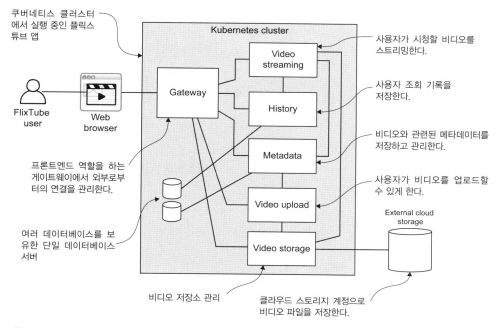

완성된 플릭스튜브 예제 앱의 개요

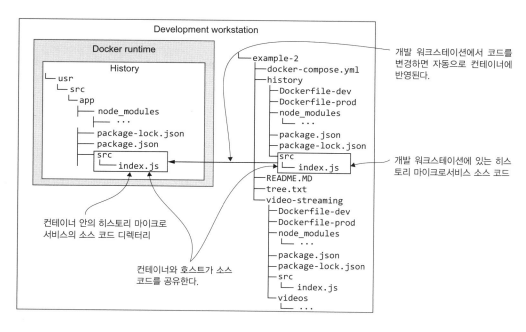

마이크로서비스 코드의 라이브 리로드 구현